기본권론

이희훈

박영사

머리말

　본 '기본권론'은 필자가 재직 중인 선문대학교 법·경찰학과에서 재학생들이 제일 많이 선호하는 직업인 경찰공무원 등의 여러 공무원이 될 수 있도록 해주기 위한 강의와 경찰 등 다양한 국가공무원의 필기시험 및 면접시험 준비 등에 효율적으로 도움을 주기 위해서, 헌법 중 기본권 부분에 대한 중요한 국내외의 이론과 판례 및 입법례 등을 중심으로 저술하였다.

　즉, 2022년부터 경찰공무원 시험에서 헌법 중 헌법총론과 기본권론 부분이 필수 시험 과목의 범위에 속하게 된다. 이에 필자인 이희훈 교수는 최근 경찰청의 경찰공무원 서류심사 위원과 필기시험 위원(헌법) 및 다년간 경찰공무원의 면접시험 위원과 위원장 및 지방공무원 필기시험 위원과 면접시험 위원 및 법무부 사법시험 1차 시험위원(헌법)· 2차 시험위원(헌법) 및 법무부 변호사시험 위원(공법)과 기획재정부 등 여러 정부부처 면접시험 위원 등을 역임하였고, 산업통상자원부 및 행정안전부 등 여러 정부부처의 특강과 자문 등을 행하였으며, EBS 2TV 교육방송에 필자의 '생활 속의 헌법이야기'라는 교육부의 K-MOOC 온라인 강좌가 방영되었고, 2021년에 교육부로부터 K-MOOC '집콕 강좌'로 선정 및 운영되는 등의 다양한 경력을 바탕으로, 경찰공무원을 포함한 일반 행정직 및 법원직 등의 여러 국가공무원 시험과 지방공무원 시험의 필기시험 및 면접시험을 대비하는 학습자들에게 가장 효율적으로 헌법 중 기본권론 부분에 대한 다양한 헌법적 쟁점 사항들에 대한 중요한 여러 이론의 설명과 해당 우리나라 및 외국의 입법례나 판례 등의 중요한 내용들을 가장 빠른 시간 안에 전체적으로 학습할 수 있도록 도와주고, 기본권의 전체적 중요 내용들에 대한 기초적인 사고력을 갖출 수 있도록 도와주며, 기본권론의 중요한 헌법적 지식을 쉽고 알차게 습득할 수 있게 도와주어, 학습자들이 희망하는 경찰공무원 등의 다양한 공무원시험을 합격하는데 마중물이 되기 위하여 출간하게 되었다.

　이에 필자는 본 '기본권론'을 크게 기본권 총론과 기본권 각론 및 국민의 의무로 나누어 저술하였다. 이 중에서 첫째, 기본권 총론 부분에서는 인권과 기본권의 개념 및 관계, 우리나라 헌법상 기본권의 조문과 분류, 기본권의 주체, 기본권의 이중적 성격과 효력, 기본권의 경합, 기본권의 충돌, 기본권의 제한과 제한의 한계로 각각 나누어서 해당 목차에서 가장 기초적이고 중요한 국내외의 이론과 판례 및 입법례 등에 대해서 설명하였다. 둘째, 기본권 각론 부분에서는 인간의 존엄과 가치 및 행복추구권, 평등권, 자유권적 기본권으로 신체의 자유, 거주·이전의 자유, 직업선택의 자유, 주거의 자유, 사생활의 비밀과 자유, 통신의 자유, 양심의 자유, 종교의 자유, 언론·출판의 자유, 집회·결사의 자유, 학문의 자유, 예술의 자유, 재산권, 참정권적 기본권, 청구권적 기본권, 사회권적 기본권에 대하여 각각 해당 목차에서 가장 핵심적이고 중요한 국내외의 이론과 판례 및 입법례 등에 대해서 설명하였다. 다만 이 부분에서는 주로 경찰공무원의 필기시험 및 면접시험에서 상대적으로 중요한 내용인 인간의 존엄과 가치 및 행복추구권, 평등권,

신체의 자유, 사생활의 비밀과 자유, 통신의 자유, 집회·결사의 자유 등을 중심으로, 경찰 등 다양한 공무원시험에서 중요한 각 기본권과 관련된 부속 법령들도 함께 제시하여 설명하였다. 셋째, 국민의 의무에 대한 주요 내용에 대해서 설명하였다. 참고로 독자의 편의를 위하여 본서의 부록으로 우리나라 헌법전을 함께 제시하였다.

본서가 나오기까지 일일이 모두 열거할 수 없을 정도로 너무 많이 감사하고 고마운 분들에게 감사한 마음을 전한다. 먼저 부족한 필자에게 언제나 한없이 따뜻한 격려와 간절한 기도로 늘 곁에서 응원해 주셨던 형언할 수 없이 사랑했던 부모님께 진심으로 머리 숙여 깊이 감사드리고, 사랑하는 가족에게 감사한 마음을 전한다. 그리고 부족한 필자에게 형언할 수 없는 학은(學恩)을 베풀어주신 연세대학교 법학전문대학원의 전광석 지도 교수님 및 많은 헌법·행정법 교수님들과 필자가 대학원 재학시절 때에 여러 도움을 베풀어 주신 홍복기 교수님께 머리 숙여 깊이 감사드린다. 또한 선문대학교의 총장님과 동료 교수님들에게 감사드린다. 이밖에 부족한 본서의 출간을 흔쾌히 허락해 주시고, 본서가 출간되기까지 너무나 많이 수고해 주신 박영사의 안종만 회장님·안상준 대표님, 노현 이사님, 김선민 이사님, 오치웅 대리님, 정수정 편집위원님께 감사드린다.

본서는 가장 빠른 시간 안에 경찰공무원을 포함한 일반 행정직 및 법원직 공무원 시험 등을 대비하는 학습자들을 대상으로 여러 공무원시험을 효율적으로 대비할 수 있도록 가장 핵심적이고 중요한 기본권론에 대한 국내외의 이론과 판례 및 입법례 등에 대해서 설명하였다.

향후에 필자는 다양한 국가공무원 시험 및 지방공무원 시험의 서류심사 위원과 필기시험 위원 및 면접시험 위원장 등을 역임한 경력을 바탕으로, 헌법에 대한 경찰공무원 등의 여러 공무원시험을 효율적으로 대비할 수 있도록 2021년 9월에 부단히 노력하여 헌법총론을 출간하였는바, 본 기본권론과 함께 독자들이 준비하는 각종 국가공무원 및 지방공무원을 대비하는데 많은 도움이 되길 바란다. 그리고 헌법 문제집과 헌법총론과 통치기구론 및 헌법소송법 등에 대한 도서들을 계속 출간할 예정이다. 특히 이 중에서 2022년부터 헌법이 필수 시험과목이 되는 경찰공무원 시험을 대비해서 헌법 문제집을 서둘러서 출간할 예정이다. 그리고 우리나라 국민과 외국인 누구나 교양 수준에서 기존에 박영사에서 출간된 필자의 '생활 속의 헌법탐험' 및 '인권법 스토리'의 저서들과 교육부 및 국가평생교육진흥원에서 운영 중인 한국형 온라인 공개강좌 서비스인 K-MOOC 사이트에서 필자의 '생활 속의 헌법이야기'라는 온라인 무료 강좌를 통해서 대한민국 헌법을 가장 효율적으로 쉽고 알차게 배우고 알 수 있기를 기대한다.

향후 필자는 더욱 열심히 학문적으로 정진하여 본서의 부족하고 미진한 부분을 충실히 보완해 나갈 것임을 약속드리며, 학습자들이 본 기본권론에 의하여 보다 쉽고 알차며 흥미있게 헌법 중 기본권론 부분을 이해하고 배우며 알 수 있도록 하여, 학습자들이 경찰공무원 등 여러 공무원시험 등을 가장 효율적으로 학습하고 준비하는데 많은 도움이 되는 나침반이 되길 바란다.

2022년 1월
선문대학교 법·경찰학과 교수
이 희 훈

차례

제1장 기본권 총론

제1장

기본권 총론

Ⅰ. 인권과 기본권의 개념 및 상호 관계

1. 인권의 개념

'인권'이란 인간의 권리를 줄인 말로, 인권은 사람들 간에 특정한 약속이나 계약 또는 특정한 사회적 지위 등과 같은 특정한 관계나 거래에 의해 주어지는 것이 아니라, 오로지 인간이라는 이유로 때와 장소 등에 관계없이 인간이 인간이기 때문에 태어나면서부터 당연히 누릴 수 있는 보편적(일반적) 권리 내지 자연권 또는 천부적 권리를 뜻한다. 여기서 '자연권'이란 인간은 단지 인간이라는 이유만으로 하늘로부터 부여 받은 여러 권리들을 비록 법에 명시적으로 규정(실정법)되어 있지 않더라도 당연히 누릴 수(향유할 수) 있다는 것을 뜻한다.

이렇듯 인간이 인간으로서 당연히 누리는 권리를 뜻하는 인권이라는 개념은 1776년 6월 12일 미국의 '버지니아 권리장전'과 1789년 8월 26일 프랑스의 '인간 및 시민의 권리 선언(프랑스 인권선언)'에서 선언되었다. 그리고 특정 인종이나 포로에 대한 집단학살 및 생체실험 등 인류의 역사상 가장 야만적인 각종 범죄들로 얼룩졌던 제2차 세계대전이 끝난 이후에 이러한 비극적인 참사가 다시 발생하지 않도록 하기 위하여 1948년 12월 10일에 국제연합(United Nations: UN) 총회에서 인권 관련 결의문이 채택되었는바, 이것이 바로 세계인권선언(Universal Declaration of Human Rights)이다.

이러한 세계인권선언은 비록 그 자체로 세계의 각 국가들을 직접적으로 구속하는 법적 효력은 없지만, 최초로 모든 사람에게 그리고 모든 장소에서 인간의 권리와 자유가 적용된다는 것이 세계 국가들에 의해 인정된 결의문이라는 점에서 커다란 의의가 있다. 세계인권선언에서 제창된 이상을 실현하기 위하여 1966년 12월 16일에 미국의 뉴욕에서 열린 국제연합(UN) 총회에서 채택되고, 1976년 3월 23일부터 법적 효력이 발생된 국제인권규약(International Covenant on Civil and Political Rights)이 있다. 우리나라는 1990년 4월 10에 국제인권규약에 가입하여 1990년 7월 10일부터 그 효력이 발생하였다. 이러한 1966년에 국제연합(UN) 총회에서 채택된 국제인권규약이 최초로 세계적인 법적 구속력을 가진 인권 관련 국제 법규범에 해당된다.

한편 우리나라 헌법전에서는 '인권'이라는 용어를 쓰지 않고 있고, 그 대신에 '국민의 자유와 권리'라는 용어를 쓰고 있다.[1]

---

[1] 이희훈, 인권법 스토리, 박영사, 2018, 11면, 56면.

2. 기본권의 개념

'기본권(Grundrecht)'이란 국가생활공동체 내에서 개인의 지위를 국가에 대한 권리를 중심으로 규정하는 근본규범으로, 자연권 사상에 바탕을 둔 천부인권론에 기초하여 헌법에 의해 보장되는 국민 등의 기본적인 권리를 뜻한다. 이러한 개념의 기본권이 전 세계 국가의 헌법전에서 최초로 규정된 것은 1849년의 독일의 프랑크프루트헌법 제130조 제1항이고, 이후 1919년의 독일의 바이마르헌법 제2편에서 독일인의 기본적 권리와 의무 부분에서 기본권이라는 용어가 사용되었으며, 현재 독일 기본법 제1조에서 기본권이란 용어가 계속 사용되고 있다.

이렇듯 독일에서 그 용어의 사용이 시작된 기본권이라는 용어는 전 세계에 영향을 미쳐 독일 이외의 다른 국가들에서 기본권이라는 용어가 쓰이고 있다. 우리나라도 여기에 속한다.[2]

3. 인권과 기본권의 상호 관계

각 국가의 헌법에서 보장하고 있는 기본권은 인권사상에 바탕을 두고 인권을 실현하려는 것으로, 자유권적 기본권과 그 밖의 정치적·경제적·사회적 기본권 등도 인간의 권리와 상호 보완관계에 있기 때문에 이러한 의미에서 인권과 기본권은 통상적으로 같은 의미로 사용해도 무방하다. 그러나 엄밀한 의미에서 인권은 인간이 인간으로서 당연히 갖게 되는 생래적인 천부적 권리로서 국가 이전의 자연권인데 반하여, 기본권은 국가를 전제로 하지 않는 인권의 개념과 내용 이외에도 국가를 전제로 할 때 비로소 보장될 수 있는 사회적(생존권적) 기본권, 참정권(선거권과 피선거권) 등을 포함한다는 점에서 양자는 그 내용에 있어서 반드시 일치하지는 않는다.

인권은 인권사상을 바탕으로 인간이 인간이기 때문에 당연히 향유하는 인간의 생래적 및 천부적 권리를 뜻하는데 반하여, 기본권은 헌법이 보장하는 국민 등의 기본적 권리를 뜻하기 때문에 기본권은 각국의 실정헌법에 성문화된 인권이라고 할 것인바, 이러한 점에 비추어 볼 때 엄밀히 인권과 기본권은 상호 간 그 구별은 가능하다.

다만 기본권은 인권을 바탕으로 국민 등에게 국가가 보호(보장)해 주는 권리이기 때문에 이념적으로는 거의 동일한 개념으로 보통 사용하더라도 무방하다.[3]

---

2) 이희훈, 상게서, 56-57면.
3) 이희훈, 상게서, 58-59면.

II. 우리나라 헌법상 기본권의 조문과 분류

1. 우리나라 헌법상 기본권의 조문

제2장 국민의 권리와 의무

제10조 모든 국민은 인간으로서의 존엄과 가치를 가지며, 행복을 추구할 권리를 가진다. 국가는 개인이 가지는 불가침의 기본적 인권을 확인하고 이를 보장할 의무를 진다.

제11조 ① 모든 국민은 법 앞에 평등하다. 누구든지 성별·종교 또는 사회적 신분에 의하여 정치적·경제적·사회적·문화적 생활의 모든 영역에 있어서 차별을 받지 아니한다.

② 사회적 특수계급의 제도는 인정되지 아니하며, 어떠한 형태로도 이를 창설할 수 없다.

③ 훈장 등의 영전은 이를 받은 자에게만 효력이 있고, 어떠한 특권도 이에 따르지 아니한다.

제12조 ① 모든 국민은 신체의 자유를 가진다. 누구든지 법률에 의하지 아니하고는 체포·구속·압수·수색 또는 심문을 받지 아니하며, 법률과 적법한 절차에 의하지 아니하고는 처벌·보안처분 또는 강제노역을 받지 아니한다.

② 모든 국민은 고문을 받지 아니하며, 형사상 자기에게 불리한 진술을 강요당하지 아니한다.

③ 체포·구속·압수 또는 수색을 할 때에는 적법한 절차에 따라 검사의 신청에 의하여 법관이 발부한 영장을 제시하여야 한다. 다만 현행범인인 경우와 장기 3년 이상의 형에 해당하는 죄를 범하고 도피 또는 증거 인멸의 염려가 있을 때에는 사후에 영장을 청구할 수 있다.

④ 누구든지 체포 또는 구속을 당한 때에는 즉시 변호인의 조력을 받을 권리를 가진다. 다만 형사피고인이 스스로 변호인을 구할 수 없을 때에는 법률이 정하는 바에 의하여 국가가 변호인을 붙인다.

⑤ 누구든지 체포 또는 구속의 이유와 변호인의 조력을 받을 권리가 있음을 고지받지 아니하고는 체포 또는 구속을 당하지 아니한다. 체포 또는 구속을 당한 자의 가족 등 법률이 정하는 자에게는 그 이유와 일시·장소가 지체 없이 통지되어야 한다.

⑥ 누구든지 체포 또는 구속을 당한 때에는 적부의 심사를 법원에 청구할 권리를 가진다.

⑦ 피고인의 자백이 고문·폭행·협박·구속의 부당한 장기화 또는 기망 기타의 방법에 의하여 자의로 진술된 것이 아니라고 인정될 때 또는 정식재판에 있어서 피고인의 자백이 그에게 불리한 유일한 증거일 때에는 이를 유죄의 증거로 삼거나 이를 이유로 처벌할 수 없다.

제13조 ① 모든 국민은 행위시의 법률에 의하여 범죄를 구성하지 아니하는 행위로 소추되지 아니하며, 동일한 범죄에 대하여 거듭 처벌받지 아니한다.

② 모든 국민은 소급입법에 의하여 참정권의 제한을 받거나 재산권을 박탈당하지 아니한다.

③ 모든 국민은 자기의 행위가 아닌 친족의 행위로 인하여 불이익한 처우를 받지 아니한다.

제14조 모든 국민은 거주·이전의 자유를 가진다.

제15조 모든 국민은 직업선택의 자유를 가진다.

제16조 모든 국민은 주거의 자유를 침해받지 아니한다. 주거에 대한 압수나 수색을 할 때에는 검사의 신청에 의하여 법관이 발부한 영장을 제시하여야 한다.

제17조 모든 국민은 사생활의 비밀과 자유를 침해받지 아니한다.

제18조 모든 국민은 통신의 비밀을 침해받지 아니한다.

제19조 모든 국민은 양심의 자유를 가진다.

제20조 ① 모든 국민은 종교의 자유를 가진다.
② 국교는 인정되지 아니하며, 종교와 정치는 분리된다.

제21조 ① 모든 국민은 언론·출판의 자유와 집회·결사의 자유를 가진다.
② 언론·출판에 대한 허가나 검열과 집회·결사에 대한 허가는 인정되지 아니한다.
③ 통신·방송의 시설기준과 신문의 기능을 보장하기 위하여 필요한 사항은 법률로 정한다.
④ 언론·출판은 타인의 명예나 권리 또는 공중도덕이나 사회윤리를 침해하여서는 아니된다. 언론·출판이 타인의 명예나 권리를 침해한 때에는 피해자는 이에 대한 피해의 배상을 청구할 수 있다.

제22조 ① 모든 국민은 학문과 예술의 자유를 가진다.
② 저작자·발명가·과학기술자와 예술가의 권리는 법률로써 보호한다.

제23조 ① 모든 국민의 재산권은 보장된다. 그 내용과 한계는 법률로 정한다.
② 재산권의 행사는 공공복리에 적합하도록 하여야 한다.
③ 공공필요에 의한 재산권의 수용·사용 또는 제한 및 그에 대한 보상은 법률로써 하되, 정당한 보상을 지급하여야 한다.

제24조 모든 국민은 법률이 정하는 바에 의하여 선거권을 가진다.

제25조 모든 국민은 법률이 정하는 바에 의하여 공무담임권을 가진다.

제26조 ① 모든 국민은 법률이 정하는 바에 의하여 국가기관에 문서로 청원할 권리를 가진다.
② 국가는 청원에 대하여 심사할 의무를 진다.

제27조 ① 모든 국민은 헌법과 법률이 정한 법관에 의하여 법률에 의한 재판을 받을 권리를 가진다.
② 군인 또는 군무원이 아닌 국민은 대한민국의 영역 안에서는 중대한 군사상 기밀·초병·초소·유독음식물공급·포로·군용물에 관한 죄 중 법률이 정한 경우와 비상계엄이 선포된 경우를 제외하고는 군사법원의 재판을 받지 아니한다.
③ 모든 국민은 신속한 재판을 받을 권리를 가진다. 형사피고인은 상당한 이유가 없는 한 지체없이 공개재판을 받을 권리를 가진다.
④ 형사피고인은 유죄의 판결이 확정될 때까지는 무죄로 추정된다.
⑤ 형사피해자는 법률이 정하는 바에 의하여 당해 사건의 재판절차에서 진술할 수 있다.

제28조 형사피의자 또는 형사피고인으로서 구금되었던 자가 법률이 정하는 불기소처분을

받거나 무죄판결을 받은 때에는 법률이 정하는 바에 의하여 국가에 정당한 보상을 청구할 수 있다.

제29조 ① 공무원의 직무상 불법행위로 손해를 받은 국민은 법률이 정하는 바에 의하여 국가 또는 공공단체에 정당한 배상을 청구할 수 있다. 이 경우 공무원 자신의 책임은 면제되지 아니한다.

② 군인·군무원·경찰공무원 기타 법률이 정하는 자가 전투·훈련 등 직무집행과 관련하여 받은 손해에 대하여는 법률이 정하는 보상 외에 국가 또는 공공단체에 공무원의 직무상 불법행위로 인한 배상은 청구할 수 없다.

제30조 타인의 범죄행위로 인하여 생명·신체에 대한 피해를 받은 국민은 법률이 정하는 바에 의하여 국가로부터 구조를 받을 수 있다.

제31조 ① 모든 국민은 능력에 따라 균등하게 교육을 받을 권리를 가진다.

② 모든 국민은 그 보호하는 자녀에게 적어도 초등교육과 법률이 정하는 교육을 받게 할 의무를 진다.

③ 의무교육은 무상으로 한다.

④ 교육의 자주성·전문성·정치적 중립성 및 대학의 자율성은 법률이 정하는 바에 의하여 보장된다.

⑤ 국가는 평생교육을 진흥하여야 한다.

⑥ 학교교육 및 평생교육을 포함한 교육제도와 그 운영, 교육재정 및 교원의 지위에 관한 기본적인 사항은 법률로 정한다.

제32조 ① 모든 국민은 근로의 권리를 가진다. 국가는 사회적·경제적 방법으로 근로자의 고용의 증진과 적정임금의 보장에 노력하여야 하며, 법률이 정하는 바에 의하여 최저임금제를 시행하여야 한다.

② 모든 국민은 근로의 의무를 진다. 국가는 근로의 의무의 내용과 조건을 민주주의원칙에 따라 법률로 정한다.

③ 근로조건의 기준은 인간의 존엄성을 보장하도록 법률로 정한다.

④ 여자의 근로는 특별한 보호를 받으며, 고용·임금 및 근로조건에 있어서 부당한 차별을 받지 아니한다.

⑤ 연소자의 근로는 특별한 보호를 받는다.

⑥ 국가유공자·상이군경 및 전몰군경의 유가족은 법률이 정하는 바에 의하여 우선적으로 근로의 기회를 부여받는다.

제33조 ① 근로자는 근로조건의 향상을 위하여 자주적인 단결권과 단체교섭권 및 단체행동권을 가진다.

② 공무원인 근로자는 법률이 정하는 자에 한하여 단결권과 단체교섭권 및 단체행동권을 가진다.

③ 법률이 정하는 주요 방위산업체에 종사하는 근로자의 단체행동권은 법률이 정하는 바에 의하여 이를 제한하거나 인정하지 아니할 수 있다.

제34조 ① 모든 국민은 인간다운 생활을 할 권리를 가진다.

② 국가는 사회보장·사회복지의 증진에 노력할 의무를 진다.

③ 국가는 여자의 복지와 권익의 향상을 위하여 노력하여야 한다.

④ 국가는 노인과 청소년의 복지향상을 위한 정책을 실시할 의무를 진다.

⑤ 신체장애자 및 질병·노령 기타의 사유로 생활능력이 없는 국민은 법률이 정하는 바에 의하여 국가의 보호를 받는다.

⑥ 국가는 재해를 예방하고 그 위험으로부터 국민을 보호하기 위하여 노력하여야 한다.

제35조 ① 모든 국민은 건강하고 쾌적한 환경에서 생활할 권리를 가지며, 국가와 국민은 환경보전을 위하여 노력하여야 한다.

② 환경권의 내용과 행사에 관하여는 법률로 정한다.

③ 국가는 주택개발정책 등을 통하여 모든 국민이 쾌적한 주거생활을 할 수 있도록 노력하여야 한다.

제36조 ① 혼인과 가족생활은 개인의 존엄과 양성의 평등을 기초로 성립되고 유지되어야 하며, 국가는 이를 보장한다.

② 국가는 모성의 보호를 위하여 노력하여야 한다.

③ 모든 국민은 보건에 관하여 국가의 보호를 받는다.

제37조 ① 국민의 자유와 권리는 헌법에 열거되지 아니한 이유로 경시되지 아니한다.

② 국민의 모든 자유와 권리는 국가안전보장·질서유지 또는 공공복리를 위하여 필요한 경우에 한하여 법률로써 제한할 수 있으며, 제한하는 경우에도 자유와 권리의 본질적인 내용을 침해할 수 없다.

2. 기본권의 분류

기본권은 먼저 주체를 기준으로 분류해 보면 모든 인간이 국적을 불문하고 즉, 내국인과 외국인의 구별 없이 향유할 수 있는 권리인 인간의 권리 대 어느 국가의 국적보유자만이 누릴 수 있는, 즉 실정법에 의하여 비로소 보장되는 권리인 국민의 권리로 나눌 수 있으며, 또한 자연인의 권리 대 법인의 권리로 나눌 수 있다.

다음으로 기본권의 성질을 기준으로 분류해 보면 국가에 의해 창설된 권리가 아닌 인간의 생래적·천부적 권리로 모든 인간이 향유할 수 있는 초국가적 기본권 대 국가에 의하여 비로소 창설된 권리인 실정법적 기본권으로 나눌 수 있다. 그리고 어떠한 경우에 어떠한 사유로 제한하거나 침해할 수 없는 권리인 절대적 기본권과 국가의 안전과 질서유지 및 공공복리를 실현하기 위하여 법률로서 필요 최소한의 범위 내에서 제한이 가능한 상대적 기본권으로 나눌 수 있으며, 개인을 위한 현실적 및 실질적 권리로서 국가의 부작위나 국가에게 일정한 급부의 청구를 할 수 있는 진정한 기본권 대 헌법이 일정한 문화질서나 교육제도 등을 규정하고 있는 결과 문화시설이용권이나 교육시설 이용권 등 반사적으로 향유하게 되는 부진정한 기본권으로 나눌 수 있다.

그리고 기본권의 내용을 기준으로 분류해 보면 인간으로서의 존엄과 가치 및 행복추구권과 평등권의 포괄적 기본권, 신체의 자유와 언론 및 출판의 자유 및 재산권 등의 자유권적 기본권, 선거권과 공무담임권의 참정권적 기본권, 인간다운 생활을 할 권리와 근로 3권 및 환경권 등의 사회권적 기본권, 청원권과 국가배상청구권 및 범죄피해자구조청구권 등의 청구권적 기본권으로 나눌 수 있다.

또한 기본권의 효력을 기준으로 분류해 보면 모든 국가권력을 직접적 구속력이 있는 구체적 기본권 대 입법에 의하여 비로소 구체적 기본권이 될 수 있는 추상적 기본권으로 나눌 수 있고, 국가에 대해서만 효력이 있는 대국가적 기본권 대 사인 (私人)에 대해서도 효력이 있는 대사인적 기본권으로 나눌 수 있다.[4]

---

4) 권영성, 헌법학원론, 법문사, 2009, 303-306면.

Ⅲ. 기본권의 주체

1. 국민

헌법상 기본권의 주체는 원칙적으로 모든 대한민국 국민이다. 즉, 우리나라 국민이라면 당연히 그 성별이나 학력 또는 나이 또는 재산의 정도, 심신상실의 여부, 수형자인지의 여부 등에 상관없이 모두 헌법상 기본권의 주체가 된다. 즉, 기본권의 보유능력이 있게 된다. 왜냐하면 헌법은 원칙적으로 해당 국가의 국민의 기본권을 최대한 보장하기 위해서 존재하는 최고의 법규범이기 때문이다.

한편 우리나라 국민이라면 미성년자거나 심신상실자이거나 수형자 등 누구나 가지는 것을 '기본권 보유능력'이라고 하는데 반하여, 기본권의 주체가 자신의 기본권을 실제 현실적으로 행사할 수 있는 자격이나 능력을 '기본권 행사능력'이라고 한다.5)

2. 외국인

(1) 의의

외국인은 우리나라 헌법상 국민과 같은 인간에 속하기 때문에 기본권의 성격이 당연히 인간으로서 누릴 수 있는 기본권일 경우에는 우리나라 국민과 유사한 지위에 있다고 보아 이를 헌법상 보장해 주는 것이 타당하다. 기본권 보유능력은 헌법상의 권리를 보유하는 능력을 뜻하므로, 법률인 민법상의 권리능력의 범위와 일치하지는 않으며, 법률인 형법상 자격정지라는 형벌로 박탈할 수 없다. 그리고 이러한 기본권 보유능력은 국민이라면 누구나 가지는 것이므로, 미성년자인 국민이든 심신상실자인 국민이든 수형자인 국민이든 상관없이 보유한다.

한편 기본권의 주체가 특정한 기본권을 실제로 행사할 수 있는 능력을 뜻하는 기본권의 행사능력은 기본권의 행위능력과 같은 뜻이다. 선거권이나 피선거권 등과 같이 특정한 기본권을 현실적으로 행사하기 위해서는 일정한 연령 등의 요건을 요구하는 경우가 있다. 예를 들어, 헌법상 인간의 존엄과 가치, 행복추구권, 양심의 자유 등의 전통적인 자유권 및 기타 생래적인 천부적 인권에 속하는 것은 외국인도 그 주체가 될 수 있다고 할 것이다. 다만 우리나라 헌법상 직업선택의 자유, 토지소유권과 광업권 등의 재산권, 선거권과 공무담임권, 사회권적 기본권 등 기본권의 성질

---

5) 권영성, 상게서, 313면.

에 의해 외국인에게 해당 법률을 통하여 경우에 따라 제한을 할 수 있다. 이 밖에 외국인에게 출국의 자유는 인정되지만, 어떤 외국과의 특별한 조약이 없는 한, 그 나라의 외국인에게 우리나라가 입국을 허가할 의무는 없다.[6)]

참고로 헌법재판소는 2007년에 "근로의 권리는 생활의 기본적인 수요를 충족시킬 수 있는 생활수단을 확보해 주고, 나아가 인격의 자유로운 발현과 인간의 존엄성을 보장해 주는 것으로서 사회권적 기본권의 성격이 강하므로, 이에 대한 외국인의 기본권 주체성을 전면적으로 인정하기는 어렵다."라고 판시하였다(헌재 2007. 8. 30, 2004헌마670).

한편 이와 달리, 헌법재판소는 2001년에 "외국인에게 모든 기본권이 무한정 인정될 수 있는 것이 아니라, 원칙적으로 '국민의 권리'가 아닌 '인간의 권리'의 범위 내에서만 인정될 것인바, 인간의 존엄과 가치 및 행복추구권 등 '인간의 권리'는 외국인도 그 주체가 될 수 있다."라고 판시하였다(헌재 2001. 11. 29, 99헌마494).

(2) 외국인의 권리 제한 법률

(가) 국가공무원법상 제한 법률

국가공무원법 제26조의3 제1항에서 "국가기관의 장은 국가안보 및 보안·기밀에 관계되는 분야를 제외하고 대통령령 등으로 정하는 바에 따라[7)] 외국인을 공무원으

---

6) 권영성, 상게서, 315면.
7) 공무원임용령 제4조 제1항: 임용권자 또는 임용제청권자는 국가공무원법 제26조의3 제1항에 따라 외국인을 전문경력관규정 제2조에 따른 전문경력관(이하 "전문경력관"이라 한다), 임기제공무원 또는 특수경력직공무원으로 채용할 수 있다. 제2항: 임용권자 또는 임용제청권자는 법령으로 정한 각 기관의 소관 업무 중 다음 각 호의 업무 분야에는 국가공무원법 제26조의3 제2항에 따라 복수국적자의 임용을 제한할 수 있다. 1. 국가안보와 관련되는 정보 · 보안 · 기밀 및 범죄수사에 관한 분야. 2. 대통령 및 국무총리 등 국가 중요 인사의 국정수행 보좌 및 경호에 관한 분야. 3. 외교관계 · 통상교섭 및 국제협정에 관한 분야. 4. 남북간 대화 · 교류 · 협력 및 통일에 관한 분야. 5. 검찰 · 교정 및 출입국관리에 관한 분야. 6. 군정 및 군령, 무기체계 획득, 방위력 개선 및 그 밖의 군사에 관한 분야. 7. 국민의 생명 · 신체 · 재산 보호, 기업의 영업비밀 및 신기술 보호, 주요 경제 · 재정 정책 및 예산 운영에 관한 분야. 8. 그 밖에 보안 시설 · 지역 출입, 비밀문서 · 자재 취급 등 업무의 성질상 국가의 안보 및 이익에 중대한 영향을 미칠 수 있는 분야로서 복수국적자가 수행하기에 부적합하다고 인정하여 소속 장관이 정하는 분야. 별정직공무원인사규정 제3조의2: 임용권자나 임용제청권자는 국가공무원법 제26조의3에 따라 외국인을 별정직공무원으로 임용할 수 있다. 법원공무원규칙 제4조의3 제1항: 임용권자는 국가공무원법 제26조의3 제1항에 따라 외국인을 전문경력관 규칙 제2조에 따른 전문경력관(이하 "전문경력관"이라 한다), 임기제공무원 또는 특수경력직공무원으로 채용할 수 있다. 제2항: 임용권자는 법령으로 정한 각 기관의 소관 업무 중 다음 각 호의 업무 분야에는 국가공무원법 제26조의3

로 임용할 수 있다."라고 규정하고 있다.

(나) 도선법상 제한 법률

도선법 제6조 제1호에서 "다음 각 호의 어느 하나에 해당하는 사람은 도선사가 될 수 없다. 1. 대한민국 국민이 아닌 사람"이라고 규정하고 있다.

(다) 부동산거래신고등에관한법률상 제한 법률

부동산거래신고등에관한법률 제9조 제1항에 의하면 "제3조 및 제8조에도 불구하고 외국인 등이 취득하려는 토지가 다음 각 호의 어느 하나에 해당하는 구역·지역 등에 있으면 토지를 취득하는 계약(이하 "토지취득계약"이라 한다)을 체결하기 전에 대통령령으로 정하는 바에 따라 신고관청으로부터 토지취득의 허가를 받아야 한다. 다만 제11조에 따라 토지거래계약에 관한 허가를 받은 경우에는 그러하지 아니하다. 1. 군사기지및군사시설보호법 제2조 제6호에 따른 군사기지 및 군사시설 보호구역, 그 밖에 국방목적을 위하여 외국인 등의 토지취득을 특별히 제한할 필요가 있는 지역으로서 대통령령으로 정하는 지역, 2. 문화재보호법 제2조 제3항에 따른 지정문화재와 이를 위한 보호물 또는 보호구역, 3. 자연환경보전법 제2조 제12호에 따른 생태·경관보전지역, 4. 야생생물보호및관리에관한법률 제27조에 따른 야생생물 특별보호구역"이라고 규정하고 있고, 부동산거래신고등에관한법률 제9조 제3항에서 "제1항을 위반하여 체결한 토지취득계약은 그 효력이 발생하지 아니한다."라고 규정하고 있다.

제2항에 따라 복수국적자의 임용을 제한할 수 있다. 1. 국가안보와 관련되는 정보·보안·기밀 및 이와 관련된 재판 분야. 2. 그 밖에 보안 시설·지역 출입, 비밀문서·자재 취급 등 업무의 성질상 국가의 안보 및 이익에 중대한 영향을 미칠 수 있는 분야로서 복수국적자가 수행하기에 부적합하다고 인정하여 소속기관의 장이 정하는 분야. 선거관리위원회공무원규칙 제4조의4 제1항: 임용권자는 국가공무원법 제26조의3 제1항에 따라 외국인을 전문경력관 또는 임기제공무원으로 채용할 수 있다. 제2항: 임용권자는 선거관리위원회 소관 업무 중 보안 시설 출입, 비밀문서·자재 취급 등 복수국적자(대한민국 국적과 외국 국적을 함께 가진 사람을 말한다)가 수행하기에 부적합하다고 인정하여 사무총장이 정하는 분야에는 국가공무원법 제26조의3 제2항에 따라 복수국적자의 임용을 제한할 수 있다. 선거관리위원회별정직공무원규칙 제4조의2: 임용권자는 법 제26조의3에 따라 외국인을 별정직공무원으로 임용할 수 있다. 헌법재판소공무원규칙 제7조의2: 임용권자는 국가공무원법 제26조의3 제1항에 따라 외국인을 전문경력관, 임기제공무원 또는 특수경력직공무원으로 채용할 수 있다. 헌법재판소별정직공무원규칙 제4조의2: 임용권자는 국가공무원법 제26조의3에 따라 외국인을 별정직공무원으로 임용할 수 있다.

(라) 공직선거법상 제한 법률

공직선거법 제15조 제1항에서 "18세 이상의 국민은 대통령 및 국회의원의 선거권이 있다. 다만 지역구 국회의원의 선거권은 18세 이상의 국민으로서 공직선거법 제37조 제1항에 따른 선거인명부작성 기준일 현재 다음 각 호의 어느 하나에 해당하는 사람에 한하여 인정된다. 1. 주민등록법 제6조 제1항 제1호 또는 제2호에 해당하는 사람으로서, 해당 국회의원지역선거구 안에 주민등록이 되어 있는 사람, 2. 주민등록법 제6조 제1항 제3호에 해당하는 사람으로서, 주민등록표에 3개월 이상 계속하여 올라 있고 해당 국회의원지역선거구 안에 주민등록이 되어 있는 사람"이라고 규정하고 있고, 공직선거법 제15조 제2항에서 "18세 이상으로서 공직선거법 제37조 제1항에 따른 선거인명부작성 기준일 현재 다음 각 호의 어느 하나에 해당하는 사람은 그 구역에서 선거하는 지방자치단체의 의회의원 및 장의 선거권이 있다. 1. 주민등록법 제6조 제1항 제1호 또는 제2호에 해당하는 사람으로서 해당 지방자치단체의 관할 구역에 주민등록이 되어 있는 사람, 2. 주민등록법 제6조 제1항 제3호에 해당하는 사람으로서 주민등록표에 3개월 이상 계속하여 올라 있고 해당 지방자치단체의 관할 구역에 주민등록이 되어 있는 사람, 3. 출입국관리법 제10조에 따른 영주의 체류자격 취득일 후 3년이 경과한 외국인으로서 같은 법 제34조에 따라 해당 지방자치단체의 외국인등록대장에 올라 있는 사람"이라고 규정하고 있다. 다만 공직선거법 제16조에서는 외국인에게 피선거권을 인정하지 않고 있다.

(마) 수산업법상 제한 법률

수산업법 제5조에서 "제1항: 시·도지사 또는 시장·군수·구청장은 외국인이나 외국법인에 대하여 대통령령으로 정하는 어업면허나 어업허가를 하려면 미리 해양수산부장관과 협의하여야 한다. 제2항: 외국인이나 외국법인이 대한민국 국민 또는 대한민국의 법률에 따라 설립된 법인(설립 중인 법인을 포함한다)에 제1항에 따른 어업을 경영할 목적으로 투자하는 경우 그 국민 또는 법인에 대한 투자비율이 50퍼센트 이상이거나 의결권이 과반수인 때에도 제1항을 적용한다. 제3항: 대한민국 국민 또는 대한민국의 법률에 따라 설립된 법인이나 단체에 대하여 자국 내의 수산업에 관한 권리의 취득을 금지하거나 제한하는 국가의 개인 또는 법인이나 단체에 대하여는 대한민국 안의 수산업에 관한 권리의 취득에 관하여도 같거나 비슷한 내용의 금지나 제한을 할 수 있다."라고 규정하고 있다.

(바) 광업법상 제한 법률

광업법 제10조의 2 제1항에서 "외국인은 다음 각 호의 어느 하나에 해당하는 경우에만 광업권을 가질 수 있다. 1. 그 외국인이 속하는 국가에서 대한민국 국민에 대하여 그 국가의 국민과 동일한 조건으로 광업권을 갖는 것을 인정하는 경우, 2. 대한민국이 그 외국인에 대하여 광업권을 갖는 것을 인정하는 경우에는 그 외국인이 속하는 국가에서도 대한민국 국민에 대하여 그 국가의 국민과 동일한 조건으로 광업권을 갖는 것을 인정하는 경우, 3. 조약 및 이에 준하는 것에서 광업권을 갖는 것을 인정하고 있는 경우"라고 규정하고 있다.

(사) 특허법상 제한 법률

특허법 제25조에서 "재외자 중 외국인은 다음 각 호의 어느 하나에 해당하는 경우를 제외하고는 특허권 또는 특허에 관한 권리를 누릴 수 없다. 1. 그 외국인이 속하는 국가에서 대한민국 국민에 대하여 그 국가의 국민과 같은 조건으로 특허권 또는 특허에 관한 권리를 인정하는 경우, 2. 대한민국이 그 외국인에 대하여 특허권 또는 특허에 관한 권리를 인정하는 경우에는 그 외국인이 속하는 국가에서 대한민국 국민에 대하여 그 국가의 국민과 같은 조건으로 특허권 또는 특허에 관한 권리를 인정하는 경우, 3. 조약 또는 이에 준하는 것에 따라 특허권 또는 특허에 관한 권리가 인정되는 경우"라고 규정하고 있다.

(아) 항공안전법상 제한 법률

항공안전법 제10조에서 "제1항: 다음 각 호의 어느 하나에 해당하는 자가 소유하거나 임차한 항공기는 등록할 수 없다. 다만 대한민국의 국민 또는 법인이 임차하여 사용할 수 있는 권리가 있는 항공기는 그러하지 아니하다. 1. 대한민국 국민이 아닌 사람, 2. 외국정부 또는 외국의 공공단체, 3. 외국의 법인 또는 단체, 4. 제1호부터 제3호까지의 어느 하나에 해당하는 자가 주식이나 지분의 2분의 1 이상을 소유하거나 그 사업을 사실상 지배하는 법인, 5. 외국인이 법인 등기사항증명서상의 대표자이거나 외국인이 법인 등기사항증명서상의 임원 수의 2분의 1 이상을 차지하는 법인, 제2항: 제1항 단서에도 불구하고 외국 국적을 가진 항공기는 등록할 수 없다."라고 규정하고 있다.

3. 법인

법인은 사법인의 경우에 영리와 비영리를 가리지 않고, 사단법인과 재단법인 뿐만 아니라 기타의 인적 결사체도 인간만이 누릴 수 있는 생명권, 신체의 자유, 양심의 자유 등을 제외한 평등권, 거주·이전의 자유, 언론·출판의 자유, 재산권, 청구권적 기본권 등을 누릴 수 있다. 그러나 국가나 지방자치단체 등의 공법인이나 국가기관은 원칙적으로 기본권의 주체가 될 수 없다. 즉, 국가나 국가기관 또는 국가조직의 일부나 공법인은 기본권의 '수범자'이지 기본권의 주체로서 그 '소지자'가 아니고, 오히려 국민의 기본권을 보호 내지 실현해야 할 책임과 의무를 지니고 있는 지위에 있을 뿐이다(헌재 1994. 12. 29. 93헌마120).

그리고 법인의 기본권 주체성에 대하여 헌법재판소는 1991년에 "우리나라 헌법은 법인의 기본권 향유능력을 인정하는 명문의 규정을 두고 있지 않지만, 본래 자연인에게 적용되는 기본권 규정이라도 언론·출판의 자유, 재산권의 보장 등과 같이 성질상 법인이 누릴 수 있는 기본권을 당연히 법인에게도 적용하여야 한 것으로 본다."라고 판시하였다(헌재 1991. 6. 3. 90헌마56).

Ⅳ. 기본권의 이중적 성격과 효력

1. 기본권의 이중적 성격

기본권은 개인이 자신을 위해서 국가에 대해 일정한 작위 또는 부작위를 요청할 수 있는 권리로서, 입법·행정·사법 등 국가권력을 직접 구속하는 주관적 공권성 내지 기본권의 주체가 자신의 기본권을 불법 및 부당한 국가권력에 의해 침해를 받았을 때 이렇게 침해를 받은 자신의 기본권을 국가권력으로부터 방어하고 보호할 수 있는 방어권적 성격이 있다. 따라서 국가가 국민의 기본권을 침해하거나 침해할 것이 예상될 때에 국민은 언제나 기본권의 방어권적 성격에 의해 국가권력의 기본권 침해 행위를 제거하거나, 침해로 인한 피해를 전보할 것을 구하거나, 기본권을 침해할 우려가 있는 경우에 미리 이러한 행위를 저지할 수 있는 속성이 내재되어 있다.[8]

이와 동시에 기본권은 단순히 개인의 권리를 보장해 주는 수준을 뛰어넘어 기본권으로 보장되는 여러 가치들이 형성하는 하나의 질서를 이루고, 이러한 질서는 일반적으로 인간의 존엄과 가치를 구체화하고 행복을 추구하는 삶을 실질화 시키기도 하고, 참정권과 같이 국가가 작동하는 질서를 구축하기도 하는바, 자연인과 법인의 공동생활을 규율하는 원칙적으로 강제할 수 있다.[9] 즉, 기본권은 국가의 일정한 가치를 지향하는 기본적인 법질서의 내용을 규정하는 객관적 법규범으로서의 성격 즉, 객관적 가치질서성이 있다. 따라서 기본권에 의해 법률의 효력이 정해지는 근거가 기본권의 객관적 가치질서성으로부터 나오게 된다.

이러한 사유로 기본권은 불법·부당한 공권력의 침해로부터 자신의 기본권을 방어하고 보호할 수 있는 개인의 주관적 공권성(방어권적 성격)을 가짐과 동시에 사회공동체의 어느 일정한 객관적인 가치를 담은 법질서를 형성하고 유지시키는 성격(객관적 가치질서성)을 가지는바, 이를 '기본권의 이중적 성격'이라 한다. 예를 들어, 헌법 제11조의 평등권 규정에 의하여 법 앞의 평등이라는 헌법적 보장은 개인이 국가권력에 대해 평등한 대우를 요구할 수 있는 개인을 위한 주관적인 의미의 평등권을 보장한 것임과 동시에 국가권력에 의한 자의적인 차별의 금지와 같은 민주국가적 법질서의 내용이 되는 평등의 원칙을 객관적으로 확인시켜 준다는 점에서 기본권은 이중적 성격을 가진다고 할 것이다.[10]

---

8) 정종섭, 헌법학원론, 박영사, 2015, 310면.
9) 정종섭, 상게서, 311-312면; 홍성방, 헌법학(상), 박영사, 2010, 331면.

이에 대해 헌법재판소는 1995년에 "국민의 기본권은 국가권력에 의하여 침해되어서는 아니 된다는 의미에서 소극적 방어권으로서의 의미를 가지고 있을 뿐만 아니라, 헌법 제10조에서 국가는 개인이 가지는 불가침의 기본적 인권을 확인하고 이를 보장할 의무를 진다고 선언함으로써 국가는 나아가 적극적으로 국민의 기본권을 보호할 의무를 부담하고 있다는 의미에서 기본권은 국가권력에 대한 객관적 규범 내지 가치질서로서의 의미를 함께 갖는다. 이러한 객관적 가치질서로서의 기본권은 입법 · 사법 · 행정의 모든 국가기능의 방향을 제시하는 지침으로서 작용하므로, 국가기관에게 기본권의 객관적 내용을 실현할 의무를 부여한다."라고 판시하여, 기본권의 이중적 성격을 명시적으로 인정하였다(헌재 1995. 6. 29. 93헌바45). 그리고 예를 들어, 헌법재판소는 1996년에 "직업의 선택 혹은 수행의 자유는 각자의 생활의 기본적 수요를 충족시키는 방편이 되고, 또한 개성 신장의 바탕이 된다는 점에서 주관적 공권의 성격이 두드러지긴 하지만, 다른 한편으로는 국민 개개인이 선택한 직업의 수행에 의하여 국가의 사회질서와 경제질서가 형성된다는 점에서 사회적 시장경제질서라고 하는 객관적 법질서의 구성요소이기도 하다."라고 판시하여, 기본권(직업의 선택 및 수행의 자유)의 이중적 성격을 명시적으로 인정하고 있다(헌재 1996. 8. 29. 94헌마113).

2. 기본권의 이중적 효력

헌법상 기본권은 역사적으로 국가권력에 의한 침해로부터 개인의 기본권을 방어하여 보호하려는 기본권의 방어권적 성격을 전제하는바, 국가와 국민과의 관계를 정한 것이라는 점에서 기본권의 효력은 통상적으로 국가권력에 대한 효력 즉, 대국가적 효력이 있다. 그러나 자본주의 사회가 발전하면서 사회가 다원화되자 사인이나 사적 단체 중에서 정부와 같은 힘을 가진 존재가 나타나게 되었는바, 이들로부터 약한 지위에 있는 개인의 기본권을 보장할 필요가 생기게 되었다. 즉, 오늘날 기본권은 국가의 공권력에 의해서 뿐만 아니라, 사인에 의해서도 얼마든지 침해될 수 있다는 점에서 기본권의 제3자적 효력(대사인적 효력)을 인정할 필요가 있다. 즉, 기본권은 국가 뿐만 아니라, 제3자인 사인으로부터도 개인의 기본권이 침해받지 않도록 하는 기능을 가지며, 기본권이 형성하는 질서는 국가영역 뿐만 아니라, 사회영역에서도 형성되므로 사인인 국민도 이러한 질서를 존중해야 한다.[11]

---

10) 권영성, 전게서, 302면.

이에 대해 민법 제2조(제1항: 권리의 행사와 의무의 이행은 신의에 좇아 성실히 하여야한다. 제2항: 권리는 남용하지 못한다), 민법 제103조(선량한 풍속 기타 사회질서에 위반한 사항을 내용으로 하는 법률행위는 무효로 한다), 민법 제750조(고의 또는 과실로 인한 위법행위로 타인에게 손해를 가한 자는 그 손해를 배상할 책임이 있다), 민법 제751조(제1항: 타인의 신체, 자유 또는 명예를 해하거나 기타 정신상 고통을 가한 자는 재산 이외의 손해에 대하여도 배상할 책임이 있다. 제2항: 법원은 전항의 손해배상을 정기금채무로 지급할 것을 명할 수 있고 그 이행을 확보하기 위하여 상당한 담보의 제공을 명할 수 있다)와 같은 사법상의 일반원칙을 규정한 조항을 매개로 하여 간접적으로 적용된다는 독일의 뒤리히(G. Dürig)의 간접적용설(공서양속설)과 비록 사인의 행위라고 하더라도 국가로부터 일정한 지원이나 혜택을 받게 되는 점 등을 착안하여 기본권을 침해하는 사인의 행위를 국가행위로 의제하여 기본권 규정을 확대 적용할 수 있다는 미국의 '국가행위 의제이론(State Action Doctrine)'으로 구분될 수 있다. 생각건대 이 중에서 우리나라는 독일과 같이 헌법상 기본권 규정이 사법상의 일반 원칙을 통해 사법관계에 적용된다는 간접적용설(공서양속설)을 통해 기본권의 제3자적 효력(대사인적 효력)이 인정된다고 보는 것이 타당하다.

참고로 미국의 '국가행위 의제이론(State Action Doctrine)'에 대해 좀 더 자세하게 설명하면 다음과 같다.[12]

미국의 연방대법원은 1940년대 이후에 거대하게 조직화 된 사적 단체들에 의하여 미약한 사인의 권리를 침해할 가능성이 커지게 되자, 사인 사이에서도 기본권의 효력을 인정할 필요성이 있다고 판단하였다. 이에 국유재산을 임차한 사인이 그 시설에서 행한 기본권의 침해행위(예를 들어, 미국에서 시의 소유지에 건립된 공영주차장 건물을 임대하여 식당을 운영한 자의 흑인 차별행위에 대해 기본권을 적용)는 마치 국가의 공권력 행위로 인한 침해행위로 보아야 한다는 '국유재산이론', 정당 등과 같이 성질상 실질적으로 통치기능을 행사하는 사인이 행한 기본권의 침해행위(예를 들어, 미국에서 주 헌법이 예비선거를 각 정당의 내규로 정하도록 규정하여 이에 각 정당이 내규로 흑인에게 선거권을 부여하지 않는 것으로 규정하여 예비선거에서 흑인을 배제한 행위는 예비선거가 주정부 인정하는 정식선거의 일부분으로 순전한 사적행위가 아니고 정당이 주의 통치기능을 대신한 것으로 기본권을 적용)는 마치 국가의 공권력 행위로 인한 침해행위로 보아야 한다는 '통

---

11) 정종섭, 전게서, 312-313면.
12) 성낙인, 헌법학, 법문사, 2019, 937-938면; 정종섭, 상게서, 345-346면.

치기능의 이론', 국가로부터 재정적인 원조나 조세부과 면제 등의 원조를 받는 사인이 행한 기본권의 침해행위(예를 들어, 미국에서 사립학교가 시의 재정적인 지원을 받아 시의 건물과 토지를 사용하고 있는데 그 사립학교가 흑인에게 인종차별을 하는 것은 마치 국가가 인종차별을 하는 것과 같은 것으로 기본권을 적용)는 마치 국가의 공권력 행위로 인한 침해행위로 보아야 한다는 '국가원조이론', 국가로부터 어떤 특권을 부여받아서 국가와 밀접한 관계에 있는 사적 단체가 행한 기본권 침해행위(예를 들어, 미국에서 시로부터 운수사업을 할 수 있는 면허 등에 대한 특권을 부여받아 이를 운영하면서 흑인에게 인종차별을 한 경우에 국가가 인종차별을 한 것으로 기본권을 적용)는 마치 국가의 공권력 행위로 인한 침해행위로 보아야 한다는 '특권 부여의 이론', 사인 간의 기본권 침해행위가 법원의 재판 중에 문제시되어 이를 법원의 판결에 의한 사법적 집행으로 실현하는 경우(예를 들어, 미국에서 부동산 소유자들이 흑인에게 부동산 매매를 금지하는 주민계약에 대하여 흑인 주민이 부동산을 구입하자 이를 백인 주민이 무효라고 소송을 하자 법원에서 본 주민계약의 이행을 강제하는 명령을 한 것은 국가가 사법부를 통해서 인종차별을 한 것으로 기본권 적용)에 이러한 사법적 집행을 위헌적인 국가행위로 보는 '사법적 집행의 이론' 등이 있다.

V. 기본권의 경합

1. 의의

'기본권의 경합'이란 단일한(한 사람의) 기본권 주체가 국가에 대하여 동시에 여러 기본권들의 적용을 주장하는 경우를 뜻한다.[13] 이러한 기본권의 경합을 '기본권의 경쟁'이라고도 한다.[14]

이러한 기본권의 경합의 예로는 경찰이 부당하게 어떤 집회에서 연설하는 자에게 그 집회에서 연설을 하지 못하게 제한하는 경우에 국가에 대하여 이 연설자가 자기의 연설행위를 하지 못하게 된 것에 의하여 자신의 헌법상 언론의 자유와 집회의 자유 등을 동시에 침해받았다고 주장하는 경우를 들 수 있다. 그리고 집회나 시위에 참여하려는 사람을 경찰이 부당하게 체포하거나 구속한 경우에 그 체포나 구속을 당한 사람이 국가에 대하여 헌법 제12조의 신체의 자유와 헌법 제21조의 집회의 자유를 동시에 침해받았다고 주장하는 경우를 들 수 있고, 직업적 음악가의 연주회나 직업적 종교인의 설교를 경찰이 부당하게 제한하는 경우에 이 직업적 음악가나 직업적 종교인이 헌법 제22조의 예술의 자유나 헌법 제20조의 종교의 자유와 동시에 헌법 제15조의 직업의 자유와 집회의 자유 등을 침해받았다고 주장하는 경우를 들 수 있다. 또한 신문배달의 차량을 경찰이 부당하게 압수한 경우에 이 차량의 주인이 헌법 제21조의 언론의 자유와 동시에 헌법 제23조의 재산권 등을 침해받았다고 주장하는 경우를 들 수 있다. 그리고 어떤 종교단체가 발행하는 신문에 대하여 국가가 이를 발행할 수 없게 하거나 보급할 수 없게 하는 등의 간섭을 하는 경우에 종교단체의 신문 발행인은 헌법 제20조의 종교의 자유와 헌법 제21조의 언론 및 출판의 자유 등을 동시에 침해받았다고 주장하는 경우 등을 들 수 있다.[15]

2. 구별 개념

어떤 기본권들이 겉으로는 경합하는 것처럼 보이지만, 실제로는 기본권이 경합하지 아니하는 경우를 '기본권의 유사경합' 또는 '기본권의 부진정경합'이라고 한다.

---

13) 권영성, 전게서, 331면.
14) 허영, 한국헌법론, 박영사, 2015, 274면.
15) 권영성, 전게서, 332-333면; 성낙인, 전게서, 941면.

예를 들어, 학문적 표현이나 예술적 수단을 이용한 광고 또는 선전행위를 하는 경우에 헌법 제15조의 직업의 자유나 헌법 제23조의 재산권 이외에 헌법 제22조의 학문과 예술의 자유까지도 경합적으로 주장할 수 있는지의 문제가 발생하는바, 이 경우에 상업적 목적의 광고나 선전행위는 학문적 지식이나 예술적 관념을 전파하는 전형적인 수단이 아니므로, 그러한 행위는 헌법상 학문의 자유나 예술의 자유로서 보호받을 수는 없다고 할 것이다.16) 따라서 기본권의 유사경합 또는 부진정경합은 진정한 기본권의 경합과 다른 것으로서 양자는 구별해야 한다.

3. 해결 방안

먼저 일반적 기본권과 특별 기본권이 경합하는 경우에는 특별법 우선의 원칙에 의해 당해 행위에 적용될 수 있는 여러 기본권들 중 특별법적 위치에 있는 기본권을 우선 적용하여 해결한다.

이와 관련하여 헌법재판소는 1999년에 "정당에 관한 한, 헌법 제8조는 일반결사에 관한 헌법 제21조에 대한 특별규정이므로, 정당의 자유에 관하여는 헌법 제8조 제1항이 우선적으로 적용된다."라고 판시하여, 헌법 제8조의 정당설립의 자유가 헌법 제21조의 결사의 자유에 우선하여 적용되는 특별 기본권임을 밝혔다(헌재 1999. 12. 23, 99헌마135). 그리고 헌법재판소는 2000년에 "행복추구권은 다른 기본권에 대한 보충적 기본권으로서의 성격을 지니기 때문에 공무담임권이라는 기본권이 행복추구권보다 우선적으로 적용된다. 따라서 행복추구권의 침해 여부를 독자적으로 판단할 필요가 없다. 그리고 공직의 경우 공무담임권은 직업선택의 자유에 대하여 특별 기본권이어서 두 개의 기본권이 경합할 때에는 후자의 적용을 배제하므로, 사립학교 교원의 청구를 부적법한 것으로 보는 한 직업선택의 자유는 문제되지 아니한다."라고 판시하여(헌재 2000. 12. 14, 99헌마112), 공무담임권이 행복추구권이나 직업선택의 자유에 우선하여 적용되는 특별 기본권임을 밝혔다.

생각건대 기본권이 경합될 때에는 문제되는 여러 기본권들 중에서 특별 기본권을 일반법적 기본권보다 우선 적용해서 해결하고, 당해 사안과 직접적인 관련이 있는 기본권을 우선 적용해서 해결해야 하며, 만약 문제되는 당해 사안과 관련성이 같을 때에는 경합하는 여러 기본권들 중 기본권의 효력이 가장 강한 기본권을 우선해

---

16) 권영성, 상게서, 332면.

서 적용하고, 문제되는 사안과 관련이 있는 모든 기본권의 효력이 같을 때에는 문제되는 당해 사안과 관련이 있는 모든 기본권을 적용해서 해결하는 것이 바람직하다.[17)]

예를 들어, 경찰이 어떤 집회에서 연설하는 자에게 그 집회에서 연설을 부당하게 하지 못하도록 제한을 하는 경우에 국가에 대하여 이 연설자가 자기의 연설행위를 하지 못하게 된 것에 의하여 자신의 헌법상 언론의 자유와 집회의 자유가 동시에 침해되었다고 주장하여 기본권이 경합이 되었을 경우에 그 해결 방안으로 먼저 집회에서 행해진 연설자의 일정한 의사표현 때문에 경찰이 해산명령을 통해 집회를 하지 못하게 제한하였을 경우에는 경합되는 집회의 자유보다는 언론의 자유가 침해되었다고 법원에 우선해서 주장하여 그 판단에 따라 자신의 권리를 보장받으면 될 것이다. 한편 동일한 사안에서 경찰이 전염병 예방이나 폭력사태의 방지를 위하여 해산명령을 통해 집회를 하지 못하게 제한하였을 경우에는 경합되는 언론의 자유보다는 집회의 자유가 침해되었다고 법원에 우선해서 주장하여 그 판단에 따라 자신의 권리를 보장받으면 될 것이다.[18)] 만약 이러한 구분이 가능하지 않다면 문제되는 당해 사안과 관련이 있는 모든 기본권 즉, 언론의 자유와 집회의 자유가 침해되었다고 법원에 주장하여 그 판단에 따라 자신의 권리를 보장받아야 할 것이다.

이와 관련된 해당 사건의 개요를 살펴보면 다음과 같다. 손ㅇ남이 1994년 3월 22일에 '도서출판 ㅇㅇ엔터프라이즈'라는 명칭으로 스포츠·연예·레저·사진·예술을 출판 분야로 한 출판사 등록을 한 뒤, 같은 해 7월 쯤에 'ㅇㅇ'이라는 제목의 화보집을 발행하여 유통시켰다. 서울특별시 서초구청장은 위 화보집이 출판사 및 인쇄소의 등록에 관한 법률(1972. 12. 26. 법률 제2393호로 개정된 것, 이하 "출판등록법"이라 한다) 제5조의2 제5호 소정의 음란·저속한 간행물(이하 "이사건 법률조항"이라 한다)에 해당한다는 이유로 같은 해 9월 30일자로 손ㅇ남에 대한 위 출판사 등록을 취소하는 처분을 하였다. 이에 손ㅇ남은 위 서초구청장을 상대로 위 취소처분의 취소를 구하는 행정소송(서울고등법원 95구6078)을 제기하는 한편 위 소송의 계속 중에 음란 또는 저속한 간행물을 출판한 출판사의 등록을 취소할 수 있도록 규정하고 있는 출판등록법 제5조의2 제5호가 헌법 제21조 제1항과 헌법 제11조에 위반된다고 주장하면서 위 규정에 대하여 서울고법에 위헌여부심판의 제청을 신청(95부993)하였고, 서울고법은

---

17) 권영성, 상게서, 333-334면; 성낙인, 전게서, 943면.
18) 허영, 전게서, 276면.

1995년 10월 26일자로 이를 받아들여 헌법재판소에 이 사건에 대한 위헌 여부의 심판을 제청하였다.

헌법재판소는 1998년에 이 사건에서 출판사등록 취소제도와 제한되는 기본권 부분에 대하여 "이 사건 법률조항은 등록된 출판사가 음란 또는 저속한 간행물을 출판하여 공중도덕이나 사회윤리를 침해하였다고 인정되는 경우에 등록청이 그 출판사의 등록을 취소할 수 있도록 규정하고 있다. 우선 이러한 등록취소제가 손ㅇ남의 어떠한 기본권을 제한하고 있는지 살펴보기로 한다. 이 사건 법률조항은 공중도덕이나 사회윤리를 보호하기 위해서 등록한 모든 출판사에 대하여 음란 또는 저속한 간행물의 출판을 금지시키고(1차 규제) 이를 위반한 경우에 당해 출판사의 등록을 취소하는 (2차 규제) 수단을 채택하고 있다. 여기서 1차 규제 내용인 '음란 또는 저속한 출판의 금지'는 일정한 내용의 표현을 금지시키는 것이어서 헌법 제21조 제1항의 언론·출판의 자유를 제약하는 것으로 볼 수 있다. 한편 등록이 취소되면 당해 출판사는 음란·저속한 간행물 뿐만 아니라, 합헌일 수도 있는 모든 간행물을 동일한 출판사의 이름으로는 출판할 수 없게 된다. 따라서 등록취소라는 2차 규제는 당해 출판사의 합헌적인 표현에 대한 언론·출판의 자유를 제약할 뿐만 아니라, 당해 출판사에 대해 재등록에 소요되는 일정 기간 동안 출판업을 못하게 함으로써 직업선택의 자유를 제약하고, 또 그 출판사의 상호를 사용할 수 없게 함으로써 상호권이라는 재산권을 제약한다고 하겠다. 그러므로 이 사건 법률조항은 언론·출판의 자유, 직업선택의 자유 및 재산권을 경합적으로 제약하고 있다. 이처럼 하나의 규제로 인해 여러 기본권이 동시에 제약을 받는 기본권이 경합된 경우에는 해당 기본권의 침해를 주장하는 손ㅇ남과 서울고법의 의도 및 기본권을 제한하는 입법자의 객관적 동기 등을 참작하여 사안과 가장 밀접한 관계에 있고 또 침해의 정도가 큰 주된 기본권을 중심으로 해서 그 제한의 한계를 따져 보아야 할 것이다. 이 사건에서는 손ㅇ남과 서울고법이 언론·출판의 자유의 침해를 주장하고 있고, 입법의 일차적 의도도 출판 내용을 규율하고자 하는 데에 있으며, 규제수단도 언론·출판의 자유를 더 제약하는 것으로 보이므로, 언론·출판의 자유를 중심으로 해서 이 사건 법률조항이 그 헌법적 한계를 지키고 있는지를 판단한다."라고 판시하였다(헌재 1998. 4. 30, 95헌가16).

Ⅵ. 기본권의 충돌

1. 의의

　　'기본권의 충돌'이란 하나의 사건에서 서로 다른 기본권 주체가 서로 같은 종류
의 또는 서로 다른 종류의 기본권을 상대방의 기본권을 침해하는 방향으로 주장하
여, 각 기본권의 주체가 국가에 대하여 자신의 기본권을 보호해 달라고 상호 대립·
충돌하는 기본권의 적용을 국가에 대하여 주장하여 이때 국가가 어느 한쪽의 기본권
을 보호하기 위해 다른 한쪽의 기본권을 제한하는 것을 뜻한다.[19] 이러한 기본권의
충돌을 '기본권의 상충'이라고도 한다.[20]

　　이러한 기본권의 충돌에 해당하는 예를 들어보면, 미국에서 임신중절의 경우에
임산부의 프라이버시권으로부터 도출되는 낙태 여부를 결정할 수 있는 권리 대 태아
의 생명권 간에 충돌하는 경우, 명예를 훼손시키는 소설을 출판한 경우에 소설가의
출판의 자유와 예술의 자유 대 명예가 훼손된 자의 인간의 존엄과 가치로부터 도출
되는 명예권(인격권) 간에 충돌하는 경우, 언론기자의 보도에 의해 개인의 프라이버시
가 침해된 경우에 언론기자의 언론의 자유로부터 도출되는 보도의 자유와 직업수행의
자유 대 개인의 사생활의 비밀과 자유 간에 충돌하는 경우, 흡연의 경우에 흡연자의
행복추구권의 일반적 행동자유권으로부터 도출되는 흡연권 대 비흡연자의 건강권으
로부터 도출되는 혐연권 간에 충돌하는 경우 등을 들 수 있다.[21]

2. 구별 개념

　　'기본권의 유사충돌'은 일명 '기본권의 외견상 충돌'이라고도 한다. 이러한 '기본
권의 유사충돌'이란 얼핏 보아서는 마치 어느 1인의 기본권 행사가 타인의 기본권을
침해하여 기본권의 충돌이 문제되는 것처럼 보이지만, 사실은 어느 1인의 기본권의
행사가 헌법에 보장되어 있는 기본권의 보호영역에 속하지 않는 행위, 즉 기본권의
남용이나 기본권의 한계를 일탈한 행위가 타인의 기본권의 보호영역과 충돌하는 경
우를 뜻한다.[22]

---

19) 성낙인, 전게서, 943면; 장영수, "기본권의 대사인적 효력과 기본권의 충돌", 고려법학 제38집, 고려대
　　법학연구원, 2002. 4. 121면.
20) 허영, 전게서, 277면.
21) 권영성, 전게서, 336-337면; 홍성방, "기본권의 충돌과 경합", 안암법학 제9집, 세창출판사, 1999. 8. 3면.

이러한 기본권의 유사충돌에 해당하는 예를 들어보면, 어떤 사람이 종교의식의 일환으로 살인이나 방화 또는 기타의 폭력적 의식을 행한 후 헌법상 종교의 자유를 주장할 때 마치 이로 인해 타인의 생명권이나 신체의 자유 또는 재산권 등과 충돌하는 것처럼 보이지만, 이때 종교의 자유는 헌법상 종교의 자유의 보호영역을 벗어난 불법적 행위로 기본권의 충돌이 발생하지 않는 경우, 화가가 그림을 그리기 위한 재료에 대한 대금을 지불하지 않고 가져가면서 헌법상의 예술의 자유를 주장할 때 마치 이로 인해 화가의 예술의 자유와 화구상의 재산권 간에 충돌하는 것처럼 보이지만, 이때 예술의 자유는 헌법상 예술의 자유의 보호영역을 벗어난 불법적 행위로 기본권의 충돌이 발생하지 않는 경우, 타인의 물건을 훔친 도둑이 자신의 절도행위에 대해 행복추구권의 행사를 주장할 때 마치 이로 인해 피해자의 재산권이 충돌하는 것처럼 보이지만, 이때 행복추구권은 헌법상 행복추구권의 보호영역을 벗어난 불법적인 행위로 기본권의 충돌이 발생하지 않는 경우, 사람을 살해한 자가 자신의 행복추구권을 주장할 때 마치 이로 인해 희생자의 생명권과 충돌하는 것처럼 보이지만, 이때 살인행위는 행복추구권의 보호 영역에 속하지 않는 행위이므로 기본권의 충돌이 발생하지 않는 경우 등을 들 수 있다.23)

3. 해결 방안

(1) 입법의 자유영역의 이론에 의한 해결 방안

이 이론은 헌법에서 기본권 충돌의 해결에 관한 규정을 두고 있지 않을 때에는 원칙적으로 기본권 충돌의 해결을 입법자의 자유로운 형성에 맡겨야 하고, 법원이나 헌법재판소의 해석에 의해서 해결하는 것은 적절하지 않다는 이론이다.24)

이에 대해 독일의 레르헤(P. Lerche) 교수는 헌법이 법률유보를 통해 많은 기본권의 충돌을 해결하지만, 명시적인 기본권의 충돌에 대한 해결규범이 없는 경우에는 어떻게 할 것인가에 대해 입법자가 독자적인 갈등조정을 할 수 있다고 하였다. 또한 독일의 뤼푸너(W. Rüfner)는 기본권의 충돌을 해결하는 것은 법형성의 과제이며, 헌법재판소는 입법자의 구체적인 법형성이 기본권 충돌의 해결책인가를 재검토할 수

---

22) 성낙인, 전게서, 945면; 장영수, 전게 논문, 122면.
23) 김선택, "공법인의 기본권주체성과 기본권제한의 특수문제로서 기본권충돌의 법리", 판례연구, 고려대 법학연구소, 1995. 9. 85면; 장영수, 전게 논문, 122면; 홍성방, 전게 논문, 4면.
24) 정재황, "기본권의 상충에 관한 연구", 성균관법학 제19권 제2호, 성균관대 비교법연구소, 2007. 8. 18면.

있을 뿐이라고 하였다.[25] 이러한 레르헤와 뤼푸너의 두 견해를 기본권 충돌의 해결 방안에 있어 입법의 자유영역의 이론이라고 한다.

(2) 이익형량에 의한 해결 방안

서로 다른 기본권이 충돌하는 경우에 그것이 실현하려는 이익이나 가치를 비교형량하여 이 중에서 보다 중요한 내지 보다 우월한 이익을 보장하고 상대적으로 덜 중요한 이익을 유보시켜 기본권의 충돌을 해결하려는 견해.[26] 다만 이 견해처럼 기본권의 충돌시에 이익형량을 행하기 위해서는 기본권 상호 간에 일정한 위계질서가 있다는 가설이 전제되어야 하는바, 이러한 기본권의 위계질서를 바탕으로 몇 가지 기본권의 충돌에 대한 해결 방안의 기준을 제시하면 다음과 같다.

먼저 상위의 기본권과 하위의 기본권 간에 충돌하는 경우에는 '상위 기본권 우선의 원칙'에 따라 상위의 기본권을 우선 적용해서 해결한다.[27] 이러한 하위의 기본권보다 상위의 기본권이 우선 적용되는 기본권의 충돌의 예를 들어보면 다음과 같다. 흡연자들이 자유롭게 흡연할 권리를 흡연권이라고 할 때에 이러한 흡연권은 인간의 존엄과 행복추구권을 규정한 헌법 제10조와 사생활의 자유를 규정한 헌법 제17조에 의하여 뒷받침된다. 우선 헌법 제17조가 근거가 될 수 있다는 점에 관하여 살펴보면 사생활의 자유란 사회공동체의 일반적인 생활규범의 범위 내에서 사생활을 자유롭게 형성해 나가고 그 설계 및 내용에 대해서 외부로부터의 간섭을 받지 아니할 권리를 말하는바(헌재 2001. 8. 30, 99헌바92), 흡연을 하는 행위는 이와 같은 사생활의 영역에 포함된다고 할 것이므로, 흡연권은 헌법 제17조에서 그 헌법적 근거를 찾을 수 있다. 또 인간으로서의 존엄과 가치를 실현하고 행복을 추구하기 위하여서는 누구나 자유로이 의사를 결정하고 그에 기하여 자율적인 생활을 형성할 수 있어야 하므로, 자유로운 흡연에의 결정 및 흡연행위를 포함하는 흡연권은 헌법 제10조에서도 그 근거를 찾을 수 있다. 그러나 흡연을 전통문화라고 할 수는 없으므로 헌법 제9조에 의하여 흡연권이 보장된다고 할 수는 없다. 또한 헌법 제12조가 규정한 신체의 자유는 적법절차에 의하지 않고는 국가의 공권력으로부터 '신체적 완전성'과 '신체활동의 임의성'을 제한당하지 않을 권리를 의미하는 것으로서 주로 형사절차에

---

25) 성정엽, "기본권충돌에 대한 헌법이론적 접근", 공법학연구 제1집, 영남공법학회, 1999. 3. 94면.
26) 윤명선, "기본권 충돌시의 효력문제", 고시연구 제265호, 고시연구사, 1996. 4. 77면.
27) 허영, 전게서, 278면.

관한 권리이지 흡연을 할 자유와는 별다른 관련이 없다. 나아가 헌법 제34조 제1항이 보장하는 인간다운 생활권은 자유권적 기본권이 아닌 사회권적 기본권의 일종으로서, 헌법적 권리로서는 인간의 존엄에 상응하는 '최소한의 물질적인 생활'의 유지에 필요한 급부를 요구할 수 있는 권리를 의미하므로(헌재 1995. 7. 21, 93헌가14), 자유로이 흡연을 할 흡연권은 이에 포섭되지 아니한다. 흡연자들의 흡연권이 인정되듯이, 비흡연자들에게도 흡연을 하지 아니할 권리 내지 흡연으로부터 자유로울 권리(이하 "혐연권"이라 한다)가 인정된다. 이러한 혐연권은 흡연권과 마찬가지로 헌법 제17조와 헌법 제10조에서 그 헌법적 근거를 찾을 수 있다. 나아가 흡연이 흡연자는 물론 간접흡연에 노출되는 비흡연자들의 건강과 생명도 위협한다는 면에서 혐연권은 헌법이 보장하는 건강권과 생명권에 기하여서도 인정된다. 흡연자가 비흡연자에게 아무런 영향을 미치지 않는 방법으로 흡연을 하는 경우에는 기본권의 충돌이 일어나지 않는다. 그러나 흡연자와 비흡연자가 함께 생활하는 공간에서의 흡연행위는 필연적으로 흡연자의 기본권과 비흡연자의 기본권이 충돌하는 상황이 초래된다. 그런데 흡연권은 위와 같이 사생활의 자유를 실질적인 핵으로 하는 것이고 혐연권은 사생활의 자유 뿐만 아니라, 생명권에까지 연결되는 것이므로 혐연권이 흡연권보다 상위의 기본권이라고 할 수 있다. 이처럼 상하의 위계질서가 있는 기본권끼리 충돌하는 경우에는 '상위 기본권 우선의 원칙'에 따라 하위의 기본권이 제한될 수 있으므로, 결국 흡연권은 혐연권을 침해하지 않는 한에서 인정되어야 한다. 흡연은 비흡연자들 개개인의 기본권을 침해할 뿐만 아니라, 흡연자 자신을 포함한 국민의 건강을 해치고 공기를 오염시켜 환경을 해친다는 점에서 개개인의 사익을 넘어서는 국민 공동의 공공복리에 관계된다. 따라서 공공복리를 위하여 개인의 자유와 권리를 제한할 수 있도록 규정한 헌법 제37조 제2항에 따라 흡연행위를 법률로써 제한할 수 있다. 나아가 국민은 헌법 제36조 제3항에서 규정한 보건권에 기하여 국가로 하여금 흡연을 규제하도록 요구할 권리가 있으므로, 흡연에 대한 제한은 국가의 의무라고까지 할 수 있다."라고 판시하여(헌재 2004. 8. 26, 2003헌마457) 흡연권과 혐연권 간의 충돌에 대한 해결 방안으로 이익형량의 원칙 중 '상위 기본권 우선의 원칙'을 적용하여 혐연권을 흡연권보다 우선해서 적용하여 해결해야 함을 밝혔다.

　동위기본권 간에 충돌하는 경우에는 인격적 가치 우선의 원칙과 자유 우선의 원칙에 따라 이익형량이 행해질 수 있다. 이 중에서 먼저 인격적 가치를 보호하기 위한 정신적 자유권이 재산적 가치를 보호하기 위한 경제적 자유권보다 우선하는 효력을 갖는다고 인정하는 것이 바람직하다고 보는 견해가 이른바 '인격적 가치 우선의 원칙'이다. 그리고 자유를 실현시키기 위한 기본권과 평등을 실현시키기 위한 기본권이 충돌하는 경우에는 자유의 가치를 평등의 가치보다 우선시킴으로써 자유 속의 평등을 실현시키는 것이 옳다고 보는 견해가 이른바 '자유 우선의 원칙'이다.[28]

(3) 규범조화적 해석에 의한 해결 방안

(가) 의의

두 기본권이 충돌하는 경우에 이익형량에 의해서 어느 하나의 기본권만을 다른 기본권에 우선시키지 않고, 헌법의 통일성을 유지하기 위해 충돌하는 기본권 모두가 최대한으로 그 기능과 효력을 손상받지 않는 조화의 방법을 찾으려는 것이 기본권의 충돌 시 그 해결 방안으로 규범조화적 해석에 의한 방법이다. 즉, 기본권이 충돌하는 경우에 어느 1인의 기본권만을 보장하기 위해 타인의 기본권을 희생시키지 않고 헌법의 통일성 원리에 입각하여 모든 기본권을 최대한 보장하기 위한 최적화를 추구하기 위한 해결 방안이 '규범조화적 해석'에 의한 방법이다. 이 방법은 충돌하는 기본권의 부조화 현상을 최대한 완화시키고, 모든 기본권의 최적화 상태를 추구하는 것은 기본권이 보장하는 가치질서를 가장 이상적으로 실현하는 방법이라고 할 것이다.[29]

(나) 과잉금지의 방법에 의한 해결 방안

충돌하는 기본권의 효력을 조화롭게 각각 보호하기 위하여 양 당사자의 기본권을 모두 제한하되, 기본권의 본질적인 내용을 침해하지 않도록 충돌하는 양쪽 기본권 모두에게 일정한 제약을 가함으로써 두 기본권 모두의 효력을 양립시키되, 두 기본권에 대한 제약은 필요 최소한에 그치게 하는 방법이 과잉금지의 방법이다. 즉, 충돌하는 양쪽 기본권 모두의 효력을 양립시킨다는 그 목적을 달성하기 위해서 두 기본권 모두에 각각 어느 정도의 일정한 제약을 가하되 소기의 목적을 달성하기 위해서 두 기본권에게 가해질 수 있는 제약의 정도는 목적달성에 필요한 최소한에 그쳐야 한다는 원칙이다.[30]

---

28) 윤명선, 전게 논문, 77-78면; 허영, 상게서, 279면.
29) 윤명선, 상게 논문, 79-80면; 허영, 상게서, 279면.
30) 윤명선, 상게 논문, 80면; 허영, 상게서, 280면.

이와 관련된 사건의 개요를 살펴보면 다음과 같다. "○○유업주식회사는 이 사건 청구인이 발행하는 일반 일간신문인 ○○일보의 1988. 7. 23.자 제8면 취재수첩란의 기사가 자신과 관련된다고 주장하면서, 정기간행물의등록등에관한법률(이하 "정간법"이라 한다) 제19조에 의하여 서울민사지방법원에 그 기사 내용에 대한 정정보도 게재청구의 심판을 제기하여 동법은 1989년 1월 13일에 88카43429로 인용판결을 받았다. 이 사건 청구인이 서울고등법원 89나7209로써 항소를 제기함과 아울러 위 사건의 항소심 계속 중 위 법원에 89카194로써 정정보도청구권을 규정한 정간법 제16조 제3항 및 그 절차를 규정한 정간법 제19조 제3항이 헌법상의 평등권 및 언론의 자유의 보장에 위반된다는 이유를 들어 제청을 신청하였으나, 위 법원은 1989년 7월 11일에 이를 기각하였다. 청구인은 같은 달 13일에 위 결정서의 송달을 받고 같은 달 27일에 헌법재판소에 이 법 제16조 제3항 및 제19조 제3항에 대하여 헌법재판소법 제68조 제2항에 의한 헌법소원심판을 청구하였다.

이에 대하여 헌법재판소는 1991년에 "우선 정정보도문을 무료로 게재토록 한 것은 피해자의 반박 내지 반론을 보장하는 제도 자체가 이해당사자 사이의 법익의 균형을 도모하기 위한 것이기 때문에 비록 보도기관이 이로 말미암아 현실적인 손해를 입게 된다고 하더라도 이는 형평의 원칙에 따른 부득이한 것으로 이해된다. 그러나 반론의 범위에 대하여 합리적인 일정한 한계를 설정하는 것은 보도의 자유를 무리하게 침해하지 않도록 하는 안전장치의 역할을 담당하므로 과잉제한의 여부와 관련하여 그 내용을 종합적으로 판단할 필요가 있다. 언론기관이 특정인의 일반적 인격권을 침해한 경우에 피해를 받은 개인에게도 신속·적절하고 대등한 방어수단이 주어져야 하며, 특히 공격내용과 동일한 효과를 갖게끔 보도된 매체 자체를 통하여 방어 주장의 기회를 보장하는 반론권제도가 적절하고 형평의 원칙에도 잘 부합할 수 있다."라고 판시하였다(헌재 1991. 9. 16. 89헌마165). 이는 (구) 정간법 제16조 제3항과 제19조 제3항이 헌법의 통일성을 유지하기 위하여 충돌하는 기본권 모두가 최대한으로 그 기능과 효력을 나타낼 수 있도록 하는 조화로운 방법으로 반론권을 규정한 것이기 때문에 과잉금지의 원칙에 반하지 않으므로, 동 법률 규정들에 의해 충돌하는 언론사의 언론의 자유가 침해되지 않는다고 밝힌 것이다.

그리고 헌법재판소는 2019년에 "형법은 제27장 낙태의 죄에서 낙태를 전면금지하면서도 한편으로 모자보건법을 통하여 일정한 의학적·우생학적·윤리적 적응사유 등이 있는 경우에 형법상 낙태죄의 적용을 배제함으로써 낙태를 일부 허용하고 있다. 즉, 낙태와 관련하여 우리나라의 법체계는 낙태죄를 규정한 형법과 위법성 조각 사유를 규정한 모자보건법으로 이원화되어 있다. 모자보건법 제14조 제1항에서는 다음과 같은 예외적인 다섯 가지 정당화 사유에 한해 인공임신중절수술을 허용하고 있다. 1. 본인이나 배우자가 대통령령으로 정하는 우생학적 또는 유전학적 정신장애나 신체질환이 있는 경우, 2. 본인이나 배우자가 대통령령으로 정하는 전염성 질환이 있는 경우, 3. 강간 또는 준강간에 의하여 임신된 경우, 4. 법률상 혼인할 수 없는 혈족 또는 인척 간에 임신된 경우, 5. 임신의 지속이 보건의학적 이유로 모체의 건강을 심각하게 해치고 있거나 해칠 우려가 있는 경우다. 이와 같이 허용되는 인공임신중절수술의 경우에도 임신 24주일 이내인 사람에 대해서만 할 수 있는바(모자보건법 시행령 제15조 제1항), 이 경우에는 형법 제269조 제1항·제2항 및 제270조 제1항에도 불구하고 처벌하지 아니한다(모자보건법 제28조). 생명은 이 세상에서 무엇과도 바꿀 수 없는 존엄한 인간 존재의 근원이므로, 인간으로서 형성되어 가는 단계에 있는 태아의 생명을 보호하고자 하는 공익은 중대하다. 국가는 자기낙태죄 조항을 태아의 생명 보호를 위한 수단으로 선택하고 있다. 자기낙태죄 조항은 모자보건법이 정한 일정한 예외에 해당하지 않는 한, 태아의 발달단계 혹은 독자적 생존능력과 무관하게 임신 기간 전체의 모든 낙태를 전면적·일률적으로 금지함으로써 임신한 여성에게 임신의 유지·출산을 강제하고, 이를 위반한 경우에 형사처벌을 하고 있다. 국가는 형법적 제재 및 이에 따른 형벌의 위하력으로 임신한 여성에게 모자보건법이 정한 일정한 예외사유에 해당하지 않는 한 임신의 유지에 따른 신체적·정신적 부담 및 출산 과정에 내재한 신체 내지 생명에 대한 위험을 모두 받아들이고, 출산의 결과로서 모자관계를 형성할 것을 강제하고 있다. 여성은 임신을 하게 되면 약 10개월의 기간 동안 급격한 신체적·심리적 변화를 겪게 되며, 출산 과정에서는 극도의 고통과 심하면 사망에까지 이를 수 있는 위험을 경험하게 되는데, 임신을 유지하는 한 그와 같은 신체적 부담, 심리적 불안감, 출산 과정의 고통 및 나아가 사망에 이를 수도 있는 위험을 여성 자신의 신체로써 직접 감당해야 한다. 우리나라의 법체계 하에서 모자관계는 출산이라는 객관적이고 확실한 자연적 사실에 의하여 발생하므로(헌재 2001. 5. 31, 98헌바9), 출산은 모자관계의 형성으로 이어져 출산한 여성은 생모로서 아이에 대한 양육책임을 지게 된다. 여성에게 있어서 자녀의 양육은 20년 가까운 기간 동안 끊임없는 신체적·정신적·정서적 노력을 요구하고, 여성이 처한 다양하고 광범위한 사회적·경제적 상황에 따라 적지 않은 경제적 부담과 직장 등 사회생활에서의 어려움, 학업 계속의 곤란 등을 초래할 수 있다. 이처럼 임신·출산·

육아는 여성의 삶에 근본적이고 결정적인 영향을 미칠 수 있는 중요한 문제이므로, 임신한 여성이 일정한 범위 내에서 자신의 몸을 임신상태로 유지하여 출산할 것인지 여부에 대하여 결정하는 것은 자신의 생활영역을 자율적으로 형성해 나가는 것에 관한 것으로서 인간의 존엄성과 자율성에 터 잡고 있는 것이다. 이러한 결정은 임신한 여성에게 신체적 · 심리적 · 사회적 · 경제적 결과를 가져오는 것으로서, 이를 초래하는 상황은 임신한 여성이 처한 신체적 · 심리적 · 사회적 · 경제적 상황에 따라 복잡하고 다양한 양상을 보인다. 그렇기 때문에 임신한 여성이 자신의 임신을 유지 또는 종결할 것인지의 여부를 결정하는 것은 스스로 선택한 인생관 · 사회관을 바탕으로 자신이 처한 신체적 · 심리적 · 사회적 · 경제적 상황에 대한 깊은 고민을 한 결과를 반영하는 전인적 결정이다. 국가가 낙태를 전면적으로 금지할 경우에 태아의 생명권은 보호되는 반면, 임신한 여성의 자기결정권은 완전히 박탈된다. 반대로 국가가 낙태를 전면적으로 허용할 경우에 임신한 여성의 자기결정권은 보호되는 반면, 태아의 생명권은 완전히 박탈된다. 따라서 국가의 입법조치를 매개로 하여 태아의 생명권과 임신한 여성의 자기결정권은 일응 대립관계에 있다고 볼 수 있다. 그런데 임신한 여성과 태아 사이의 특별한 관계로 인하여 그 대립관계는 단순하지 않다. 태아는 엄연히 모와는 별개의 생명체이지만, 모의 신체와 밀접하게 결합되어 특별한 유대관계를 맺으면서 생명의 유지와 성장을 전적으로 모에게 의존하고 있다. 임신한 여성과 태아는 서로 독립적이면서도 의존적인 매우 독특한 관계를 형성하고 있다. 임신한 여성은 자녀가 출생하면 입양 등의 특별한 사정이 없는 한, 어머니로서 출생한 자녀에 대한 양육책임을 부담한다. 그리고 특별한 예외적 사정이 없는 한, 임신한 여성의 안위(安危)가 곧 태아의 안위이며, 이들의 이해관계는 그 방향을 달리하지 않고 일치한다. 이와 같은 특성은 낙태갈등 상황에서조차도 종종 발현된다고 한다. 일정한 경우에 있어서 임신한 여성들은 자신이 처한 사회적 · 경제적 상황을 고려하였을 때 임신 · 출산 · 육아를 도저히 감당할 수 없을 것이고, 만약 자녀가 출생하면 어머니가 될 자신 뿐만 아니라, 태어날 자녀마저도 불행해질 것이라는 판단 하에 낙태를 결심하고 실행한다는 것이다. 위와 같은 판단의 옳고 그름을 따지기에 앞서, 이러한 낙태갈등 상황이 전개된다는 것은 '가해자 대 피해자'의 관계로 임신한 여성과 태아의 관계를 고정시켜서는 태아의 생명 보호를 위한 바람직한 해법을 찾기 어렵다는 것을 시사해 준다. 이러한 특성은 추상적인 형량에 의하여 양자택일 방식으로 선택된 어느 하나의 법익을 위해 다른 법익을 희생할 것이 아니라, '실제적 조화의 원칙'에 따라 양 기본권의 실현을 최적화할 수 있는 해법을 모색하고 마련할 것을 국가에 요청하고 있다. 국가는 태아의 생명 보호를 위한 사회적·제도적 개선을 하는 등의 적극적인 노력은 충분히 하지 못하면서 형법적 제재 및 이에 따른 형벌의 위하로써 임신한 여성에 대하여 전면적·일률적으로 낙태를 금지하고 있다. 임신한 여성의 안위가 태아의 안위와 깊은 관계가 있고, 태아의 생명 보호를 위해 임신한 여성의 협력이 필요하다는 점을 고려하면 태아의 생명을 보호한다는 언명은 임신한 여성의 신체적·사회적 보호를 포함할 때 실질적인 의미를 가질 수 있다. 원치 않은 임신을 예방하고 낙태를 감소시킬 수 있는 사회적·제도적 여건을 마련하는 등 사전적·사후적 조치를 종합적으로 투입하는 것이 태아의 생명 보호를 위한 실효성 있는 수단이 될 수 있다(헌재 2012. 8. 23. 2010헌바402에서 반대의견). 또한 임신한 여성이 결정가능기간 중에 낙태갈등 상황에 처했을 때 전문가로부터 정신적 지지와 충분한 정보를 제공받으면서 충분히 숙고한 후 임신 유지 여부에 대한 결정을 할 수 있도록 함과 아울러 임신·출산·육아에 장애가 되는 사회적·경제적 조건을 적극적으로 개선하는 노력을 기울인다면 태아의 생명 보호에 실질적인 도움이 될 것이다. 임신한 여성의 자기결정권에 기한 임신종결 여부 결정의 특성, 생명의 발달단계와 자기결정권의 행사를 고려한 법적 보호 수단 및 정도, 임신한 여성과 태아의 특별한 관계를 고려할 때의 생명보호수단, 자기낙태죄 조항의 실효성, 형법적 제재 및 이에 따른 형벌의 위하의 한계와 문제점, 사회적·경제적 사유로 인한 낙태갈등 상황의 중대성을 종합해 볼 때, 자기낙태죄 조항이 모자보건법에서 정한 사유에 해당하지 않는다면 결정가능기간 중에 다양하고 광범위한 사회적·경제적 사유로 인하여 낙태갈등 상황을 겪고 있는 경우까지도 예외 없이 전면적·일률적으로 임신한 여성에게 임신의 유지 및 출산을 강제하고, 이를 위반하여 낙태한 경우에 형사처벌을 하고 있는 것은 그 입법 목적을 달성하기 위하여 필요한 최소한의 정도를 넘어 임신한 여성의 자기결정권을 제한하는 것이므로, 입법 목적의 달성을 위한 최소한의 불가피한 수단이라고 볼 수 없다. 형법상 자기낙태죄 조항이 달성하고자 하는 태아의 생명 보호라는 공익은 중요한 공익이나, 결정가능기간 중 다양하고 광범위한 사회적·경제적 사유를 이유로 낙태갈등 상황을 겪고 있는 경우까지도 낙태를 금지하고 형사처벌을 하는 것은 태아의 생명 보호라는 공익에 기여하는 실효성 내지 정도가 그다지 크다고 볼 수 없다. 반면 앞서 보았듯이 자기낙태죄 조항에 따른 형사처벌로 인하여 임신한 여성의 자기결정권이 제한되는 정도는 매우 크다. 결국 입법자는 자기낙태죄 조항을 형성함에 있어 태아의 생명 보호와 임신한 여성의 자기결정권의 실제적 조화와 균형을 이루려는 노력을 충분히 하지 아니하여 태아의 생명 보호라는 공익에 대하여만

일방적이고 절대적인 우위를 부여함으로써 공익과 사익 간의 적정한 균형관계를 달성하지 못하였다. 따라서 형법상 자기낙태죄 조항은 과잉금지의 원칙을 위반하여 임신한 여성의 자기결정권을 침해하는 위헌적인 규정이다."라고 판시하였다(헌재 2019. 4. 11. 2017헌바127).

(다) 대안식 해결 방법에 의한 해결 방안

기본권의 충돌 시 '대안식 해결 방법에 의한 해결 방안'이란 충돌하는 양 기본권을 직접 제한하지 않고, 양쪽 기본권 모두가 다치지 않는 일종의 대안을 찾아내서 기본권의 충돌 문제를 해결하려는 방안을 뜻한다.

이에 대한 독일의 예를 들어보면, 자(子)의 생명을 구하는 길이 수혈뿐임에도 불구하고 부(父)의 종교적인 양심 때문에 자에 대한 수혈을 거부하는 부에 대하여 강제로 그 동의를 강요하는 것보다는 그 대신에 다른 법정대리인이나 후견법원 또는 친족회의 동의를 얻어서 충돌하는 자의 생명권과 부의 종교의 자유의 문제를 해결하는 방법 등이 있다.[31]

(라) 최후수단의 억제방법에 의한 해결 방안

위와 같은 대안식 해결 방법에 의해서도 충돌하는 양 기본권을 조화시킬 수 없는 경우에 대한 해결 방안으로, 유리한 위치에 있는 기본권을 보호하기 위해서 가능하고 필요한 수단일지라도 그 모든 수단을 최후의 선까지 동원하는 것만은 삼가토록 해야 한다는 견해가 '최후수단의 억제방법'에 의한 해결 방안이다.

이에 대한 독일의 예를 들어보면, 자(子)의 생명을 구하는 길이 오직 수혈을 통한 수술 뿐임에도 불구하고 부(父)의 종교상의 교리 때문에 자에 대한 수혈을 통한 수술을 거부하는 부에 대하여 형사처벌이라는 법적 강제수단을 써서 해당 부의 동의를 얻어내면 안 된다는 것 등이 있다.[32]

---

31) 윤명선, 상게 논문, 80면; 허영, 상게서, 281면.
32) 윤명선, 상게 논문, 80면; 허영, 상게서, 281면.

Ⅷ. 기본권의 제한과 제한의 한계

'기본권의 제한'이란 기본권의 내용이나 효력의 범위를 헌법이 인정하는 바에 따라 국민과 외국인 및 법인의 기본권을 합법적으로 축소시키는 것을 뜻한다.[33] 헌법 제37조 제2항은 "국민의 모든 자유와 권리는 국가안전보장, 질서유지, 공공복리를 위하여 필요한 경우에 한하여 법률로써 제한할 수 있으며, 제한하는 경우에도 자유와 권리의 본질적인 내용을 침해할 수 없다."라고 하여 국민의 기본권을 제한할 수 있는 헌법적 근거와 제한의 형식 및 제한의 한계를 각각 명시적으로 규정하고 있다. 즉, 국가안전보장이나 질서유지 또는 공공복리를 위하여 법률로써 국민 등의 기본권을 제한할 수 있고, 이러한 제한은 비례의 원칙(과잉금지의 원칙)인 수단의 적합성(방법의 적정성), 최소 침해의 원칙(피해의 최소성), 법익 균형의 원칙(법익의 균형성)에 어긋나지 않도록 해야 하는 한계가 있다. 또한 기본권을 제한하는 법률은 기본권의 본질적인 내용을 침해할 수 없는 한계가 있다.

이하에서는 먼저 헌법 제37조 제2항에 의한 기본권의 제한 시 그 제한의 근거가 되는 법률의 목적적 요건과 형식적 요건에 대해 살펴보겠다. 이 중에서 형식적 요건에 대하여 고찰할 때 기본권을 제한하는 법률은 명확성의 원칙에 위반되면 안 되므로 명확성의 원칙에 대하여 살펴보겠다. 그리고 기본권을 제한하는 법률의 위임을 받은 명령이 포괄위임금지의 원칙에 위반되면 안 되므로 포괄위임금지의 원칙에 대해서 검토하겠다. 또한 기본권의 제한 시 그 제한의 근거가 되는 법률의 방법적 요건인 비례의 원칙에 대해 고찰하겠다. 이 밖에 기본권의 제한의 한계에 대해 살펴보겠다.

1. 기본권의 제한

(1) 합헌적 기본권 제한 법률의 목적적 요건

(가) 국가안전보장

헌법 제37조 제2항에서 기본권의 제한 법률이 정당화되기 위한 목적적 요건 중 하나인 '국가안전보장'이란 국가의 존립·헌법의 기본질서의 유지 등을 포함하는 개념으로서, 국가의 독립, 영토의 보전, 헌법과 법률의 기능, 헌법에 의하여 설치된

---

33) 정종섭, 전게서, 359-360면.

국가기관의 유지 등 국가적 안전의 확보를 뜻한다. 이와 관련된 현행 법률로는 형법, 국가보안법, 군사기밀보호법 등을 들 수 있다.[34]

(나) 질서유지

헌법 제37조 제2항에서 기본권의 제한 법률이 정당화되기 위한 목적적 요건 중 하나인 '질서유지'란 국가 내에 있어서 존립과 안전의 보장, 즉 국가 내에서의 자유 민주적 기본질서를 포함하는 헌법적 질서와 그 밖의 사회적 안녕질서의 보호를 뜻한다.[35] 이와 관련된 현행 법률로는 형법, 경찰법, 소방기본법, 집회및시위에관한법률, 경찰관직무집행법, 도로교통법, 경범죄처벌법, 화염병사용등의처벌에관한법률, 성매매알선등행위의처벌에관한법률, 민방위기본법, 청소년보호법 등을 들 수 있다.[36]

(다) 공공복리

헌법 제37조 제2항에서 기본권의 제한 법률이 정당화되기 위한 목적적 요건 중 하나인 '공공복리'란 현대 사회복지국가의 헌법 이념을 적극적으로 구현하기 위하여 공동으로 사회생활을 영위하는 사회구성원 전체를 위한 공공의 이익(국민의 생활 안전과 건강 증진 및 사회·경제 영역의 안정·발전·편의 등의 보장)을 뜻한다. 이와 관련된 현행 법률로는 국토의계획및이용에관한법률, 건축법, 산림자원의조성및관리에관한법률, 도로법, 하천법, 항공안전법, 도시공원및녹지등에관한법률, 자연재해대책법, 전기통신사업법, 공익사업을위한토지등의취득및보상에관한법률 등을 들 수 있다.[37]

(2) 합헌적 기본권 제한 법률의 형식적 요건

헌법 제37조 제2항에 의한 기본권의 제한은 원칙적으로 법률의 형식으로서만 가능한바, 이때의 법률에 속하는 것으로는 다음과 같이 크게 세 가지의 경우를 들 수 있다.

첫째, 국회가 제·개정한 형식적 의미의 법률이 여기에 해당한다. 이렇게 국회

---

34) 권영성, 전게서, 349면.
35) 홍성방, 전게서, 408면.
36) 권영성, 전게서, 349면.
37) 권영성, 상게서, 350면; 성낙인, 전게서, 959-960면.

에 의해 제·개정된 법률은 이른바 명확성의 원칙에 위반되면 안 되는바, 여기서 '명확성의 원칙(막연하기 때문에 무효의 원칙)'이란 법치국가원리의 한 표현으로서, 이는 국민의 기본권을 제한하는 법규정이 너무 광범위하거나 애매한 개념을 사용하여 그 의미를 추정할 수 없는 경우에는 그 법 규정은 막연하기 때문에 무효가 된다는 원칙이다. 즉, 현대 법치국가는 법률유보의 원칙에 의하여 개인의 자유와 권리를 제한하기 위해 국가권력을 행사할 때에는 법에 그 근거를 두어야 하고, 국민에게 있어 법은 자신의 행동지침이 되므로 법의 내용은 구체적이고 일의적인 언어로 규정되어 수범자인 국민들이 예측할 수 있도록 명확해야 한다.[38]

　　이러한 '명확성의 원칙'에 대하여 헌법재판소는 1992년에 "법률은 명확한 용어로 규정함으로써 적용 대상자에게 그 규제 내용을 미리 알 수 있도록 공정한 고지를 하여 장래의 행동지침을 제공하고, 동시에 법집행자에게 객관적 판단지침을 주어 차별적이거나 자의적인 법해석을 예방할 수 있다. 따라서 법률은 국민의 신뢰를 보호하고 법적 안정성을 확보하기 위하여 되도록 명확한 용어로 규정하여야 하는 것이다. 특히 법률이 형벌법규인 때에는 더욱 그러하다. 왜냐하면 법률이 규정한 용어나 기준이 불명확하여 그 적용대상자가 누구인지 어떠한 행위가 금지되는지의 여부를 보통의 지성을 갖춘 사람이 보통의 이해력과 관행에 따라 판단할 수 없는 경우에도 처벌된다면 그 적용 대상자에게 가혹하고 불공정한 것일 뿐만 아니라, 결과적으로 어떠한 행위가 범죄로 되어야 하는가를 결정하는 입법권을 법관에게 위임하는 것이 되어 권력분립의 원칙에도 반하는 것으로 되기 때문이다. 그러나 일반적으로 법률은 그 규율대상이 복잡·다양하며 변화가 많은 반면, 그 문장은 되도록 간결하게 표현하여야 한다는 요청이 따르기 때문에 법률의 구성요건은 필연적으로 일반적·포괄적으로 규정될 수밖에 없다. 따라서 처벌법규의 구성요건이 다소 광범위하여 어떤 범위에서는 법관의 보충적인 해석을 필요로 하는 개념을 사용하였다고 하더라도, 그것만으로는 헌법이 요구하는 처벌법규의 명확성에 반드시 배치되는 것이라고는 볼 수 없다. 그렇지 않으면, 처벌법규의 구성요건의 지나치게 구체적이고 정형적이 되어 부단히 변화하는 다양한 생활관계를 제대로 규율할 수 없게 될 것이기 때문이다. 다만 자의를 허용하지 않는 통상의 해석방법에 의하더라도 당해 처벌법규의 보호법익과 그에 의하여 금지된 행위 및 처벌의 종류와 정도를 보통의 상식을 갖춘 사람이라면 누구나 알 수 있도록 규정되어 있어야 하는 것이다. 처벌법규의 구성요건이 어느

---

38) 지성수, "위임입법에 있어서의 명확성 원칙", 헌법논총 제15집, 헌법재판소, 2004, 667면.

정도 명확하여야 하는가는 일률적으로 정할 수 없고, 각 구성요건의 특수성과 그러한 법적 규제의 원인이 된 여건이나 처벌의 정도 등을 고려하여 종합적으로 판단하여야 한다."라고 판시하였다(헌재 1992. 4. 28, 90헌바27 등).

또한 헌법재판소는 명확성의 원칙과 관련하여 2000년에 "이러한 명확성의 원칙은 특히 형사처벌의 대상이 되는 범죄구성요건에서 죄형법정주의 원칙상 형식적 의미의 법률로 명확하게 규정될 것이 요구된다. 그러나 범죄의 구성요건이 명확하여야 한다는 것은 반드시 그 법률을 적용하는 단계에서 가치판단을 완전히 배제하고 적용할 수 있도록 무색 투명한 서술적 개념으로 규정되어야 한다는 것을 의미하는 것은 아니고, 법관의 보충적인 해석을 필요로 하는 개념을 사용하였다고 하더라도 자의를 허용하지 않는 통상의 해석방법에 의하여 당해 구성요건의 내용을 알 수 있을 정도로 규정할 수 있다는 뜻이다."라고 판시하였다(헌재 2000. 4. 27, 98헌바95 등).

둘째, 기본권을 제한하는 법률의 위임을 받은 명령의 경우와 대통령의 기본권의 제한과 관련된 긴급명령이나 긴급재정경제명령이 이에 해당한다. 이 중에서 먼저 법률의 위임을 받은 명령의 경우에 이른바 '포괄위임금지의 원칙'에 위반되면 안 되는바, 여기서 '포괄위임금지의 원칙'이란 법률이 어떤 사항에 관하여 대통령령에 위임할 경우에는 대통령령 등 하위법규에 규정될 내용 및 범위의 기본사항을 가능한 한 구체적이고 명확하게 법률에 규정함으로써, 누구라도 당해 법률 그 자체로부터 대통령령 등에 규정될 내용의 대강을 예측할 수 있어야 한다는 원칙을 뜻한다. 헌법 제75조는 "대통령은 법률에서 구체적으로 범위를 정하여 위임받은 사항 …에 관하여 대통령령을 발할 수 있다."라고 규정함으로써 위임입법의 근거를 마련함과 동시에 위임은 구체적으로 범위를 정해서 행하도록 포괄위임입법을 금지하고 있다. 예를 들어, 모자보건법 제14조 제1항 제1호와 제2호에 의하면 "1. 본인이나 배우자가 대통령령으로 정하는 우생학적 또는 유전학적 정신장애나 신체질환이 있는 경우, 2. 본인이나 배우자가 대통령령으로 정하는 전염성 질환이 있는 경우"라고 규정되어 있는바, 여기서 대통령령에 해당하는 모자보건법 시행령 제15조 제2항과 제3항에 의하면 "제2항: 모자보건법 제14조 제1항 제1호에 따라 인공임신중절 수술을 할 수 있는 우생학적 또는 유전학적 정신장애나 신체질환은 연골무형성증, 낭성섬유증 및 그 밖의 유전성 질환으로서 그 질환이 태아에 미치는 위험성이 높은 질환으로 한다. 제3항: 모자보건법 제14조 제1항 제2호에 따라 인공임신중절수술을 할 수 있는 전염성 질환은 풍진, 톡소플라즈마증 및 그 밖에 의학적으로 태아에 미치는 위험성이 높은 전염성 질환으로 한다."라고 규정되어 있는 것 등을 들 수 있다.

한편 대통령의 긴급명령권이나 긴급재정경제명령권에 의한 행하여진 입법은 법률적 효력을 가지는바, 헌법 제76조 제1항과 제2항에서 "제1항: 대통령은 내우·외환·천재·지변 또는 중대한 재정·경제상의 위기에 있어서 국가의 안전보장 또는 공공의 안녕질서를 유지하기 위하여 긴급한 조치가 필요하고 국회의 집회를 기다릴 여유가 없을 때에 한하여 최소한으로 필요한 재정·경제상의 처분을 하거나 이에 관하여 법률의 효력을 가지는 명령을 발할 수 있다. 제2항: 대통령은 국가의 안위에 관계되는 중대한 교전상태에 있어서 국가를 보위하기 위하여 긴급한 조치가 필요하고 국회의 집회가 불가능한 때에 한하여 법률의 효력을 가지는 명령을 발할 수 있다."라고 규정되어 있다.

셋째, 국내법 체계상 법률과 동일한 효력을 가지는 헌법 제60조 제1항의 국회의 사전동의를 얻어서 체결해야 되는 조약과 일반적으로 승인된 국제법규가 이에 해당한다. 참고로 헌법 제60조 제1항에서 "국회는 상호원조 또는 안전보장에 관한 조약, 중요한 국제조직에 관한 조약, 우호통상항해조약, 주권의 제약에 관한 조약, 강화조약, 국가나 국민에게 중대한 재정적 부담을 지우는 조약 또는 입법사항에 관한 조약의 체결·비준에 대한 동의 권을 가진다."라고 규정되어 있다.

이와 관련된 사건의 개요를 살펴보면 다음과 같다. 일반 유권자인 정○용은 공직선거법 제93조(탈법방법에 의한 문서·도화의 배부·게시 등 금지) 제1항에서 "누구든지 선거일 전 180일(보궐선거 등에 있어서는 그 선거의 실시사유가 확정된 때)부터 선거일까지 선거에 영향을 미치게 하기 위하여 이 법의 규정에 의하지 아니하고는 정당(창당준비위원회와 정당의 정강·정책을 포함한다) 또는 후보자(후보자가 되고자 하는 자를 포함한다)를 지지·추천하거나 반대하는 내용이 포함되어 있거나 정당의 명칭 또는 후보자의 성명을 나타내는 광고·인사장·벽보·사진·문서·도화·인쇄물이나 녹음·녹화테이프 기타 이와 유사한 것을 배부·첩부·살포·상영 또는 게시할 수 없다."라고 규정한 동법 제93조 제1항은 지나치게 광범위하고 불명확하며, 위 조항에 의하여 'UCC'의 제작·배포를 금지하는 것은 청구인의 표현의 자유를 침해한다는 이유로 2007년 6월 27일에 동법 조항의 위헌 확인을 구하는 권리구제형 헌법소원심판을 청구하였다.

이에 대하여 헌법재판소는 2009년에 "죄형법정주의의 원칙은 법률이 처벌하고자 하는 행위가 무엇이며 그에 대한 형벌이 어떠한 것인지를 누구나 예견할 수 있고, 그에 따라 자신의 행위를 결정할 수 있게끔 구성요건을 명확하게 규정할 것을 요구한다. 형벌법규의 내용이 애매모호하거나 추상적이어서 불명확하면 무엇이 금지된 행위인지를 국민이 알 수 없어 법을 지키기가 어려울 뿐만 아니라, 범죄의 성립 여부가 법관의 자의적인 해석에 맡겨져서 죄형법정주의에 의하여 국민의 자유와 권리를 보장하려는 법치주의의 이념은 실현될 수 없기 때문이다. 그러나 처벌법규의 구성요건이 명확하여야 한다고 하더라도 입법자가 모든 구성요건을 단순한 의미의 서술적인 개념에 의하여 규정하여야 한다는 것은 아니다. 처벌법규의 구성요건이 다소 광범위하여 어떤 범위에서는 법관의 보충적인 해석을 필요로 하는 개념을 사용하였다고 하더라도 그 점만으로 헌법이 요구하는 처벌법규의 명확성의 원칙에 반드시 배치되는 것이라고 볼 수는 없다. 즉 건전한 상식과 통상적인 법감정을 가진 사람으로 하여금 그 적용대상자가 누구이며 구체적으로 어떠한 행위가 금지되고 있는지 여부를 충분히 알 수 있도록 규정되어 있다면 죄형법정주의의 명확성의 원칙에 위배되지 않는다고 보아야 한다. 만약 그렇지 않으면 처벌법규의 구성요건이 지나치게 구체적이고 정형적이 되어 부단히 변화하는 다양한 생활관계를 제대로 규율할 수 없게 될 것이기 때문이다(헌재 1998. 7. 16, 96헌바35 등). 형벌조항의 규율방식은 크게 그 규율대상에 포섭되는 모든 사례를 구성요건으로 빠짐없이 열거하는 방식과 규율대상의 공통적인 징표를 모두 포섭하는 용어를 구성요건으로 규정하는 방식 등으로 나누어 볼 수 있다. 전자는 규율대상이 명확하다는 장점이 있는 반면, 경우에 따라서는 법규범의 흠결이 발생하는 것을 막을 수 없다는 단점이 있고, 후자는 규율대상을 모두 포섭할 수 있다는 장점이 있는 반면, 법률을 해석·적용함에 있어 자의(恣意)가 개입함으로써 규율대상을 무한히 확대해 나갈 우려가 있다는 단점이 있다. 위와 같은 두 가지 규율방식의 단점을 보완하기 위하여 이른바 '예시적 입법'이라는 규율방식을 채택하는 경우가 있는데, 예시적 입법에서는 규율대상인 대전제를 규정함과 동시에 구성요건의 외연(外延)에 해당하는 개별사례를 예시적으로 규정하게 된다(헌재 2000. 4. 27, 98헌바95 등). 이러한 예시적 입법형식의 경우에 구성요건의 대전제인 일반조항의 내용이 지나치게 포괄적이어서 법관의 자의적인 해석을 통하여 그 적용범위를 확장할 가능성이 있다면 죄형법정주의의 원칙에 위배될 수 있다. 따라서 예시적 입법형식이 법률 명확성의 원칙에 위배되지 않으려면, 예시한 개별적인 구성요건이 그 자체로 일반조항의 해석을 위한 판단지침을 내포하고 있어야 할 뿐만 아니라, 그 일반조항 자체가 그러한 구체적인 예시를 포괄할 수 있는 의미를 담고 있는 개념이 되어야 한다(헌재 2002. 6. 27, 2001헌바70). 공직선거법 제93조 제1항은 형벌조항인 공직선거법 제255조 제2항 제5호의 구성요건에 해당하고, 개별적 구성요건 해당 행위로 '선거일 전 180일(보궐선거 등에 있어서는 그 선거의 실시사유가 확정된 때)부터 선거일까지 선거에 영향을 미치게 하기 위하여 이 법의 규정에 의하지 아니하고 정당(창당준비위원회와 정당의 정강·정책을 포함한다. 이하 "정당"이라 한다) 또는 후보자(후보자가 되고자 하는 자를 포함한다. 이하 "후보자"라 한다)를 지지·추천하거나 반대하는 내용이 포함되어 있거나 정당의 명칭 또는 후보자의 성명을 나타내는 광고·인사장·벽보·사진·문서·도화·인쇄물이나 녹음·녹화테이프를 배부·첩부·살포·상영 또는 게시하는 행위'를 규정하면서, 위와 같은 일정한 내용이 포함되어 있거나, 나타나 있는 광고 등 '기타 이와 유사한 것'의 배부 등 행위를 금지하여 예시적 입법형식을 취하고 있다. 선거에 영향을 미치는 탈법적인 행위의 수단이 되는 매체를 정하는 문제는 사회적·정치적 상황의 변화, 다양한 매체의 발전 속도 등에 따라 탄력적·유동적으로 규율할 필요가 크다. 따라서 법률조항에서 선거에 영향을 미치는 행위에 사용되는 모든 매체를 개별적·구체적으로 상세히 규율하는 것이 반드시 바람직하다고 볼 수는 없다. 선거의 공정성을 담보하기 위해서는 이 사건 규정에서 구체적으로 열거하고 있는 문서나 도화 등과 같은 전형적인 매체들에 의한 탈법행위를 금지할 필요성도 있지만, 정보통신기술의 발달에 의해 새롭게 등장한 매체들이 그 전파의 범위나 강도, 접근에 대한 용이성 등의 측면에서 이 사건 규정에서 열거하고 있는 매체들과 유사한 정도의 기능과 역할을 한다면 이 역시 규제의 필요성이 있을 것이다. 이에 이 사건 법률조항은 금지되는 행위 태양을 열거적인 폐쇄적 형태로 규정하지 않고, '기타 이와 유사한 것'이라는 일반조항을 두어 새로운 매체에 대한 금지 가능성을 열어놓고 있다(헌재 2009. 5. 28. 2007헌바24). 이 사건의 법률조항은 금지되는 행위의 수단으로 광고 등을 열거하면서, 시간적으로 '선거일 전 180일부터 선거일까지', 내용적으로 '선거에 영향을 미치게 하기 위하여 정당 또는 후보자를 지지, 추천하거나 반대하는 내용이 포함되어 있거나 정당의 명칭 또는 후보자의 성명을 나타내는 것'으로 그 범위를 한정하고 있다. 이러한 시간적·내용적 한정은 이 사건의 법률조항의 '기타 이와 유사한 것'에도 그대로 적용된다. 이러한 점을 고려하여 이 사건 법률조항의 의미를 살펴보면 위 조항은 매체의 형식에 중점을 두고 있는 것이 아니라 사람의 관념이나 의사를 시각이나 청각 또는 시청각에 호소하는 방법으로 다른 사람에게 전달하는 것에 중점을 두고 있다는 것을 알 수 있다. 즉 어떠한 매체를 수단으로 사용하느냐 보다는 어떠한 매체이든 이를 사용하여 관념이나 의사를 전달하고 있는가의 여부에 중점을 두고 있는 것이다. 따라서 일반조항으로서의 '기타 이와 유사한 것'은 선거에 영향을 미치게 하기 위하여 정당 또는 후보자를 지지, 추천하거나 반대하는 내용을 포함할 수 있는 가독성 내지 가청성을 가진 앞에 열거된 매체와 유사한 매체, 관념이나 의사전달의 기능을 가진 매체나 수단을 의미하는 것으로 볼 수 있다. 이 사건의 법률조항을 위와 같이 이해할 때, 일반적으로 이용자가 상업적 의도 없이 개인적으로 창작한 것으로서 글(텍스트)과 사진·음악(오디오)·동영상 등을 포괄하는 콘텐츠를 일컫는 'UCC'는 관념이나 의사전달을 목적으로 하는 것으로, 이 사건 법률조항이 예시하는 매체가 가지는 고유의 기능을 그대로 보유하고 있어 '기타 이와 유사한 것'에 해당한다고 해석될 수 있다. 대법원도 '무선정보통신으로 전달되는 것이 유형물이 아니라 전자정보에 해당하더라도 문자와 기호를 사용하여 관념이나 의사를 다른 사람에게 전달하는 문서가 가지는 고유의 기능을 그대로 보유하고 있는 점, 컴퓨터가 보편적으로 보급되어 일상 생활화 된 이른바 정보 통신시대에 있어 이용자 제작 콘텐츠(UCC)는 유체물인 종이문서 등을 대신하는 기능과 역할을 담당하고 있어 인터넷 홈페이지에 게시될 경우에 선거에 미치는 영향이 문서 못지 않으므로 이를 규제할 필요성이 클 뿐만 아니라, 선거의 공정성을 보장하려는 공직선거법 규정의 입법취지에도 부합한다고 보이는 점 등 여러 사정을 종합적으로 고려하면 인터넷 홈페이지에 후보자(후보자가 되고자 하는 자를 포함한다)를 지지·추천하거나 반대하는 내용이 포함되어 있거나, 정당의 명칭 또는 후보자의 성명을 나타내는 내용이 포함된 제작물을 게시한 행위는 공직선거법 제255조 제2항 제5호, 제93조 제1항의 구성요건에 해당한다.'고 해석하고 있다(대법원 2008. 9. 25, 2008도6555). 한편 이 사건의 법률조항의 '게시'는 유형물을 현실적 공간에 내붙이는 행위 뿐만 아니라, 전자적 정보를 입력하여 여러 사람이 볼 수 있는 인터넷 홈페이지 등 온라인상의 공간에 공개하는 것을 포함한다고 할 것이고, '배부'는 출판물이나 서류 등과 같은 문서 또는 이와 유사한 것을 불특정 다수에게 나누어주는 행위로서, 전자적 방식을 통한 정보의 전송과 같은 행위를 포함한다고 할 것이므로, 이용자 제작 콘텐츠(UCC)의 '제작'에 그쳐 그 내용이 공개되지 아니한 때에는 이 사건 법률조항의 '배부 등'에 해당하지 아니하나, '배포'한 때에는 그 행위 유형에 따라 '게시' 또는 '배부'에 해당할 것이다. 결국 건전한 상식과 통상적인 법감정을 가진 사람이라면 어떠한 행위가 이 사건의 법률조항의 구성요건에 해당되는지의 여부를 예측할 수 있다고 판단되고, 공직선거법 제93조 제1항이 예시하는 광고·인사장·문서·도화 등은 '기타 유사한 것'을 해석하는 유용한 판단지침이 되며, 대법원 판결 등에 의하여 이미 이에 관한 구체적인 해석기준이 제시되고 있는 이상, 법률 적용자가 이 사건 법률조항을 자의적으로 확대하여 해석할 염려는 없다고 할 것이므로, 이 사건의 법률조항은 명확

성의 원칙에 반하지 아니한다."라고 판시하였다(헌재 2009. 5. 28, 2007헌바24).[39]

(3) 합헌적 기본권 제한 법률의 방법적 요건

헌법 제37조 제2항에서 기본권의 제한 법률이 정당화되기 위한 방법적 요건인 비례의 원칙(과잉금지의 원칙)은 크게 다음과 같은 세 가지의 원칙으로 구성된다고 할 것이다. 첫째, '수단의 적합성(방법의 적정성) 원칙'이란 기본권을 제한하는 법률이 비례의 원칙에 비추어 합헌이 되려면 기본권을 제한하는 법률이 국가안전보장이나 질서유지 또는 공공복리라는 목적을 달성하기 위하여 입법자가 선택한 수단은 그 목적을 실현하는데 적정하여야 한다는 것을 뜻한다(헌재 1990. 9. 3, 89헌가95).

이와 관련된 사건의 개요를 살펴보면 다음과 같다. 즉, 임○빈은 1989년 12월 26일에 ○○시 지방행정서기보로 임용되어 ○○시청 보건소 지방행정주사보로 근무하던 중에 2002년 12월 3일 23시 30분경에 혈중알콜농도 0.165퍼센트의 술에 취한 상태에서 승용차를 운전하다가 도로를 횡단하던 사람을 충격하여 사망에 이르게 하는 교통사고를 냈다. 이로 인하여 임○빈은 2003년 4월 16일에 대전지방법원 홍성지원에서 교통사고처리특례법 위반 및 도로교통법 위반(음주운전)으로 징역 10월에 집행유예 2년을 선고 받았고, 그 후에 항소와 상고를 하였으나, 최종적으로 2003년 10월 24일에 대법원에서 청구인의 상고가 기각됨으로써 위 판결은 그대로 확정되었다. 임○빈은 이와 같이 금고 이상의 형을 선고받아 판결이 확정되자, 그 판결 확정일인 2003년 10월 24일자로 지방공무원법 제61조, 제31조 제4호에 의해 당연퇴직하였다. 여기서 지방공무원법 제31조에서는 "다음 각 호의 1에 해당하는 자는 공무원이 될 수 없다. … 4. 금고 이상의 형을 받고 그 집행유예의 기간이 만료된 날로부터 2년을 경과하지 아니한 자…"라고 규정되어 있었고, 동법 제61조에서는 "공무원이 제31조 각 호의 1에 해당할 때에는 당연히 퇴직한다. 다만 동조 제5호에 해당할 때에는 그러하지 아니하다."라고 규정되어 있었다. 이에 대해 임○빈은 2003년 12월경, 공무원연금관리공단에 퇴직급여(퇴직연금일시금) 및 퇴직수당을 청구하였으나, 공무원연금관리공단은 2003년 12월 26일에 공무원연금법 제64조 제1항 제1호 및 동법 시행령 제55조 제1항에 따라 청구인의 퇴직급여 및 퇴직수당을 합한 총 급여

---

39) 이 헌법재판소의 판례에 대한 자세한 평석 논문으로는 이희훈, "공직선거법 제93조 제1항의 헌법재판소 2009. 7. 30, 2007헌마718 결정에 대한 평석 -UCC의 배포금지에 대한 비판을 중심으로-", 언론과 법 제8권 제2호, 한국언론법학회, 2009. 12, 373-399면.

액 47,130,840원의 2분의 1에 해당하는 금액을 공제하고 남은 23,565,430원만을 지급하는 처분을 하였다. 이에 임ㅇ빈은 이와 같이 퇴직급여 등이 감액된 것에 불복하여 서울행정법원에 공무원연금관리공단을 상대로 위 처분의 취소를 구하는 소송을 제기하면서(2004구합4819), 공무원연금법 제64조 제1항 제1호가 임ㅇ빈의 재산권을 침해하고 평등원칙에 위배되어 위헌이라는 취지의 위헌법률심판 제청신청을 하였으나, 해당 법원이 2005년 2월 17일에 이러한 위헌법률심판 제청신청을 기각하자, 2005년 4월 19일에 위헌심사형 헌법소원심판을 청구하였다. 이 당시 공무원연금법 제64조 제1항에서는 "공무원 또는 공무원이었던 자가 다음 각 호의 1에 해당하는 경우에는 대통령령이 정하는 바에 의하여 퇴직급여 및 퇴직수당의 일부를 감액하여 지급한다. 이 경우 퇴직급여액은 이미 납부한 기여금의 총액에 민법의 규정에 의한 이자를 가산한 금액 이하로 감액할 수 없다. 1. 재직 중의 사유로 금고 이상의 형을 받은 때 … "라고 규정되어 있었다. 그리고 구 공무원연금법시행령(2005. 6. 30. 대통령령 제18923호로 개정되기 전의 것) 제55조 제1항에서는 "공무원 또는 공무원이었던 자가 법 제64조 제1항 각 호의 1에 해당하게 된 때에는 퇴직급여는 재직기간이 5년 미만인 자에 대하여는 그 금액의 4분의 1을, 5년 이상인 자에 대하여는 그 금액의 2분의 1을 각각 감하여 지급하고, 퇴직수당은 그 금액의 2분의 1을 감하여 지급한다. 이 경우 퇴직연금 또는 조기퇴직연금에 있어서는 그 감액사유에 해당하게 된 날이 속하는 달까지는 감액하지 아니한다."라고 규정되어 있었다(이하 "이 사건 법률조항"이라 한다).

이에 대하여 헌법재판소는 2007년에 "헌법 제23조 제1항은 '모든 국민의 재산권은 보장된다.'고 규정하여 국민의 재산권을 보장하고 있고, 헌법 제37조 제2항은 '국민의 모든 자유와 권리는 국가안전보장·질서유지 또는 공공복리를 위하여 필요한 경우에 한하여 법률로써 제한할 수 있으며, 제한하는 경우에도 자유와 권리의 본질적인 내용을 침해할 수 없다.'라고 규정하여 국가가 국민의 기본권을 제한하는 내용의 입법을 함에 있어서 준수하여야 할 기본원칙을 천명하고 있다. 따라서 법률에 의하여 국민의 기본권을 제한할 때에도 어디까지나 국민의 자유와 권리의 본질적인 내용을 침해하지 않는 한도 내에서 행하여져야 할 것이고, 기본권을 제한하는 입법을 함에 있어서는 입법 목적의 정당성과 그 목적의 달성을 위한 방법의 적정성, 피해의 최소성, 그리고 그 입법에 의해 보호하려는 공공의 필요와 침해되는 기본권 사이의 균형성을 모두 갖추어야 하며, 이를 준수하지 않은 법률 내지 법률조항은 기본권 제한의 입법적 한계를 벗어난 것으로 헌법에 위반된다. 공무원연금제도는 공무원을 대상으로 퇴직 또는 사망과 공무로 인한 부상·질병·폐질에 대하여 적절한 급여를 실시함으로써 공무원 및 그 유족의 생활안정과 복리향상에 기여하는 것에 그 목적이 있으며, 공무원연금법상의 퇴직급여 등 급여수급권은 재산권의 성격을 갖고 있으므로, 이 사건 법률조항에 의하여 재산권으로서의 급여수급권 제한이 타당한 것인지의 여부에 대하여 살펴본다. 이 사건 법률조항이 재직 중의 사유로 금고 이상의 형을 선고받은 경우에 퇴직급여 등을 감액하는 것은 공무원의 퇴직 후 그 재직 중의 근무에 대한 보상을 함에 있어 공무원으로서의 직무상 의무(직무전념의무, 법령준수의무, 명령복종의무, 비밀엄수의무, 품위유지의무 등)를 다하지 못한 공무원과 성실히 근무한 공무원을 동일하게 취급하는 것은 오히려 불합리하다는 측면과 아울러 위와 같이 보상액에 차이를 둠으로써 공무원범죄를 예방하고 공무원이 재직 중 성실히 근무하도록 유도하는 효과를 고려한 것이라 할 수 있고, 위와 같은 이 사건 법률조항의 입법목적은 정당하다고 보여진다. 그러나 퇴직급여 등의 필요적 감액제도가 과연 모든 경우에 있어서 그와 같은 입법 목적을 달성하기 위한 적절하고 효과적인 수단으로서 기능할지는 의문이다. 공무원의 직무상 의무나 공무원의 신분과 관련된 범죄로 인하여 금고 이상의 형의 선고를 받은 자에 대하여 퇴직급여 등을 감액하는 것은 재직 중 공무원으로서의 직무상 의무를 이행하도록 유도하는 입법 목적의 달성에 상당한 수단이라고 할 것이다. 그러나 공무원의 신분이나 직무상 의무와 관련이 없는 범죄의 경우에도 퇴직급여 등을 제한하는 것은 공무원범죄를 예방하고 공무원이 재직 중 성실히 근무하도록 유도하는 입법 목적을 달성하는데 적합한 수단이라고 볼 수 없다. 그리고 특히 과실범의 경우에는 공무원이기 때문에 더 강한 주의의무 내지 결과발생에 대한 가중된 비난가능성이 있다고 보기 어려우므로, 퇴직급여 등의 제한이 공무원으로서의 직무상 의무를 위반하지 않도록 유도 또는 강제하는 수단으로서 작용한다고 보기 어렵다.”라고 판시하였다(헌재 2007. 3. 29, 2005헌바33).

둘째, ‘최소 침해의 원칙(피해의 최소성 원칙)’이란 입법자가 공익실현을 위하여 기본권을 제한하는 경우에도 입법 목적을 실현하기에 적합한 여러 수단들 중에서 되도록 국민의 기본권을 가장 존중하고 기본권을 최소로 침해하는 수단을 선택해야 한다는 것을 뜻한다(헌재 2003. 8. 29, 2001헌마788 등).

이와 관련된 사건의 개요를 살펴보면 다음과 같다. 즉, ‘민주주의 민족통일 전국연합’은 1991년 12월 1일에 민주개혁과 조국의 평화통일을 실현하기 위한 목적으로 결성된 전국 규모의 시민운동단체로, 2000년 2월 23일에 서울 종로구 세종로

76 소재 광화문 시민열린마당 내 공터에서 '한국전쟁 당시 미군의 양민학살 진상규명 규탄대회'라는 제목의 옥외집회를 개최하고자 같은 달 21일 9시경에 위 집회장소를 관할하는 종로경찰서장에게 구 집회및시위에관한법률(1999. 5. 24. 법률 제5985호로 개정된 것, 이하 "구 집시법"이라 한다) 제6조에 정한 바대로 옥외집회 신고서를 제출하였다. 그러나 종로경찰서장은 '이 사건 집회장소가 서울 종로구 세종로 82 소재 미국 대사관의 경계로부터는 97m, 같은 구 수송동 146의1 이마빌딩 소재 일본 대사관 영사부의 경계로부터는 35m밖에 떨어져 있지 않으므로, 구 집시법 제11조에 의한 옥외집회 및 시위의 금지장소에 해당한다'는 이유로, 같은 달 22일에 위 장소에서 이 사건 집회를 금지하는 내용의 옥외집회 금지통고를 하였다. 이에 동 단체는 이러한 법원의 집회 금지통고 처분의 근거가 된 구 집시법 제11조 제1호가 헌법에 위반된다는 이유로 서울행정법원에 2000년 3월에 위 처분의 취소를 구하는 행정소송을 제기하고(2000구7642), 동 법규정에 대하여 동 법원에 위헌여부심판의 제청신청을 하였는데, 동 법원이 이를 기각하자(서울행법 2000아643), 2000년 8월 16일에 헌법재판소법 제68조 제2항에 의하여 이 사건에 대한 위헌심사형 헌법소원심판을 청구하였다.

이에 대하여 헌법재판소는 2003년에 "이 사건의 법률조항인 구 집시법 제11조 제1호에서 '누구든지 다음 각 호에 규정된 청사 또는 저택의 경계지점으로부터 1백미터 이내의 장소에서는 옥외집회 또는 시위를 하여서는 아니 된다. 1. 국회의사당, 각급 법원, 헌법재판소, 국내 주재 외국의 외교기관 … '이라는 규정에서 택하고 있는 수단인 '특정 장소에서의 전면적인 집회금지'가 입법 목적을 달성하기 위하여 고려되는 유효한 수단 중에서 가장 국민의 기본권을 적게 침해하는 수단인가 하는 문제를 살펴보기로 한다. 집회의 자유를 국민의 기본권으로 보장한 헌법의 정신에 비추어 보거나 이러한 헌법의 정신에 부합하여 일정한 신고절차만 밟으면 원칙적으로 집회를 할 수 있도록 보장하는 집시법의 규정체계를 볼 때, 법익충돌이 특별히 우려되는 장소에서의 집회의 경우에도 원칙적으로 집회가 허용되는 것으로 규정하는 방식을 택하는 것이 보다 바람직하다고 할 수 있다. 그러나 다른 한편으로는 특정 장소가 그 기능수행의 중요성 때문에 특별히 보호되어야 하고 중요한 기관에 대한 효과적인 보호가 그 장소에서의 집회를 원칙적으로 금지함으로써 이루어질 수 있다고 입법자가 판단하였다면 이러한 입법자의 판단이 현저하게 잘못되었다고 할 수 없다. 입법자는 야간의 옥외집회나 특정 장소에서의 옥외집회의 경우와 같이 법익침해의 고도의 개연성이 있는 특수한 상황에 대해서는 집회가 공공의 안녕질서에 미칠 영향이나 법익충돌의 위험성의 정도에 따라 그에 상응하는 규제를 할 수 있다(헌재 1994.

4. 28. 91헌바14). 따라서 주요 헌법기관이나 외교기관의 보호와 관련하여 특정 장소를 보호하는 특별규정을 두기로 한 입법자의 결정 자체가 국민의 기본권을 과도하게 침해하는 것이라고 할 수는 없다. 입법자는 집회의 자유를 규율함에 있어서 특정 장소를 보호하는 별도의 규정을 둘 수는 있으나, 특정 장소에서의 집회를 금지하는 경우에 비례의 원칙을 준수하여야 한다. 입법자는 보호대상기관의 기능수행을 보장하기 위하여 반드시 필요한 만큼만 최소한의 정도로 집회금지구역의 범위를 확정해야 한다. 이 사건 법률조항의 경우에 입법자는 집회금지구역의 범위를 청사의 경계지점으로부터 반경 1백미터로 정하였는데, 이는 법익의 효과적인 보호를 보장하기 위하여 필요한 최소한의 것으로서 허용되는 것으로 보이며, 외국의 입법례를 고려하더라도 과도하게 확장된 것이라고 볼 수 없다. 외교기관의 업무에 대한 방해나 외교관의 신체적 안전에 대한 위협이 우려되는 전형적인 경우인 대규모 항의 시위의 관점에서 본다면, 1백미터 거리를 외교기관의 청사로부터 확보하는 것은 일반적인 경우에 법익충돌의 위험성에 비추어 적절한 것으로 판단되며, 1백미터란 장소적 분리에도 불구하고, 시위장소와 시위목적 간의 연관관계가 상실되는 것도 아니다. 따라서 이 사건 법률조항이 정한 집회금지장소의 공간적 범위는 그 자체로서 집회의 자유를 과도하게 제한한다고 볼 수 없다. 그러나 특정장소에서의 집회가 이 사건 법률조항에 의하여 보호되는 법익에 대한 직접적인 위협을 초래한다는 일반적 추정이 구체적인 상황에 의하여 부인될 수 있다면, 입법자는 '최소 침해의 원칙'의 관점에서 금지에 대한 예외적인 허가를 할 수 있도록 규정해야 한다. 이 사건 법률조항에 의하여 전제된 추상적 위험성에 대한 입법자의 예측판단은 구체적으로 다음과 같은 경우에 부인될 수 있다고 할 것이다. 첫째, 외교기관에 대한 집회가 아니라 우연히 금지장소 내에 위치한 다른 항의 대상에 대한 집회의 경우에 이 사건 법률조항에 의하여 전제된 법익충돌의 위험성이 작다고 판단된다. 이 사건 법률조항의 문제점은 집회금지구역 내에서 외교기관이나 당해 국가를 항의의 대상으로 삼지 않는 다른 목적의 집회가 함께 금지된다는데 것에 있다. 특히 서울과 같은 대도시에서 주요 건물이 밀집해 있는 경우 그곳에 우연히 위치한 하나의 보호대상 건물이 1백미터의 반경 내에 위치한 다수의 잠재적 시위대상에 대한 집회를 사실상 함께 금지하는 효과가 있다. 둘째, 소규모 집회의 경우 일반적으로 이 사건 법률조항의 보호법익이 침해될 위험성이 작다. 예를 들어, 외국의 대사관 앞에서 소수의 참가자가 소음의 발생을 유발하지 않는 평화적인 피켓시위를 하고자 하는 경우에 일반 대중의 합세로 인하여 대규모 시위로 확대될 우려나 폭력 시위로 변질될 위험이 없는 이상, 이러한 소규모의 평화적

집회의 금지를 정당화할 수 있는 근거를 발견하기 어렵다. 셋째, 예정된 집회가 외교기관의 업무가 없는 휴일에 행해지는 경우에 외교기관에의 자유로운 출입 및 원활한 업무의 보장 등 보호법익에 대한 침해의 위험이 일반적으로 작다고 할 수 있다. 따라서 입법자가 '외교기관 인근에서의 집회의 경우에는 일반적으로 고도의 법익충돌의 위험이 있다'는 예측판단을 전제로 하여 이 장소에서의 집회를 원칙적으로 금지할 수는 있으나, 일반·추상적인 법규정으로부터 발생하는 과도한 기본권 제한의 가능성이 완화될 수 있도록 일반적 금지에 대한 예외조항을 두어야 할 것이다. 즉 이 사건 법률조항의 보호법익에 대한 위험이 구체적으로 존재하지 않는 경우에 대하여 예외적으로 집회를 허용하는 규정을 두어야만 이 사건 법률조항은 비례의 원칙에 부합하는 것이다. 그럼에도 불구하고 이 사건 법률조항은 전제된 위험 상황이 구체적으로 존재하지 않는 경우에도 이를 함께 예외 없이 금지하고 있는데, 이는 입법목적을 달성하기에 필요한 조치의 범위를 넘는 과도한 제한인 것이다. 그러므로 이 사건 법률조항은 최소 침해의 원칙에 위반되어 집회의 자유를 과도하게 침해하는 위헌적인 규정이다. 입법자가 비례의 원칙의 관점에서 예외적인 허용 규정을 두는 경우에는 '어떠한 경우에 외교기관 인근에서의 집회를 허용할 것인지'에 관한 허용요건의 대강을 스스로 규정함으로써 행정청이 허용 여부를 결정함에 있어서 자의적으로 재량을 행사할 여지를 배제하여야 할 것이다. 오늘날 각종 사회·이익단체에 의하여 주최되는 대규모의 시위가 불행하게도 폭력적이고 불법적인 시위로 흐르는 경향이 있고, 우리의 이러한 시위문화에 비추어 '외교기관 인근에서의 집회가 앞으로도 전면적으로 금지되어야 하지 않는가'라는 우려의 목소리가 있을 수 있다. 그러나 우리 사회의 잘못된 시위문화가 평화적으로 집회의 자유를 행사하고자 하는 국민의 기본권 행사 여부를 결정할 수는 없는 것이다. 우리 사회에서 금지되고 축출되어야 하는 것은 바로 폭력적·불법적 시위이지, 개인의 정당한 기본권 행사가 아닌 것이다. 그러므로 우리 사회의 폭력적 시위문화로 인하여 자신의 기본권을 평화적인 방법으로 공공의 안녕질서와 조화를 이루는 범위 내에서 행사하려고 하는 국민의 기본권이 부당하게 침해되어서는 안 된다. 헌법과 집시법이 예정하고 있는 것은 평화적이고 합법적인 집회이며, 집회의 자유를 평화적·합법적으로 행사하려는 개인의 기본권을 보호해야 하는 것이 바로 헌법재판소의 임무이다."라고 판시하였다(헌재 2008. 10. 30, 2007헌바67 등).

넷째, '법익 균형의 원칙'이란 기본권을 제한하는 조치에 의해 달성하려는 공익과 침해되는 사익 간에 비교형량을 했을 때 보호하려는 공익이 침해되는 사익보다 더 커야 하거나 최소한 균형관계에 있어야 기본권을 제한하는 법률은 합헌이 된다는 것을 뜻한다.[40] 헌법재판소는 2008년에 위의 이 사건 법률조항에 대한 법익 균형성의 위반 여부에 대하여 "이 사건 법률조항은 집회의 자유와 보호법익 간의 적정한 균형관계를 상실하고 있다. 이 사건 법률조항은 개별적인 경우에 보호법익이 위협을 받는가와 관계없이 특정 장소에서의 모든 집회를 전면적으로 금지함으로써, 개별적 집회의 경우마다 구체적인 상황을 고려하여 상충하는 법익 간의 조화를 이루려는 아무런 노력 없이, 이 사건 법률조항에 의하여 보호되는 법익에 대하여 일방적인 우위를 부여하였다. 이로써 이 사건 법률조항은 민주국가에서 집회의 자유가 가지는 중요한 의미, 특히 대의민주제에서 표현의 자유를 보완하는 집회의 자유의 중요성을 간과하고 있다. 따라서 이러한 관점에서도 이 사건 법률조항은 비례의 원칙에 위반되어 집회의 자유를 과도하게 제한하는 규정이다."라고 판시하였다(헌재 2008. 10. 30. 2007헌바67 등).

이후 이 사건 법률조항에서 외교기관의 경계지점으로부터 100미터 이내에서 아무런 예외 없이 일률적 및 전면적으로 집회를 금지하도록 규정했던 부분은 이러한 헌법재판소의 위헌 결정에 의하여 국회에 의하여 개정이 되어, 현행 집시법 제11조 제4호에서 "누구든지 다음 각 호의 어느 하나에 해당하는 청사 또는 저택의 경계 지점으로부터 100미터 이내의 장소에서는 옥외집회 또는 시위를 하여서는 아니 된다. 4. 국내 주재 외국의 외교기관이나 외교사절의 숙소. 다만 다음 각 목의 어느 하나에 해당하는 경우로서 외교기관 또는 외교사절 숙소의 기능이나 안녕을 침해할 우려가 없다고 인정되는 때에는 해당하지 아니한다. 가. 해당 외교기관 또는 외교사절의 숙소를 대상으로 하지 아니하는 경우, 나. 대규모 집회 또는 시위로 확산될 우려가 없는 경우, 다. 외교기관의 업무가 없는 휴일에 개최하는 경우"라고 개정되었다.

그러나 헌법상 기본권의 보장 체계가 헌법 제21조에 의해 집회의 자유를 원칙적으로 폭넓게 보장한 후, 예외적으로 헌법 제37조 제2항에 의해 국가안전보장이나 질서유지 또는 공공복리를 위하여 필요한 경우에 한하여 집회및시위에관한법률 등의 관련 법률을 통하여 헌법상 집회의 자유의 본질적 내용이 침해되지 않도록 하는 범위 내에서 이를 제한할 수 있도록 규정하고 있다. 이에 비추어 볼 때, 집시법 제11조 제4호에서 원칙적으로 국내 주재 외국의 외교기관이나 외교사절의 숙소의 경계지점으로부터 100미터 안에서 집회나 시위의 개최를 금지시킨 후, 예외적으로 집회나

---

40) 전광석, 한국헌법론, 집현재, 2018, 270면.

시위를 개최할 수 있게 규정한 것은 이러한 헌법 제21조에 의한 집회의 자유의 원칙적 보장과 헌법 제37조 제2항에 의한 집회의 자유의 예외적 제한이라는 우리나라의 헌법상의 기본권 보장의 체계에 반하는 위헌적 규정이라고 할 것이다.[41] 그리고 집시법 제11조 제4호에서처럼 국내 주재 외국공관의 안녕의 보호와 업무수행 및 외교사절 등의 신체적 안전 등을 보호하기 위한 입법 목적을 실현하기 위해서 미국처럼 원칙적으로 외교기관 인근에서 집회나 시위를 원칙적으로 개최할 수 있게 규정하되, 예외적으로 국내 주재 외국공관의 안녕의 보호와 업무수행 및 외교사절 등의 신체적 안전 등에 대한 위험이 발생하는 경우에 한해서 그러한 집회나 시위를 제한하도록 규정하거나 또는 집시법 제11조 제4호에서처럼 외교기관 인근에서 행하려는 집회나 시위를 원칙적으로 금지하지 않더라도, 집시법 제5조 제1항에 의해 집단적인 폭행·협박·손괴·방화 등으로 공공의 안녕질서에 직접적인 위협을 가할 것이 명백한 집회나 시위를 절대적으로 금지하고 있어 폭력 집회나 시위를 사전에 차단할 수 있다는 점과 동법 제6조에 의해 집회나 시위를 개최하기 전 720시간부터 48시간 전까지 관할 경찰관서장에게 신고를 하도록 규정하고 있어 이를 통해 관할 경찰관서서장이 질서유지를 위한 조치를 사전에 강구할 수 있다는 점 및 동법 제14조에 의해 집회나 시위 시 확성기 등을 사용하여 타인에게 심각한 피해를 주는 소음발생을 규제하도록 하고 있는 점과 동법 제20조에 의해 집회나 시위의 해산제도 등의 집시법상의 여러 규정들과 형법 제107조부터 제113조까지 등 형법상의 여러 처벌 규정들을 통해서 외교기관의 인근에서 개최되는 집회나 시위로 인한 외교기관의 기능을 해칠 위험성 등의 문제는 상당 부분 해소될 수 있다는 점에서 집시법 제11조 제4호에서 외교기관으로부터 원칙적으로 100미터 안에서 집회나 시위의 개최를 금지시키는 것은 집회자나 시위자의 헌법상의 집회의 자유를 과도하게 제한하는 것으로서, 동 규정은 비례의 원칙 중 최소 침해의 원칙 및 법익균형의 원칙에 반한다고 할 것이다.[42]

한편 '집회및시위에관한법률(2007. 5. 11. 법률 제8424호로 전부 개정된 것) 제11조 (옥외집회와 시위의 금지 장소) 누구든지 다음 각 호의 어느 하나에 해당하는 청사 또는 저택의 경계 지점으로부터 100미터 이내의 장소에서는 옥외집회 또는 시위를 하여서는 아니 된다. 1. 국회의사당, 각급 법원, 헌법재판소 … '라는 규정(이하 "심판대상

---

41) 이희훈, "집회 및 시위에 관한 법률 개정안 중 복면 금지 규정의 위헌성", 공법연구 제37집 제3호, 한국공법학회, 2009. 2, 204–205면.
42) 이희훈, "일반 교통방해죄와 외교기관 인근 집회·시위 금지에 대한 헌법적 평가", 공법연구 제39집 제3호, 한국공법학회, 2011. 2, 286–287면.

조항"이라 한다)에 대하여 이ㅇ호가 2011년 11월 3일에 15:20경부터 16:00경까지 국회의사당 경계지점으로부터 30~40미터 이내의 거리에 있는 국회 북문 앞에서부터 동문 앞까지의 우측 고수부지에서 약 3,000여 명의 다른 참가자들과 함께 '한미 FTA 반대' 등의 구호를 외치고 국회 진출을 시도하면서 대치하고 있는 경력과 몸싸움을 하는 등 국회의사당 경계지점으로부터 100미터 이내의 장소에서 개최된 집회에 참가하였다. 그리고 이ㅇ호는 이 사건 심판대상조항을 위반한 것으로 처벌받게 되었고, 이에 이ㅇ호가 1심 계속 중 서울중앙지방법원에 집회및시위에관한법률 제11조 제1호 중 '국회의사당' 부분에 대하여 위헌법률심판제청신청을 하였는데(2013초기 2495), 같은 법원이 2013년 8월 22일 위 신청을 기각하자 2013년 9월 26일 이 사건 헌법소원심판을 청구하였다.

헌법재판소는 2018년에 이 사건에 대한 집회의 자유의 침해 여부에 대하여 "국회는 국민을 대표하는 대의기관으로서 법률을 제정하거나 개정하며, 국정통제기관으로서 특히 행정부에 대한 강력한 통제권한을 행사하는 등 국가정책결정의 주요한 기능을 담당하고 있다. 이와 같은 국회의 기능과 역할은 헌법이 부여하고 보장하는 것으로 헌정질서의 유지·작동을 위한 기초가 되고, 그 특수성과 중요성에 비추어 특별하고도 충분한 보호가 요청된다. 그런데 국회의사당 인근에서 옥외집회가 행하여지는 경우에 그러한 집회는 이해관계나 이념이 대립되는 여러 당사자들 사이에 갈등이 극단으로 치닫거나 입법자에 대한 압력행사를 통하여 일정한 이익을 확보하려는 목적으로 이루어질 수 있고, 물리적 충돌이 발생할 여지도 있다. 위의 심판대상조항은 이와 같은 사정을 감안하여 국회의원과 국회에서 근무하는 일반 직원, 그리고 국회에 출석하여 진술하고자 하는 국민이나 공무원 등이 어떠한 압력이나 위력에 구애됨이 없이 자유롭게 국회의사당에 출입하여 업무를 수행하며, 국회의사당을 비롯한 국회 시설의 안전이 보장될 수 있도록 하기 위한 목적에서 입법된 것이다(헌재 2009. 12. 29, 2006헌바20 등). 이러한 심판대상조항의 입법 목적은 정당하고, 국회의사당 인근에서의 옥외집회를 전면적으로 금지하는 것은 국회의 기능을 저해할 가능성이 있는 집회를 사전에 차단함으로써 국회의 기능을 보호하는데 기여할 수 있으므로 수단의 적합성도 인정된다. 그러나 집회의 자유는 대의제 민주주의의 기능을 강화·보완하고 사회통합에도 기여하는 등 언론·출판의 자유와 더불어 대의제 민주국가의 필수적 구성요소라고 할 것이므로, 국회의 특수성과 중요성을 고려하더라도 국회의사당 인근에서 집회의 장소를 제한하는 것은 필요 최소한에 그쳐야 한다. 위에서 본 바와 같이 국회는 국민을 대표하는 대의기관으로서 법률을 제정하거나 개정하며, 국정통제기관으로서 특히 행정부에 대한 강력한 통제권한을 행사하는 등 국가정책결정의 헌법적 기능을 담당한다. 이와 같이 국회가 국가의 주요한 공익적 기능을 수행함에 있어서 국회의원은 자신을 선출한 '국민의 의사'에 반드시 기속되는 것은 아니라고 하더라도, '국민주권에 바탕을 둔 대의제 민주주의'를 실현하기 위해서 국회는 '국민의 의사'에 다가가 이를 국정에 가능한 반영하여야 한다. 그렇다면 국회의 헌법적 기능은 국회의사당 인근에서의 집회와 양립이 불가능한 것이 아니라 양립이 가능한 것이며, 국회는 이를 통해 보다 충실하게 헌법적 기능을 수행할 수 있다고 할 것이다. 국회의원은 국가이익을 우선하여 양심에 따라 직무를 수행해야 하므로(헌법 제46조 제2항), 특정인이나 일부 세력의 영향 때문에 직무의 순수성이 왜곡되어서는 안된다. 따라서 '민의의 수렴'이라는 국회의 기능을 고려할 때 국회가 특정인이나 일부 세력의 부당한 압력으로부터 보호될 필요성은 원칙적으로 국회의원에 대한 물리적인 압력이나 위해를 가할 가능성 및 국회의사당 등 국회 시설에의 출입이나 안전에 위협을 가할 위험성으로부터의 보호로 한정되어야 한다. 위의 심판대상조항은 국회의사당 인근에서의 집회를 전면적으로 금지하면서도 '국회의사당'이라는 구체적인 공간의 범위를 명시적으로 정의하는 규정을 두지 않고 있고, 집회및시위에관한법률과 국회법의 규정을 살펴보더라도 '국회의사당'의 의미를 구체적으로 설정하는 규정은 없다. 국회의 헌법적 기능 보호라는 심판대상조항의 입법취지를 감안하여 '국회의사당'을 '국회 본관 뿐만 아니라, 의원회관, 국회도서관 등 국회의 기능적 활동이 이루어지는 국회 부지 내의 장소 전체'로 해석할 수 있고, 실제로 법원이나 검찰·경찰 등 법집행기관에서 심판대상조항을 이와 동일하게 해석·적용하고 있다. 그런데 이와 같이 '국회의사당'을 해석하게 되면 국회의사당으로의 출입과 무관한 지역 및 국회 부지로부터 도로로 분리되어 있거나 인근 공원·녹지까지도 집회금지장소에 포함된다. 결국 심판대상조항은 국회의사당 인근 일대를 광범위하게 집회금지장소로 설정함으로써, 국회의원에 대한 물리적인 압력이나 위해를 가할 가능성이 없는 장소 및 국회의사당 등 국회 시설에의 출입이나 안전에 지장이 없는 장소까지도 집회금지장소에 포함되게 한다. 더욱이 대한민국 국회는 국회 부지의 경계지점에 담장을 설치하고 있고, 국회의 담장으로부터 국회의사당 건물과 같은 국회 시설까지 상당한 공간이 확보되어 있으므로 국회의원 등의 자유로운 업무수행 및 국회 시설의 안전이 보장될 수 있다. 그럼에도 심판대상조항이 국회 부지 또는 담장을 기준으로 100미터 이내의 장소에서 옥외집회를 금지하는 것은 국회의 헌법적 기능에 대한 보호의 필요성을 고려하더라도 지나친 규제라고 할 것이다. 헌법재판소는 '집회의 금지는 원칙적으로 공공의 안녕질서에 대한 직접적인 위협이 명백하게 존재하는 경우에 한하여 허용될 수 있다. 집회의 금지는 집회의 자유를 보다 적게 제한하는 다른 수단, 즉 집회참가자 수의 제한, 집회 대상과의 거리 제한, 집회 방법·시기·소요 시간의 제한 등과 같은 조건을 붙여 집회를 허용하는 가능성을 모두 소진한 후에 비로소 고려될 수 있는 최종적인 수단이다.'라고 판시하였다(헌재 2003. 10. 30. 2000헌바67 등). 이에 비추어 볼 때, 국회의사당 인근에서의 집회가 심판대상조항에 의하여 보호되는 법익에 대한 직접적인 위협을 초래한다는 일반적 추정이 구체적인 상황에 의하여 부인될 수 있는 경우라면 입법자로서는 예외적으로 옥외집회가 가능할 수 있도록 심판대상조항을 규정하여야 할 것이다. 예를 들어, 국회의 기능을 직접 저해할 가능성이 거의 없는 '소규모 집회'의 경우에 국회의원 등에게 물리적인 압력이나 위해를 가할 가능성 또는 국회의사당 등 국회 시설의 출입이나 안전에 위협을 가할 위험성은 일반적으로 낮다. 이러한 소규모 집회가 일반 대중의 합세로 인하여 대규모 집회로 확대될 우려나 폭력 집회로 변질될 위험이 없는 때에는 그 집회의 금지를 정당화할 수 있는 헌법적 근거를 발견하기 어렵다. 그리고 국회의 업무가 없는 '공휴일이나 휴회기 등에 행하여지는 집회'의 경우에도 국회의원 등의 국회의 자유로운 출입 및 원활한 업무의 보장 등 보호법익에 대한 침해의 위험이 일반적으로 낮다. '국회의 활동을 대상으로 한 집회가 아니거나 부차적으로 국회에 영향을 미치고자 하는 의도가 내포되어 있는 집회'의 경우에도 국회를 중심으로 한 법익충돌의 위험성이 낮고, 국회의원 등에 대한 직접적·간접적 물리력이 행사될 가능성도 낮다. 이처럼 옥외집회에 의한 국회의 헌법적 기능이 침해될 가능성이 부인되거나 또는 현저히 낮은 경우에 입법자로서는 위의 심판대상조항으로 인하여 발생하는 집회의 자유에 대한 과도한 제한 가능성이 완화될 수 있도록 그 금지에 대한 예외를 인정하여야 한다. 그럼에도 불구하고 위의 심판대상조항은 전제되는 위험 상황이 구체적으로 존재하지 않는 경우까지도 예외 없이 국회의사당 인근에서의 집회를 금지하고 있는바, 이 또한 입법 목적의 달성에 필요한 범위를 넘는 과도한 제한이라고 할 것이다. 오늘날 우리 사회에서는 각종 사회·이익단체에 의해 주최되는 대규모 집회가 폭력적이고 불법적인 집회로 흐를 위험이 있고, 이러한 집회 문화에 비추어 국회의사당 인근에서의 집회를 앞으로도 폭넓게 금지하여야 할 필요가 있다는 목소리도 있을 수 있다. 물론 국회의사당 인근에서 폭력적이고 불법적인 대규모 집회가 행하여지는 일정한 경우에는 국회의 헌법적 기능이 훼손될 가능성이 커지는 것은 사실이다. 그러나 집시법은 이러한 특수한 상황에 대처할 수 있도록 집회의 성격과 양상에 따른 다양한 규제 수단들을 규정하고 있다. 즉, 집시법 제5조는 집단적인 폭행·협박·손괴·방화 등으로 공공의 안녕질서에 직접적인 위협을 끼칠 것이 명백한 집회의 주최를 금지하고(제1항), 누구든지 제1항에 따라 금지된 집회를 선전하거나 선동하여서는 안 된다고 규정하고 있다(제2항). 집시법 제6조는 옥외집회를 주최하려는 사람으로 하여금 관할 경찰서장에게 그에 관한 신고를 하도록 하고 있고, 제8조는 관할 경찰관서장으로 하여금 신고된 옥외집회가 공공의 안녕질서에 직접적인 위협을 끼칠 것이 명백하다고 판단되는 경우에 그 집회의 금지를 통고할 수 있도록 하고 있다(제1항). 집시법은 제14조에서 확성기 등을 사용하여 타인에게 심각한 피해를 주는 소음 발생을 제한하고 있고, 제16조 내지 제18조에서는 주최자, 질서유지인, 참가자로 하여금 다른 사람의 생명을 위협하거나 신체에 해를 끼칠 수 있는 기구를 휴대하거나 사용하는 행위 및 폭행·협박·손괴·방화 등으로 질서를 문란하게 하는 행위 등을 하지 못하도록 규정하고 있으며, 제20조에서는 집회에 대한 사후적인 통제수단으로 관할 경찰관서장의 해산명령에 관하여 규정하고 있다. 집시법은 이러한 제한을 위반한 경우에 처벌하는 규정을 두고 있고(제22조, 제24조), 집회 과정에서의 폭력행위나 업무방해행위 등은 형사법상의 범죄행위로서 처벌된다. 그렇다면 국회의사당 인근에서의 옥외집회를 예외적으로 허용한다고 하더라도 위와 같은 수단들을 통하여 심판대상조항이 달성하려는 국회의 헌법적 기능은 충분히 보호될 수 있다고 할 것이므로, 단지 폭력적·불법적 집회의 가능성이 있다는 이유만으로 심판대상조항에 의한 일률적·절대적 옥외집회의 금지가 정당화되는 것은 아니라고 할 것이다. 이러한 사정들을 종합하여 볼 때, 위의 심판대상조항은 그 입법 목적을 달성하는데 필요한 최소 한도의 범위를 넘어, 규제가 불필요하거나 또는 예외적으로 허용하는 것이 가능한 집회까지도 이를 일률적·전면적으로 금지하고 있다고 할 것이므로, 침해의 최소성 원칙에 위배된다. 그리고 공통된 이익에 대한 공동의 의사를 일정한 장소에 모여 사회에 표출하여 여론을 형성하고 국가의 정책결정과정에 간접적으로 참여하거나 자신들의 의사를 효과적으로 반영하기 위해서는 국민을 대표하는 대의기관이며 국가정책결정기관으로서 공익적 기능을 수행하는 국회가 집회의 장소로 선택될 수 있다. 그러나 국회의사당 인근에서 집회가 열린다고 하여 국회의 기능이 멈추는 것은 아니며, 오히려 국민주권에 바탕을 둔 대의제 민주주의를 충실하게 실현하기 위해서는 국회가 국민의 목소리에서 벗어난 곳에 존재하여서는 안 된다. 헌법기관인 국회의 기능을 보호하는 것이 매우 특별한 중요성을 지닌 공익에 해당함은 의심의 여지가 없으나, 위의 심판대상조항은 앞에서 살펴본 것처럼, 국회의 헌법적 기능을 무력화시키거나 저해할 우려가 있는 집회를 금지하는데 머무르지 않고, 그 밖의 평화적이고 정당한 집회까지 전면적으로 제한함으로써 구체적인 상황을 고려하여 상충하는 법익 간의 조화를 이루려는 노력을 전혀 기울이지 않고 있다. 이처럼 심판대상조항을 통한 국회의 헌법적 기능 보호라는 목적과 집회의 자유에 대한 제약 정도를 비교할 때, 위의 심판대상조항으로 달성하려는 공익이 제한되는 집회의 자유 정도보다 크다고 단정할 수는 없다고 할 것이므로, 심판대상조항은 법익의 균형성 원칙에도 위반된다. 따라서 이 사건 심판대상조항은 입법 목적의 정당성과 수단의 적합성이 인정된다고 하더라도, 침해의 최소성 및 법익의 균형성 원칙에 반한다고 할 것이므로 과잉금지의 원칙을 위반하여 집회의 자유를 침해한다."라고 판시하였다(헌재 2018. 5. 31, 2013헌바322 등).

한편 최근 2020년 4월 15일에 제21대 국회의원 선거가 있었다. 이를 앞두고 각종 다양한 언론사들에 의하여 해당 지역구 및 전국구 여야 국회의원 후보들에 대한 여론조사의 결과를 공표하여 유권자들에게 해당 투표에 대한 결과를 예상할 수 있도록 다양하게 알려주었다. 그러나 이러한 다양한 선거 여론조사의 결과에 대한 공표는 실제 선거일로부터 6일 전까지만 실시한 해당 여론조사의 결과만 공표할 수 있도록 공직선거법 제108조 제1항에서 금지하고 있다. 이와 관련하여 최근 2020년 4월 9일에 오마이뉴스 언론에서 '선거결과는 깜깜이 기간에 만들어진다는 역설'이라는 제목으로 다음과 같은 김종성 시민기자의 비판적 기사가 게재되었다. 2020년 4월 15일 치러지는 21대 총선의 '여론조사 공표금지 기간'이 9일 0시부터 시작됐다. 공직선거법 제108조 제1항에 따라 누구든지 선거일 전 6일부터 선거일의 투표 마감 시각까지 선거에 관하여 정당에 대한 지지도나 당선인을 예상하게 하는 여론조사(모의투표나 인기투표에 의한 경우 포함)의 경위와 그 결과를 인용해 보도할 수 없다. 어떤 일이든 최종 결정이나 선택이 임박하면 평소 예측하지 못한 의외의 변수가 튀어나오기 쉽다. 선거도 마찬가지다. 뜻밖의 변수로 판세가 뒤바뀌는 일이 있다. 후보자나 정당은 물론이고 적극 유권자들도 극도로 긴장돼 있다보니, 어디서 어떤 일이 터질지 알 수 없게 된다. 그래서 선거일이 임박할수록 선거정보의 중요성이 한층 더 커진다. 그런데도 공직선거법은 이 시기에 여론조사의 공표를 금지한다. 때문에 일각에서는 국민의 알 권리가 침해된 상태에서 깜깜이 선거를 초래한다는 비판을 내놓는다. 김대중 · 김영삼 · 정주영 후보가 격돌했던 1992년 대통령선거 때는 대통령선거법 제65조에 따라 선거일 공고일인 11월 20일부터 여론조사 공표가 금지됐다. 그러다가 선거일 7일 전인 12월 11일에 있을 수 없는 일이 벌어졌다. 김기춘 전 법무부장관이 부산 초원복국집에서 부산시장 · 부산경찰청장 · 부산교육감 · 부산지검장 ·

부산상공회의소장 및 안기부 부산지부장과 함께 "우리가 남이가?"라며 지역감정을 부추겨 선거판세를 바꾸는 논의를 했던 것이다. 민주자유당 김영삼 후보를 돕고자 벌어진 이 사건은 언뜻 봐선 민자당이 비판의 화살을 받는 결과로 이어질 것 같았다. 하지만 실제로는 정반대였다. 이 사건은 오히려 민자당 지지층을 결속시키는 결과를 낳았다. 만약 그 기간에 여론조사 결과의 공표가 허용됐다면, 상황이 어떻게 달라졌을지 장담할 수 없다. 지역감정을 조장하는 초원복국모임이 민자당 지지층의 경각심을 촉구하기는커녕 되레 이들을 결집시키고 있다는 여론조사의 결과가 나왔다면, 이것이 투표일 당일에 유권자들의 심리에 어떤 영향을 미쳤을까? 2002년 대선 전날에는 정몽준 국민통합21 대표가 노무현 민주당 후보와의 단일화를 파기하는 사건이 발생했다. 노무현 후보를 곤경에 빠트릴 것 같았던 이 사건은 오히려 노무현에게 표가 몰리는 결과로 이어졌다. '깜깜이 선거' 기간이 얼마나 극적이고 역동적인 시기인지를 보여주는 사례다. 2016년 20대 총선 때도 막판에 중대한 일이 벌어졌다. 4월 4-6일 실시된 한국갤럽 여론조사에서는 새누리당이 39퍼센트, 더불어민주당이 21퍼센트, 국민의당이 14퍼센트 지지를 받는 것으로 나타났다. 하지만 선거일이 임박해 새누리당에서 벌어진 '진박공천 논란'이 상황을 바꿔놓았다. 이로 인해 중도층 표심이 민주당으로 옮겨가면서 민주당이 123석, 새누리당이 122석을 얻었다. 이 결과는 그해 겨울의 촛불혁명에 유리한 조건을 제공했다. '역사는 밤에 이루어진다'고 하지만 선거에 관한 역사는 여론조사 공표금지 기간에 이뤄진다고 해도 과언이 아니다. 선거 막판으로 갈수록 총력이 집중되다 보니 그럴 수밖에 없다. 이런 기간에 유권자들은 깜깜이로 지내야 한다. 정보를 많이 얻어야 할 시점에 오히려 정보가 차단되는 것이다.

한편 그렇다고 해서 여론조사 공표금지에 명분이 없는 것은 아니다. 이에 대하여 중앙선거관리위원회는 "금지 기간 중 여론조사 결과가 공표·보도되면 자칫 선거인의 진의를 왜곡시킬 우려가 있고, 불공정하거나 부정확한 여론조사 결과가 공표될 경우 선거의 공정성을 심각하게 저해할 우려가 있다."라며 주의를 당부했다. 선관위의 당부를 자세히 풀이하면 여론조사 공표로 1위 후보자에게 표가 쏠리는 '밴드왜건 효과'(Bandwagon Effect)나, 약세 후보에게 동정표가 쏠리는 '열세자 효과'(Underdog Effect) 등으로 인해 표심이 왜곡될 수 있다는 것이다. 참고로 밴드왜건은 악단을 태우고 서커스 행렬을 선도하는 마차나 차량을 말한다. 밴드왜건이 풍악을 울리며 행진하면 행인들이 호기심에 이끌려 영문도 모르고 뒤따라 다니는 현상에 착안해, '남이 하니까 나도 한다'는 식의 투표 의사결정을 밴드왜건 효과라 부르게 됐다. 밴드왜건 및 열세자 효과를 차단하는 규정이 한국의 법령에 도입된 것은 이승만 정권 때다. 1958년 1월 25일 제정된 참의원선거법에 "누구든지 선거에 관하여 당선 또는 낙선을 예상하는 인기투표를 할 수 없다."라는 제68조 규정이 등장했다. 같은 날 제정된 민의원선거법 제78조에도 동일한 규정이 들어갔다.

이러한 공직선거법상 선거여론조사 공표금지조항에 대하여 선관위는 유권자 표심의 왜곡을 막기 위한 제도라고 말하고 있지만, 이를 한국에 처음 도입한 사람들의 의도는 그런데 있지 않았다. 2008년에 〈공법연구〉 제36집 제3호에 실린 이희훈 선문대 교수의 논문 '선거여론조사의 결과공표금지 규정에 대한 헌법적 고찰 – 알 권리의 침해를 중심으로'는 이렇게 말한다. "당시 여당이었던 자유당은 사사오입 개헌과 10년 장기집권과 갖가지 실정으로 국민들에게 별로 인기가 없게 되자, 인기투표를 허용하게 되면 많은 소속 의원들의 인기도가 선거일 전에 백일하에 드러남으로써 사기 저하 등 선거전략에 심각한 차질을 빚을 우려가 있었고, 인기투표의 결과와 부정선거로 나타난 득표수에 현저한 차이가 있을 때 큰 낭패를 볼 우려가 있어 인기투표를 금지하려고 했다." 즉, 자유당의 불법 개헌 및 장기집권과 실정으로 민심이 이반된 상태에서 자유당 후보들의 저조한 인기가 드러나고 부정선거의 실상이 폭로되는 것을 막고자 공표금지 조항을 도입했다는 것이다. 야당이 그런 제도의 도입에 합의를 해 준 것은 야당은 야당대로 자신감이 없었기 때문이다. 자유당이 자금력을 동원해 거짓 여론조사를 벌일지 모른다는 우려 때문에 그랬다고 위 논문은 말한다. "야당은 자금 면에서 여당에 열세였으므로 인기투표가 금력이나 권력의 개입으로 불공정하게 실시되어 그 결과가 발표될 경우에는 피해를 입을 수 있었으므로, 당시 일본의 공직선거법 제138조의 3항에서 '누구든지 선거에 관하여 공직에 취임하는 자를 예상하는 인기투표의 경과 또는 결과를 공포해서는 안 된다.'라는 규정을 그대로 본떠서 삽입하였다고 한다." 이렇게 등장한 공직선거법상 선거여론조사 공표금지조항이 그간의 변화 과정을 거쳐 지금은 '선거일 전 6일부터 공표금지'로 정착됐다. 그동안 이 규정이 끼친 영향은 한둘이 아니다. 단순히 국민의 알 권리를 저해하는 정도에 그치지 않았다.

한편 민중항쟁이나 시민혁명이 성공하면 얼마 안 있어 정권이 무너지는게 일반적인 현상이다. 4·19 뒤에도 그랬고, 촛불혁명 뒤에도 그랬다. 하지만 6월 항쟁이 일어난 1987년에는 그렇지 않았다. 보수여당인 민주정의당은 그 해 12월 대선에 승리했다. 민정당과 그 계승자 정당은 1998년 2월 24일까지 정권을 유지했다. 1987년 대선에서 노태우 민정당 후보가 당선된 최대 요인은 이른바 '양김 분열'이다. 정치권에서 민주화 투쟁을 이끌던 김대중과 김영삼이 분열되면서 노태우가 어부지리를 얻은 결과였다. 김대중·김영삼 분열은 전두환 정권의 공작 정치의 산물이기도 했지만, 당시 국민과 재야와 야권이 단일화를 좀 더 강하게 밀어붙이지 못한 결과이기도 했다. 그 당시 단일화 실패를 부추긴 요인 중 하나가 선거여론조사 공표금지다. 2012년 봄호 〈관훈저널〉에 실린 홍영림 〈조선일보〉 여론조사팀장의 기고문 '선거여론조사의 함정'에 이런 대목이 있다. "당시 여론조사로는 양김의 독자 출마는 당선 가능성이 제로에 가까웠던 반면, 단일화가 성사됐다면 두 사람 중 누구라도 당선됐을 것이란 분석이 지배적이었다. 두 김씨의 출마선언 며칠 뒤인 11월 15일 갤럽조사에서 노태우 후보(38.2퍼센트)에 이어 김영삼 후보(27.7퍼센트), 김대중 후보(24.0퍼센트) 순이었기 때문이다. 약 한 달 뒤 대선에서도 노태우 후보(36.6퍼센트)와 김영삼 후보(28.0퍼센트), 김대중 후보(27.0퍼센트)의 최종 득표율은 여론조사와 비슷했다. 하지만 당시엔 선거여론조사의 공표가 전면 금지됐기 때문에 이 같은 족집게 수준의 선거여론조사를 국민들은 전혀 몰랐다. 당연히 두 김씨를 향한 '각자 출마해선 승산이 없다'는 여론의 압력도 그다지 큰 편이 아니었다." 두 김씨는 자신의 승리를 확신하면서 상대방의 포기를 촉구했다. 양김은 각자 출마해도 자신이 승리할 거라며 자신감을 표출했다. 이런 분위기를 1987년 11월 27일자 〈동아일보〉 칼럼 '선거여론조사는 필요한가'는 이렇게 전한다. "지금 일노(一盧)·양김씨들은 아무도 낙선을 생각해 보지도 않았고, 또 생각할 필요도 없다고 한다. 그리고 세 사람 모두가 압도적 당선을 장담하고 있다. 처음엔 전술상 말을 그렇게 하는 줄 알았으나, 알고보니 후보자를 위시해서 핵심 측근일수록 실제로 그렇게 믿고 있는 모양이다." 그 당시 국민들이 여론조사의 결과를 알았다면 양김을 그냥 방치하지 않았을 수도 있었다. 6월 항쟁의 열기가 아직 남아 있을 때이었으므로, 자신들이 이룩한 민주화 투쟁의 결실이 두 김씨에 의해 무산되는 것을 지켜보지만은 않았을 것이다. 어떻게든 두 후보의 단일화를 압박했을 가능성이 있다. 그렇게 됐다면 두 후보가 자기의 뜻을 고수하기 힘들었을 수도 있다. 이승만 정권의 자신감 부족으로 인해 한국에 도입된 선거여론조사 공표금지 조항은 이처럼 선거 판세는 물론이고 한국 역사에까지 많은 영향을 끼쳤다. 돌발 변수가 빈발하고 판세도 곧잘 바뀌는 선거일 직전의 며칠 동안 유권자들이 깜깜이로 지내도록 만드는 조항이다. 선거는 '뽑는 행사'이지 '뽑히는 행사'가 아니다. 따라서 선거의 진짜 주역은 '뽑히는 후보'가 아니라 '뽑는 유권자'다. 이것은 유권자들을 대신해 나랏일을 책임질 사람들을 선출하는 일이다. 따라서 유권자가 후보자보다 훨씬 더 역동적이어야 하는데도, '깜깜이 조항' 때문에 유권자들이 아무것도 모른 채 지나갈 수밖에 없게 되는 것이다. 이하에서는 이러한 공직선거법 제108조 제1항에서의 선거여론조사 공표금지규정에 대하여 헌법상 과잉금지의 원칙에 비추어 타당성 여부를 상세히 검토하겠다.[43]

　　해마다 선거철이 되면 각 언론기관의 후보자에 대한 여론조사의 지지율 보도가 쏟아진다. 예를 들어, 선거에 입후보자한 자 중 1위와 2위의 격차는 몇 퍼센트인지 또는 선거가 1강 또는 2강의 구도로 흘러가고 있는지 등 선거에 관한 여론조사결과를 바탕으로 한 선거 보도가 홍수를 이룬다. 특히 2005년 8월 4일에 공직선거법이 개정되면서 작년 12월 19일에 있었던 대선에서 선거여론조사의 공표금지 기간이 과거 선거일 전 22일에서 6일로 축소되어 2007년 12월 13일부터 선거여론조사의 결과를 공표할 수 없었다. 따라서 2002년 대선 때에 비해 선거여론조사의 결과를 접할 수 있는 기회가 다소 늘어나 선거를 얼마 앞둔 시점까지 각 언론기관의 선거여론조사의 결과의 공표를 통해 후보자들의 지지율의 변동 추이를 알 수 있게 되어 선거권자의 알 권리와 선거권 및 언론기관의 보도의 자유(이하 "알 권리 등"이라 한다)를 침해할 여지는 다소 줄어들었다고 볼 수 있다. 이렇듯 선거여론조사의 결과에 대해 공표하는 것은 1위 후보자에게 표가 더욱 쏠리게 하는 '밴드왜건 효과'(Bandwagon Effect)나 약세 후보자에게 동정표가 몰리는 '열세자 효과'(Underdog Effect) 등을 초래하여 선거여론조사의 결과의 보도에 따라 선거권자의 개인적 판단과 투표행위에 영향을 미쳐 선거권자의 투표에 대한 진의를 왜곡할 수 있는 문제점과 언론기관이 선거여론조사의 결과를 분석하고 보도하는 과정에서 자의적인 해석 및 과장과 축소 등으로 현상을 왜곡하거나 단정적 판단과 표현으로 민심을 오도할 수 있는 등의 문제가 있다. 즉, 선거권자의 투표 의사의 왜곡과 선거의 공정성에 대한 중대한 위험을 방지하여 선거권자의 혼란을 최소화하여 선거를 공정하게 실시할 수 있게 하기 위하여 공직선거법 제108조 제1항에서 선거여론조사의 결과의 공표를 선거일 6일 전부터 금지시키고 있다. 그러나 동 규정은 오히려 '마타도어(Matador) 현상'을 범람시킬 수 있고, 다른 한편 각 언론기관의 선거에 관한 다양한 정보의 제공을 선거일 6일 전부터 일체 금지시켜 유권자들의 정보에 대한 접근을 차단하여 유권자들이 후보자와 정당 및 정책 그리고 여론의 동향 등에 대한 다양하고 올바른 정보를 제공

---

43) 이하 부분은 이희훈. "선거여론조사의 결과공표금지규정에 대한 헌법적 고찰". 공법연구 제36집 제3호, 한국공법학회. 2008. 2. 250-275면.

받을 기회까지 일체 가로막는 결과를 초래하여 과잉금지의 원칙에 비추어 볼 때, 선거권자의 알 권리 등의 기본권을 침해하는 위헌적인 규정이 아닌가 하는 문제가 제기된다.

먼저 선거여론조사의 결과공표금지에 대하여 공직선거법 제108조 제1항에서는 "누구든지 선거일 전 6일부터 선거일의 투표마감시각까지 선거에 관하여 정당에 대한 지지도나 당선인을 예상하게 하는 여론조사(모의투표나 인기투표에 의한 경우를 포함한다)의 경위와 그 결과를 공표하거나 인용하여 보도할 수 없다."라고 규정되어 있는 바, 동 규정의 내용을 크게 다섯 개로 나누어 해석하면 다음과 같다. 첫째, 동 규정에서 선거일 전 6일부터 선거일의 투표마감시각까지 선거여론조사의 결과공표가 금지되는 주체에는 아무런 제한이 없다. 둘째, 동 규정에서 '선거일 전 6일부터 선거일의 투표마감시각까지'의 사이에만 여론조사의 경위와 결과를 공표하거나 인용하여 보도하는 것이 금지되므로, 선거일 전 7일 이전이나 선거일의 투표마감시각 이후에는 여론조사의 경위와 결과를 공표하거나 인용하여 보도하는 것이 가능하다고 해석된다. 이때 선거여론조사의 공표시기의 기준이 되는 시점은 간행물에 표시된 발행일자가 아니라, 일반 서점 및 가판대에 배포되어 불특정 다수인이 볼 수 있는 상태에 이른 실제 발행·배부일이라 하겠다. 셋째, 동 규정에서 '선거에 관하여'라 함은 선거와 관련되는 일체의 사항을 말하며, 반드시 선거운동의 목적과 연관될 필요는 없다. 넷째, 동 규정에서 '인기투표'라 함은 후보자 등을 대상으로 그 당락을 예상할 수 있는 지지도를 알아보는 투표행위를 뜻하고, 동 규정에서 '모의투표'라 함은 실제 투표절차에서의 투표를 가상하여 예상후보자를 대상으로 하는 모방 투표행위를 뜻한다. 다섯째, 동 규정에서는 선거여론조사의 결과공표 뿐만 아니라 인용보도도 간접적 방법에 의한 공표행위로서, 언론매체의 대중성에 비추어 선거권자에게 미치는 영향이 매우 크다고 할 것이므로 이를 금지하고 있다. 다만 선거일 전 7일 이전에 이미 공표된 선거여론조사의 결과를 인용하여 보도하는 것은 허용된다. 따라서 선거여론조사의 결과를 공표하거나 보도하지 않는 한, 정당이나 후보자가 전문 여론조사기관에 선거에 대한 여론조사를 의뢰하는 것은 가능하다고 할 것이다. 이와 관련하여 과거 중앙선관위는 "일부 언론사의 총선판세보도가 여론조사의 결과를 보도하였다면 이는 공직선거법 제108조 제1항의 규정에 위반될 것이나, 여론조사의 결과가 아닌 단순히 각 정당이나 선거사무소 또는 현지 분위기 등을 취재하여 보도하였다면 이를 위 법조항에 위반되는 보도라고 보기는 어려울 것이다."라고 회신하였다. 또한 국내 여론조사 기관은 물론 외국의 신문·방송사 등에서 실시한 여론조사결과를 인용하여 보도하는 것은 금지된다고 할 것이다.

한편 선거여론조사의 결과공표금지 규정에 대한 외국의 입법례를 살펴보면 프랑스는 선거여론조사의 결과공표는 국민들의 투표 성향에 영향을 줄 수 있다는 판단 하에 1972년 상원에서 '여론조사의 공표에 관한 법'이 입안된 후 1977년 7월 19일에 동 법안의회에서 통과되었는바, 동법은 선거와 관련된 여론조사 결과의 공표에 관한 사항을 총괄적으로 규정하였다. 동법 제5조부터 제10조까지 여론조사 공표의 객관성을 보장하기 위해 '여론조사위원회'를 설치하여 운영하는 내용을 규정하였다. 또한 동법 1977년 7월 19일 법률(제77-808호) 제11조가 2002년 2월 19일 법률(제2002-214호) 제11조로 개정되기 전까지 선거일 전 여론조사결과 결과공표금지 기간이 '선거일 전 7일'이었던 것을 동법 동조의 개정 이후부터는 선거일 전날과 선거 당일인 2일만 금지되었고, 현재까지 계속되고 있다. 이렇듯 선거여론조사의 결과공표금지 기간이 축소되어 선거에 있어 국민의 알 권리 등이 더 자유롭고 폭넓게 보장받게 된 이유는 프랑스 대법원이 2001년 9월 4일에 이러한 공표금지규정이 유럽인권협정 제10조에 배치된다는 판결을 한 후에 행정부가 투표의 신뢰성을 보장하고 유럽인권협정 제10조의 요구를 조절하려고 하였기 때문이라고 할 것이다. 이 밖에 우리나라와 같이 세계적으로 선거여론조사의 결과공표금지 규정을 두고 있는 국가로는 OECD 국가들 중에서 이탈리아, 스위스, 포르투칼, 스페인 등 소수의 국가가 여기에 속한다.

이와 달리 미국은 선거여론조사의 결과공표를 금지하는 특별한 법 규정이 없고, 단지 1946년에 설립된 미국 여론조사협회가 자체 제정한 규약을 회원들이 자율적으로 준수하도록 하고 있다. 이에 따라 미국은 거의 모든 네트워크 방송과 전국지는 물론 지방지까지도 단독 또는 연합으로 선거여론조사를 실시하고 있으며, 그 결과를 보도할 수 있다. 특히 1992년 이후 대통령선거에서부터 CNN, USA 투데이, 갤럽이 공동으로 수행하는 선거여론조사는 선거에 임박한 한 달여 동안 매일 후보 지지율의 변화를 조사하여 그 결과를 공표했다. 따라서 미국 국민들은 선거기간동안 하루도 빠짐없이 선거여론조사의 결과보도를 듣거나 볼 수 있었다. 이렇듯 미국의 언론은 선거여론조사의 결과를 수시로 보도할 수 있고, 최소한 주지사와 주요 각료 및 연방 상하의원 후보자에 대해서 지지하는 후보자와 또 그 이유를 사설을 통하여 자유롭게 밝힐 수 있음을 알 수 있다. 그리고 독일은 방송국가협정 제10조 제2항에 의해 대표성이 인정되는 여론조사에 한해서 선거기간 중 실시되는 여론조사의 결과를 발표할 수 있도록 하고 있고, 프랑스와는 달리 독일연방선거법과 지방선거관련법령에서 선거여론조사 결과의 공표와 정당이 자기 당의 여론조사 결과를 공표하는 것에 대해 법적으로 아무런 규제가 없다. 따라서 선거일 전날에 선거여론조사의 결과를 발표하더라도 이는 위법행위가 되지 않는다. 그러나 언론기관 간에 이른바 신사협정 같은 것이 맺어져 있어서 선거일 전날에는 원칙적으로 선거여론조사에 대한 결과를 공표하지 않는 것이 관례로 되어 있다. 이 밖에 우리나라와 달리 세계적으로 선거여론조사의 결과공표를 금지하는 규정을 두지 않고 있는 국가로는 OECD 국가 중 영국, 노르웨이, 네덜란드, 오스트리아 등 대다수의 국가가 여기에 속한다.

한편 선거여론조사의 결과공표금지 규정 자체의 위헌성 여부 문제에 대하여 살펴보면 다음과 같다.

먼저 선거일 6일 전부터 일체 선거여론조사의 결과에 대해 공표하는 것을 금지하는 규정은 특정 선거에 있어서 정당·후보자 또는 후보자가 되고자 하는 자 등이 여론조사 등을 통하여 선거권자의 향방을 확인하고 효과적인 선거운동방안을 수립하는 것은 바람직하나, 선거여론조사의 결과공표는 선거권자들로 하여금 예단을 가지게 함으로써 선거권자의 자유로운 의사결정을 방해하여 선거의 공정성을 해칠 우려가 있어서 이를 방지하고자 공직선거법 제108조 제1항에 두고 있다. 즉, 선거일 전에 여론조사의 결과를 자유롭게 공표하도록 하면 투표자로 하여금 승산이 있는 쪽으로 가담하도록 만드는 이른바 밴드왜건 효과(Bandwagon Effect)나 또는 이와는 반대로 불리한 편을 동정하여 열세에 놓여 있는 쪽으로 기울게 하는 이른바 열세자 효과(Underdog Effect)가 나타날 수 있다. 또한 사람들은 다수가 자기와 다른 생각을 갖고 있다고 믿을 경우 소외될까 두려워 되도록이면 자기 의견을 말하지 않는 반면에 자기 의견이 다수의견이라고 믿는 경우에는 커다랗게 자기의 의견을 주장할 수 있게 되어 사람들에 의해 다수의견이라고 인식된 의견은 점점 더 그 목소리가 커지는 반면에 소수의견의 목소리는 실제보다 점점 더 작아지게 된다는 이론인 침묵의 나선이론 현상도 선거일 전에 선거여론조사의 결과공표로 인해 나타나 선거권자 중 일부라도 본인의 생각과 다른 투표행태를 보일 수 있기 때문에 선거권자에게 선거에 앞서 여론에 흔들리기보다는 후보자의 공직 적합성과 정책 추진능력 등을 스스로 숙고할 수 있도록 하는 것이 민주주의의 원리에 더 부합한다고 볼 것이다. 또한 선거여론조사의 결과공표가 선거에 미치는 효과는 각각의 경우마다 여러 요인에 의하여 달라질 수 있다고 할 것이나, 그 공표가 선거권자의 의사에 영향을 미치고 선거일에 가까워질수록 그 영향이 더욱 커진다는 사실은 부인할 수 없다. 따라서 선거여론조사가 공정하고 정확하게 실시된다고 하더라도 선거여론조사의 결과를 공표하는 것은 선거권자의 의사에 영향을 주어 선거권자의 진의와 다른 선거결과가 나올 수 있어 선거의 본래의 취지를 살릴 수 없게 될 가능성이 있다. 이러한 사유로 선거일 전 선거여론조사의 결과를 공표하는 것을 금지하여 선거일 전 선거여론조사의 결과보도에 따라 선거권자의 개인적 판단과 투표행위에 미칠 왜곡의 가능성을 배제하여 선거권자의 의사결정의 독립성을 보장할 수 있도록 공직선거법에 선거여론조사의 결과공표를 금지하는 규정을 두는 것은 합헌이라고 볼 수 있다.

　　그러나 이러한 견해는 다음과 같은 네 가지의 사유에 의해 타당하지 않다. 첫째, 선거일 전 선거여론조사 결과공표는 선거권자가 투표를 하는데 있어서 이른바 밴드왜건 효과나 열세자 효과와 같은 현상을 발생시켜 위의 견해처럼 선거권자의 진의를 왜곡할 수 있다고 생각할 수도 있다. 그러나 선거에 있어 이른바 밴드왜건 효과 또는 열세자 효과는 사회과학적으로 일정한 실험조건에서는 검증된 바 있으나, 보편적으로는 지지를 받지 못하는 하나의 가설에 불과하다. 즉, 미국의 선전분석연구소가 1939년에 당시 나치 선전의 힘을 경계하기 위하여 펴낸 '선전의 세기(細技)'에서 나치의 7가지 선전기법을 소개하고 있는 것 중의 하나가 밴드왜건 기법인데, 이 기법은 "모든 사람들이 그것을 하니 당신도 똑같이 따라야 한다."라는 부화뇌동하는 인간의 심리를 이용한 선전기법이다. 이 밴드왜건 효과에 대한 고전적인 실험조사에서 집단압력과 동조에 관한 실험결과 사람들은 일단 타인이 자신과 다른 의견을 제시할 때 자신의 판단에 영향을 받을 수 있지만, 단 한 사람이라도 만장일치를 깨는 상황에서는 그 영향력은 그다지 크지 않다는 것이 밝혀졌다. 둘째, 선거권자 자신이 지지하는 후보가 앞서 있다면 해당 후보자를 지지하는 선거권자 자신이 직접 투표하지 않아도 자기가 지지하는 후보가 당선될 것이라는 생각에 그들의 기권표를 초래하여 결국 서로 상쇄될 것이라는 점이다. 즉, 미국의 라자스펠트와 동료학자들은 미국의 대통령선거를 대상으로 한 조사에서 "선거에서 누가 이길 것이라는 기대는 국민의 후보 선호에 영향을 준다."는 사실을 발견했으나, 이러한 영향은 해당 선거후보자를 지지하는 국민들이 투표할 인센티브를 잃게 하는 즉, 해당 선거후보자를 지지하는 국민들 그 자신이 직접 투표하지 않아도 지지하는 선거후보자가 앞서 있으므로, 자기가 지지하는 선거후보자가 당선될 것이라고 생각하여 그들의 기권표를 초래하여 결국은 상쇄된다고 한다. 셋째, 선거에 있어 침묵의 나선이론 현상은 주변 사람들에 대한 사회적 인식이 배제된 투표소 안에서 무기명 비밀투표를 하기 때문에 선거에 있어 그 영향력은 거의 없다고 할 것이다. 즉, 침묵의 나선이론 현상은 내

생각에 대한 주변 사람들의 생각 즉, 주변 사람들에 대한 사회적 인식이 작용하기 때문에 생겨나는 것으로, 선거권자는 이러한 상황적 요소가 배제된 투표소 안에서 무기명 비밀투표를 하는바, 그것이 공개투표가 아닌 이상 이러한 주변 사람들에 대한 사회적 인식이 사람들의 투표행위에 작용할 여지는 거의 없다고 할 것이다. 넷째, 선거일 전 일체 선거여론조사의 결과를 공표하는 것에 대해 금지하는 것은 선거일 전 선거에 대한 여론에 대한 정보가 차단됨으로써 각종 유언비어가 난무하고 선거권자가 그릇된 정보에 현혹되어 잘못된 판단을 할 우려가 크다. 즉, 선거권자에게 다른 선거권자 또는 전체 선거권자에 대한 동향에 대해 무지토록 하여 이에 전혀 영향을 받지 않고 투표를 하게 하는 것이 과연 선거권자의 의사를 제대로 반영하는 민주주의적 선거결과인지 의문스러우며, 선거일 전에 이러한 다른 선거권자의 의사나 선거권자의 전체적 여론에 대해 알 수 없게 하여 출처를 알 수 없는 선거여론조사의 결과나 후보자 진영이 의도적으로 유리하게 만들어 낸 선거여론조사의 결과를 유포시켜 오히려 선거권자의 정확한 판단을 흐리게 할 가능성이 높으므로, 오히려 마타도어 현상을 초래할 수 있다는 점에 비추어 볼 때, 공직선거법에 선거여론조사의 결과를 공표하는 것을 금지하는 규정을 두는 것 자체는 타당하지 않다고 할 것이다.

한편 선거여론조사의 결과공표금지 기간의 위헌성에 대하여 살펴보면 공직선거법 제108조 제1항에서 선거일 6일 전부터 선거여론조사의 결과공표를 금지하는 것을 과잉금지의 원칙에 비추어 합헌이라고 보는 근거나 사유는 다음과 같다. 첫째, 선거여론조사는 불공정하고 부정확하게 행하여지기가 쉽고 그러한 선거여론조사 결과의 공표는 많은 폐해를 낳을 수 있다. 만약 선거여론조사가 의도적이든 그렇지 아니하든 불공정하거나 부정확하게 이루어지고 그러한 선거여론조사의 결과가 선거일 전에 공표된다면 선거권자를 오도하는 결과가 되어 오히려 역기능을 초래하게 될 것이다. 사실상 선거여론조사의 결과를 그 조사자가 의도한 방향으로 조작하려고 한다면 설문을 일정한 응답을 유도하는 방향으로 조작하거나 표본을 편파적으로 추출함으로써 얼마든지 조작이 가능하고, 의도적으로 그렇게 하지 아니하더라도 조사기법의 숙련도 또는 시간과 경비의 차이에서 비롯될 수 있는 조사기간, 조사대상의 범위, 표본추출방법, 자료수집방법, 질문의 방식 등에 따라 그 결과가 각각 달리 나타나거나 정확도에서 많은 차이가 날 수 있다. 즉, 선거에 관한 여론조사의 공정성과 정확성을 확보한다는 것은 결코 쉬운 일이 아니다. 더구나 선거일에 가까워질수록 정책대결을 비롯한 선거운동을 통해 당락이 결정되기보다는 선거여론조사 결과의 수치로 미리 재단됨에 따라 선거여론조사의 결과에 집착한 선거후보자들이 편법을 동원하고 그 결과를 조작할 가능성이 높아져 선거권자에게 혼란을 줄 수 있으며, 특히 불공정하거나 부정확한 선거여론조사의 결과가 공표될 때에는 선거의 공정성을 결정적으로 해칠 가능성이 높지만, 이를 반박하고 시정할 수 있는 가능성은 점점 희박해진다고 할 것이다. 따라서 선거의 공정성을 위해 선거일 전 선거여론조사 결과의 공표를 금지하는 수단은 적합하다. 둘째, 우리나라에서는 선거 관련 여론조사나 그 공표 등에 관하여 준수하여야 할 사항을 규정하거나, 이를 통제 및 감시하는 기관의 설치에 관하여 규정하는 법령은 존재하지 아니한다. 이러한 우리나라에서의 선거여론조사에 관한 여건이나 기타의 상황 등을 고려해 볼 때, 선거의 공정성을 확보하기 위하여 선거일 6일 전부터 선거일의 투표마감 시각까지 선거여론조사의 결과공표를 금지하는 것은 필요하고도 합리적인 범위 내에서의 제한이라고 할 것이다. 따라서 공직선거법 제108조 제1항은 최소 침해의 원칙에 반하는 규정이라고 볼 수 없다. 셋째, 위와 같은 사유로 선거일 전 선거여론조사의 결과공표를 금지하여 이로 인해 얻는 '선거의 공정성 보장'이라는 보호법익이 선거에 있어 선거권자가 선거에 관한 다양한 정보를 최대한 알아서 선거권자가 선거일 전에 충분하고 건전한 여론형성의 기회를 보장받아야 하는 선거권자의 알 권리 등의 법익침해의 정도보다 크므로, 과잉금지의 원칙 중 법익균형의 원칙에 반하지 않는다고 한다.

그러나 공직선거법 제108조 제1항에서 선거일 6일 전부터 선거여론조사의 결과공표를 금지하는 것은 과잉금지의 원칙에 비추어 볼 때, 다음과 같은 사유로 타당하지 않다고 할 것이다.

첫째, 불공정하거나 부정확한 선거여론조사(또는 그 기관)는 결국 언론사 간의 정확성 경쟁과 신뢰성 경쟁이라는 큰 틀 안에서 시장의 원리에 의해 도태될 것이다. 그리고 언론기관이 선거여론조사와 관련하여 어느 누구에게도 협찬·조사비용의 할인·광고의 수주 등 명목 여하를 불문하고 금품을 수수할 수 없게 하고, 만약 이러한 행위를 했다면 이에 대한 처벌규정을 두며 이러한 경우에 언론사와 제공자에 대한 양벌규정을 두어 의도적으로 왜곡된 선거여론조사 결과의 공표에 대해 사법적인 제재를 가하면 될 것이다. 또한 선거기간 중에는 선거여론조사의 결과에 대해 반박을 하고자 하는 당해 선거의 후보자의 요구에 의해 특별한 절차 없이 또는 간소한 절차를 거쳐 신속하게 반박보도를 요구할 수 있는 권리를 인정하여 반론보도문은 이의가 제기된 즉시 신문의 경우에 왜곡된 선거여론조사의 결과가 공표된 발행일의 익일 발행 신문을 통해 즉시 반론보도가 가능하도록 하고 당해 정기간행물의 다음 호에서도 이를 보도하도록 하면 될 것이다. 이와 같이 선거에 관한 불공정하거나 부정확한 왜곡된 선거여론조사의 결과만을 사전 또는 사후에 차단하는 방법을 선택해도 선거의 공정성은 충분히 확보될 수 있을 것이다. 따라서 선거의 공정성을 위해 선거일 전 선거여론조사 결과공표를 금지하는 수단은 적합하지 않다고 할 것이다. 둘째, 공직선거법상 선거여론조사 결과의 공표금지 기간은 선거일 6일 전부터인바, 그 금지 기간이 꽤 장기간이기 때문에 민주주의 국가에서는 언론기관으로 하여금 선거에 관한 여론의 동향에 대한 정확하고 신속한 정보를 제공하고, 선거권자는 이에 자유롭게 접근하여 여론의 동향을 알고 자신의 의사를 형성하여 선거에 대한 판단을 할 수 있도록 최대한 보장이 되어야 하는 선거권자의 알 권리 등의 기본권을 본질적으로 침해하므로 과잉금지의 원칙 중 최소 침해의 원칙에 반한다고 할 것이다. 셋째, 위와 같은 사유로 선거일 전 선거여론조사의 결과공표를 금지하여 이로 인해 얻는 선거의 공정성 보장이라는 보호법익 보다는 선거에 있어서 선거권자가 선거에 관한 다양하고 폭넓게 정보를 최대한 알아서 선거권자가 선거일 전에 충분하고, 건전한 여론 형성의 기회를 보장받아야 하는 선거권자의 알 권리 등의 법익 침해의 정도가 더 크므로, 과잉금지의 원칙 중 법익 균형의 원칙에 반한다고 할 것이다. 선거는 대의민주주의에 있어 필수불가결한 전제로, 민주주의는 국민 상호 간에 각자의 의견을 자유롭게 끊임없이 교환하는 과정을 통해 자신의 의견을 형성하고 수정할 수 있는 가능성이 반드시 전제되어야 한다. 따라서 올바른 국민대표의 선출을 위해서는 선거권자가 선거에 관련된 정보에 대해 다양하고 폭넓게 알 수 있어야 하는바, 선거일 전 여론조사결과의 결과공표는 이러한 올바른 국민대표의 선출을 위해 꼭 필요한 수단이라고 생각한다. 즉, 공직선거법에 선거일 6일 전부터 선거여론조사의 결과공표를 금지하여 선거권자로 하여금 다른 선거권자나 전체 선거권자의 여론의 동향에 대해 그 금지기간동안 일체 알 수 없도록 하여 이에 전혀 영향을 받지 않고 투표를 하도록 하는 것이 과연 공정하고 선거권자의 진의에 맞는 선거결과를 가져다 줄 것인지와 민주주의의 실현에 부합되는 것인지에 대해 강한 의문을 품지 않을 수 없다. 그리고 전 세계적으로 OECD 국가 중 미국과 독일 등 대부분의 국가에서는 우리나라와 달리 선거일 전 선거여론조사의 결과공표를 금지하는 규정이 없어 선거에 관한 여론조사와 그 결과의 공표는 거의 아무런 제한 없이 자유롭게 행해지고 있다.

생각건대 선거일 전에 선거여론조사의 결과가 공표된다면 선거권자가 선거일 전까지 선거와 관련된 폭넓고 다양한 지식을 가지고, 합리적인 판단으로 여러 후보들 중에서 한 명을 선택할 수 있게 할 것이고, 정당 또는 정치인들은 그들이 추진하고 있는 정책 등에 대한 지지도를 파악할 수 있게 하여 선거권자가 거부하는 정책 등을 시정할 수 있도록 하여 선거권자의 입장에서 볼 때에는 정당이나 정치인의 정책에 대해 선거권자 자신의 의사를 표명할 기회를 갖도록 하여 간접적으로 국가정책에 참여할 수 있도록 해 준다. 또한 다수의 선거후보자들이 난립할 때, 그중에서 경쟁력 있는 소수의 선거후보자들을 압축해 주어 국민들의 선거후보자 선택에 도움을 줄 수도 있다. 이렇듯 선거일 전에 자유롭게 여론조사 결과를 공표할 수 있게 한다면 선거권자의 알 권리 등을 충족시켜 주고, 선거권자의 살아있는 의사를 확인하는 과정이라고 할 것이므로 유익한 제도라 하겠다.

이러한 견지에서 공직선거법에 선거일 6일 전부터 선거일의 투표마감 시각까지 선거여론조사의 결과를 공표하는 것을 금지하는 규정을 두는 것은 타당하지 않다. 따라서 향후 입법론적으로 미국과 독일 등처럼 선거여론조사 결과공표금지규정을 폐지하거나 삭제하여 선거일 전까지 자유롭게 선거여론조사의 결과를 공표할 수 있도록 개선하거나 또는 프랑스 등처럼 선거일 2일이나 1일 전부터 선거일의 투표마감 시각까지 선거여론조사의 결과를 공표할 수 없도록 하여 선거에 있어 선거권자의 투표에 대한 의사결정의 자유와 알 권리 등을 최대한 보호하는 것이 바람직하다.

2. 기본권의 제한의 한계

헌법 제37조 제2항의 후문에서 기본권을 위와 같이 목적적 요건과 형식적 요건 및 방법적 요건에 의하여 제한하더라도 그 제한에 있어서 "자유와 권리의 본질적 내용은 침해할 수 없다."라고 규정하고 있다. 이러한 기본권의 본질적 내용 침해 금지 규정은 우리나라의 헌정사에 비추어 볼 때, 1960년 6월 헌법에서 신설되었다가 1972년 헌법에서 폐지되었고 이후 1980년 헌법에서 다시 명문화된 규정이다.

이에 대하여 헌법재판소는 1995년에 "기본권의 본질적 내용은 만약 이를 제한하는 경우에는 기본권 그 자체가 무의미하여지는 경우에 그 본질적인 요소를 말하는 것으로서, 이는 개별 기본권마다 다를 수 있다."라고 판시하였다(헌재 1995. 4. 20, 92헌바29). 그리고 헌법재판소는 1996년에 "생명권에 대한 제한은 곧 생명권의 완전한 박탈을 의미한다 할 것이므로, 사형이 비례의 원칙에 따라서 최소한 동등한 가치가 있는 다른 생명 또는 그에 못지 아니한 공공의 이익을 보호하기 위한 불가피성이 충족되는 예외적인 경우에만 적용되는 한, 그것이 비록 생명을 빼앗는 형벌이라고 하더라도 헌법 제37조 제2항 단서에 위반되는 것으로 볼 수는 없다고 할 것이다."라고 판시하였다(헌재 1996. 11. 28. 95헌바1).

생각건대 헌법 제37조 제2항 후문의 기본권의 본질적 내용의 침해금지 조항이 독자적인 의미를 가지기 위해서는 헌법상 과잉금지의 원칙이나 비례의 원칙에 부합되지만 기본권의 본질적인 내용을 침해할 때라고 할 것인바, 사실상 이러한 경우는 거의 찾아보기 힘들다. 즉, 어떠한 기본권을 제한하는 법률이 합헌인지 여부에 대해서는 먼저 헌법상 과잉금지의 원칙이나 비례의 원칙에 의한 심사를 행한 후에 그 다음으로 기본권의 본질적 내용을 침해하였는지에 대한 심사를 행하게 된다.

그러나 실제에 있어서는 헌법상 과잉금지의 원칙이나 비례의 원칙에 위반되지 않으면서 이와 별도로 기본권의 본질적 내용을 침해하는 경우는 사실상 거의 존재하지 않는다. 따라서 헌법상 기본권의 본질적 내용의 침해 금지의 여부에 대한 기본권의 본질적인 내용은 기본권의 내용 중에서 그 어떠한 이유로도 침해할 수 없는 핵심 영역이므로, 이는 절대적으로 보호되어야 한다는 '절대설'과 기본권의 본질적인 내용은 각 개별 기본권에 있어서 이익과 가치의 형량을 통하여 구체적으로 확정되고 필요에 따라 제한을 하는 것이 가능하다는 '상대설' 및 기본권의 핵심은 절대적으로 보호하되, 단 공동체의 존립을 위해서 필요한 법익의 보호를 위해서는 예외적으로 국민 등의 기본권 침해를 허용할 수 있다는 '절충설'에 대한 논의의 실익은 사실상 크지 않다.44)

---

44) 성낙인, 전게서, 971-973면; 정종섭, 전게서, 388-390면.

제2장

기본권 각론

I. 인간의 존엄과 가치 및 행복추구권

1. 의의와 내용

헌법 제10조에서 모든 국민은 인간으로서의 존엄과 가치를 지니며, 행복을 추구할 권리를 가진다고 규정하여 행복추구권을 보장하고 있다.

이 중에서 인간의 존엄과 가치 조항은 1962년 12월의 제5차 개정헌법 때 제8조에서 처음으로 규정되었고, 행복추구권 조항은 1980년 10월의 제8차 개정헌법 때 제9조에서 처음으로 규정되었다. 이러한 헌법 제10조는 모든 기본권 보장의 종국적 목적(기본이념)이라 할 수 있는 인간의 본질과 고유한 가치인 개인의 인격권과 행복추구권을 보장하고 있다. 헌법 제10조에서 뜻하는 인간상에 대해서 헌법재판소는 2003년에 "자신이 스스로 선택한 인생관 및 사회관을 바탕으로 사회공동체 안에서 각자의 생활을 자신의 책임 아래 스스로 결정하고 형성하는 성숙한 민주시민으로서, 이는 사회와 고립된 주관적 개인이나 공동체의 단순한 구성분자가 아니라, 공동체에 관련되고 공동체에 구속되어 있기는 하지만 그로 인하여 자신의 고유가치를 훼손당하지 아니하고 개인과 공동체의 상호연관 속에서 균형을 잡고 있는 인격체다."라고 판시하였다(헌재 2003. 10. 30, 2002헌마518).

즉, 헌법 제10조가 보장하고 있는 인간으로서의 존엄과 가치는 우리나라 헌법상 기본권의 이념적·정신적 출발점이며, 모든 기본권의 가치적인 핵심규정인바(헌재 2010. 2. 25, 2008헌가23), 헌법 제10조는 인간으로서의 존엄과 가치를 핵으로 하는 헌법상의 기본권 보장이 다른 헌법규정을 기속하는 최고의 헌법 원리임을 규정하고 있다(헌재 1992. 10. 1, 91헌마31). 헌법 제10조의 인간의 존엄과 가치 조항으로부터 생명권과 명예권, 성명권, 초상권 등의 인격권이 도출된다고 할 것이다.[1]

이 중에서 먼저 생명권에 대해서 헌법재판소는 1996년에 "인간의 생명은 고귀하고, 이 세상에서 무엇과도 바꿀 수 없는 존엄한 인간 존재의 근원이다. 이러한 생명에 대한 권리는 비록 헌법에 명문의 규정이 없다고 하더라도 인간의 생존본능과 존재목적에 바탕을 둔 선험적이고 자연법적인 권리로서, 헌법에 규정된 모든 기본권의 전제로서 기능하는 기본권 중의 기본권이라 할 것이다. 따라서 사형은 이러한 생명권에 대한 박탈을 의미하므로, 만약 그것이 인간의 존엄에 반하는 잔혹하고 이상한 형벌이라고 평가되거나, 형벌의 목적달성에 필요한 정도를 넘는 과도한 것으로

---

[1] 성낙인, 헌법학, 법문사, 2019, 1008면; 전광석, 한국헌법론, 집현재, 2018, 281-285면.

평가된다면 헌법 제12조 제1항 및 제110조 제4항의 문언에도 불구하고 헌법의 해석상 허용될 수 없는 위헌적인 형벌이라고 하지 않을 수 없을 것이다. 인간의 생명에 대하여는 함부로 사회과학적 혹은 법적인 평가가 행하여져서는 안 될 것이지만, 비록 생명에 대한 권리라고 하더라도 그것이 헌법상의 기본권으로서 법률상의 의미가 조영되어야 할 때에는 그 자체로서 모든 규범을 초월하여 영구히 타당한 권리로서 남아있어야 하는 것이라고 볼 수는 없다. 다시 말하면 한 생명의 가치만을 놓고 본다면 인간 존엄성의 활력적인 기초를 의미하는 생명권은 절대적 기본권으로 보아야 함이 당연하고, 따라서 인간 존엄성의 존중과 생명권의 보장이란 헌법 정신에 비추어 볼 때 생명권에 대한 법률유보를 인정한다는 것은 이념적으로는 법리상 모순이라고 할 수도 있다. 그러나 현실적인 측면에서 볼 때 정당한 이유 없이 타인의 생명을 부정하거나 그에 못지 아니한 중대한 공공이익을 침해한 경우에 국법은 그중에서 타인의 생명이나 공공의 이익을 우선하여 보호할 것인가의 규준을 제시하지 않을 수 없게 되고, 이러한 경우에는 비록 생명이 이념적으로 절대적인 가치를 지닌 것이라고 하더라도 생명에 대한 법적 평가가 예외적으로 허용될 수 있다고 할 것이므로, 생명권 역시 헌법 제37조 제2항에 의한 일반적 법률유보의 대상이 될 수밖에 없다고 할 것이다.”라고 판시하였다(헌재 1996. 11. 28. 95헌바1).

다음으로 헌법재판소는 2005년에 명예권에 대해서 “헌법 제10조로부터 도출되는 일반적 인격권에서 말하는 ‘명예’는 사람이나 그 인격에 대한 ‘사회적 평가’, 즉 객관적·외부적 가치평가를 말하는 것이지, 단순히 주관적·내면적인 명예감정은 포함하지 않는다고 보아야 한다. 그와 같은 주관적·내면적·정신적 사항은 객관성과 구체성이 미약한 것이므로 법적인 개념이나 이익으로 파악하는데는 대단히 신중을 기하지 않을 수 없기 때문이다. 헌법이 인격권으로 보호하는 명예의 개념을 사회적·외부적 징표에 국한하지 않는다면 대단히 주관적이고 개별적인 내심의 명예감정까지 모두 여기에 포함되어 입법이나 공권력 작용은 물론 사인(私人) 간의 생활관계에서도 전혀 의도하지도 않았고 예측할 수도 없었던 상황에서 명예권 침해의 주장이 제기되고 법적 분쟁화하는 것을 막을 수 없다. 명예권의 개념을 그와 같이 확장하여서는 오늘날 다양한 이해관계가 그물망처럼 얽혀 있는 복잡다단한 사회에서 명예분쟁이 어떤 양상으로 분출될지 조감하기 어려워 비단 입법자나 공권력 주체 뿐만 아니라, 언론의 자유나 학문의 자유 등의 기본권을 행사하는 사인들에게도 무수한 명예권 침해의 항변에 맞닥뜨리도록 하는 부담을 안겨주게 될 것이다.”라고 판시하였다(헌재 2005. 10. 27. 2002헌마425).

그리고 성명권에 대해서 대법원은 2005년에 "호적법 제113조는 법원의 허가를 받아 개명을 할 수 있도록 규정하고 있으나 개명허가의 기준에 관해서는 아무런 규정을 두고 있지 아니한바, 이름(성명)은 특정한 개인을 다른 사람으로부터 식별하는 표지가 됨과 동시에 이를 기초로 사회적 관계와 신뢰가 형성되는 등 고도의 사회성을 가지는바, 다른 한편 인격의 주체인 개인의 입장에서는 자기 스스로를 표시하는 인격의 상징으로서의 의미를 가지는 것이고, 나아가 이름이나 성명(이하 "이름"이라고 한다)에서 연유되는 이익들을 침해받지 아니하고 자신의 관리와 처분 아래 둘 수 있는 권리인 성명권의 기초가 되는 것이며, 이러한 성명권은 헌법상의 행복추구권과 인격권의 한 내용을 이루는 것이어서 자기결정권의 대상이 되는 것이므로 본인의 주관적인 의사가 중시되어야 하는 것이다. 따라서 개명허가의 여부를 결정함에 있어서는 이름이 가지는 사회적 의미와 기능 및 개명을 허가할 경우에 초래될 수 있는 사회적 혼란과 부작용 등 공공적 측면 뿐만 아니라, 개명신청인 본인의 주관적 의사와 개명의 필요성, 개명을 통하여 얻을 수 있는 효과와 편의 등 개인적인 측면까지도 함께 충분히 고려되어야 할 것이다. 그런데 이름은 통상 부모에 의해서 일방적으로 결정되어지고 그 과정에서 이름의 주체인 본인의 의사가 개입될 여지가 없어 본인이 그 이름에 대하여 불만을 가지거나 그 이름으로 인하여 심각한 고통을 받는 경우도 있을 수 있는데 그런 경우에도 평생 그 이름을 가지고 살아갈 것을 강요하는 것은 정당화될 수도 없고 합리적이지도 아니한 점, 이름이 바뀐다고 하더라도 주민등록번호는 변경되지 않고 종전 그대로 존속하게 되므로 개인에 대한 혼동으로 인하여 초래되는 법률관계의 불안정은 그리 크지 않으리라고 예상되는 점, 개인보다는 사회적·경제적 이해관계가 훨씬 더 크고 복잡하게 얽혀질 수 있는 법인, 그중에서도 특히, 대규모 기업 등과 같은 상사법인에 있어서도 상호의 변경에 관하여는 관계 법령에서 특별한 제한을 두고 있지 아니할 뿐만 아니라 실제로도 자유롭게 상호를 변경하는 경우가 적지 아니한 점, 개명으로 인하여 사회적 폐단이나 부작용이 발생할 수 있다는 점을 지나치게 강조하여 개명을 엄격하게 제한할 경우에 헌법상 개인의 인격권과 행복추구권을 침해하는 결과를 초래할 우려가 있는 점 등을 종합하여 보면, 개명을 허가할만한 상당한 이유가 있다고 인정되고, 범죄를 기도 또는 은폐하거나 법령에 따른 각종 제한을 회피하려는 불순한 의도나 목적이 개입되어 있는 등 개명신청권의 남용으로 볼 수 있는 경우가 아니라면, 원칙적으로 개명을 허가함이 상당하다고 할 것이다. 이 사건 신청인의 개명신청 이유는 '분'자가 통상 사용되는 한자가 아니어서 '본'자로 잘못 읽히거나 컴퓨터 등을 이용한 문서작성에 있어 어려움이 있고, '분회'라는 이름이 여자 이름으로 착각되는 경우가 적지 않는 등 일상생활에 있어 많은 불편이 있다는 것으로서, 그 자체로 개명을 허가할만한 상당한 이유가 있다고 보여지고(기록에 의하면 호적공무원조차도 위 '분'자를 '본'자로 잘못 알고 호적부상 신청인의 한글 이름을 'ㅇ본회'로 잘못 등재하였다가 2002. 4. 17. 직권정정에 의해 이를 바로잡은 사실을 알 수 있다), 신청인은 현재 신용불량자로 등록되어 있는 사실을 엿볼 수 있으나, 개명이 될 경우에 그로 인하여 향후 금융기관에서 신청인에 대한 금융거래나 연체내역 등을 파악함에 있어 특별한 어려움이 있다거나 업무처리에 있어 차질이 빚어질 우려가 있다고 볼만한 자료가 없으며, 나아가 신청인이 법령상의 제한을 회피하기 위한 목적에서 이 사건 개명신청을 하였다거나 다른 불순한 의도나 목적이 개입되어 있는 등 개명신청권의 남용에 해당한다고 볼 만한 사정도 찾아볼 수 없다. 즉, 이름 중에 사용된 글자가 통상 사용되는 한자가 아니어서 잘못 읽히거나 컴퓨터 등을 이용한 문서작성에 있어 어려움이 있고, 성별(性別)이 착각되는 경우가 적지 않는 등 일상 생활에 있어 많은 불편이 있어 개명을 허가할만한 상당한 이유가 있다고 보여지며, 개명 신청인이 신용불량자로 등록되어 있더라도 법령상의 제한을 회피하기 위한 목적에서 개명신청을 하였다거나 다른 불순한 의도나 목적이 개입되어 있는 등 개명신청권의 남용에 해당한다고 볼 만한 사정도 찾아볼 수도 없어, 이를 이유로 개명을 불허할 수 없다."라고 판시하였다(대법원 2005. 11. 16, 2005스26).

또한 초상권에 대하여 대법원은 2006년에 "사람은 누구나 자신의 얼굴 기타 사회통념상 특정인임을 식별할 수 있는 신체적 특징에 관하여 함부로 촬영 또는 그림·묘사되거나 공표되지 아니하며 영리적으로 이용당하지 않을 권리를 가지는데, 이러한 초상권은 헌법 제10조 제1문에 의하여 헌법적으로도 보장되고 있는 권리이다."라고 판시하였다(대법원 2006. 10. 13, 2004다16280).

한편 헌법 제10조의 행복추구권은 헌법 제10조의 인간으로서의 존엄과 가치의 존중 규정과 밀접 불가분의 관계가 있고, 헌법에 규정되어 있는 모든 개별적 및 구체적 기본권은 물론 그 이외에 헌법에 열거되지 아니하는 모든 자유와 권리까지도 그 내용으로 하는 포괄적 기본권이라고 할 것이다(헌재 1997. 7. 16, 95헌가6 등). 개인의 인격권·행복추구권은 개인의 자기운명결정권을 그 전제로 하고 있으며, 이 자기운명결정권에는 성적(性的) 자기결정권 특히 혼인의 자유와 혼인에 있어서 상대방을 결정할 수 있는 자유가 포함되어 있다(헌재 1990. 9. 10, 89헌마82). 그리고 헌법 제10조의 행복추구권은 그의 구체적인 표현으로서 일반적인 행동자유권(개성의 자유로운 발현권)과 자기결정권 등이 포함된다. 즉, 일반적 행동자유권은 개인이 행위를 할 것인가의 여부에 대하여 자유롭게 결단하는 것을 전제로 하여 이성적이고 책임감 있는 사람이라면 자기에 관한 사항은 스스로 처리할 수 있을 것이라는 생각에서 인정되는 것이다. 일반적 행동자유권에는 적극적으로 자유롭게 행동을 하는 것은 물론 소극적으로 행동을 하지 않을 자유(부작위의 자유)도 포함되는 것으로서 법률행위의 영역에 있어서는 계약의 체결을 강요받지 않을 자유인 계약자유의 원칙이 포함된다. 그리고 일반적 행동자유권은 모든 행위를 할 자유와 행위를 하지 않을 자유로 가치 있는 행동만 그 보호영역으로 하는 것은 아닌 것으로, 그 보호영역에는 개인의 생활방식과 취미에 관한 사항도 포함되며, 여기에는 위험한 스포츠를 즐길 권리와 같은 위험한 생활방식으로 살아갈 권리도 포함된다(헌재 2003. 10. 30, 2002헌마518).

2. 사형제도에 대한 헌법적 검토

(1) 사형제도의 의의 및 현황

형법 제41조 제1호는 형의 종류의 하나로서 사형을 규정하고 있고, 사형은 인간 존재의 바탕인 생명을 빼앗아 사람의 사회적 존재를 말살하는 형벌이므로, 생명의 소멸을 가져온다는 의미에서 생명형이자 성질상 모든 형벌 중에서 가장 무거운 형벌이라는 의미에서 극형인 궁극의 형벌이다. 사형은 국가형사정책적인 측면과 인도적인 측면에서 비판이 되어 오기도 하였으나, 인류 역사상 가장 오랜 역사를 가진 형벌의 하나로서, 범죄에 대한 근원적인 응보방법이며 또한 가장 효과적인 일반 예방법으로 인식되어 왔고, 우리나라에서는 고대의 소위 기자 8조금법(箕子 八條禁法)에 "상살자이사상(相殺者以死償)"이라고 규정된 이래 현행의 형법 및 특별형법에 이르기까지 계속하여 하나의 형벌로 인정되어 오고 있다(헌재 1996. 11. 28, 95헌바1).

우리나라의 현행 형법과 특별형법에는 사형을 법정형으로 규정한 조문들이 있는 바, 형법의 경우에 각칙에서 21개 조항이 사형을 법정형으로 규정하고 있는데, 이 중에서 여적죄(형법 제93조)만이 절대적 법정형으로 사형만을 규정하고 있고, 나머지는 모두 상대적 법정형으로 규정하고 있으며, 특별형법의 경우에 20여 개의 특별형법에 사형을 법정형으로 규정한 조문들이 있고, 그 가운데에는 절대적 법정형으로 사형을 규정한 것도 있다. 한편 전 세계적으로 보아 2008년 말을 기준으로 사형이 존치하는 국가는 미국, 일본, 중국, 대만, 인도 등 105개국으로서 그 중 전쟁범죄를 제외한 일반 범죄에 대하여 사형을 폐지한 국가는 10개국이고, 최근 10년 이상 사형집행을 하지 않은 국가는 36개국이다. 모든 범죄에 대한 사형을 폐지한 국가는 독일, 프랑스, 스웨덴, 필리핀 등 92개국이다. 우리나라에서 사형의 집행은 1997년 12월 30일 이후로는 이루어진 적이 없으나, 사형의 선고는 계속되고 있으며, 헌법재판소는 사형을 형의 종류의 하나로서 규정한 형법 제41조 제1호(사형제도) 및 사형을 법정형의 하나로 규정한 살인죄 조항인 형법 제250조 제1항에 대하여 1996년 11월 28일 95헌바1 결정에서 합헌으로 판시하였다(헌재 2010. 2. 25, 2008헌가23).

(2) 생명권의 의의 및 사형제도의 생명권 제한에 대한 쟁점[2]

인간의 생명은 고귀하고, 이 세상에서 무엇과도 바꿀 수 없는 존엄한 인간 존재의 근원이다. 이러한 생명에 대한 권리는 비록 헌법에 명문의 규정이 없다 하더라도 인간의 생존본능과 존재목적에 바탕을 둔 선험적이고 자연법적인 권리로서 헌법에 규정된 모든 기본권의 전제로서 기능하는 기본권 중의 기본권이라 할 것이다(헌재 1996. 11. 28, 95헌바1). 따라서 인간의 생명권은 최대한 존중되어야 하고, 국가는 헌법상 용인될 수 있는 정당한 사유 없이 생명권을 박탈하는 내용의 입법 등을 하여서는 아니될 뿐만 아니라, 한편으로는 사인의 범죄행위로 인해 국민의 생명권이 박탈되는 것을 방지할 수 있는 입법 등을 함으로써 국민의 생명권을 최대한 보호할 의무가 있다. 사형은 이러한 생명권에 대한 박탈을 의미하므로, 만약 그것이 형벌의 목적달성에 필요한 정도를 넘는 과도한 것으로 평가된다면 우리나라 헌법의 해석상 허용될 수 없는 위헌적인 형벌이라고 하지 않을 수 없을 것이다. 그런데 사형제도가 위헌인지 여부의 문제와 형사정책적인 고려 등에 의하여 사형제도를 법률상 존치시킬 것인지 또는 폐지할 것인지의 문제는 서로 구분되어야 할 것이다. 즉, 사형제도가 위헌인지 여부의 문제는 성문헌법을 비롯한 헌법의 법원(法源)을 토대로 헌법규범의 내용을 밝혀 사형제도가 그러한 헌법규범에 위반하는지 여부를 판단하는 것으로서 헌법재판소에 최종적인 결정권한이 있는 반면, 사형제도를 법률상 존치시킬 것인지 또는 폐지할 것인지의 문제는 사형제도의 존치가 필요하거나 유용한지 또는 바람직한지에 관한 평가를 통하여 민주적 정당성을 가진 입법부가 결정할 입법정책적 문제이지 헌법재판소가 심사할 대상은 아니라고 할 것이다. 유럽의 선진 각국을 비롯하여 사형제도를 폐지한 대다수의 국가에서 헌법해석을 통한 헌법재판기관의 위헌결

---

[2] 이하의 사형제도에 대한 본문 내용은 헌재 2010. 2. 25, 2008헌가23 참조.

정이 아닌 헌법개정이나 입법을 통하여 사형제도의 폐지가 이루어졌다는 점은 위와 같은 구분과 관련하여 시사하는 바가 크다. 또한 사형제도 자체의 위헌성 여부를 심사하는 것과 사형을 법정형으로 규정하고 있는 개별 형벌조항의 위헌성 여부를 심사하는 것 역시 구분되어야 할 것이다. 즉, 사형제도 자체가 위헌이라고 선언되려면 잔혹한 방법으로 수많은 인명을 살해한 연쇄살인범이나 테러범, 대량학살을 주도한 자, 계획적이고 조직적으로 타인의 생명을 박탈한 살인범 등 타인의 생명을 박탈한 범죄 중에서도 극악한 범죄 및 이에 준하는 범죄에 대한 어떠한 사형선고 조치도 모두 헌법에 위반된다고 인정할 수 있어야 한다. 따라서 만약 극악한 범죄 중에서 극히 일부에 대하여서라도 헌법질서 내에서 사형이 허용될 수 있다고 한다면 사형제도 자체가 위헌이라고 할 수는 없고, 사형제도 자체의 합헌성을 전제로 하여 사형이 허용되는 범죄유형을 어느 범위까지 인정할 것인지가 문제될 뿐이며, 이는 개별 형벌조항의 위헌성 여부의 판단을 통하여 해결할 문제라고 할 것이다. 따라서 위와 같은 구분을 전제로 하여, 우리나라 헌법이 명문으로 사형제도를 인정하고 있는지, 생명권이 헌법 제37조 제2항에 의한 일반적 법률유보의 대상이 되는지, 사형제도가 생명권 제한에 있어서의 헌법상 비례의 원칙에 위배되는지, 사형제도가 인간의 존엄과 가치를 규정한 헌법 제10조에 위배되는지를 차례로 살펴본다.

(3) 우리나라 헌법상 사형제도의 명시적 인정 여부

우리나라 헌법은 사형제도에 대하여 그 금지나 허용을 직접적으로 규정하고 있지는 않다. 그러나 헌법 제12조 제1항은 "모든 국민은 …… 법률과 적법절차에 의하지 아니하고는 처벌·보안처분 또는 강제노역을 받지 아니한다."라고 규정하는 한편, 헌법 제110조 제4항은 "비상계엄 하의 군사재판은 군인·군무원의 범죄나 군사에 관한 간첩죄의 경우와 초병·초소·유독음식물공급·포로에 관한 죄 중 법률이 정한 경우에 한하여 단심으로 할 수 있다. 다만 사형을 선고한 경우에는 그러하지 아니하다."라고 규정하고 있다. 이는 법률에 의하여 사형이 형벌로서 규정되고, 그 형벌조항의 적용으로 사형이 선고될 수 있음을 전제로 하여 사형을 선고한 경우에는 비상계엄 하의 군사재판이라도 단심으로 할 수 없고, 사법절차를 통한 불복이 보장되어야 한다는 취지의 규정이라 할 것이다. 따라서 우리나라 헌법은 적어도 문언의 해석상 사형제도를 간접적으로 인정하고 있다.

(4) 헌법상 생명권의 일반적 법률유보의 대상 여부

인간의 생명에 대하여는 함부로 사회과학적 혹은 법적인 평가가 행하여져서는 아니되고, 각 개인의 입장에서 그 생명은 절대적 가치를 가진다고 할 것이므로, 생명권은 헌법 제37조 제2항에 따른 제한이 불가능한 절대적 기본권이 아닌지가 문제될 수 있다. 그런데 우리나라 헌법은 절대적인 기본권을 명문으로 인정하고 있지 않고 있고, 헌법 제37조 제2항에서는 국민의 모든 자유와 권리는 국가안전보장·질서유지 또는 공공복리를 위하여 필요한 경우에 한하여 법률로써 제한할 수 있도록 규정하고 있는바, 어느 개인의 생명권에 대한 보호가 곧바로 다른 개인의 생명권에 대한 제한이 될 수밖에 없거나, 특정한 인간에 대한 생명권의 제한이 국민의 생명보호나 이에 준하는 매우 중대한 공익을 지키기 위하여 불가피한 경우에는 비록 생명이 이념적으로 절대적인 가치를 지닌 것이라고 하더라도 생명에 대한 법적 평가가 예외적으로 허용될 수 있다고 할 것이므로, 생명권 역시 헌법 제37조 제2항에 의한 일반적 법률유보의 대상이 될 수밖에 없다. 예를 들어, 생명에 대한 현재의 급박하고 불법적인 침해 위협으로부터 벗어나기 위한 정당방위로서 그 침해자의 생명에 제한을 가하여야 하는 경우, 모체의 생명이 상실될 우려가 있어 태아의 생명권을 제한하여야 하는 경우, 국민 전체의 생명에 대하여 위협이 되는 현재적이고 급박한 외적의 침입에 대한 방어를 위하여 부득이하게 국가가 전쟁을 수행하는 경우, 정당한 이유 없이 타인의 생명을 부정하거나 그에 못지 아니한 중대한 공공의 이익을 침해하는 극악한 범죄의 발생을 예방하기 위하여 범죄자에 대한 극형의 부과가 불가피한 경우 등 매우 예외적인 상황 하에서 국가는 생명에 대한 법적인 평가를 통해 특정 개인의 생명권을 제한할 수 있다고 할 것이다.

한편 헌법 제37조 제2항에서는 자유와 권리를 제한하는 경우에도 자유와 권리의 본질적인 내용을 침해할 수 없다고 규정하고 있다. 그런데 생명권의 경우에 다른 일반적인 기본권 제한의 구조와는 달리, 생명의 일부 박탈이라는 것은 상정할 수 없기 때문에 생명권에 대한 제한은 필연적으로 생명권의 완전한 박탈을 의미하게 되는바, 이를 이유로 생명권의 제한은 어떠한 상황에서든 곧바로 개인의 생명권의 본질적인 내용을 침해하는 것으로서 기본권 제한의 한계를 넘는 것으로 본다면, 이는 생명권을 제한이 불가능한 절대적인 기본권으로 인정하는 것과 동일한 결과를 가져오게 된다. 그러나 앞서 본 바와 같이 생명권 역시 그 제한을 정당화할 수 있는 예외적 상황 하에서는 헌법상 그 제한이 허용되는 기본권인 점 및 생명권 제한구조의 특수성을 고려한다면, 생명권 제한이 정당화될 수 있는 예외적인 경우에는 생명권의 박탈이 초래되더라도 이를 곧바로 기본권의 본질적인 내용을 침해하는 것이라고 볼 수는 없다. 따라서 사형이 비례의 원칙에 따라 최소한 동등한 가치가 있는 다른 생명 또는 그에 못지 아니한 공공의 이익을 보호하기 위한 불가피성이 충족되는 예외적인 경우에만 적용됨으로써 생명권의 제한이 정당화 될 수 있는 경우에는 그것이 비록 생명권의 박탈을 초래하는 형벌이라고 하더라도 이를 두고 곧바로 생명권이라는 기본권의 본질적인 내용을 침해하는 것이라고 볼 수는 없다.

(5) 사형제도의 헌법상 비례의 원칙에의 위반 여부

생명권 역시 헌법 제37조 제2항에 의한 일반적 법률유보의 대상이 될 수 있다고 할 것이므로, 생명권의 제한을 형벌의 내용으로 하는 사형제도의 위헌성 여부를 판단하기 위하여 사형제도가 생명권 제한에 있어서 헌법상 비례의 원칙에 위배되는지의 여부를 살펴본다.

(가) 목적의 정당성 원칙 및 수단의 적합성 원칙

사형은 이를 형벌의 한 종류로 규정함으로써, 국민에 대한 심리적 위하(威嚇)를 통하여 범죄의 발생을 예방하며, 이를 집행함으로써 극악한 범죄에 대한 정당한 응보를 통하여 정의를 실현하고, 당해 범죄인 자신에 의한 재범의 가능성을 영구히 차단함으로써 사회를 방어한다는 공익상의 목적을 가진 형벌인바, 이러한 사형제도의 입법 목적은 정당하다고 할 것이다. 나아가 사형은 인간의 죽음에 대한 공포본능을 이용한 가장 냉엄한 궁극의 형벌로서 이를 통한 일반적 범죄예방효과가 있다고 볼 수 있으므로 일반적 범죄예방의 목적을 달성하기 위한 적합한 수단이라 할 것이다. 또한 잔혹한 방법으로 다수의 인명을 살해하는 등의 극악한 범죄의 경우에 그 법익 침해의 정도와 범죄자의 책임의 정도는 가늠할 수 없을 만큼 심대하다고 할 것이며, 수많은 피해자 가족들의 형언할 수 없는 슬픔과 고통·분노 및 국민이 느낄 불안과 공포·분노까지 고려한다면, 이러한 극악한 범죄에 대하여는 우리나라의 헌법질서가 허용하는 한도 내에서 그 불법 정도와 책임에 상응하는 강력한 처벌을 함이 정의의 실현을 위하여 필수 불가결하다고 할 것인바, 가장 무거운 형벌인 사형은 이러한 정당한 응보를 통한 정의의 실현을 달성하기 위한 적합한 수단이라 할 것이다.

(나) 피해의 최소성 원칙

특정 범죄와 그 법정형 사이에 적정한 비례의 관계가 존재하는 일반적인 상황하에서는 형벌이 무거울수록, 즉, 형벌의 부과에 의한 범죄자의 법익침해의 정도가 커질수록 범죄를 실행하려는 자의 입장에서는 범죄를 통하여 얻을 수 있는 이익에 비하여 범죄로 인하여 부과될 수 있는 불이익이 보다 커지게 됨으로써 그 범죄행위를 포기하게 될 가능성이 커진다고 볼 수 있다. 따라서 우리나라의 형법체계에 비추어 보면, 일반적으로 벌금형보다는 징역형이, 단기의 징역형보다는 장기의 징역형이, 유기징역형보다는 무기징역형이 범죄억지의 효과가 크다고 봄이 상당하다. 특히 무기징역형이나 사형의 대체형벌로 논의될 수 있는 가석방이 불가능한 종신형을 선고받은 범죄자의 경우에 사회로부터의 격리라는 자유형의 집행 목적에 반하지 아니하는 한도 내에서는 인격권 등의 기본권을 그대로 가지는 반면, 사형을 선고받은 범죄자는 사형의 집행으로 인하여 생명을 박탈당함으로써 인간의 생존을 전제로 한 모든 자유와 권리까지 동시에 전면적으로 박탈당한다는 점에 비추어 보면, 한 인간에게 있어서 가장 소중한 생명을 박탈하는 내용의 사형은 무기징역형이나 가석방이 불가능한 종신형보다도 범죄자에 대한 법익침해의 정도가 크다고 할 것이다. 여기에다 인간의 생존본능과 죽음에 대한 근원적인 공포까지 고려하면, 사형은 잠재적 범죄자를 포함하는 모든 국민에 대하여 무기징역형이나 가석방이 불가능한 종신형보다 더 큰 위하력을 발휘함으로써 가장 강력한 범죄억지력을 가지고 있다고 봄이 상당하다. 그러므로 입법자가 이러한 범죄와 형벌의 본질 및 그 관계, 인간의 본성 등을 바탕으로 하여 사형이 무기징역형 등 자유형보다 더 큰 일반적 범죄예방효과를 가지고 있다고 보아 형벌의 한 종류로 규정한 이상, 이러한 입법자의 판단은 존중되어야 할 것이고, 이와 달리 무기징역형이나 가석방이 불가능한 종신형이 사형과 동일한 혹은 오히려 더 큰 일반적 범죄예방효과를 가지므로 사형을 대체할 수 있다는 주장은 이를 인정할 만한 명백한 근거가 없는 이상 받아들일 수 없다.

나아가 이와 같이 사형이 무기징역형이나 가석방이 불가능한 종신형보다 일반적 범죄예방효과가 크다고 볼 수 있는 이상, 무기징역형 등 자유형보다 사형을 통하여 살인범죄 등 극악한 범죄의 발생을 보다 더 감소시킬 수 있다고 할 것이다. 이는 무고하게 살해되는 국민의 수가 사형제도의 영향으로 감소될 수 있다는 것, 즉 무고한 생명의 일부라도 사지(死地)로부터 구해낼 수 있다는 것을 의미한다. 그리고 설령 사형과 무기징역형 등 자유형 사이의 일반적 범죄예방 효과의 차이가 탁월하게 크지는 아니하여 사형제도로 인하여 보다 더 구제되는 무고한 생명의 수가 월등히 많지는 않다고 하더라도, 구제되는 생명의 수의 많고 적음을 떠나서 이러한 무고한 국민의 생명 보호는 결코 양보하거나 포기할 수 있는 성질의 것이 아니라고 할 것이다. 또한 잔혹한 방법으로 다수의 인명을 살해한 범죄 등 극악한 범죄의 경우에는 범죄자에 대한 무기징역형이나 가석방이 불가능한 종신형의 선고만으로는 형벌로 인한 범죄자의 법익 침해의 정도가 당해 범죄로 인한 법익 침해의 정도 및 범죄자의 책임에 미치지 못하게 되어 범죄와 형벌 사이의 균형성을 잃게 될 뿐만 아니라, 이로 인하여 피해자들의 가족 및 국민의 정의 관념에도 부합하지 못하게 된다. 결국 극악한 범죄에 대한 정당한 응보를 통한 정의의 실현이라는 목적을 달성함에 있어서 사형보다 범죄자에 대한 법익 침해의 정도가 작은 무기징역형이나 가석방이 불가능한 종신형은 사형만큼의 효과를 나타낸다고 보기 어렵다.

한편 생명을 박탈하는 형벌인 사형은 그 성격상 이미 형이 집행되고 난 후에는 오판임이 밝혀지더라도 범죄자의 기본권 제한을 회복할 수 있는 수단이 없다는 점에서 피해의 최소성 원칙에 위배되는지 여부가 문제된다. 그런데 인간은 완벽한 존재일 수가 없고 그러한 인간이 만들어낸 어떠한 사법제도 역시 결점이 없을 수는 없다는 점에 비추어 보면, 형사재판에 있어서의 오판의 가능성은 사법제도가 가지는 숙명적 한계라고 할 것이지, 사형이라는 형벌제도 자체의 문제라고 보기는 어렵다. 따라서 오판의 가능성 및 그 회복의 문제는 피고인의 방어권을 최대한 보장하고, 엄격한 증거조사의 절차를 거쳐 유죄를 인정하도록 하는 형사공판절차제도와 오판을 한 하급심 판결이나 확정된 판결을 시정할 수 있는 심급제도와 재심제도 등의 제도적 장치 및 그에 대한 개선을 통하여 오판의 가능성을 최소화함으로써 해결할 문제이지, 이를 이유로 사형이라는 형벌의 부과 자체를 피해의 최소성 원칙에 어긋나 위헌이라고 할 수는 없다. 이와 같이 사형은 그보다 완화된 형벌인 무기징역형이나 가석방이 불가능한 종신형에 비하여 일반적 범죄예방의 목적 및 정당한 응보를 통한 정의의 실현이라는 목적을 달성함에 있어서 더 효과적인 수단이라고 할 것이고, 위와 같은 입법 목적의 달성에 있어서 사형과 동일한 효과를 나타내면서도 사형보다 범죄자에 대한 법익침해의 정도가 작은 다른 형벌이 명백히 존재한다고 보기 어려우므로 사형제도는 피해의 최소성 원칙에 어긋난다고 할 수 없다.

(다) 법익의 균형성 원칙

모든 인간의 생명은 자연적 존재로서 동등한 가치를 갖는다고 할 것이나, 그 동등한 가치가 서로 충돌하게 되거나 생명의 침해에 못지 아니한 중대한 공익을 침해하는 등의 경우에는 국민의 생명 등을 보호할 의무가 있는 국가로서는 어떠한 생명 또는 법익이 보호되어야 할 것인지 그 규준을 제시할 수는 있다. 인간의 생명을 부정하는 등의 범죄행위에 대한 불법적 효과로서 지극히 한정적인 경우에만 부과되는 사형은 죽음에 대한 인간의 본능적인 공포심과 범죄에 대한 응보욕구가 서로 맞물려 고안된 필요악으로서 불가피하게 선택된 것이며, 지금도 여전히 제기능을 하고 있다는 점에서 정당화될 수 있다. 나아가 사형으로 인하여 침해되는 사익은 타인의 생명을 박탈하는 등의 극악한 범죄를 저지른 자의 생명 박탈이라 할 것인바, 이는 범죄자의 자기책임에 기초한 형벌효과에 기인한 것으로서 엄격하고 신중한 형사소송절차를 거쳐 생명이 박탈된다는 점에서, 극악무도한 범죄행위로 인하여 무고하게 살해당하였거나 살해당할 위험이 있는 국민의 생명권 박탈 및 그 위험과는 동일한 성격을 가진다고 보기 어렵고, 두 생명권이 서로 충돌하게 될 경우에 범죄행위로 인한 무고한 국민의 생명권 박탈의 방지가 보다 우선시되어야 할 가치라고 할 것이다. 따라서 사형제도에 의하여 달성되는 범죄의 예방을 통한 무고한 국민의 생명보호 등 중대한 공익의 보호와 정의의 실현 및 사회방위라는 공익은 사형제도로 발생하는 극악한 범죄를 저지른 자의 생명권 박탈이라는 사익보다 결코 작다고 볼 수 없을 뿐만 아니라, 다수의 인명을 잔혹하게 살해하는 등의 극악한 범죄에 대하여 한정적으로 부과되는 사형이 그 범죄의 잔혹함에 비하여 과도한 형벌이라고 볼 수 없으므로, 사형제도는 법익의 균형성의 원칙에 위배되지 아니한다. 결국 사형이 극악한 범죄에 한정적으로 선고되는 한, 사형제도 자체는 위에서 살펴본 바와 같이 입법 목적의 정당성, 수단의 적합성, 피해의 최소성, 법익의 균형성 등을 모두 갖추었으므로, 생명권의 제한에 있어서 헌법상 비례의 원칙에 위배되지 아니한다.

(6) 사형제도의 헌법상 인간의 존엄과 가치에의 위반 여부

헌법 제10조는 "모든 국민은 인간으로서의 존엄과 가치를 가지며, 행복을 추구할 권리를 가진다. 국가는 개인이 가지는 불가침의 기본적 인권을 확인하고 이를 보장할 의무를 진다."라고 하여 모든 기본권의 종국적 목적이자 기본이념이라 할 수 있는 인간의 존엄과 가치를 규정하고 있다. 이러한 인간의 존엄과 가치 조항은 헌법

이념의 핵심으로 국가는 헌법에 규정된 개별적 기본권을 비롯하여 헌법에 열거되지 아니한 자유와 권리까지도 이를 보장하여야 하고, 이를 통하여 개별 국민이 가지는 인간으로서의 존엄과 가치를 존중하고 확보하여야 한다는 헌법의 기본원리를 선언한 것이라고 할 것이다. 그런데 사형제도가 범죄자의 생명권 박탈을 그 내용으로 하고 있으므로, 인간의 존엄과 가치를 규정한 헌법 제10조에 위배되는지 여부에 대하여 살펴보면 사형제도 자체는 우리나라 헌법이 적어도 문언의 해석상 간접적으로나마 인정하고 있는 형벌의 한 종류일 뿐만 아니라, 사형이 극악한 범죄에 한정적으로 선고되는 한, 기본권 중의 기본권이라고 할 생명권을 제한함에 있어서 헌법상 비례의 원칙에 위배되지 않는다고 할 것이다. 이와 같이 사형제도가 인간 존엄성의 활력적인 기초를 의미하는 생명권 제한에 있어서 헌법 제37조 제2항에 의한 헌법적 한계를 일탈하였다고 볼 수 없는 이상, 사형제도가 범죄자의 생명권 박탈을 내용으로 한다는 이유만으로 곧바로 인간의 존엄과 가치를 규정한 일반 조항인 헌법 제10조에 위반되어 위헌이라고 할 수는 없다. 또한 사형은 형벌의 한 종류로서, 다수의 무고한 생명을 박탈하는 살인범죄 등의 극악한 범죄에 예외적으로 부과되는 한, 그 내용이 생명권 제한에 있어서의 헌법적 한계를 일탈하였다고 볼 수 없을 뿐만 아니라, 사형제도는 공익의 달성을 위하여 무고한 국민의 생명을 그 수단으로 삼는 것이 아니라, 형벌의 경고 기능을 무시하고 극악한 범죄를 저지른 자에 대하여 그 중한 불법 정도와 책임에 상응하는 형벌을 부과하는 것으로서, 이는 당해 범죄자가 스스로 선택한 잔악무도한 범죄행위의 결과라고 할 것인바, 이러한 형벌제도를 두고 범죄자를 오로지 사회방위라는 공익 추구를 위한 객체로만 취급함으로써 범죄자의 인간으로서의 존엄과 가치를 침해한 것으로 보아 위헌이라고 할 수는 없다.

한편 사형을 선고하는 법관이나 이를 집행하여야 하는 교도관 등은 인간의 생명을 박탈하는 사형을 선고하거나 집행하는 과정에서 인간으로서의 자책감을 가지게 될 여지가 있다고 할 것이나, 이는 사형제도가 본래 목적한 바가 아니고 사형의 적용 및 집행이라는 과정에서 필연적으로 발생하게 되는 부수적인 결과일 뿐이다. 물론 사형을 직접 집행하는 교도관의 자책감 등을 최소화할 수 있는 사형집행 방법의 개발 등은 필요하다고 할 것이지만, 사형제도는 무고한 국민의 생명보호 등 극히 중대한 공익을 보호하기 위한 것으로서 생명권 제한에 있어서의 헌법적 한계를 일탈하였다고 할 수 없는 이상, 이러한 공익을 보호하여야 할 공적 지위에 있는 법관 및 교도관 등은 다른 형벌의 적용 · 집행과 마찬가지로 사형의 적용 · 집행을 수인할 의무가 있다고 할 것이다. 따라서 법관 및 교도관 등이 인간적 자책감을 가질 수 있다는 이유만으로 사형제도가 법관 및 교도관 등을 공익 달성을 위한 도구로서만 취급하여 그들의 인간으로서의 존엄과 가치를 침해하는 위헌적인 형벌제도라고 할 수는 없다. 형법 제41조 제1호 규정의 사형제도 자체는 우리나라 헌법이 스스로 예상하고 있는 형벌의 한 종류이기도 할 뿐만 아니라, 생명권 제한에 있어서의 헌법 제37조 제2항에 의한 한계를 일탈하였다고 할 수는 없고, 인간의 존엄과 가치를 규정한 헌법 제10조에 위반된다고 볼 수 없으므로, 헌법에 위반되지 아니한다고 할 것이다.

생각건대 국가는 때로 보다 더 소중한 가치를 지키기 위하여 소중한 가치를 포기할 수밖에 없는 상황에 직면하게 되기도 한다. 사형제도 역시, 무고한 국민의 생명이나 이에 준하는 중대한 공익을 지키기 위하여 이를 파괴하는 잔악무도한 범죄를 저지른 자의 생명을 박탈할 수밖에 없는 국가의 불가피한 선택의 산물이라고 할 것이다. 다만 사형이란 형벌이 무엇보다 고귀한 인간의 생명을 박탈하는 극형임에 비추어, 우리나라의 형사관계법령에 사형을 법정형으로 규정하고 있는 법률조항들이 과연 행위의 불법과 형벌 사이에 적정한 비례관계를 유지하고 있는지를 개별적으로 따져 보아야 할 것임은 물론 나아가 비록 법정형으로서의 사형이 적정한 것이라고 하더라도 이를 선고함에 있어서는 특히 신중을 기하여야 할 것이다.

(7) 사형제도의 헌법 제110조 제4항에의 위반 여부

헌법 제110조 제4항은 "비상계엄 하의 군사재판은 군무원의 범죄나 군사에 관한 간첩죄의 경우와 초병·초소·유독음식물공급·포로에 관한 죄 중 법률이 정한 경우에 한하여 단심으로 할 수 있다. 다만 사형을 선고한 경우에는 그러하지 아니하다."라고 규정하고 있다. 헌법 제110조 제4항 본문은 1962년 제5차 개정헌법에서 추가로 도입되어 현행 헌법에 이르기까지 그대로 계속하여 규정되어 왔고, 그 단서 규정은 1987년 개정 시에 추가로 신설된 것이다. 헌법 제110조 제4항에서 이러한 단서조항이 신설된 이유는 비상계엄 하의 군사재판이라고 하는 비상적·예외적 상황에서는 그 소정 범죄에 대하여 단심으로 처리하도록 하였으나, 다만 사형이 선고된 경우에도 단심으로 확정시키는 경우에는 그에 따르는 인권침해가 심각하고 사형의 회복불가능성을 고려하여 피고인의 불복상소권은 보장되어야 한다는 취지에서 규정된 것이다. 따라서 위 단서 규정의 신설 취지가 주로 사형이 선고된 피고인의 상소권을 보장하려는데 그 중점이 있다고 하더라도 헌법개정권력자인 국민은 이미 비상계엄 하의 군사재판에서 사형을 선고할 수 있음을 전제로 하여 사형이 선고된 경우에 피고인의 보호를 위하여 이러한 단서를 신설한 것이어서 사형은 헌법 자체가 규정하고 있는 형(刑)으로 법정되었으므로, 비상계엄 하의 군사재판에서는 사형제가 실정 헌법에 위반된다고 해석할 수는 없게 되었다. 헌법 제110조 제4항 단서는 비상계엄 하의 군사재판에만 한정 적용되는 것인지에 대해서 살펴보면 우리나라의 과거나 현재의 헌법과 형법 및 군형법 등을 포함한 전체 국법질서 속에서 사형은 비상계엄 하의 군사재판에서만 선고할 수 있고, 그 이외의 민간재판에서는 이를 선고할 수는 없다고 규정하고 있거나, 그렇게 해석할 만한 아무런 법적 근거가 없다(사형 뿐만 아니라 징역형 등 다른 형의 경우에 있어서도 동일하다). 그리고 헌법개정권력자인 국민은 비상계엄 하의 군사재판 뿐만 아니라 민간재판에서도 사형이 선고될 수 있음을 전제로 하여, 즉 사형제에 대한 이러한 선이해(先理解)를 기초로 하여, 비상계엄 하의 군사재판에서 사형이 선고된 피고인의 상소권을 보장하는 방법으로 사형에 관하여 규정한 것 뿐이므로 헌법이 비상계엄 하의 군사재판에서 사형의 선고를 인정하고 있다면 마찬가지로 민간재판에서도 사형의 선고를 용인하고 있다고 해석하여야 할 것이다. 헌법 제10조와 헌법 제110조 제4항 단서와의 관계에 대해서 살펴보면 헌법 제10조가 보장하고 있는 인간으로서의 존엄과 가치는 우리나라 기본권의 이념적·정신적 출발점이며 모든 기본권의 가치적인 핵심규정인바, 사형제와 관련하여 문제가 되는 생명권도 여기에서 도출된다고 해석하는 것이 일반적이다. 따라서 헌법 제10조의 최고 규범성에 비추어 볼 때, 국가가 인간의 생명을 인위적으로 빼앗는 사형제가 헌법적으로 용인될 수 있는지가 문제가 되는바, 헌법 제10조와 헌법 제110조 제4항 단서와의 관계를 기본권 상호간의 충돌 또는 상충관계로 보기보다는 헌법이 최상위의 기본권으로서 보장하고 있는 생명권과 헌법이 간접적으로 인정하고 있는 사형제와의 대립관계로서 파악하는 것이 보다 정확할 것이다. 우리나라 헌법은 절대적 기본권을 인정하지 않는 것으로 해석되므로, 생명권과 같은 최상위의 기본권 조차도 헌법 제37조 제2항에 의하여 제한될 수 있는 것이다. 그리고 헌법은 한편으로는 헌법 제10조에서 인간으로서의 존엄과 가치 등을 규정함으로써 그로부터 도출된 생명권을 최상위의 기본권 즉 모(母) 기본권으로서 선언하면서도, 다른 한편 헌법 제110조 제4항 단서에서는 인간의 생명을 제한하는 사형제를 비록 간접적인 방식이지만 헌법 자체에서 함께 규정하고 있다. 따라서 이러한 경우에는 헌법해석의 방법인 헌법의 통일성의 원칙이나 실제적 조화의 원칙에 따라 위 2개의 법익이 통일적으로, 그리고 실제적으로 가장 잘 조화되고 비례될 수 있도록 해석하는 것이 중요하다. 그러므로 이 과정에서 생명권의 근본적이고도 높은 가치만을 내세워 성급한 법익형량이나 심지어 추상적 가치교량에 의하여 양자 택일적으로 생명권만을 선택하고 다른 하나의 법익인 헌법 제110조 제4항 단서 규정의 의미나 내용을 무가치한 것으로 쉽게 희생시키거나 간단하게 양보하게 하여서는 안 될 것이다. 물론 헌법규정 자체나 헌법상의 기본권들 사이에서도 일정한 위계질서가 있지만, 이러한 단서 규정이 단순한 법률규정이 아니라 최고규범이며 통제규범인 헌법규정임을 상기한다면, 그와 충돌되거나 비교되는 기본권이 비록 모(母) 기본권이라고 하더라도 이러한 단서 규정의 취지나 내용을 가볍게 평가절하 하거나 일방적으로 후퇴시켜서, 실정 헌법에는 사형에 관하여 아무런 규정이 없는 것처럼 해석하여서는 안 될 것이다. 그러므로 국민의 생명권 보장과 이러한 단서 규정을 헌법의 통일성의 원칙과 실제적 조화의 원칙에 따라 관계되는 법익들을 비교·형량한다면 생명권은 최상위의 기본권이므로 최대한 그리고 충분하게 보장되도록 하여야 할 것이다.

한편 앞에서 살펴본 것처럼 생명권 조차도 법률에 의하여 제한될 수 있는 상대적 기본권인 점, 헌법 제110조 제4항 단서에서 규정되어 있는 사형제도는 존중되고 보호되어야 할 헌법적 질서인 점 등을 종합해보면, 사형제는 헌법 자체가 긍정하고 있는 형(刑)이지만, 이와 충돌되는 생명권의 높은 이념적 가치 때문에 그 규범영역은 상당 부분 양보·축소되어야 할 것이므로, 사형의 선고는 정의와 형평에 비추어 불가피한 경우에만 그것도 비례의 원칙 중 피해의 최소성 원칙에 따라 행해져야 한다고 해석하는 것이 상당하다. 따라서 그렇게 제한된 범위 내에서 사형제는 실정 헌법 내에서 헌법 제10조와 함께 공존할 수 있고 그 존재가치를 가질 수 있는 것이므로, 생명권의 최상위 기본권성만을 내세워 실정 헌법에서 규정하고 있는 사형제를 가볍게 위헌이라고 부정하는 것은 헌법해석의 범위를 벗어나 헌법의 개정이나 헌법의 변질에 이르게 될 수 있다. 따라서 현행의 실정 헌법은 간접적이지만 사형제를 긍정하고 있으므로, 사형제는 헌법에 위반되지 않는다고 해석하여야 할 것이다.

(8) 사형제도에 대한 소수 재판관의 위헌 의견

한편 사형제도에 대한 헌법재판소의 2010년 2월 25일, 2008헌가23 판례에서 김희옥 헌법재판소 재판관의 소수의 위헌 의견에 대해 살펴보면 다음과 같다.

형법 제41조 제1호가 형의 종류의 하나로서 규정하고 있는 사형은 인간 존재의 바탕인 생명을 빼앗아 사람의 사회적 존재를 말살하는 형벌이다. 사형은 인류의 역사상 가장 오랜 역사를 가진 형벌의 하나로서 범죄에 대한 근원적인 응보방법이며 효과적인 일반적 범죄예방법으로 인식되어 왔다. 그러나 사형제도는 잔혹하고 이상한 형벌의 금지와 적법절차의 정신에 따라 그 선고 및 집행의 절차와 방법을 정함에 있어 인간의 존엄성을 신중히 고려하는 방향으로 변화되어 왔고 그 대상 범죄의 범위도 축소되어 왔으며, 나아가 인간의 생명을 국가권력의 힘으로 빼앗는다는 일종의 제도살인(制度殺人)의 속성을 가지고 있음에 비추어, 사형제도 그 자체의 폐지 여부에 관한 진지한 논의가 전 세계적으로 계속되어 왔고 현재에도 계속되고 있다. 사형제도가 헌법에 위반되는지의 여부는 형사정책적인 고려 또는 인권의 향상을 위한 형사법 제도의 개선이라는 입장에서 이를 폐지할 것인가의 문제가 아니라, 그것이 우리나라 헌법의 규정과 헌법의 정신에 위배되는지 여부의 문제이다. 즉, 헌법의 명문 규정에 사형제도를 인정 또는 부정하는 내용이 존재하는지, 범죄인의 생명을 박탈한다는 기본권 제한의 측면과 형벌의 일종이라는 제도의 속성에 비추어, 사형제도가 범죄인의 생명권을 비례의 원칙에 어긋나게 제한하거나 그 본질적인 내용을 침해하는 것인지, 또 인간의 존엄과 가치라는 헌법의 기본정신에 위배되는지 여부가 문제된다. 이에 대하여 각각 살펴보면 헌법 제12조 제1항에서는 '처벌', 즉 형벌의 종류에 대하여 법률로 정하도록 유보하고 있을 뿐, 우리나라 헌법은 국가가 개별 국민의 생명을 빼앗는 사형제도를 형벌로서 명시적으로 허용하거나 부정하는 규정을 두고 있지 아니하다. 다만 헌법 제110조 제4항에서 "비상계엄 하의 군사재판은 군인·군무원의 범죄나 군사에 관한 간첩죄의 경우와 초병·초소·유독음식물공급·포로에 관한 죄 중 법률이 정한 경우에 한하여 단심으로 할 수 있다. 다만 사형을 선고한 경우에는 그러하지 아니하다."라고 규정하고 있어 이 규정이 간접적으로나마 헌법상 사형제도의 존재를 인정하고 있는 것은 아닌지가 문제된다.

헌법 제110조 제4항 본문은 1962년 제5차 개정 헌법에서 도입된 것으로, 이는 전시·사변 또는 이에 준하는 국가비상사태를 전제로 하는 비상계엄 하의 군사재판이라는 긴급하고 특수한 상황에서 군인·군무원의 범죄나 군사에 관한 간첩죄의 경우, 초병·초소·유독음식물공급·포로에 관한 죄 중 법률이 정한 경우 등 특정한 종류의 범죄에 대한 신속한 처단을 위하여 마련된 것이다. 이에 대하여 위 조항 단서는 1987년 개정된 현행 헌법에서 도입된 것으로, 이는 비록 위와 같은 예외적 상황이라고 할지라도 사형에 따른 인권 침해의 심각성을 고려하여 적어도 사형선고를 할 때에는 사법절차를 통한 불복이 가능하도록 한 것이다. 이와 같이 헌법 제110조 제4항 단서는 그 도입 배경이나 규정의 맥락을 고려할 때, 법률상 존재하는 사형의 선고를 억제하여 최소한의 인권을 존중하기 위하여 규정된 것이므로, 이를 사형제도의 헌법적 근거로 해석하는 것은 타당하지 않다. 헌법의 명문 규정들은 서로 모순되는 것으로 보이는 경우에도 통일적·조화적으로 해석되어야 하며, 이 경우에 특히 보다 근본적인 의미를 가지는 헌법 규범에 위반되지 않도록 해야 한다. 그런데 우리나라 헌법 제10조는 인간으로서의 존엄과 가치를 규정하고 있다. 이는 우리나라 헌법의 기본권 보장 체계에 있어서 근본적인 규범의 의미를 가지는바, 만약 법률상의 형벌 제도인 사형제도가 인간으로서의 존엄과 가치에 반하는 것이 명백하다고 인정된다면 헌법 제110조 제4항 단서는 그러한 사형의 선고에 대하여는 사법절차에 따른 불복에 예외가 있을 수 없다는 점에만 그 의의가 있다고 해야 할 것이다. 그렇지 않고 만약 이러한 경우에도 헌법 제110조 제4항 단서에 대하여 간접적으로 사형제도를 인정하는 근거라는 적극적 의미를 부여한다면 반대로 인간의 존엄과 가치를 규정한 근본적인 규정인 헌법 제10조의 의의를 축소하는 것이 되기 때문이다. 요컨대 헌법 제110조 제4항 단서의 규정은 간접적으로도 헌법상 사형제도를 인정하는 근거 규정 이라고 보기 어려우며, 헌법상 사형제도가 인정되는지의 여부에 관하여는 명문의 규정이 없으므로, 이는 헌법상 생명권의 보장과 형벌제도의 목적, 그리고 인간의 존엄과 가치 등에 대한 해석과 평가 여하에 달려 있다. 사형제도가 헌법상 비례의 원칙에 위반되는지의 여부에 대해서 살펴보면 사형제도는 법률상 형벌제도의 일종으로서 그 입법의 목적은 형벌 일반의 입법의 목적과 다르지 않다. 형벌은 범죄에 대한 국가·사회적인 응보로서, 범죄인에 대한 일정한 기본권의 제한을 통하여 그 범죄인의 교화 개선을 도모하는 이른바 특별예방과 일반인에 대한 형벌의 위하를 통하여 범죄를 억제하도록 하는 일반예방 등을 그 목적으로 한다. 형벌의 일종으로 사형이라는 생명형을 두는 것은 타인의 생명을 부정하거나 인간의 존엄을 훼손하는 중대한 흉악 범죄 및 이에 준할 정도의 중대한 공익을 직접적으로 침해하는 범죄에 대한 응보와 특별예방 및 일반예방 등이 그 입법의 목적이라고 말할 수 있을 것이다. 현대에 있어서 형벌의 목적이 응보에 있는지, 특별예방에 있는지, 아니면 일반예방에 있는지에 관하여는 형사정책적으로 많은 논의가 있으나, 이러한 입법 목적들의 정당성은 일응 헌법적으로 인정된다고 볼 수밖에 없다. 다만 여기에서 더 나아가 과거의 역사적 경험이 있었던 것과 같이 예컨대 정치적인 범죄에까지 사형제도가 남용된다면 그 입법 목적에 있어서도 정당성을 인정할 수는 없을 것이나, 이에 관하여는 적어도 현 시점에서 사형제도 그 자체의 위헌 여부만을 판단함에 있어서는 더 이상의 검토를 필요로 하지 아니한다. 그리고 범죄인의 생명을 박탈하는 것은 그 개선 교화의 가능성을 배제하는 것이므로, 특별예방이라는 형벌의 목적에는 전혀 기여할 수 없다. 또한 사형제도가 죽음에 대한 공포를 통하여 중대 범죄의 일반예방에 기여한다는 점에 대하여도 그 위하력에 대한 실증적인 근거가 없다는 견해와 반대로 사형제도가 위하력이 없다는 증거 또한 존재하지 아니한다는 견해만 대립하고 있을 뿐, 사형제도가 일반적으로 흉악범죄를 억지하는 효과가 있는지에 대하여 명백하게 밝혀진 바는 없다. 다만 과거 사형의 집행 방식이 공개적이고 잔혹하였던 것에 비하여, 현재는 우리나라를 비롯하여 사형제도를 두고 있는 대부분의 나라에서 그 집행이 일반에 공개되지 아니하고 죽음의 고통을 최소화하는 방향으로 이루어지고 있으며, 이러한 변화가 인도적인 관점에서 바람직하다는 점을 고려하면 사형에 일반예방적인 효과가 있다고 볼 경우에도 이는 특정한 범죄에 대하여 법률상 사형이라는 형벌이 예정되어 있음으로 인한 형사법규의 규범력에 따르는 것일 뿐, 그 집행을 통한 현실적이고 직접적인 위하에 따른 것은 아니라고 볼 수 있다.

한편 형벌을 통한 응보가 동해보복(同害報復)을 의미하는 것은 아니며, 사적인 복수를 금하고 이를 대신하는 국가 사회의 공분(公憤)을 표현하는 것이라고 본다면 타인의 생명 또는 그에 준하는 중대한 법익에 대한 침해에 대한 응보로서 반드시 그 침해자의 생명에 대한 제한이 있어야 한다는 것은 논리적인 이유가 없다. 오히려 국가가 이미 체포되어 재판을 받고 수감된 범죄자의 생명을 의도적·계획적으로 박탈하는 것은 형법에서 살인을 범죄로 규정하고 금지하는 사상과 모순되는 것으로 정당한 응보의 관념에 부합한다고 보기 어렵다. 결국 사형제도는 사형이 법정될 정도로 매우 중대한 범죄에 대한 응보와 특별예방 및 일반예방이라는 목적에 있어서 그 어느 것에 대하여도 명백한 기여를 하고 있다고 보기는 어렵다. 즉 일반 중범죄인과 달리 사형에 처해질 정도로 극악한 흉악범죄를 저지르는 사람들에게 형법상 사형제 규정이 과연 얼마나 일반예방 효과를 미칠 것인가는 쉽게 가늠할 수 없다. 사형제도의 기능으로 명백히 인정될 수 있는 것은 단지 당해 범죄인 자신에 의한 재범의 가능성을 원천적으로 차단한다는 점 뿐이다. 국가가 법률로써 국민의 기본권을 제한함에 있어서 그 제한되는 기본권이 우리나라 헌법상의 인간의 존엄과 가치와 생명권 보장의 측면에서 보다 중요한 의미를 가지는 것이라면 그 제한 수단이 입법 목적에 기여한다는 점이 명백한 경우에만 수단의 적합성을 인정할 수 있다. 그런데 사형제도의 경우에 그 제한되는 기본권은 인간 존재의 근원인 생명을 내용으로 하고 모든 기본권의 전제가 되는 생명권임에도 불구하고, 형벌의 하나로서 이를 박탈하는 것이 타인의 생명을 부정하는 등의 극악무도한 범죄에 대한 응보나 특별예방 또는 일반예방이라는 형벌의 목적에 기여하는 바는 결코 명백하다고 볼 수 없다. 따라서 사형제도는 인간의 존엄과 가치를 천명하고 생명권을 보장하는 우리나라 헌법의 체계 하에서는 그 입법의 목적에 대한 수단의 적합성을 인정할 수 없다.

그리고 형벌로써 중범죄인의 생명을 빼앗는 것은 그 범죄인을 사회와 영원히 격리시킴으로써 그 자신에 의한 재범의 가능성을 원천적으로 차단함에 틀림이 없고, 이는 응보사상의 발현이라고 볼 수 있다. 과학적 입증이 아닌 인간의 죽음에 대한 본능적인 공포에 근거하여 그 위하력을 인정할 수 있다고 봄으로써 그 일반예방적 기능을 인정할 수 있다고 가정하더라도 이러한 형벌의 기능은 굳이 범죄인의 생명을 박탈하지 않더라도 예컨대 가석방이 불가능한 무기형 등의 자유형을 통하여도 달성할 수 있다. 다른 한편 아무리 신중하고 적법한 절차를 거치고 훌륭한 법관이 판단하더라도 인간이 하는 재판인 한 오판의 가능성은 언제나 존재한다. 그런데 생명을 박탈하는 형벌은 이러한 오판의 위험에 대하여 그로 인한 기본권 제한의 완화나 회복을 위한 어떠한 수단도 없으며 그 침해의 정도가 궁극적이고 전면적이다. 이는 오판의 효과적인 시정을 통한 형사사법적 정의의 실현을 포기하는 것이 되므로, 인권과 정의를 보장하고자 하는 실질적 법치주의에 부합하지 않는다. 이러한 의미에서 사형제도는 이를 통하여 확보하고자 하는 중대 범죄에 대한 형벌로서의 기능을 대체할 만한 무기자유형 등의 수단을 고려할 수 있음에도 불구하고 이를 외면하고, 범죄인의 근원적인 기본권인 생명권을 전면적이고 궁극적으로 박탈하는 지나친 제도이므로, 비례의 원칙 중에서 피해의 최소성 원칙에도 어긋난다.

또한 사형을 통하여 침해되는 사익은 개인의 생명 및 신체의 박탈로서 이는 범죄인에게는 절대적이고 근원적인 기본권의 상실을 의미한다. 반면에 이를 통하여 달성하고자 하는 공익은 타인의 생명 또는 이에 준하는 매우 중대한 법익을 침해하는 범죄에 대한 사회방위와 그러한 범죄의 예방이다. 그런데 사형은 언제나 범죄가 이미 종료된 이후에 수사 및 재판을 받고 형이 선고되어 수감 중인 개인에 대한 의도적이고 계획적인 생명의 박탈인 반면, 사형을 통하여 보호하려는 타인의 생명권이나 이에 준하는 중대한 법익은 이미 그 침해가 종료됨으로써 범죄인의 생명이나 신체를 박탈해야만 하는 긴급성이나 불가피성이 없는 상태이고, 사형제도가 추구하는 사회방위와 범죄예방이라는 공익이 어느 정도 실효성을 지닌 것인지는 불명확하다. 그렇다면 이미 그 자체로서 공익의 비중에 비하여 사형으로 인하여 침해되는 사익의 비중이 훨씬 크므로, 비례의 원칙 중에서 법익 균형성의 원칙에도 위반된다.

한편 생명권에 대한 제한은 곧 생명의 박탈을 의미하며, 그것이 생명권의 본질적 내용을 침해하는지의 여부는 생명권과 생명권 또는 이에 준하는 중대한 공익이 현재적으로 충돌하여 부득이하게 생명에 대한 법적인 평가가 허용될 수밖에 없는 긴급성과 불가피성이 인정되는 예외적인 상황에 따른 것인지의 여부로 판단하여야 할 것이다. 그런데 사형제도는 이미 중대 범죄가 종료되어 상당 기간이 지난 후에 체포되어 수감 중인 한 인간의 생명을 일정한 절차에 따라 빼앗는 것을 전제로 하므로, 이는 그가 저지른 중대 범죄로 인하여 침해된 타인의 생명이나 이에 준하는 공익에 대한 급박한 위협이 있어 생명에 대한 법적 평가가 필요한 예외적인 경우라고 볼 수 없다. 따라서 이러한 경우에 국가가 인간의 생명의 가치에 대한 법적인 평가를 통하여 그 생명을 박탈하는 사형제도는 생명권의 본질적 내용을 침해하는 것이므로 헌법 제37조 제2항에 위반된다. 또한 생명의 박탈은 곧 신체의 박탈이므로 이는 헌법 제12조 제1항이 정하는 신체의 자유의 본질적 내용까지도 침해하는 것이라고 보아야 할 것이다.

이 밖에 사형제도가 헌법 제10조의 인간의 존엄과 가치에 위반되는지 여부에 대하여 살펴보면 헌법 제10조에서 모든 국민은 인간으로서의 존엄과 가치를 가짐을 선언하고 있다. 인간의 존엄과 가치는 헌법이 보장하는 최고의 가치이며 모든 기본권의 이념적 기초이고, 다른 기본권 규정들에 대한 해석의 지침임과 동시에 그 제한의 한계를 이룬다. 또한 헌법이 선언하는 인간의 존엄과 가치는 모든 국가작용에 있어서 인간의 존엄성 보장이 그 목적이 되어야 하고 인간을 다른 어떤 목적을 위한 수단으로 전락시켜서는 안 된다는 요청을 내포하고 있다. 헌법 제10조에 선언된 인간의 존엄성에 대한 존중과 보호의 요청은 형사입법 및 그 적용과 집행의 모든 영역에 있어서도 지도적 원리로서 작용한다.

헌법 제10조는 인간의 존엄과 가치를 가지는 인간은 "모든 국민"이라고 규정하고 있고, 이는 극악무도한 범죄자에 대한 형사처벌의 필요성 이전에 존재하는 상위의 헌법적 가치질서이다. 또한 인간을 오로지 다른 목적에 대한 수단으로만 보아서는 안 된다는 의미에서 형벌제도는 범죄행위와 그에 대한 책임을 전제로 구성되어 있으며, 범죄인의 악성에 대응하여 그를 오로지 사회방위라는 공적인 이익 추구를 위한 객체로만 취급하는 관점을 배제한다. 그러므로 비록 타인의 생명과 인권을 유린하고 훼손하는 극악무도한 범죄를 저지른 사람이라고 할지라도 인간으로서의 존엄과 가치는 가지는 것이며, 그를 단순히 사회방위에 위협이 되는 장애물로서만 취급할 수는 없다. 그런데 사형제도는 범죄인을 예외적으로 인간으로 보지 않고, 단지 재범의 가능성을 원천적으로 차단한다는 사회 전체의 이익 또는 다른 범죄의 예방을 위한 수단 또는 복수의 대상으로만 취급하는 것으로서, 그로 하여금 한 인간으로서 자기의 책임 하에 반성과 개선을 할 최소한의 도덕적 자유조차 남겨주지 않는 제도라는 점에서 헌법 제10조의 인간의 존엄과 가치에 위반된다. 나아가 사형제도는 법률에 따라 사형을 선고하여야 하는 법관과 이를 집행하여야 하는 교도관 등 직무상 사형제도의 운영에 관여하여야 하는 사람들로 하여금 사회적·법적인 평가가 용인되지 아니하는 상황에서 인간의 생명을 계획적으로 빼앗는 과정에 참여하게 함으로써, 그들 역시 인간으로서의 양심과 무관하게 단지 국가 목적을 위한 수단으로만 전락시키고 있다는 점에서 그들이 인간으로서 가지는 존엄과 가치 또한 침해하는 제도이다. 그러므로 사형제도는 형사법의 영역에서도 지도적 원리로 작용하고 있는 헌법 제10조의 인간의 존엄과 가치에 반하는 제도라고 본 사형제도에 대한 소수의 헌법재판소 재판권의 위헌 의견이 제시되었다.

II. 평등권

1. 의의

헌법 제11조 제1항은 "모든 국민은 법 앞에 평등하다."라고 규정하여 모든 개인에게 기회의 균등 또는 평등의 원칙을 선언하고 있다. 이러한 평등의 원칙은 국민의 기본권 보장에 관한 우리나라 헌법상 최고의 원리로서, 국가가 입법을 하거나 법을 해석 및 집행함에 있어 따라야 할 기준인 동시에 국가에 대하여 합리적 이유 없이 불평등한 대우를 하지 말 것과 평등한 대우를 요구할 수 있는 모든 국민의 권리로서, 국민의 기본권 중의 기본권이라 할 것이다(헌재 1989. 1. 25, 88헌가7).

헌법 제11조 제1항에서 '법 앞에'란 행정부나 사법부에 의한 법적용상의 평등만을 의미하는 것이 아니고, 입법권자에게 정의와 형평의 원칙에 합당하게 합헌적으로 법률을 제정하도록 하는 것을 명하는 법 내용상의 평등을 의미하고 있다. 따라서 그 입법내용이 정의와 형평에 반하거나 자의적으로 이루어진 경우에는 평등권 등의 기본권을 본질적으로 침해한 입법권의 행사로서 위헌성을 면하기 어렵다고 할 것이다. 즉, 사리에 맞는 합리적인 근거 없이 법을 차별하여 적용해서는 안 됨은 물론 그러한 내용의 입법을 해서도 안 된다는 것을 의미한다(헌재 1989. 5. 24, 89헌가37 등). 그리고 헌법 제11조 제1항에서 보장하는 '평등'의 의미는 일체의 차별적 대우를 부정하는 절대적 평등을 의미하는 것이 아니라, 입법과 법의 적용에 있어서 합리적인 근거가 없는 차별을 하여서는 안 된다는 상대적 평등을 뜻하므로, 합리적 근거가 있는 차별 또는 불평등은 평등의 원칙에 반하지 않게 된다(헌재 1999. 5. 27, 98헌바26).

2. 헌법상 평등권 심사기준

헌법상 평등의 원칙에 위반되는지의 여부를 심사함에 있어 엄격한 심사척도에 의할 것인지, 아니면 완화된 심사척도에 의할 것인지는 입법자에게 인정되는 입법형성권의 정도에 따라 달라지게 된다.

먼저 헌법에서 특별히 평등을 요구하고 있는 경우에는 엄격심사인 비례의 원칙이 적용될 수 있다. 즉, 헌법이 스스로 차별의 근거로 삼아서는 안 되는 기준을 제시하거나 차별을 특히 금지하고 있는 영역을 제시하고 있다면 그러한 기준을 근거로 한 차별이나 그러한 영역에서의 차별에 대해 엄격하게 심사하는 것이 정당화된다. 다음으로 차별적 취급으로 인하여 관련 기본권에 대한 중대한 제한을 초래하게 된다면 입법형성권은 축소되어 엄격심사인 비례의 원칙이 적용되어야 할 것인바, 평등권 심사에 있어 '비례의 원칙'이란 차별취급의 목적과 수단 간에 엄격한 비례관계가 성립하는지를 기준으로 한 심사를 행하는 것을 뜻한다(헌재 1999. 12. 23, 98헌마363).

여기서 헌법재판소가 평등권의 심사 시 엄격심사를 행한다는 것은 단지 차별의 합리적 이유의 유무만을 확인하는 정도를 넘어서 차별의 이유와 차별 간의 상관관계에 대해서, 즉 비교 대상 간의 사실상 차이의 성질 및 비중 또는 입법 목적(차별 목적)의 비중과 차별의 정도에 적정한 균형관계가 이루어져 있는지에 대해서도 심사를 행하는 것을 의미한다(헌재 2001. 2. 22, 2000헌마25).

한편 위의 헌법에서 특별히 평등을 요구하고 있는 경우와 차별적 취급으로 인하여 관련 기본권에 대한 중대한 제한을 초래하게 되는 경우를 제외하고 일반적으로 헌법재판소는 평등권의 심사 시 차별의 합리적 이유의 유무에 대해 심사를 하는 자의금지의 원칙에 따라 심사를 행하게 된다. 즉, 입법자의 형성의 자유와 민주국가의 권력분립적 기능질서를 보장하는 차원에서 일반적으로 헌법재판소의 심사기준이 되는 통제규범으로서의 평등의 원칙은 단지 자의적인 입법의 금지를 의미하는 것이므로, 헌법재판소는 입법자의 결정에서 차별을 정당화할 수 있는 합리적인 이유를 찾아볼 수 없는 때에만 평등의 원칙에 반한다는 선언을 하게 된다(헌재 1997. 1. 16, 90헌마110 등).

이에 대해 헌법재판소는 1999년에 "헌법 제32조 제4항은 '여자의 근로는 특별한 보호를 받으며, 고용·임금 및 근로조건에 있어서 부당한 차별을 받지 아니한다.' 라고 규정하여 근로 내지 고용의 영역에 있어서 특별히 남녀평등을 요구하고 있는바, 제대군인 가산점제도는 바로 이 영역에서 남성과 여성을 달리 취급하는 제도이고, 제대군인 가산점제도는 헌법 제25조에 의하여 보장된 공무담임권이라는 기본권의 행사에 중대한 제약을 초래하는 것이기 때문에 만약 제대군인 가산점제도가 민간기업에서 실시될 경우에는 헌법 제15조가 보장하는 직업 선택의 자유가 문제될 것이다. 제대군인 가산점제도에 대한 평등권 위반 여부의 심사 시에는 엄격한 심사원칙을 적용해야 한다. 여기서 엄격한 심사를 한다는 것은 자의금지의 원칙에 따른 심사, 즉 합리적 이유의 유무를 심사하는 것에 그치지 아니하고 비례의 원칙에 따른 심사, 즉 차별취급의 목적과 수단 간에 엄격한 비례관계가 성립하는지를 기준으로 한 심사를 행함을 의미한다."라고 판시하였다(헌재 1999. 12. 23, 98헌마363).

또한 헌법재판소는 2008년에 "헌법 제36조 제1항은 '혼인과 가족생활은 개인의 존엄과 양성의 평등을 기초로 성립되고 유지되어야 하며, 국가는 이를 보장한다.'라고 규정하여 혼인과 가족생활에 불이익을 주지 않을 것을 명하고 있고, 이는 적극적으로 적절한 조치를 통하여 혼인과 가족을 지원하고 제3자에 의한 침해로부터 혼인과 가족을 보호해야 할 국가의 과제와 소극적으로 불이익을 야기하는 제한 조치를 통하여 혼인과 가족생활을 차별하는 것을 금지해야 할 국가의 의무를 포함한다. 이러한 헌법원리로부터 도출되는 차별금지의 명령은 헌법 제11조 제1항의 평등원칙과 결합하여 혼인과 가족을 부당한 차별로부터 보호하고자 하는 목적을 지니고 있다. 따라서 특정한 조세 법률조항이 혼인이나 가족생활을 근거로 부부 등 가족이 있는 자를 혼인하지 아니한 자 등에 비하여 차별 취급하는 것이라면 비례의 원칙에 의한 심사에 의하여 정당화되지 않는 한, 헌법 제36조 제1항에 위반된다고 할 것이다. 이는 단지 차별의 합리적인 이유의 유무만을 확인하는 정도를 넘어, 차별의 이유와 차별의 내용 사이에 적정한 비례적 균형관계가 이루어져 있는지에 대해서도 심사해야 한다는 것을 의미하고, 이러한 헌법 원리는 조세 관련 법령에서 과세단위를 정하는 것이 입법자의 입법형성의 재량에 속하는 정책적 문제라고 하더라도 그 한계로서 적용되는 것이다."라고 판시하였다(헌재 2008. 11. 13. 2006헌바112 등).

3. 적극적 평등실현조치[3]

(1) 의의

'적극적 평등실현조치'의 사전적인 의미는 현재 계속되고 있는 차별을 제거하고, 과거 오랫동안 행해진 차별의 효과를 교정(구제)하며, 미래에 발생할 수 있는 차별을 방지하기 위한 제도나 절차를 마련하기 위해 고안된 일련의 조치를 뜻한다.

즉, '적극적 평등실현조치'란 역사적 또는 사회구조적인 이유에서 불평등한 취급을 받았던 집단에게 그러한 차별 취급으로 인한 불이익을 보상해 주기 위하여 다른 집단과 평등한 상태를 국가가 직접 실현하기 위한 조치로, 역사적 또는 사회구조적인 이유에서 불평등한 취급을 받았던 집단의 구성원에게 평등한 경쟁의 기회를 보장하는데 그치지 않고, 취업이나 학교의 입학 등에서 할당제를 실시하여 결과에 있어서의 평등을 실현하려는 정부의 적극적·구제적·잠정적·보상적 정책이나 조치를 뜻한다.

---

3) 이하의 내용은 이희훈, "미국의 인종을 고려한 대학 특별입학전형제도에 대한 적극적 평등실현조치", 미국헌법연구 제21집 제1호, 미국헌법학회, 2010. 2. 263-311면.

이러한 취지로 헌법재판소는 1999년에 "적극적 평등실현조치와 같은 의미로 잠정적 우대조치란 종래 사회로부터 차별을 받아 온 일정집단에 대해 그동안의 불이익을 보상하여 주기 위하여 그 집단의 구성원이라는 이유로 취업이나 입학 등의 영역에서 직·간접적으로 이익을 부여하는 조치를 뜻한다."라고 판시하였다(헌재 1999. 12. 23, 98헌마363).

(2) 인정 필요성

미국 역사상 소수 인종, 특히 흑인들에 대해서는 오랫동안 기회의 평등을 부정하여 왔으므로, 이러한 불법적인 차별의 희생자들에게 적극적 평등실현조치에 의한 현재의 우선적 보상은 차별이 없었더라면 향유하였을 지위를 분배할 수 있는 최선의 방법이므로 평등원칙에 반한다고 볼 수 없다는 점에서 적극적 평등실현조치의 필요성이 인정된다.

그리고 만약 미국에서 다수인 백인들이 교육과 고용에 있어 차별적인 제도나 사회로부터 이익을 받지 않았더라면 미국 내에서 대표성 낮은 소수 인종에 속하는 사람들도 최소한 그들과 동등한 또는 그보다 더 우수한 재능을 발휘할 수 있었을 것이며, 지금보다 더 나은 삶을 살아갈 수 있었을 것이므로, 과거의 차별로 백인들이 혜택을 받았기 때문에 현재 적극적 평등실현조치를 미국 내에서 대표성이 낮은 소수 인종에 속하는 사람들에게 행하더라도 이로 인해 백인들이 희생을 당하거나 역차별을 받는다고 할 수 없을 것이라는 점에서 적극적 평등실현조치의 필요성은 인정된다고 할 것이다. 즉, 현재의 젊은 백인들은 그 부모나 조부모 등의 세대에서 이미 미국 내에서 대표성 낮은 소수 인종에 속하는 사람들에 비하여 차별적인 혜택을 누렸고, 이러한 혜택이 젊은 백인들의 세대에게 직·간접적으로 이어져 이로 인하여 대표성이 낮은 소수 인종에 속하는 젊은 사람들보다 보다 더 많은 교육과 고용 등의 기회를 얻을 수 있는 기회가 주어졌다고 할 것이므로 젊은 백인들 세대의 개개인이 자신들이 차별을 야기하지는 않았지만, 미국 내에서 대표성이 낮은 소수 인종에 속하는 젊은 사람들과 똑같은 조건으로 교육이나 고용의 기회를 달라고 주장하는 것은 진정한 평등을 실현한다는 관점에 비추어 볼 때 타당하지 않다. 특히 대학에서 다양한 인종의 학생들이 모여 함께 공부하고 생활하면서 세계의 다양한 문화와 가치 등의 체득과 이해를 높여, 이를 바탕으로 폭 넓은 사고방식과 세계관 및 이념 등을 갖추게 하여 교육적 효과를 증진시켜 졸업 후 이들이 세계화된 세상에서 이러한 의식과 능력을 바탕으로 국가를 이끌어나갈 수 있는 지도자가 될 수 있게 하는 것은 정부의 절박한 이익에 해당한다는 점에서, 대학에서 입학전형 시 고려해야 할 여러 요소들 중 적극적 평등실현조치의 일환으로 인종을 하나의 가점(Plus) 요소로 사용하는 것은 헌법상 타당하다.

(3) 미국 대학의 특별입학전형제도에 대한 판례의 내용과 검토

(가) Regents of University of California v. Bakke

미국 캘리포니아 주립대학 Davis 의대(이하 "캘리포니아대 의대"라 한다)은 적극적 평등실현조치의 일환으로 100명의 입학정원 중 16명을 미국 내에서 대표성이 낮은 소수인종에게 할당해 주는 특별입학전형제도를 실시하였다. 장래 내과의사가 되고자 했던 백인 남성인 Bakke는 캘리포니아대 의대에 1973년에는 500점 만점에 468점의 성적으로, 1974년에는 600점 만점에 549점의 성적으로 각각 정규입학전형에 지원했으나 Bakke의 경쟁대상이었던 백인 지원자들 중 84명 안에 들어가지 못해 불합격했다. 그러나 캘리포니아대 의대의 특별입학전형제도에 의해 지원한 미국 내에서 대표성 낮은 소수 인종에 속하는 입학 지원자들은 Bakke보다 낮은 점수를 받고도 합격을 하였다. 이에 Bakke는 미국 내에서 대표성 낮은 소수인종을 우대하는 캘리포니아대 의대의 특별입학전형제도는 미국 연방수정헌법 제14조와 캘리포니아 주 헌법상 평등보호조항의 위반 및 1964년의 민권법 제6장 제601조를 위반하는 인종을 이유로 한 위헌적인 역차별이라는 소송을 제기하였다. 이에 대해 캘리포니아대는 이 특별입학전형제도는 합헌이라고 주장했다.

이에 대해 제1심 법원은 이러한 캘리포니아대 의대의 특별입학전형제도는 인종을 차별하며, 미국 연방수정헌법 제14조와 캘리포니아 주 헌법상의 평등보호조항 및 1964년의 민권법 제6장 제601조를 위반했다고 판시했다. 그러나 Bakke가 캘리포니아대 의대에 이 특별입학전형이 없었더라면 그가 입학할 수 있었다는 것을 증명하지 못했다고 보아 Bakke의 입학을 명하는 판결을 함께 내리진 않았다.

한편 상고심인 캘리포니아 주 대법원은 이 제1심 법원과 같이 캘리포니아대 의대의 특별입학전형제도를 위헌으로 보았지만, 제1심 법원과 달리 캘리포니아대 측이 이러한 특별입학전형제도를 실시하지 않았더라도 Bakke가 캘리포니아대 의대에 불합격했을 것이라는 사실을 입증하지 못했다고 보아 Bakke의 입학을 명하는 판결을 내렸다.

이에 대하여 미국 연방대법원의 스튜어트, 렌퀴스트, 버거, 스티븐스 대법관은 캘리포니아대 의대의 특별입학전형제도가 미국 연방수정헌법 제14조가 아닌 1964년의 민권법 제6장 제601조에 반하는 위헌적 제도라고 판시하였다. 즉, 이들 4명의 대법관들은 동 제도의 문제를 헌법상의 문제가 아니라 법률상의 문제로 보았으며, 이에 대한 적정한 심사기준도 밝히지 않았다. 이에 반하여 미국 연방대법원의 마샬, 화이트, 블랙먼, 브렌넌 대법관은 과거의 차별로 인해 현재 불이익을 받고 있는 미국 내에서 대표성 낮은 소수 인종을 구제하기 위한 인종적 분류는 연방이나 주 정부의 중요한 목적에 기여해야 하며, 이러한 목적을 실현하는데 있어서 실질적으로 연관되어 있어야 한다고 판시했다. 그리고 이들 4명의 대법관들은 파웰 대법관과 같이 캘리포니아대 의대의 소수인종을 우대하는 특별입학전형제도의 문제를 헌법상의 문제로 보았고, 동 제도를 헌법에 반하지 않는 합헌적 제도라고 판시하였다.

한편 법정의견을 작성한 파웰 대법관은 미국 연방수정헌법 제14조의 평등보호조항은 인종에 관계없이 차별을 금지하고 있으므로, 이 규정에 의해서 미국 내에서 대표성 낮은 소수 인종도 보호해야 하지만, 이와 함께 다수인 백인들도 보호해야 한다고 밝히면서 소수 인종을 우대하는 캘리포니아대 의대의 특별입학전형제도는 인종을 이유로 차별하고 있어서 이러한 차별은 미국 연방수정헌법 제14조의 평등보호조항에 반하는 것으로 의심되는 구분에 해당한다고 보았다. 이에 파웰 대법관은 이러한 캘리포니아대 의대의 특별입학전형제도에 대한 위헌성 심사 시 엄격심사기준을 적용해야 하는바, 이 심사기준에 의해 동 제도를 살펴볼 때 과거에 캘리포니아대는 인종을 차별한 적이 없으므로, 과거의 차별에 대한 보상을 하기 위한 것을 동 제도의 목적으로 할 수 없다고 보았다. 그러나 파웰 대법관은 캘리포니아대 의대의 특별입학전형제도를 통해 학생집단의 다양성을 증가시켜 학생들로 하여금 다양한 사고방식과 세계관 및 이념 등을 체득할 수 있게 하고, 풍부한 교육을 받게 하여 다양하고 폭넓은 경험과 사고를 바탕으로 미래에 국가의 지도자로 성장할 수 있도록 한다는 점은 엄격심사 기준의 요건에 합치되는 정부의 절박한 이익에 해당한다고 보았다. 하지만 캘리포니아대 의대가 인종을 구분하여 미국 내에서 대표성 낮은 소수 인종에 속하는 학생들에게 할당제를 시행하여 아무런 죄가 없는 개인(Bakke)을 희생시켜 상대적으로 불이익을 받아 온 집단의 구성원에 해당하는 사람(Davis 의과대학의 특별입학전형제도에 의해 합격한 16명의 미국 내에서 대표성 낮은 소수 인종에 속하는 학생들)을 돕는 수단을 채택한 것은 이러한 할당제 이외에도 미국 내에서 대표성 낮은 소수 인종의 학생들에게 하나의 가점 요소로서 고려하는 등 다른 유연한 제도적 수단을 통해서도 달성할 수 있을 것이므로, 캘리포니아대 의대의 소수 인종을 우대하는 특별입학전형 제도를 통한 할당제는 학생집단의 다양성을 통한 교육적 효과의 증대라는 정부의 절박한 이익에 협소하게 재단된, 즉 필수 불가결한 수단이 될 수 없다는 점에서 동 제도는 미국 연방수정헌법 제14조의 평등보호조항에 반하는 위헌적인 제도라고 판시하였다.

이러한 Bakke 판결은 다음과 같은 세 가지 점에 그 의의가 있다. 첫째, 캘리포니아대 의대가 입학전형 시 미국 내에서 대표성 낮은 소수 인종에 속하는 학생들을 할당제(인종을 우선적으로 고려해 일정 수를 의무적으로 선발하는 제도)를 통해 다수인 백인 학생들보다 비록 낮은 수학능력을 가지고 있어도 합격시켰다는 점에서 인종을 이유로 차별 취급을 했다고 할 것이므로, 동 제도의 합헌성 여부를 미국 연방대법원이 심사할 때에는 엄격심사의 기준을 적용해야 한다는 것을 밝힌 것에 그 의의가 있다.

둘째, 캘리포니아대 의대의 입학전형 시 할당제에 의해 학생집단의 다양성을 통해 폭넓은 사고와 경험 및 세계관 등을 정립하여 미래에 국가의 지도자로 성장할 수 있게 한다는 것은 정부의 절박한 이익에 해당한다고 본 최초의 판결이라는 점에 그 의의가 있다.

셋째, 캘리포니아대 의대가 미국 내에서 대표성 낮은 소수 인종에 속하는 학생들에게 입학 총 정원의 100명 중 16명을 할당하는 것은 다수인 백인에 속하는 학생들에게 지나치게 과도한 부담을 주므로, 캘리포니아대 의대의 입학전형에 대한 이러한 할당제는 학생집단의 다양성을 통한 교육적 효과의 증대라는 정부의 절박한 이익을 달성하는데 협소하게 재단된, 즉 필수 불가결한 수단이 될 수 없다고 보아, 이러한 할당제를 미국 연방수정헌법 제14조의 평등보호조항에 반하는 위헌적 제도라고 최초로 밝힌 점에 그 의의가 있다.

(나) Grutter v. Bollinger

미국의 미시간 대학교의 로스쿨(이하 "미시간대의 로스쿨"이라 한다)은 미국 최고의 로스쿨 중 하나로, 입학정원이 350명이지만 매년 약 3500명 이상의 입학 지원자가 몰릴 정도로 인기가 많다. 미시간대의 로스쿨은 Bakke 판결에 의해 학생단체의 다양성을 추구하는 공식적인 입학정책에 따라 입학전형에서 인종을 비롯하여 학부 평균평점(Grade Point Average: 이하 "GPA"라 한다)과 로스쿨 입학시험(Law School Admissions

Test: 이하 "LSAT"라 한다) 점수를 합친 객관적인 학력점수가 담긴 성적자료, 이력서, 추천서, 로스쿨에서의 생활과 다양성에 어떻게 기여할 것인지 설명하는 에세이 등에 대한 입학 담당관들의 심사를 통해 입학 지원자의 재능·경험·잠재력에 관한 융통성 있는 평가와 함께 입학 지원자의 학업 능력에 초점을 맞춰 출신 학부의 질적 수준(Quality), 추천인의 열망 등과 같은 변수가 되는 다양하고 유연한 요소들을 모두 평가하여 고려해야 한다.

이렇듯 미시간대 로스쿨의 입학전형제도는 인종 및 민족에 의해 학생집단의 다양성을 단독으로 고려할 것을 규정하지 않고 있다. 또한 미시간대의 로스쿨에서 대표적인 학생단체라고 할 수 없는 아프리카계 미국인, 히스패닉, 인디언과 같은 인종은 역사적으로 소외되어 왔는바, 이에 특별히 미시간대 로스쿨이 다양성을 추구하기 위해 노력을 하지 않으면 미국 내에서 대표성 낮은 소수 인종에 해당하는 입학 지원자가 입학을 할 수 없다. 따라서 이러한 인종에 속하는 학생들이 의미 있는 수가 되도록 하는데 필요 최소한의 임계량(Critical Mass)에 해당하는 학생들을 입학시켜 로스쿨의 질적 수준을 높이고, 유능한 법률가를 육성하는데 반드시 필요한 학생집단의 다양성을 확보할 수 있게 하였다.

이와 관련하여 미국의 미시간대 로스쿨은 1996년에 GPA 3.8과 LSAT 161점을 받은 미시간 주에 거주하는 백인 여학생인 Barbara Grutter(이하 "Grutter"라 한다)의 입학을 거부하였다. 이에 그녀는 1997년 12월에 동 대학의 로스쿨이 미국 연방 수정헌법 제14조의 평등보호조항과 1964년의 민권법 제6장 및 1981년의 미국 연방 법전 제42편을 위반하여 인종을 근거로 자신에게 차별 취급을 했다고 주장하는 소송을 제기하였다. Grutter는 미시간대 총장인 Lee Bollinger를 피고로 손해배상과 금지명령 등을 구하는 소송을 제기하였다. Grutter는 본 소송에서 미시간대의 로스쿨이 자신을 입학전형에서 불합격시킨 것은 동 대학의 로스쿨이 인종을 입학전형에서 주된 요소로 사용하여 미국 내에서 대표성 낮은 소수 인종, 즉 아프리카계 미국인, 히스패닉, 인디언에 해당하는 입학 지원자에게는 적극적 평등실현조치를 통해 입학을 위한 커다란 기회를 주는 것에 반하여, 이러한 소수 인종의 지원자와 유사한 자격을 갖춘 백인의 입학 지원자에게 이러한 기회를 주지 않아 차별 취급을 하고 있으므로, 피고인 미시간대의 로스쿨이 인종을 입학전형에서 주된 요소로 채택한 것을 정당화하기 위한 정부의 절박한 이익을 가지고 있지 않다고 주장하였다.

한편 피고인 미시간대의 로스쿨은 학생집단의 다양성을 확보하려고 한 것은 정부의 절박한 이익에 해당하므로, 미시간대의 로스쿨이 그 입학전형에서 인종을 하나의 유력한 요소로 사용한 것은 정당하다고 주장하였다.

이에 대하여 제1심인 지방법원은 미시간대의 로스쿨이 입학전형에 있어서 인종을 하나의 가점 요소로 채택한 것은 사실상 할당제와 확실하게 구별할 수 없는 것이고, 미시간대의 로스쿨이 주장한 학생집단의 다양성은 정부의 절박한 이익에 해당하지 않는 것이므로, 동 대학 로스쿨의 입학전형에서 인종을 가점 요소로 채택한 것은 불법이라고 판시하였다.

그러나 2002년 5월에 미국 제6순회 항소법원은 Bakke 판결에서 파웰 대법관이 제시한 의견은 학생집단의 다양성을 정부의 절박한 이익으로 간주하는 기속력 있는 판례인바, 미시간대의 로스쿨이 학생집단의 다양성이라는 정부의 절박한 이익을 달성하기 위하여 인종을 동 대학 로스쿨의 입학전형제도에서 가점 요소로 사용할 수 있다고 판시하였다. 즉, 미시간대의 로스쿨은 그 입학전형에서 인종을 미국 내에서 대표성 낮은 소수 인종에 속하는 입학 지원자에게 하나의 가점을 주는 요소로만 사용하였다는 점에서 인종을 구분한 미시간대 로스쿨의 입학전형제도는 정부의 절박한 이익을 실현하기 위해 협소하게 재단된 것이라고 할 것이므로, 지방법원의 판결을 파기한다고 판시하였다. 이에 원고는 미국 연방대법원에 상고하였다.

미국 연방대법원의 오코너, 수터, 브라이어, 스티븐스, 긴즈버그 대법관 5인은 미시간대의 로스쿨이 그 입학전형제도를 통해 학생집단의 다양성으로부터 교육적 효과를 얻기 위하여 인종을 하나의 가점 요소로 사용한 것은 정부의 절박한 이익을 달성하기 위한 것으로서, 미시간대의 로스쿨이 인종을 고려한 입학전형제도는 미국 연방수정헌법 제14조의 평등보호조항과 1964년의 민권법 제6장 및 1981년의 미국 연방법전 제42편을 위반하지 않았다고 판시하였다.

즉, 이 다수의견에서 오코너 대법관은 정부의 인종적인 모든 분류에 대해서는 법원에 의해 엄격심사의 기준을 통해 반드시 심사를 해야 하는바, 이 엄격심사의 기준에 의해 정부가 채택한 모든 인종적인 구분이 무효가 되는 것은 아니고, 정부의 절박한 이익을 달성하기 위하여 인종을 이유로 적극적 평등실현조치를 행하는 것은 그 이익을 달성하는데 제한된 범위 내에서 시행하는 한, 미국 연방수정헌법 제14조의 평등보호조항을 위반하는 것은 아니라고 판시하였다. 이러한 점에 비추어 볼 때, 학생집단의 다양성을 통해 얻어지는 교육적 효과는 정부의 절박한 이익에 해당하며, 이를 달성하기 위하여 미시간대 로스쿨의 입학전형제도에서 인종을 하나의 가점 요소로 사용하는 것은 정부의 절박한 이익을 달성하기 위하여 협소하게 재단된 것으로 허용된다고 판시하였다.

그리고 오코너 대법관은 Bakke 판결에서 미국 연방수정헌법 제1조에 대해 특별히 관심을 두고 오랫동안 학문의 자유에 대해 연구한 결과 대학이 학생들로 하여금 다양한 사고방식과 세계관 및 이념 등을 체득케하고, 풍부한 교육을 받게 하여 다양하고 폭넓은 경험과 사고에 의한 다양한 학생들의 아이디어를 가지고 광범위하게 훈련된 지도력(Leadership)에 국가의 미래가 달려 있다는 것을 강조한 파웰 대법관의 의견에 찬성하였다. 또한 오코너 대법관은 다양한 인종의 학생집단을 구성시키는 것을 목표로 대학에서 입학전형 시 인종을 하나의 가점 요소로 하는 것은 정당한 정부의 절박한 이익이 된다는 파웰 대법관의 의견에 찬성하였다.

즉, 미시간대의 로스쿨에서 학생집단의 다양성이라는 실제로 중요하고 훌륭한 교육적 이익을 실현하기 위하여 인종을 고려한 입학전형제도는 다양한 인종의 상호 이해의 증진 및 인종적인 고정 관념을 타파하기 위해 생산적으로 마련된 것으로서, 미시간대 로스쿨 측의 주장은 이러한 다양성이 학문적 성과를 높이고, 많은 다양한 노동인구와 사회 및 법률적 직업을 위한 학생들에게 제공되어, 이러한 제도를 적용해야 할 필요가 있다는 것을 밝힌 수많은 전문적 연구 자료와 보고서에 의해 지지를 받고 있다. 이러한 연구 자료들에 의하면 오늘날 주요 미국 사업이 증가일로에 있는 세계적 시장에서 필요한 숙련기술은 다양한 인종이나 민족의 사람들, 문화, 아이디어 및 의견을 직접 체득하게 해야만 개발될 수 있음을 분명히 밝히고 있다. 이미 은퇴한 고위급 공무원들과 예비역 고급 군인들은 자질이 높은 인종적으로 다양한 사관들이 국가방위에 필수적이라고 주장하고 있다. 이와 함께 대학교, 특히 로스쿨은 수많은 국가 지도자의 기초를 훈련시키는 대표적인 곳이며, 지도력을 키울 수 있는 통로는 모든 인종과 민족에게 재능이 있고 자격이 있는 사람들에게 실제로 명확하게 열려있어야 한다. 따라서 미시간대 로스쿨의 입학전형 시 다양한 학생집단의 구성을 목표로 인종을 하나의 가점 요소로 하는 것은 정부의 절박한 이익이 있다고 판시하였다.

또한 미국 연방대법원의 다수의견은 Bakke 판결에서의 파웰 대법관의 견해가 법원이 인종을 의식한 각 대학의 입학전형제도의 헌법적 심사를 위한 기준이 되었다고 판시하면서 미국의 공립 및 사립대학들은 이러한 파웰 대법관의 견해에 따라 각 대학이 입학프로그램을 만들었다고 판시하였다. 특히 미국 연방대법원의 다수의견은 미시간대의 로스쿨이 다양한 학생단체를 목표로 하는 것은 동 대학의 로스쿨의 적절한 사명이라고 교육적인 판단을 한 것에 경의를 표하면서 동 대학의 로스쿨이 인종을 입학전형 시 하나의 가점 요소로 고려하고, 이를 통해 동 대학의 로스쿨에 다양한 인종의 학생집단이 구성되도록 하여 교육적 효과를 높이려는 선의에 반하는 증거를 찾을 수가 없으므로, 동 대학의 로스쿨이 입학전형에서 인종에 따라 차별할 의도는 없는 것으로 보아야 한다고 판시하였다.

그리고 미국 연방대법원의 다수의견은 대학의 입학전형제도에서 어떤 특정한 지원자의 서류(철)에서 하나의 가점 요소로서 인종이나 민족을 고려할 수 있고, 각 입학지원자의 특별한 자격을 평가할 때에는 다양성에 관한 모든 타당한 요소들을 유연하게 충분히 평가하되, 모든 입학지원자에게 동일한 가중치를 주어야 할 필요는 없고 동일한 근거에 의하여 평가해야 한다고 판시하였다. 따라서 미국 대학이 어떤 인종이나 민족에 속하는 입학지원자에게 할당을 주거나 별도의 입학 통로(경로)를 제공할 수 없으며, 다른 입학지원자들과 함께 경쟁하도록 해야 하는바, 인종을 고려한 미시간대 로스쿨의 입학프로그램은 이러한 요건들에 부합하는 제한된 범위에서 적용되는 계획이라는 특성을 가지고 있다고 판시하였다. 즉, 인종을 고려한 미시간대 로스쿨의 입학프로그램은 인종과 민족을 입학지원자의 합격에 있어 결정적인 요소로 평가하지 않고, 입학에 필요한 자격을 갖춘 입학지원자들의 각 범주를 경쟁하는 다른 모든 지원자들로부터 분리하지 않고 유연하게 각 입학지원자를 개인으로서 평가되도록 하는데 충분한 융통성을 갖고 있기 때문에 정당하다고 판시하였다. 이에 미국 연방대법원은 미시간대 로스쿨의 입학전형 시 인종을 하나의 가점 요소로 사용한 인종 의식적인 입학프로그램이 백인의 입학지원자에게 과도하게 해악을 끼치지 않는 것이라고 판시하였다.

또한 미국 연방대법원의 다수의견은 미시간대의 로스쿨은 입학이 거부된 미국 내에서 대표성이 낮은 소수 인종의 입학지원자들보다 낮은 등급(GPA)과 시험성적(LSAT)을 갖고 있는 백인의 입학지원자들의 입학을 자주 허가한 것에 대해서 미시간대의 로스쿨이 학생집단의 다양성, 선발방식, GPA와 LSAT의 성적에 중점을 두는 것을 줄임으로써 교육적 효과를 얻기 위한 인종 중립적인 다른 수단을 채택했어야 한다는 원고들의 주장을 기각하였다. 즉, 미국 연방대법원은 미시간대 로스쿨의 입학전형 시 가능한 대체안을 적절하게 고려하고 있다고 보았다.

이 밖에 미국 연방대법원의 다수의견은 미시간대 로스쿨의 인종 의식적인 입학전형에 대한 정책은 조만간 반드시 제한되어야 한다고 판시하면서 향후에는 정부의 절박한 이익을 달성하기 위하여 오늘날 대학 입학전형 시 사용되고 있는 인종적 우선권이 더 이상 필요하지 않게 되길 기대한다고 판시하였다.

이러한 Grutter 판결은 다음과 같은 두 가지 점에 그 의의가 있다. 첫째, 미시간대는 로스쿨이 수많은 국가 지도자의 기초적 능력을 배양시키는 대표적인 교육기관이라는 점을 감안하여 동 대학 로스쿨의 입학전형 시 GPA, LSAT, 이력서, 추천서 등과 함께 하나의 가점 요소로 인종을 고려해 평가하여 합격시키고 있는바, 미시간대 로스쿨의 이러한 입학전형제도는 여러 다양한 인종으로 학생집단을 구성시켜 여러 인종들 간의 문화와 가치 등의 교류와 경험 및 이해를 통한 폭넓은 사고방식과 이념 등을 갖추게 하여 미래에 국가의 지도자로 성장할 수 있게 하기 위한 교육적 효과를 얻기 위한 것으로, 이는 정부의 절박한 이익에 해당한다고 미국 연방대법원이 다수의견으로 명시적으로 밝힌 데 그 의의가 있다.

둘째, 미시간대 로스쿨의 이러한 인종을 고려한 입학전형제도는 정부의 절박한 이익에 해당하는 것으로, 입학지원자를 평가하는데 있어 사용되는 여러 요소들 중에 하나의 요소에 해당할 뿐이라는 점과 비록 입학전형 시 인종을 가점 요소로 사용하였더라도 그 정도가 결정적이지 않아 실제로 동 대학의 로스쿨에서 입학이 거부된 미국 내에서 대표성 낮은 소수 인종의 입학지원자들보다 낮은 GPA와 LSAT를 받은 백인의 입학지원자들이 자주 입학하였다는 점에 비추어 볼 때, 동 대학 로스쿨의 합격에 있어 인종을 하나의 가점 요소로 유연하게 평가했다고 볼 것이다. 따라서 미시간대 로스쿨의 이러한 인종을 고려한 입학전형제도는 정부의 절박한 이익을 달성하는데 협소하게 재단된 수단 즉, 필수 불가결한 수단이라는 점에서 합헌적 제도라는 것을 미국 연방대법원이 밝힌 것에 그 의의가 있다.

(다) Gratz v. Bollinger

미국의 미시간 대학교(이하 "미시간대"라 한다)는 다양한 문화와 사회적 배경을 지니고 있는 여러 인종과 민족에 속하는 많은 학생들을 입학시켜 학생집단의 다양성을 증가시켜 미시간대 학생들에게 풍부한 사고방식과 경험 및 이념 등을 갖추게 하여 미래에 국가의 지도자로 성장시키기 위한 교육적 효과를 높이고자 동 대학의 입학전형제도에 인종을 다른 여러 요소들과 함께 하나의 가점을 주는 요소로 고려하고 있었다. 즉, 수많은 입학지원 심사에 일관성을 유지하기 위해 미시간대의 입학심사처

(University's Office of Undergraduate Admissions: 이하 "OUA"이라 한다)는 매 학년도마다 입학 가이드라인을 사용하였고, 이 입학 가이드라인은 본 사건에 대한 소송이 있는 중에도 입학 적격성과 관련해 여러 번 변경되었다. OUA는 입학결정을 하기 위해 많은 요소들을 고려하였는바, 여기에는 고등학교 성적, 표준학력시험의 성적, 고등학교의 질적 수준, 교육과정의 강도, 학교의 위치, 교우 관계, 지도력, 그리고 인종을 포함시켜 평가하였다. 미시간대는 입학지원자의 성적을 150점 만점으로 책정했고, 이 중에서 100점 이상의 점수가 되는 지원자들을 합격시켰는바, 동 대학은 아프리카계 미국인, 히스패닉, 그리고 인디언을 포함하여 미국 내에서 대표성이 낮은 소수 인종에 해당하는 모든 입학지원자에게 자동적으로 20점을 부여하여 선발하는 방식을 채택하였다. 따라서 이러한 그룹에 속한 최소한의 입학자격을 갖춘 모든 입학지원자들을 실질적으로 미시간대에서 입학을 허가하고 있는 것이 명백하였다.

원고인 Gratz와 Hamacher은 미시간 주에 거주하는 백인들로, 1995년과 1997년에 각각 미시간 대학교의 인문, 과학, 예술학부(College of Literature, Science, and the Arts: 이하 "미시간대의 LSA"라 한다)에 입학하고자 지원했다. 미시간대의 LSA는 표준화검사 점수를 기준으로 할 때, 1995년 가을에 미시간대의 LSA에 지원한 Gratz가 충분한 입학 자격을 갖추고 있었고, 1997년 가을에 미시간대의 LSA에 지원한 Hamacher는 합격 범위에 든다고 판단했지만, 두 명 모두 결국 입학이 거부되었다.

이에 청구인들은 미시간대가 대학 입학전형제도에 있어 인종에 따른 우선권을 사용하는 것은 미국 연방수정헌법 제14조의 평등보호조항과 1964년의 민권법 제6장 및 1981년의 미국 연방법전 제42편을 위반했다고 주장하며 소송을 제기하였다. 이에 원고들은 미시간대가 과거 위반행위에 대한 보상적 손해배상과 징벌적 손해배상 및 동 대학이 자신들을 차별 취급을 받지 않을 권리를 침해했다는 사실을 인정한다는 선언적 구제, 동 대학이 인종을 근거로 한 계속적인 차별을 금지하는 금지명령, 그리고 Hamacher를 전학생으로서 미시간대의 LSA가 입학을 허가하는 명령을 할 것 등을 요구하였다.

이에 대해 제1심인 지방법원은 미시간대의 LSA가 인종을 근거로 다양한 학생집단을 보유하는 것으로 인한 교육적인 가점, 즉 미시간대 LSA에 인종에 따른 학생집단의 다양성으로부터 얻어지는 교육적 효과의 증진이라는 이익은 정부의 절박한 이익에 해당한다고 보았다. 그러나 1995년–1998년까지 미시간대의 인종에 근거한 입학프로그램은 이러한 이익에 기여하도록 협소하게 재단된 것이 아니라고 판시하는 한편, 1999년-2000년에 행한 동 대학의 입학프로그램은 이러한 이익에 기여하도록 협소하게 재단된 것이라고 판시하였다. 이후 본 사건이 제6순회 항소법원에 계속되는 동안 미시간대의 법과대학에서 사용된 인종에 따른 입학프로그램은 합헌이라고 본 Grutter v. Bollinger 판결이 내려지자, 동 항소법원이 본 사건에 대한 판결을 하기 전에 Gratz와 Hamacher이 상소하였고, 미국 연방대법원은 사건기록 이송명령을 허락하였다.

이에 대하여 미국 연방대법원의 렌퀴스트, 스칼리아, 오코너, 케네디, 브라이어, 토마스 대법관 6인은 미시간대 LSA의 입학프로그램에서 인종을 고려하여 미국 내에서 대표성 낮은 소수 인종에 해당하는 입학지원자에게만 20점을 자동적으로 부여하거나 입학이 보장되는데 필요한 점수의 5분의 1을 부여하여 선발하는 방식을 채택한 것은 동 대학 내에 인종에 따라 학생집단을 다양화하여 교육적 효과를 증진시키기 위한 것으로서, 이는 정부의 절박한 이익에 해당한다고 판시하였다. 이에 미국 연방대법원은 이러한 인종에 따라 학생집단을 다양화하여 교육적 효과를 증진시키기 위한 것이 정부의 절박한 이익에 해당되지 않는다는 청구인의 주장을 기각하였다.

그러나 미국 연방대법원은 미시간대의 LSA가 채택한 인종을 고려한 입학프로그램은 모든 입학지원자를 각각 개별적으로 고려하여 평가하지 않고, 미국 내에서 대표성이 낮은 소수인종에 속하는 모든 입학지원자에게 자동적으로 20점을 부여하거나 입학이 보장되는데 필요한 점수의 5분의 1을 부여하여 이러한 인종에 속하는 최소한의 입학자격을 갖춘 모든 입학지원자는 실제로 합격이 되었는바, 미시간대의 LSA가 채택한 인종을 고려한 입학프로그램에 의하여 이렇게 되도록 한 것은 학생집단의 다양성을 통해 교육적 효과의 증진이라는 정부의 절박한 이익을 달성하도록 협소하게 재단된 수단 즉, 필수 불가결한 수단이 아니므로, 동 대학의 입학프로그램은 미국 연방수정헌법 제14조의 평등보호조항에 위반된다고 판시하였다.

또한 미국 연방대법원은 Bakke 사건에서 파웰 대법관이 인종적 또는 민족적 배경을 특정한 지원자 서류에서 하나의 가점을 주는 요소로 사용할 수 있는 입학프로그램을 대학이 채택하여 사용할 수 있다고 한 것에 그 의견을 같이 하였다. 특히 미국 연방대법원은 Bakke 사건에서 파웰 대법관이 제시한 이러한 인종적 또는 민족적 배경을 이유로 한 모든 특정한 지원자에게 개인이 갖고 있는 모든 자격을 각각 개별적으로 평가를 해야 하며, 고등교육의 독특한 환경에 기여하는 개인의 능력을 평가해야 하는 것에 대한 중요성을 강조하였다. 그러나 미국 연방대법원은 미시간대

LSA의 입학정책은 파웰 대법관이 생각했던 개인의 특성에 따른 고려 사항을 제공하고 있지 않다고 판시하면서, 미국 내에서 대표성 낮은 소수 인종에 속한 모든 입학 지원자에 대해 20점을 자동부여하기 위하여 수반되는 단 한 가지의 고려사항은 개인이 그러한 집단에 속해 있는지를 결정하기 위한 사실상의 심사를 행한 것으로, 미시간대 LSA의 입학프로그램에서 20점을 인종을 이유로 자동적으로 부여하는 것은 실제로 최소한의 자격을 갖춘 미국 내에서 대표성이 낮은 소수 인종에 속한 모든 입학 지원자에게 인종적인 요소가 동 대학의 입학에 있어 결정적인 영향을 미쳤다고 보아야 한다고 판시하였다.

이러한 Gratz 판결은 다음과 같은 두 가지 점에 그 의의가 있다. 첫째, 미시간대 LSA의 입학프로그램이 미국 내에서 대표성 낮은 소수 인종에 속하는 입학 지원자에게 20점 또는 입학이 가능한 점수의 5분의 1을 부여하여 선발하도록 한 것은 동 대학 내에 다양한 인종의 학생집단이 구성되도록 하여 교육적 효과를 높이기 위한 것으로서, 이는 정부의 절박한 이익에 해당한다고 미국 연방대법원이 명시적으로 밝힌데 그 의의가 있다.

둘째, 미국 연방대법원은 미시간대 LSA의 이러한 인종을 고려한 입학프로그램이 인종을 입학지원자에 대한 평가에 사용되는 여러 요소들 중에서 하나의 요소로 유연하게 사용하지 않고, 인종을 이유로 기계적·자동적으로 합격을 하는데 있어 상당히 큰 점수를 부여한 것으로서, 백인의 입학지원자에게 끼치는 해악이 크다고 할 것이므로, 미시간대 LSA의 이러한 인종을 고려한 입학프로그램은 정부의 절박한 이익을 실현하는데 협소하게 재단된 수단, 즉 필수 불가결한 수단이 아니라는 이유로 위헌적 제도라고 본 것에 그 의의가 있다.

생각건대 미국은 수많은 인종과 민족이 함께 생활하는 국가인바, 역사적 또는 사회구조적인 이유에서 흑인이나 히스패닉 또는 인디언 등 미국 내에서 대표성이 낮은 소수 인종은 불평등한 취급을 받아왔다. 이들 소수인종에게 이러한 과거의 차별은 아직까지 계속되고 있다고 할 것이므로, 오랫동안 행해진 이러한 과거의 차별의 효과를 교정하여 실질적인 평등을 실현하기 위해서는 적극적 평등실현조치가 필요하다. 즉, 인간은 사실상 태어나면서부터 어느 부모 밑에서 얼마만큼의 재산을 가지고 있는 집안에 출생하느냐에 따라 엄밀히 기회의 차이가 존재한다. 이러한 사실상의 차이는 그 차별 취급이 자연발생적인 것이므로, 국가가 이러한 차이를 전적으로 배제할 수는 없다. 그러나 미국에서 과거에 이들 소수 인종의 사람들은 다수인 백인에게 불평등한 취급을 받아 정치·사회·경제·문화적으로 약자의 지위에 계속 머무를 수밖에 없었고 이러한 지위는 후속 세대에 계속 이어져 왔는바, 이러한 차별의 효과를 극복하고 실질적인 평등을 실현하기 위해서는 단순히 현재의 차별을 더 이상 행하지 않는다고 이루어지는 것이 아니라, 과거에 불평등한 취급을 받은 만큼에 해당하는 정도의 적극적 평등실현조치의 필요성은 인정할 수 있다.

그러나 미국 대학이 입학전형제도에서 미국 내에서 대표성 낮은 소수인종에 속하는 입학지원자들에게 적극적 평등실현조치의 일환으로 총 정원의 몇 명이나 몇 퍼센트를 할당제를 통해 선발하거나 몇 점 이상의 점수를 기계적·자동적으로 부여하는 것은 백인의 입학 지원자에게 지나치게 큰 손해를 주게 된다는 점에서, 이는 엄격심사기준에 의할 때 정부의 절박한 이익을 달성하는데 협소하게 재단된 수단, 즉 필수 불가결한 수단이 아니므로 위헌이라고 판시한 미국 연방대법원의 Bakke 판결과 Gratz 판결에서 제시하였다.

이러한 미국 연방대법원의 판결이 있은 후, 먼저 Bakke 판결과 관련된 미국 캘리포니아 주는 1996년 11월 5일에 '헌법개정발안 209'을 채택하여 캘리포니아 주 헌법을 개정하여 적극적 평등실현조치를 폐지하였고, 2001년에 제9순회항소법원은 인종이나 성을 이유로 개인이나 집단을 차별하거나 우선권을 주는 법률을 폐지하였다. 향후에 캘리포니아 주에서는 적극적 평등실현조치를 다시 시행하지는 않을 것으로 전망된다.

그리고 Grutter 판결 및 Gratz 판결과 관련된 미국 미시간 주는 2006년 11월 7일에 '헌법개정 발안 2'가 주민투표에서 58퍼센트의 찬성으로 통과되어 미시간 주 헌법 제1조 제26항으로 성문화되었다. 이를 통하여 공공고용·공교육·공공계약의 체결에서 인종·성·민족 또는 국적 등을 이유로 우선권을 주는 적극적 평등실현조치는 폐지되었다. 따라서 미시간대를 포함하여 모든 미시간 주의 주립 대학들이 입학 전형 시 인종을 이유로 우선권을 주는 것은 불가능하게 되었다. 그리고 미시간 주에서는 '성적우수자 입학보장계획'을 시행하지는 않을 것으로 전망된다.

향후 미국의 좀 더 많은 주(州)에서 이와 같이 적극적 평등실현조치를 점진적으로 폐지해 나갈 것으로 전망된다.

4. 우리나라 헌법재판소의 제대군인 가산점제도에 대한 판례의 내용과 검토

(1) 사건의 개요

청구인 이○진은 1998년 2월에 ○○여자대학교를 졸업하였고, 청구인 조○옥, 박○주, 김○원, 김○정은 같은 대학교 4학년에 재학 중이던 여성들로, 모두 7급 또는 9급 국가공무원 공개경쟁채용시험에 응시하기 위하여 준비 중에 있으며, 청구인 김○수는 ○○대학교 4학년에 재학 중이던 신체장애가 있는 남성으로, 역시 7급 국가공무원 공개경쟁채용시험에 응시하기 위하여 준비 중에 있다. 청구인들은 제대군인이 6급 이하의 공무원 또는 공·사기업체의 채용시험에 응시한 때에 필기시험의 각 과목별 득점에 각 과목별 만점의 5퍼센트 또는 3퍼센트를 가산하도록 규정하고 있는 제대군인지원에관한법률 제8조 제1항, 제3항 및 동법 시행령 제9조가 자신들의 헌법상 보장된 평등권, 공무담임권, 직업선택의 자유를 침해하고 있다고 주장하면서, 1998년 10월 19일에 이 사건 헌법소원심판을 청구하였다(헌재 1999. 12. 23. 98헌마363).

(2) 심판대상조문

구 **제대군인지원에관한법률**(1997. 12. 31. 법률 제5482호로 제정된 것)

제8조(채용시험의 가점) ① 제7조 제2항의 규정에 의한 취업보호실시기관이 그 직원을 채용하기 위한 시험을 실시할 경우에 제대군인이 그 채용시험에 응시한 때에는 필기시험의 각 과목별 득점에 각 과목별 만점의 5퍼센트의 범위 안에서 대통령령이 정하는 바에 따라 가산한다. 이 경우 취업보호실시기관이 필기시험을 실시하지 아니한 때에는 그에 갈음하여 실시하는 실기시험·서류전형 또는 면접시험의 득점에 이를 가산한다.

② 생략

③ 취업보호실시기관이 실시하는 채용시험의 가점대상 직급은 대통령령으로 정한다.

구 **제대군인지원에관한법률시행령**(1998. 8. 21. 대통령령 제15870호로 제정된 것)

제9조(채용시험의 가점비율 등) ① 법 제8조 제1항의 규정에 의하여 제대군인이 채용시험에 응시하는 경우의 시험만점에 대한 가점비율은 다음 각호의 1과 같다.

1. 2년 이상의 복무기간을 마치고 전역한 제대군인: 5퍼센트

2. 2년 미만의 복무기간을 마치고 전역한 제대군인: 3퍼센트

② 법 제8조 제3항의 규정에 의한 채용시험의 가점대상 직급은 다음 각호와 같다.

1. 국가공무원법 제2조 및 지방공무원법 제2조에 규정된 공무원 중 6급 이하 공무원 및 기능직 공무원의 모든 직급

2. 국가유공자등예우및지원에관한법률 제30조 제2호에 규정된 취업보호실시기관의 신규채용 사원의 모든 직급

(3) 제대군인 가산점제도의 내용

먼저 제대군인이란 병역법 또는 군인사법에 의한 군복무를 마치고 전역(퇴역, 면역 또는 상근예비역 소집해제를 포함)한 자를 뜻한다(구 제대군인지원에관한법률 제2조). 대한민국 국민인 남자는 국방의 의무가 있고(헌법 제39조 제1항, 병역법 제3조 제1항), 병역법과 군인사법에 의하여 군복무를 하여야 하는바(병역법 제3조 제1항, 제4조), 병역에는 현역, 예비역, 보충역, 제1국민역, 제2국민역이 있으나(구 제대군인지원에관한법률 제5조 제1항), 전역이라는 법문의 해석상 제대군인에는 현역복무(전투경찰대원 및 교정시설 경비교도로 전환복무가 되는 경우 포함)를 마치고 전역한 자와 상근 예비역으로 근무를 마치고 소집해제 된 자만 포함된다. 그리하여 보충역으로 군복무를 마친 자나 제2국민역에 편입된 자는 제대군인에 해당하지 아니한다. 여자는 지원에 의하여 현역에 복무할 수 있으므로(병역법 제3조 제1항 제2문), 여성도 제대군인이 될 수 있다. 한편 현역복무 중에 있는 자로서 전역 예정일부터 6월 이내에 있는 자는 제대군인으로 본다(구 제대군인지원에관한법률 제8조 제2항).

그리고 제대군인 가산점제도란 일정한 취업보호실시기관이 채용시험을 실시할 경우 제대군인이 그 채용시험에 응시한 때에는 필기시험의 각 과목별 득점(필기시험에 갈음하여 실시하는 실기시험, 서류전형 또는 면접시험의 득점 포함)에 각 과목별 만점의 5퍼센트 또는 3퍼센트를 가산하는 제도를 뜻한다.

또한 취업보호실시기관이란 국가기관·지방자치단체 및 초·중등교육법 제2조 및 고등교육법 제2조의 규정에 의한 학교(다만 기능직 공무원 정원이 5인 미만인 경우와 교원을 제외한 교직원 정원이 5인 미만인 사립학교의 경우를 제외)와 일상적으로 1일 20인 이상을 고용하는 공·사기업체 또는 공·사단체(다만 대통령령이 정하는 제조기업체로서 200인 미만을 고용하는 기업체를 제외)를 뜻한다(구 제대군인지원에관한법률 제7조, 국가유공자등예우및지원에관한법률 제30조).

한편 2년 이상의 복무기간을 마치고 전역한 제대군인의 경우에 5퍼센트, 2년 미만의 복무기간을 마치고 전역한 제대군인의 경우에 3퍼센트를 가산한다(동 시행령 제9조 제1항). 이 밖에 국가공무원법 제2조 및 지방공무원법 제2조에 규정된 공무원 중 6급 이하 공무원 및 기능직 공무원의 모든 직급, 그리고 국가유공자등예우및지원에관한법률 제30조 제2호에 규정된 취업보호 실시기관의 신규 채용사원의 모든 직급이 가점대상의 직급이다(구 제대군인지원에관한법률시행령 제9조 제2항).

(4) 제대군인 가산점제도의 위헌성 검토[4]

이하에서는 먼저 제대군인 가산점제도로 인하여 이 사건 청구인들의 평등권이 침해되는지의 여부를 살펴본다.

제대군인 가산점제도는 제대군인과 제대군인이 아닌 사람을 차별하는 형식을 취하고 있다. 그러나 제대군인과 비(非)제대군인이라는 형식적 개념만으로는 제대군인 가산점제도의 실체를 분명히 파악할 수 없다. 현행 법체계상 제대군인과 비제대군인에게 어떤 인적 집단이 포함되는지의 여부에 대해서 살펴본다. 제대군인에는 현역복무를 마치고 전역(퇴역·면역 포함)한 남자와 상근예비역 소집복무를 마치고 소집해제된 남자와 지원에 의한 현역복무를 마치고 퇴역한 여자에 해당되는 이러한 3개의 집단이 포함되고, 비제대군인에는 군복무를 지원하지 아니한 절대 다수의 여자와 징병검사의 결과 질병 또는 심신장애로 병역을 감당할 수 없다는 판정을 받아 병역면제처분을 받은 남자(병역법 제12조 제1항 제3호, 제14조 제1항 제3호) 및 보충역으로 군복무를 마쳤거나 제2국민역에 편입된 남자에 해당되는 이러한 3개의 집단이 포함된다. 그러므로 제대군인 가산점제도는 실질적으로 남성에 비하여 여성을 차별하는 제도이다. 제대군인 중 지원에 의한 현역복무를 마치고 퇴역한 여자에 해당되는 경우는 전체 여성 중의 극히 일부분만이 해당할 수 있으므로, 실제 거의 모든 여성은 제대군인에 해당하지 아니한다. 그리고 남자의 대부분은 제대군인 중 현역복무를 마치고 전역한 자이거나 상근 예비역 소집복무를 마치고 소집해제가 된 자의 경우에 속하여 제대군인에 해당한다. 이 사건 심판기록에 편철된 '병역처분자료 통보'에 의하면 1994년부터 1998년까지 5년간 현역병 입영대상자 처분을 받은 비율은 81.6퍼센트에서 87퍼센트(보충역은 4.6퍼센트에서 11.6퍼센트, 제2국민역은 6.4퍼센트에서 9.8퍼센트, 병역면제는 0.4퍼센트에서 0.6퍼센트)까지 이르고 있다. 이는 우리나라 남자 중의 80퍼센트 이상이 제대군인이 될 수 있음을 나타내는 것이다. 이와 같이 전체 남자 중의 대부분에 비하여 전체 여성의 거의 대부분을 차별취급하고 있으므로, 이러한 법적 상태는 성별에 의한 차별이라고 보아야 한다.

다음으로 제대군인 가산점제도는 현역복무나 상근예비역 소집근무를 할 수 있는 신체 건장한 남자와 질병이나 심신장애로 병역을 감당할 수 없는 남자, 즉 병역면제자를 차별하는 제도이다. 현역복무를 할 수 있느냐는 병역의무자의 의사에 따르는

---

4) 이하의 내용은 헌재 1999. 12. 23. 98헌마363 참조.

것이 아니라, 오로지 징병검사의 판정결과에 의하여 결정되는바(병역법 제11조, 제12조, 제14조), 질병이나 심신장애가 있는 남자는 아무리 현역복무를 하고 싶어도 할 수 없고 그 결과 제대군인이 될 수 없어 제대군인 가산점제도의 혜택을 받을 수 없기 때문이다. 또한 제대군인 가산점제도는 보충역으로 편입되어 군복무를 마친 자를 차별하는 제도이기도 하다. 보충역의 판정 여부는 신체등위와 학력 등을 감안하고 또 병역수급의 사정에 따라 정해지는 것으로서(병역법 제5조 제1항 제3호, 제14조)이 또한 본인의 의사와는 무관하다. 보충역으로 편입되는 자는 병역의무 이행의 일환으로 일정기간 의무복무를 마치더라도(보충역은 공익근무요원, 공익법무관, 공중보건의사, 전문연구요원 또는 산업기능요원으로 복무한다), 그 복무형태가 현역이 아니라는 이유로 제대군인 가산점제도의 혜택을 받지 못하는 것이다.

한편 평등위반 여부를 심사함에 있어 엄격한 심사척도에 의할 것인지 아니면 완화된 심사척도에 의할 것인지는 입법자에게 인정되는 입법형성권의 정도에 따라 달라지게 될 것이다.

먼저 헌법에서 특별히 평등을 요구하고 있는 경우에 엄격한 심사척도가 적용될 수 있다. 헌법이 스스로 차별의 근거로 삼아서는 아니되는 기준을 제시하거나 차별을 특히 금지하고 있는 영역을 제시하고 있다면 그러한 기준을 근거로 한 차별이나 그러한 영역에서의 차별에 대하여 엄격하게 심사하는 것이 정당화된다.

다음으로 차별적 취급으로 인하여 관련 기본권에 대한 중대한 제한을 초래하게 된다면 입법형성권은 축소되어 보다 엄격한 심사척도가 적용되어야 할 것이다.

그런데 제대군인 가산점제도는 엄격한 심사척도를 적용하여야 하는 위 두 경우에 모두 해당한다. 즉, 헌법 제32조 제4항은 "여자의 근로는 특별한 보호를 받으며, 고용·임금 및 근로조건에 있어서 부당한 차별을 받지 아니한다."라고 규정하여, '근로'나 '고용'의 영역에 있어서 특별히 남녀평등을 요구하고 있는바, 제대군인 가산점제도는 바로 이 영역에서 남성과 여성을 달리 취급하는 제도이기 때문이다.

또한 가산점제도는 헌법 제25조에 의하여 보장된 공무담임권이라는 기본권의 행사에 중대한 제약을 초래하는 것이기 때문이다(만약 제대군인 가산점제도를 민간기업에서 실시할 경우에는 헌법 제15조가 보장하는 직업선택의 자유가 문제될 것이다). 이러한 여러 이유들에 의하여 제대군인 가산점제도에는 엄격한 심사척도가 적용되어야 하는바, 엄격한 심사를 한다는 것은 자의금지의 원칙에 따른 심사, 즉 합리적 이유의 유무를 심사하는 것에 그치지 않고, 비례의 원칙에 따른 심사, 즉 차별취급의 목적과 수단 간에 엄격한 비례관계가 성립하는지를 기준으로 한 심사를 행함을 의미한다.

한편 제대군인 가산점제도가 평등권을 위반하는지의 여부에 대하여 살펴보면 동제도의 주된 목적은 군복무 중에는 취업할 기회와 취업을 준비하는 기회를 상실하게 되므로, 이러한 불이익을 보전해 줌으로써 제대군인이 군복무를 마친 후 빠른 기간 내에 일반 사회로 복귀할 수 있도록 해 주는 데에 있다. 인생의 황금기에 해당하는 20대 초중반의 소중한 시간을 사회와 격리된 채, 통제된 환경에서 자기개발의 여지 없이 군복무 수행에 바쳐서 국가와 사회에 기여하였고, 그 결과 공무원 채용시험에 응시하는 등 취업 준비에 있어 제대군인이 아닌 사람에 비하여 상대적으로 불리한 처지에 놓이게 된 제대군인의 사회복귀를 지원한다는 것은 입법정책적으로 얼마든지 가능하고 또 매우 필요하다고 할 수 있으므로 이 입법의 목적은 정당하다.

그리고 제대군인에 대한 사회복귀의 지원은 합리적이고 적절한 방법을 통하여 이루어져야 한다. 먼저 제대군인이 비(非)제대군인에 비하여 어떤 법적인 불이익을 받는 것이 있다면 이를 시정하는 것은 허용된다. 또한 군복무 기간을 호봉산정이나 연금법 적용 등에 있어 적절히 고려하는 조치도 가능할 것인바, 현행법은 이미 이러한 제도를 두고 있다. 공무원 보수규정 제8조, 별표 15에 의하면 공무원의 초임호봉을 획정함에 있어, 병역법에 의한 의무복무의 기간을 임용되는 계급의 근무연수로 보아 그 연수에 1을 더하여 획정하며(별표 16에 의한 공무원 경력 환산에 있어서도 군복무 경력은 100퍼센트 환산되고, 별표 27에 의한 군인 경력 환산에 있어서도 군복무 기간은 80퍼센트 내지 100퍼센트 환산된다), 공무원연금법 제23조 제3항은 병역법에 의한 현역병 또는 지원에 의하지 아니하고 임용된 하사관의 복무기간을 공무원의 재직기간에 산입하고 있다. 또한 국가공무원법은 병역의무의 이행을 위한 군복무의 기간을 모두 휴직기간으로 인정하여 그동안 공무원으로서의 신분을 보유하게 하고 있다(제71조 내지 제73조).

다음으로 제대군인에 대하여 여러가지 사회정책적·재정적 지원을 강구하는 것이 가능할 것이다. 그러한 지원책으로는 취업알선, 직업훈련이나 재교육 실시, 교육비에 대한 감면 또는 대부, 의료보호 등을 들 수 있다. 동법 제4조, 제10조, 제11조, 제12조, 제13조 등은 장기복무 제대군인에 대하여 이러한 지원조치를 제공하고 있는바, 이와 같은 지원조치를 제대군인에 대하여도 여건이 허용하는 한, 어느 정도 제공하는 것이야말로 진정으로 합리적인 지원책이 될 것이다. 그런데 제대군인 가산점제도는 이러한 합리적 방법에 의한 지원책에 해당한다고 할 수 없다. 동 제도는 공무원 채용시험에서 필기시험의 각 과목별 만점의 5퍼센트 또는 3퍼센트를 제대군인에게 가산토록 함으로써 제대군인의 취업기회를 특혜적으로 보장하고, 그만큼 제대군인이 아닌 사람의 취업의 기회를 박탈·잠식하는 제도이다. 그런데 제대군인이 아닌 사람들이란 절대 다수의 여성들과 상당수의 남성들(심신장애가 있어 군복무를 할 수 없는 남자, 보충역에 편입되어 복무를 마친 남자)로서 이들은 제대군인이 될 수 없는 사람들이고, 특히 여성과 장애인은 이른바 우리 사회의 약자들이다. 헌법은 실질적 평등과 사회적 법치국가의 원리에 입각하여 이들의 권익을 국가가 적극적으로 보호하여야 함을 여러 곳에서 천명하고 있다. 성별에 의한 차별을 금지하고 있는 헌법 제11조, 인간다운 생활을 할 권리를 보장하고 있는 헌법 제34조 제1항 외에도 헌법 제32조 제4항과 "국가는 여자의 복지와 권익의 향상을 위하여 노력하여야 한다."라고 규정하고 있는 헌법 제34조 제3항, "신체장애자 및 질병, 노령 기타의 사유로 생활능력이 없는 국민은 법률이 정하는 바에 의하여 국가의 보호를 받는다."라고 규정하고 있는 헌법 제34조 제5항, "국가는 모성의 보호를 위하여 노력하여야 한다."라고 규정하고 있는 헌법 제36조 제2항 등이 여기에 해당한다. 그럼에도 불구하고 여성과 장애인은 각종의 제도적 차별, 유·무형의 사실상의 차별, 사회적·문화적 편견으로 생활의 모든 영역에서 어려움을 겪고 있고, 특히 능력에 맞는 직업을 구하기 어려운 것이 현실이다. 이러한 현실을 불식하고 평등과 복지라는 헌법 이념을 구현하기 위하여 여성·장애인 관련 분야에서 이미 광범위한 법체계가 구축되어 있다. 양성평등기본법, 남녀고용평등과일·가정양립지원에관한법률에서 여성의 사회참여 확대, 특히 공직과 고용 부문에서의 차별금지와 여성에 대한 우대조치를 누차 강조하고 이를 위한 각종 제도를 마련하고 있으며, 장애인복지법, 장애인고용촉진및직업재활법은 장애인에 대한 차별금지와 보호장치를 규정하고 있다. 어떤 입법 목적을 달성하기 위한 수단이 헌법 이념과 이를 구체화하고 있는 전체 법체계와 저촉된다면 적정한 정책수단이라고 평가하기 어려울 것이다. 여성에 대한 모든 형태의 차별철폐에 관한 협약 등 각종 국제협약과 위의 헌법 규정들 및 법률의 체계에 비추어 볼 때, 여성과 장애인에 대한 차별금지와 보호는 이제 우리의 법체계 내에 확고히 정립된 기본질서라고 보아야 한다.

그런데 제대군인 가산점제도는 아무런 재정적 뒷받침 없이 제대군인을 지원하려 한 나머지, 결과적으로 이른바 사회적 약자들의 희생을 초래하고 있으므로, 우리나라 법체계의 기본질서와 체계 부조화성을 일으키고 있다고 할 것이다. 요컨대 제대군인에 대하여 여러 가지 사회정책적 지원을 강구하는 것이 필요하다고 할지라도, 그것이 사회공동체의 다른 집단에게 동등하게 보장되어야 할 균등한 기회 자체를 박탈하는 것이어서는 안 되는바, 제대군인 가산점제도는 공직수행의 능력과는 아무런 합리적 관련성을 인정할 수 없는 성별 등을 기준으로 여성과 장애인 등의 사회진출의 기회를 박탈하는 것이므로, 정책수단으로서의 적합성과 합리성을 상실한 것이라고 할 것이다. 이와 같이 차별취급을 통하여 달성하려는 입법 목적의 비중에 비하여 차별로 인한 불평등의 효과가 극심하므로, 제대군인 가산점제도는 차별취급의 비례성을 상실하고 있다. 즉, 동 제도는 우선 양적으로 수많은 여성들의 공무담임권을 제약하는 것이다. 이 사건 심판기록에 편철된 '7급과 9급 채용시험 여성응시자 및 합격자 비율'에 의하면 지난 1996년부터 1998년까지 3년간 7급 국가공무원 채용시험의 여성 응시자는 연간 약 만 명 전후에 이르고, 9급 국가공무원 채용시험의 경우 연간 약 4-5만 명에 이른다. 동 제도는 이처럼 많은 여성들의 공직 진출이라는 희망에 걸림돌이 되고 있다.

한편 제대군인 가산점제도는 공무원 채용시험의 합격 여부에 미치는 효과가 너무나 크다. 각 과목별 득점에 각 과목별 만점의 5퍼센트 또는 3퍼센트를 가산한다는 것은 합격 여부를 결정적으로 좌우하는 요인이 된다. 더욱이 7급 및 9급 국가공무원 채용시험의 경우에 그 경쟁률이 매우 치열하고 합격선도 평균 80점을 훨씬 상회하고 있으며(심판기록에 편철된 '남녀별 응시자 및 합격자의 평균 점수·연령·합격선'에 의하면 1998년도의 경우에 7급 일반 행정직의 합격선은 남성이 86.42점, 여성이 85.28점이며, 9급 일반 행정직의 경우 95.50점이다), 그 결과 불과 영점 몇 점 차이로 합격과 불합격이 좌우되고 있는 현실에서 각 과목별로 과목별 만점의 3퍼센트 또는 5퍼센트의 가산점을 받는지의 여부는 결정적으로 영향을 미치게 되고, 가산점을 받지 못하는 사람은 시험의 난이도에 따라서는 만점을 받고서도 불합격될 가능성이 없지 않다. 동 제도의 영향력은 통계상으로도 여실히 드러난다. 심판기록에 편철된 '합격자의 과목별 성적표'에 의하여 1998년도 7급 국가공무원 일반 행정직 채용시험의 경우를 분석하여 살펴보면 합격자 99명 중 제대군인 가산점을 받은 제대군인이 72명으로 72.7퍼센트를 차지하고 있는 반면, 가산점을 전혀 받지 못한 응시자로서 합격한 사람은 6명뿐으로 합격자의 6.4퍼센트에 불과하며, 특히 그중 3명은 합격선 86.42점에 미달하였지만, 여성채용목표제에 의하여 합격한 여성 응시자이다. 그러므로 제대군인 가산점의 장벽을 순전히 극복한 비제대군인은 통틀어 3명으로서 합격자의 3.3퍼센트에 불과함을 알 수 있다.

한편 1998년도 7급 국가공무원 검찰사무직의 경우에 합격자 15명 중에서 제대군인 가산점을 전혀 받지 못한 응시자로서 합격한 사람은 단 1명 뿐이다. 이러한 사실에서 잘 알 수 있는 바와 같이 제대군인 가산점제도는 결국 여성들과 같이 제대군인 가산점을 받지 못하는 사람들을 6급 이하의 공무원 채용에 있어서 실질적으로 거의 배제하는 것과 마찬가지의 결과를 초래하고 있다. 이 뿐만 아니라, 제대군인 가산점제도는 제대군인에 대한 이러한 혜택을 몇 번이고 아무런 제한 없이 부여하고 있다. 채용시험의 응시횟수에 무관하게 동 제도의 혜택을 받아서 채용시험에 합격한 적이 있었는지에 관계없이 제대군인은 계속 가산점의 혜택을 받을 수 있다. 이는 한 사람의 제대군인을 위하여 몇 사람의 비제대군인의 기회가 박탈당할 수 있음을 의미하는 것이다. 그리고 제대군인 가산점제도는 승진과 봉급 등 공직 내부에서의 차별이 아니라, 공직에의 진입 자체를 어렵게 함으로써 공직선택의 기회를 원천적으로 박탈하는 것이기 때문에 공무담임권에 대한 더욱 중대한 제약으로서 작용하고 있다. 더욱 심각한 문제는 공무원 채용시험이야말로 여성과 장애인에게 거의 유일하다시피 한 공정한 경쟁시장이라는 점이다. 사회적·문화적 편견에 의하여 여성과 장애인에게 능력에 맞는 취업의 기회를 민간 부문에서 구한다는 것은 매우 어려운 실정이다. 이에 반하여 공무원 채용시험은 국가가 능력주의와 평등원칙에 입각하여 공개적으로 실시하는 것이고, 또 그러하여야 하므로(국가공무원법 제26조는 능력의 실증에 의한 임용원칙을, 제35조는 동일한 자격을 가진 모든 국민에게 평등하게 공개적으로 채용시험을 실시할 것을 규정하고 있다), 이들을 공무원 채용시험에 있어서마저 차별을 가한다면 그만큼 이들에게 심각한 타격을 가하는 것이 된다. 그런데 공직 부문에서 여성의 진입이 봉쇄되면 국가 전체의 역량발휘의 면에서도 매우 부조화스러운 결과를 야기한다. 국민의 절반인 여성의 능력발휘 없이 국가와 사회 전체의 잠재적 능력을 제대로 발휘할 수는 없다. 통계청의 자료에 의하면 1997년 12월 말 현재 전체 여성 공무원은 265,162명으로, 전체 공무원의 28.7퍼센트만을 차지하고 있을 뿐이고, 그것도 전체 여성 공무원 중 53.8퍼센트는 교육 공무원, 18.6퍼센트는 기능직 공무원인 점, 한국여성개발원의 자료에 의하여 1997년 기준 여성공무원의 계급별 분포를 볼 때, 6급 이하가 22.2퍼센트, 5급이 3.2퍼센트, 4급이 1.6퍼센트, 1급 내지 3급이 0.9퍼센트인 점을 감안하면 우리나라의 공직사회는 남자가 주도하는 사회라고 할 것인바, 이는 결코 바람직한 것이 아니다. 더구나 정보화 시대에 있어 여성의 능력은 보다 소중한 자원으로 인식되어 이를 개발할 필요성이 점증하고 있다는 점까지 생각해보면 동 제도는 미래의 발전을 가로막는 요소라고까지 말할 수 있다. 이상에서 살펴본 바와 같이 동 제도가 추구하는 공익은 입법정책적 법익에 불과하다. 그러나 동 제도로 인하여 침해되는 것은 헌법이 강도 높게 보호하고자 하는 고용상의 남녀평등, 장애인에 대한 차별금지라는 헌법적 가치이다. 그러므로 법익의 일반적·추상적 비교의 차원에서 보거나 차별취급 및 이로 인한 부작용의 결과가 위와 같이 심각한 점에 비추어 볼 때, 동 제도는 법익의 균형성을 현저히 상실한 제도라는 결론에 이르지 아니할 수 없다.

한편 여성공무원 채용목표제(이하 "채용목표제"라고 한다)는 공무원 임용시험령 제11조의3, 지방공무원 임용령 제51조의2에 근거를 두고 1996년부터 실시되었는바, 행정·외무고등고시, 7급 및 9급 국가공무원 채용시험 등에서 연도별 여성 채용의 목표 비율을 정하여 놓고(7급 공채의 경우에 1996년 10퍼센트, 1997년 13퍼센트, 1998년 15퍼센트, 1999년 20퍼센트, 2000년 20퍼센트, 2001년 23퍼센트, 2002년 25퍼센트, 9급 공채의 경우는 1999년 20퍼센트, 2000년 20퍼센트, 2001년 25퍼센트, 2002년 30퍼센트), 여성 합격자가 목표비율 미만인 경우에 5급 공채는 −3점, 7·9급 공채는 −5점의 범위 내에서 목표미달 인원만큼 추가로 합격처리하는 제도이다. 채용목표제는 이른바 잠정적 우대조치의 일환으로 시행되는 제도이다. 잠정적 우대조치란 종래 사회로부터 차별을 받아 온 일정 집단에 대해 그동안의 불이익을 보상하여 주기 위하여 그 집단의 구성원이라는 이유로 취업이나 입학 등의 영역에서 직·간접적으로 이익을 부여하는 조치를 뜻한다. 이러한 잠정적 우대조치의 특징으로는 이러한 정책이 개인의 자격이나 실적보다는 집단의 일원이라는 것을 근거로 하여 혜택을 준다는 점, 기회의 평등보다는 결과의 평등을 추구한다는 점, 항구적 정책이 아니라 해당 구제의 목적이 실현되면 종료하는 임시적 조치라는 점 등을 들 수 있다. 현재 시행되고 있는 채용목표제로 인하여 제대군인 가산점제도의 위헌성이 제거되는 것인지 살펴본다.

먼저 채용목표제는 제대군인 가산점제도와는 제도의 취지와 기능을 달리하는 별개의 제도이다. 채용목표제는 종래부터 차별을 받아왔고 그 결과 현재 불리한 처지에 있는 여성을 유리한 처지에 있는 남성과 동등한 처지에까지 끌어 올리는 것을 목적으로 하는 제도이다. 이에 반하여 제대군인 가산점제도는 공직 사회에서의 남녀 비율에 관계없이 무제한적으로 적용되는 것으로서, 우월한 처지에 있는 남성의 기득권을 직·간접적으로 유지 및 고착하는 결과를 낳을 수 있는 제도이다. 그리고 채용목표제의 효과는 매우 제한적이다. 첫째, 평등지향의 목표 자체가 제한적이다. 2002년 최종연도까지 행정·외무고등고시의 경우에 20퍼센트, 7급 공채(교정·소년보호·보호관찰 직렬 제외)의 경우에 25퍼센트, 9급 공채의 경우에 30퍼센트를 목표로 삼고 있다. 둘째, 채용목표제는 한시적·잠정적 제도이다. 2002년이 지나고 위 목표가 달성되면 채용목표제는 종료된다. 셋째, 심판기록에 편철된 '여성 채용 목표제에 의한 여성합격자 비율'에 의하면 1996년부터 1998년까지 3년간 행정고시의 경우에 연간 2명에서 5명까지, 7급 국가공무원 채용시험의 경우에 연간 9명에서 16명까지의 여성만이 채용목표제의 혜택을 받아 최종합격하였다. 연간 1만여 명의 7급 공무원 여성 응시자와 연간 4-5만여 명의 9급 공무원 여성 응시자에게 심대한 불이익을 가하는 제대군인 가산점제도로 인한 피해를 이러한 실적의 채용목표제로 보전하기는 어려울 것이다. 이상과 같은 점을 고려해 볼 때 채용목표제의 존재를 이유로 가산점제도의 위헌성이 제거되거나 감쇄된다고는 할 수 없다. 결론적으로 제대군인 가산점제도는 제대군인에 비하여 여성 및 제대군인이 아닌 남성을 비례의 원칙에 반하여 차별하는 것으로서 헌법 제11조에 위배되며, 이로 인하여 청구인들의 평등권이 침해된다.

다음으로 제대군인 가산점제도로 인하여 이 사건 청구인들의 공무담임권이 침해되는지의 여부를 살펴본다.

먼저 헌법 제25조는 "모든 국민은 법률이 정하는 바에 의하여 공무담임권을 가진다."라고 규정하여 공무담임권을 보장하고 있는바, 공무담임권은 각종 선거에 입후보하여 당선될 수 있는 피선거권과 공직에 임명될 수 있는 공직취임권을 포괄하고 있다(헌재 1996. 6. 26, 96헌마200). 공무담임권도 국가안전보장·질서유지 또는 공공복리를 위하여 필요한 경우에 법률로써 제한될 수 있지만, 그 경우에도 이를 불평등하게 또는 과도하게 침해하거나 본질적인 내용을 침해해서는 안 된다. 선거직 공직과 달리 직업공무원에게는 정치적 중립성과 더불어 효율적으로 업무를 수행할 수 있는 능력이 요구되므로, 직업공무원으로의 공직취임권에 관하여 규율함에 있어서는 임용희망자의 능력, 전문성, 적성, 품성을 기준으로 하는 이른바 능력주의 또는 성과주의를 바탕으로 하여야 한다. 헌법은 이 점을 명시적으로 밝히고 있지 않지만, 헌법 제7조에서 보장하는 직업공무원제도의 기본적 요소에 능력주의가 포함되는 점에 비추어 볼 때, 헌법 제25조의 공무담임권 조항은 모든 국민이 누구나 그 능력과 적성에 따라 공직에 취임할 수 있는 균등한 기회를 보장함을 그 내용으로 한다고 할 것이다. "공무원의 임용은 시험성적과 근무성적 기타 능력의 실증에 의하여 행한다."라고 규정하고 있는 국가공무원법 제26조와 "공개경쟁에 의한 채용시험은 동일한 자격을 가진 모든 국민에게 평등하게 공개하여야 하며…"라고 규정하고 있는 국가공무원법 제35조는 공무담임권의 요체가 능력주의와 기회균등에 있다는 헌법 제25조의 법리를 잘 보여주고 있다. 따라서 공직자의 선발에 관하여 능력주의에 바탕한 선발기준을 마련하지 아니하고 해당 공직이 요구하는 직무수행능력과 무관한 요소, 예를 들어 성별·종교·사회적 신분·출신지역 등을 기준으로 삼는 것은 국민의 공직취임권을 침해하는 것이 된다. 다만 헌법의 기본원리나 특정조항에 비추어 능력주의의 원칙에 대한 예외를 인정할 수 있는 경우가 있다. 그러한 헌법원리로는 우리나라 헌법의 기본원리인 사회국가원리를 들 수 있고, 헌법조항으로는 여자·연소자근로의 보호, 국가유공자·상이군경 및 전몰군경의 유가족에 대한 우선적 근로기회의 보장을 규정하고 있는 헌법 제32조 제4항 내지 제6항, 여자·노인·신체장애자 등에 대한 사회보장의무를 규정하고 있는 헌법 제34조 제2항 내지 제5항 등을 들 수 있다. 이와 같은 헌법적 요청이 있는 경우에는 합리적 범위 안에서 능력주의가 제한될 수 있다.

이와 같이 제대군인을 위한다는 입법의 목적은 예외적으로 능력주의를 제한할 수 있는 정당한 근거가 되지 못하는데도 불구하고, 동 제도는 능력주의에 기초하지 아니하는 불합리한 기준으로 공무담임권을 제한하고 있다. 그리고 동 제도는 제대군인에 해당하는 대부분의 남성을 위하여 절대 다수의 여성들을 차별하는 제도이고, 그 기준을 형식적으로는 제대군인인지의 여부에 두고 있지만, 실질적으로는 성별에 두고 있다. 그러나 공직 수행능력에 관하여 남녀 간에 생리적으로 극복할 수 없는 차이가 있는 것이 아니므로, 공직자의 선발에 있어서 적성·전문성·품성 등과 같은 능력이 아니라 성별을 기준으로 공직취임의 기회를 박탈하는 것은 명백히 불합리한 것이므로, 헌법적으로 그 적정성을 인정받을 수 없다. 그리고 동 제도는 제대군인에 해당하는 남자와 병역면제자 및 보충역 복무자를 차별하는 제도인바, 이 경우에 차별의 실질적 기준은 현역복무를 감당할 수 있을 정도로 신체가 건강한가에 있으므로, 역시 공무수행능력과는 별다른 관계도 없는 기준으로 공직취임의 기회를 박탈하는 것이다. 공직을 수행함에 있어서도 상당한 정도의 건강을 필요로 함은 물론이지만, 공직수행에 필요한 건강의 정도와 현역복무를 감당할 수 있는 건강의 정도는 애초에 다를 수밖에 없기 때문이다. 이러한 여러 사유들에 의하여 동 제도에 의한 공직 취임권에 대한 제한은 그 방법이 부당하고 그 정도가 현저히 지나쳐서 비례의 원칙에 위반된다. 결론적으로 제대군인 가산점제도는 능력주의와 무관한 불합리한 기준으로 여성과 장애인 등의 공직취임권을 지나치게 제약하는 것으로서, 헌법 제25조에 위반되어 이 사건 청구인들의 헌법상 공무담임권이 침해된다. 따라서 구 제대군인지원에관한법률 제8조 제1항 및 제3항, 동법 시행령 제9조는 이 사건 청구인들의 평등권과 공무담임권을 침해하는 위헌인 법률조항이다(헌재 1999. 12. 23, 98헌마363).

Ⅲ. 자유권적 기본권

1. 신체의 자유

(1) 헌법 제12조 제1항의 의미

헌법 제12조 제1항에서 "모든 국민은 신체의 자유를 가진다. 누구든지 법률에 의하지 아니하고는 체포·구속·압수·수색 또는 심문을 받지 아니하며, 법률과 적법한 절차에 의하지 아니하고는 처벌·보안처분 또는 강제노역을 받지 아니한다."라고 규정하고 있다. 헌법 제12조 제1항에서 '체포'란 수사기관이 강제적으로 피의자를 단기간 붙잡거나 붙잡아 연행해 가는 구인행위를 하거나 일정한 장소에 가두는 구류행위 등의 신체활동의 제한을 하는 강제처분을 뜻하고, '구속'이란 수사기관이 강제적으로 피의자의 신체의 자유를 제한하여 일정한 장소에 일시적 또는 계속적으로 유치(구인과 구금)하는 것을 뜻하며, '압수'란 법원이 직권으로 또는 검찰이나 사법경찰관이 법원의 허가를 얻어 수사에 필요한 증거물 또는 몰수할 물건의 점유를 강제로 취득하는 행위를 뜻하고, '수색'이란 강제로 압수할 물건이나 체포할 사람을 발견하기 위하여 주거나 사람의 신체 또는 물건 등을 검색하는 행위를 뜻한다. 다만 어느 가택을 수색할 때에는 제1차적으로 헌법 제16조의 주거의 자유의 규율대상이 된다. 그리고 헌법 제12조 제1항에서 '심문'이란 주로 수사과정에서 행해지는 어떠한 사항에 대해 질문하고 강제로 답변케 하는 행위를 뜻하고, '처벌'이란 신체의 자유에 불이익이 가해지거나 고통을 느끼게 하는 일체의 제재나 처분을 뜻하며, '보안처분'이란 형벌만으로는 행위자의 장래의 재범에 대한 위험성을 제거하기에 충분하지 못한 경우에 사회방위와 행위자의 사회복귀의 목적을 달성하기 위하여 고안된 특별 예방적 목적의 범죄예방처분을 뜻한다. 이러한 우리나라의 보안처분에는 치료감호등에관한법률상의 치료감호·보호관찰등에관한법률상의 보호관찰처분·보안관찰법상의 보안관찰처분 등이 있다. 이 밖에 강제노역은 공권력이 본인의 의사에 반하여 강제로 부과하는 노동을 뜻한다.

이러한 보안처분 중에서 먼저 심신장애의 상태, 마약류·알코올이나 그 밖에 약물중독 상태, 정신성적(精神性的) 장애가 있는 상태 등에서 범죄행위를 한 자로서, 재범(再犯)의 위험성이 있고 특수한 교육·개선 및 치료가 필요하다고 인정되는 자에 대하여 적절한 보호와 치료를 함으로써 재범을 방지하고 사회복귀를 촉진하는 것을 목적으로 하는 치료감호등에관한법률상 치료감호대상자는 다음 각 호의 어느 하나에 해당하는 자로서, 치료감호시설에서 치료를 받을 필요가 있고 재범의 위험성이 있는 자를 말한다. 1. 형법 제10조 제1항(심신장애로 인하여 사물을 변별할 능력이 없거나 의사를 결정할 능력이 없는 자의 행위는 벌하지 아니한다)에 따라 벌할 수 없거나 같은 조 제2항(심신장애로 인하여 전항의 능력이 미약한 자의 행위는 형을 감경할 수 있다)에 따라 형이 감경(減輕)되는 심신장애인으로서 금고 이상의 형에 해당하는 죄를 지은 자, 2. 마약·향정신성의약품·대마, 그 밖에 남용되거나 해독(害毒)을 끼칠 우려가 있는 물질이나 알코올을 식음(食飮)·섭취·흡입·흡연 또는 주입 받는 습벽이 있거나 그에 중독된 자로서 금고 이상의 형에 해당하는 죄를 지은 자, 3. 소아성기호증(小兒性嗜好症), 성적가학증(性的加虐症) 등 성적 성벽(性癖)이 있는 정신성적 장애인으로서 금고 이상의 형에 해당하는 성폭력범죄[형법 제297조(강간)·제297조의2(유사강간)·제298조(강제추행)·제299조(준강간·준강제추행)·제300조(미수범)·제301조(강간 등 상해·치상)·제301조의2(강간 등 살인·치사)·제302조(미성년자 등에 대한 간음)·제303조(업무상 위력 등에 의한 간음)·제305조(미성년자에 대한 간음·추행)·제30조의2(상습범)·제339조(강도강간)·제340조(해상강도) 제3항(사람을 강간한 죄만을 말한다) 및 제342조(미수범)의 죄(제339조 및 제340조 제3항 중 사람을 강간한 죄의 미수범만을 말한다. 성폭력범죄의처벌등에관한특례법 제3조부터 제10조까지 및 제15조(제3조부터 제9조까지의 미수범으로 한정)의 죄, 아동·청소년의성보호에관한법률 제7조(아동·청소년에 대한 강간·강제추행 등)·제9조(강간 등 상해·치상)·제10조(강간 등 살인·치사)의 죄, 이상의 범죄로서 다른 법률에 따라 가중 처벌되는 죄]를 지은 자의 경우에는 치료감호 대상자가 된다. 그리고 치료감호등에관한법률상 치료명령 대상자는 다음 각 호의 어느 하나에 해당하는 자로서 통원치료를 받을 필요가 있고 재범의 위험성이 있는 자를 말한다. 1. 형법 제10조 제2항(심신장애로 인하여 전항의 능력이 미약한 자의 행위는 형을 감경할 수 있다)에 따라 형이 감경되는 심신장애인으로서 금고 이상의 형에 해당하는 죄를 지은 자, 2. 알코올을 식음하는 습벽이 있거나 그에 중독된 자로서 금고 이상의 형에 해당하는 죄를 지은 자, 3. 마약·향정신성의약품·대마, 그 밖에 대통령령으로 정하는 남용되거나 해독을 끼칠 우려가 있는 물질을 식음·섭취·흡입·흡연 또는 주입 받는 습벽이 있거나 그에 중독된 자로서 금고 이상의 형에 해당하는 죄를 지은 자로 규정되어 있다.

다음으로 죄를 지은 사람으로서 재범의 방지를 위하여 보호관찰, 사회봉사, 수강 및 갱생보호 등 체계적인 사회 내 처우가 필요하다고 인정되는 사람을 지도하고 보살피며 도움으로써 건전한 사회 복귀를 촉진하고, 효율적인 범죄예방의 활동을 전개함으로써 개인 및 공공의 복지를 증진함과 아울러 사회를 보호함을 목적으로 보호관찰등에관한법률상 보호관찰을 받을 사람인 보호관찰 대상자는 형법 제59조의2(형의 선고를 유예하는 경우에 재범의 방지를 위하여 지도 및 원호가 필요한 때에는 보호관찰을 받을 것을 명할 수 있고, 이 규정에 의한 보호관찰의 기간은 1년으로 한다)에 따라 보호관찰을 조건으로 형의 선고유예를 받은 사람, 형법 제62조의2(형의 집행을 유예하는 경우에는 보호관찰을 받을 것을 명하거나 사회봉사 또는 수강을 명할 수 있고, 이 규정에 의한 보호관찰의 기간은 집행을 유예한 기간으로 하지만, 법원은 그 집행 유예기간의 범위 내에서 보호관찰기간을 정할 수 있으며, 사회봉사명령 또는 수강명령은 그 집행유예 기간 내에 이를 집행한다)에 따라 보호관찰을 조건으로 형의 집행유예를 선고 받은 사람, 형법 제73조의2(가석방의 기간은 무기형에 있어서는 10년으로 하고, 유기형에 있어서는 남은 형기로 하되, 그 기간은 10년을 초과할 수 없고, 가석방된 자는 가석방기간 중 보호관찰을 받지만, 가석방을 허가한 행정관청이 필요가 없다고 인정한 때에는 그러하지 아니하다) 또는 보호관찰등에관한법률 제25조(보호관찰 심사위원회는 제23조에 따른 심사 결과 가석방, 퇴원 또는 임시퇴원이 적절하다고 결정한 경우 및 제24조에 따른 심사 결과 보호관찰이 필요 없다고 결정한 경우에는 결정서에 관계 서류를 첨부하여 법무부장관에게 이에 대한 허가를 신청하여야 하며, 법무부장관은 심사위원회의 결정이 정당하다고 인정하면 이를 허가할 수 있다)에 따라 보호관찰을 조건으로 가석방되거나 임시퇴원 된 사람, 소년법 제32조 제1항 제4호 및 제5호(소년부 판사는 심리 결과 보호처분을 할 필요가 있다고 인정하면 결정으로써 다음 각 호의 어느 하나에 해당하는 처분을 하여야 한다. 4. 보호관찰관의 단기 보호관찰, 5. 보호관찰관의 장기 보호관찰)의 보호처분을 받은 사람, 다른 법률에서 보호관찰등에관한법률에 따른 보호관찰을 받도록 규정된 사람, 사회봉사 또는 수강을 하여야 할 사람인 사회봉사·수강명령 대상자는 형법 제62조의2에 따라 사회봉사 또는 수강을 조건으로 형의 집행유예를 선고받은 사람, 소년법 제32조에 따라 사회봉사명령 또는 수강명령을 받은 사람, 다른 법률에서 보호관찰등에관한법률에 따른 사회봉사 또는 수강을 받도록 규정된 사람, 갱생보호를 받을 사람인 갱생보호 대상자는 형사처분 또는 보호처분을 받은 사람으로서, 자립갱생을 위한 숙식제공, 주거지원, 창업지원, 직업훈련 및 취업지원 등 보호의 필요성이 인정되는 사람을 뜻한다. 또한 특정범죄를 범한 자에 대하여 재범의 위험성을 예방하고 건전한 사회복귀를 촉진하기 위하여 보안관찰처분을 함으로써 국가의 안전과 사회의 안녕을 유지함을 목적으로 하는 보안관찰법상 보안관찰 해당 범죄는 형법 제88조(내란목적의 살인죄)·제89조(내란목적의 살인미수죄(단 형법 제87조(내란죄)의 미수범을 제외한다)·제90조(내란 예비, 음모, 선동, 선전죄(단 형법 제87조(내란죄)에 해당하는 죄를 제외한다)·제92조 내지 제98조(외환유치죄, 여적죄, 모병이적죄, 시설제공이

적죄, 시설파괴이적죄, 물건제공이적죄, 간첩죄) 및 형법 제100조(외환죄의 미수죄(단 형법 제99조(일반이적죄)의 미수범을 제외한다) 및 형법 제101조(외환예비, 음모, 선동, 선전죄(단 형법 제99조(일반이적죄)에 해당하는 죄를 제외한다), 군형법 제5조(반란죄) 내지 제8조(반란예비, 음모, 선동, 선전죄)·제9조 제2항(반란 불보고죄) 및 제11조(군대 및 군용시설 제공죄) 내지 제16조(이적(利敵)예비, 음모, 선동, 선전죄), 국가보안법 제4조(반국가단체의 목적 수행죄)와 제5조(반국가단체의 자진지원·금품수수죄, 단 국가보안법 제5조 제1항 중 동법 제4조 제1항 제6호에 해당하는 행위를 제외한다) 및 제6조(잠입·탈출죄)와 제9조 제1항(편의제공죄)·제3항(제2항의 미수범을 제외한다)·제4항의 범죄를 뜻한다. 그리고 보안관찰법 제3조에 의하면 보안관찰처분의 대상자는 이러한 위의 보안관찰 해당 범죄나 또는 이와 경합된 범죄로 금고 이상의 형의 선고를 받고 그 형기의 합계가 3년 이상인 자로서 형의 전부 또는 일부의 집행을 받은 사실이 있는 자를 뜻한다. 또한 보안관찰법상 보안관찰처분은 동법 제3조에 해당하는 자 중 보안관찰 해당 범죄를 다시 범할 위험성이 있다고 인정할 충분한 이유가 있어 재범의 방지를 위한 관찰이 필요한 자에 대하여는 보안관찰처분을 행하며, 이러한 보안관찰처분을 받은 자는 보안관찰법이 정하는 바에 따라 소정의 사항을 주거지의 관할 경찰서장에게 신고하고, 재범방지에 필요한 범위 안에서 그 지시에 따라 보안관찰을 받아야 한다. 또한 보안관찰법상 보안관찰처분의 기간은 2년으로 하되, 법무부장관은 검사의 청구가 있는 때에는 보안관찰처분 심의위원회의 의결을 거쳐 그 기간을 갱신할 수 있다.

(2) 적법절차의 원칙

헌법 제12조 제1항에서 " … 법률과 적법한 절차에 의하지 아니하고는 처벌·보안처분 또는 강제노역을 받지 아니한다."라고 규정하고 있고, 헌법 제12조 제3항 전문에서 "체포·구속·압수 또는 수색을 할 때에는 적법한 절차에 따라 검사의 신청에 의하여 법관이 발부한 영장을 제시하여야 한다."라고 규정하여 법률과 적법절차에 의하지 아니하고는 임의로 구속할 수 없도록 제한함으로써 신체의 자유를 보장하기 위한 적법절차의 원칙을 명시하고 있다.

이러한 적법절차의 원칙 중에서 '적법'이란 절차의 적법성 뿐만 아니라, 절차의 적정성까지 보장되어야 한다는 뜻으로, 이 원칙은 형식적인 절차 뿐만 아니라, 실체적 법률 내용이 합리성과 정당성을 갖춘 것이어야 한다는 실질적인 의미로 확대해석이 되고 있으며, 헌법재판소에서도 적법절차의 원칙을 법률의 위헌 여부에 관한 심사기준으로서 그 적용 대상을 형사소송절차에 국한하지 않고, 모든 국가작용 특히 입법작용 전반에 대해 문제된 법률의 실체적 내용이 합리성과 정당성을 갖추고 있는 지의 여부를 판단하는 기준으로 적용하고 있다. 다만 이 원칙이 구체적으로 어떠한 절차를 어느 정도로 요구하는지를 일률적으로 정하기 어렵고, 이는 규율되는 사항의 성질, 관련 당사자의 사익, 절차의 이행으로 제고될 가치, 국가작용의 효율성, 절차에 소요되는 비용, 불복의 기회 등 다양한 요소들을 형량하여 개별적으로 판단할 수 밖에 없다. 그리고 이러한 적법절차의 원칙 중에서 '절차'란 통지나 의사의 개진 또는 청문이나 증언 또는 관계자의 진술 등의 권력행사의 과정에서 따르는 기술적인 순서나 방법을 뜻한다.

(3) 고문금지와 불리한 진술거부권

헌법 제12조 제2항에서 "모든 국민은 고문을 받지 아니하며, 형사상 자기에게 불리한 진술을 강요당하지 아니한다."라고 규정하여 형사사법기관이 피의자나 피고인에게 자백 등을 받기 위하여 가하는 폭력행위, 즉 고문을 금지하고 있다.

이에 대하여 형법 제125조에서 "재판, 검찰, 경찰 기타 인신구속에 관한 직무를 행하는 자 또는 이를 보조하는 자가 그 직무를 행함에 당하여 형사피의자 또는 기타 사람에 대하여 폭행 또는 가혹한 행위를 가한 때에는 5년 이하의 징역과 10년 이하의 자격정지에 처한다."라고 규정하여 이에 대한 처벌규정을 두고 있다.

이와 관련하여 헌법재판소는 1997년에 "헌법 제12조 제2항은 진술거부권을 보장하고 있으나, 여기서 '진술'이라 함은 생각이나 지식, 경험사실을 정신작용의 일환인 언어를 통하여 표출하는 것을 의미하는데 반하여, 1995년 1월 5일에 법률 제4872호로 개정된 구 도로교통법 제41조 제2항(경찰공무원은 교통안전과 위험방지를 위하여 필요하다고 인정하거나 제1항의 규정에 위반하여 술에 취한 상태에서 자동차 등을 운전하였다고 인정할 만한 상당한 이유가 있는 때에는 운전자가 술에 취하였는지의 여부를 측정할 수 있으며, 운전자는 이러한 경찰공무원의 측정에 응하여야 한다)에 규정된 음주측정은 호흡측정기에 입을 대고 호흡을 불어 넣음으로써 신체의 물리적·사실적 상태를 그대로 드러내는 행위에 불과하므로, 이를 두고 진술이라 할 수 없어 주취운전의 혐의자에게 호흡측정기에 의한 주취 여부의 측정에 응할 것을 요구하고, 이에 불응할 경우에 처벌한다고 하여도 이는 형사상 불리한 진술을 강요하는 것에 해당한다고 할 수 없기 때문에 구 도로교통법 제41조 제2항(현재는 도로교통법 제44조 제2항)은 헌법 제12조 제2항의 진술거부권 조항에 위반되지 않는다."라고 판시하였다(헌재 1997. 3. 27, 96헌가11).

(4) 영장주의

'영장주의'란 체포·구속·압수 등의 강제처분을 함에 있어서, 사법권 독립에 의하여 그 신분이 보장되는 법관이 발부한 영장에 의하지 않으면 안 된다는 원칙으로, 영장주의의 본질은 헌법상 신체의 자유를 침해하는 강제처분을 할 때에는 중립적인 법관의 구체적인 판단을 거쳐 발부한 영장에 의해야만 한다는 것에 있다. 이에 대하여 헌법 제12조 제3항에서 "체포·구속·압수 또는 수색을 할 때에는 적법한 절차에 따라 검사의 신청에 의하여 법관이 발부한 영장을 제시하여야 한다. 다만 현행범인인 경우와 장기 3년 이상의 형에 해당하는 죄를 범하고 도피 또는 증거인멸의 염려가 있을 때에는 사후에 영장을 청구할 수 있다."라고 규정하여 적법절차의 원칙과 함께 영장주의를 밝히고 있다.

이러한 헌법상의 영장주의에 대한 형사소송법상 절차에 대하여 살펴보면 먼저 형사소송법 제200조의2 제1항에서 "피의자가 죄를 범하였다고 의심할만한 상당한 이유가 있고, 정당한 이유 없이 형사소송법 제200조의 규정에 의한 출석요구에 응하지 아니하거나 응하지 아니할 우려가 있는 때에는 검사는 관할 지방법원 판사에게 청구하여 체포영장을 발부받아서 피의자를 체포할 수 있고, 사법경찰관은 검사에게 신청하여 검사의 청구로 관할 지방법원 판사의 체포영장을 발부받아서 피의자를 체포할 수 있다. 다만 50만원 이하의 벌금, 구류 또는 과료에 해당하는 사건에 관하여는 피의자가 일정한 주거가 없는 경우 또는 정당한 이유없이 제200조의 규정에 의한 출석요구에 응하지 아니한 경우에 한한다."라고 규정하여 사전영장주의를 밝히고 있고, 형사소송법 제200조의2 제5항에서 "체포한 피의자를 구속하고자 할 때에는 체포한 때부터 48시간 이내에 형사소송법 제201조의 규정에 의하여 구속영장을 청구하여야 하고, 그 기간 내에 구속영장을 청구하지 아니하는 때에는 피의자를 즉시 석방하여야 한다."라고 규정하고 있으며, 형사소송법 제200조의5에서 "검사 또는 사법경찰관은 피의자를 체포하는 경우에는 피의사실의 요지, 체포의 이유와 변호인을 선임할 수 있음을 말하고 변명할 기회를 주어야 한다."라고 규정하고 있다.

이에 반하여 형사소송법 제200조의3 제1항에서 "검사 또는 사법경찰관은 피의자가 사형, 무기 또는 장기 3년 이상의 징역이나 금고에 해당하는 죄를 범하였다고 의심할만한 상당한 이유가 있고, 다음 각 호의 어느 하나에 해당하는 사유가 있는 경우에 긴급을 요하여 지방법원 판사의 체포영장을 받을 수 없는 때에는 그 사유를 알리고 영장없이 피의자를 체포할 수 있다. 이 경우에 긴급을 요한다 함은 피의자를 우연히 발견한 경우 등과 같이 체포영장을 받을 시간적 여유가 없는 때를 말한다. 1. 피의자가 증거를 인멸할 염려가 있는 때, 2. 피의자가 도망하거나 도망할 우려가 있는 때"라는 규정 및 형사소송법 제211조에서 "제1항: 범죄의 실행 중이거나 실행의 즉후인 자를 현행범인이라 한다. 제2항: 다음 각 호의 1에 해당하는 자는 현행범인으로 간주한다. 1. 범인으로 호칭되어 추적되고 있는 때, 2. 장물이나 범죄에 사용되었다고 인정함에 충분한 흉기 기타의 물건을 소지하고 있는 때, 3. 신체 또는 의복류에 현저한 증적이 있는 때, 4. 누구임을 물음에 대하여 도망하려 하는 때"라는 규정과 형사소송법 제212조에서 "현행범인은 누구든지 영장없이 체포할 수 있다."라는 규정 및 형사소송법 제200조의4 제1항에서 "검사 또는 사법경찰관이 제200조의3의 규정에 의하여 피의자를 체포한 경우 피의자를 구속하고자 할 때에는 지체없이 검사는 관할 지방법원 판사에게 구속영장을 청구하여야 하고, 사법경찰관은 검사에게 신청하여 검사의 청구로 관할 지방법원 판사에게 구속영장을 청구하여야 한다. 이 경우에 구속영장은 피의자를 체포한 때부터 48시간 이내에 청구하여야 하며, 제200조의3 제3항에 따른 긴급체포서를 첨부하여야 한다."라는 규정에 의해 사후영장주의를 예외적으로 긴급체포의 경우와 현행범인 및 준현행범인의 체포 시에 인정하고 있다. 또한 헌법 제77조 제3항에서 "비상계엄이 선포된 때에는 법률이 정하는 바에 의하여 영장제도, 언론·출판·집회·결사의 자유, 정부나 법원의 권한에 관하여 특별한 조치를 할 수 있다."라고 규정하여, 예외적으로 사후영장주의에 대해 밝히고 있다.

다음으로 피의자를 구속할 때에 법관이 발부한 영장이 필요한바, 형사소송법 제201조 제1항에서 "피의자가 죄를 범하였다고 의심할 만한 상당한 이유가 있고, 제70조 제1항 각 호의 1에 해당하는 사유가 있을 때(법원은 피고인이 죄를 범하였다고 의심할 만한 상당한 이유가 있고, 다음 각호의 1에 해당하는 사유가 있는 경우에는 피고인을 구속할 수 있다. 1. 피고인이 일정한 주거가 없는 때, 2. 피고인이 증거를 인멸할 염려가 있는 때, 3. 피고인이 도망하거나 도망할 염려가 있는 때)에는 검사는 관할 지방법원 판사에게 청구하여 구속영장을 받아 피의자를 구속할 수 있고, 사법경찰관은 검사에게 신청하여 검사의 청구로 관할 지방법원 판사의 구속영장을 받아 피의자를 구속할 수 있다. 다만 50만원 이하의 벌금, 구류 또는 과료에 해당하는 범죄에 관하여는 피의자가 일정한 주거가 없는 경우에 한한다."라고 규정하고 있고, 형사소송법 제201조 제3항에서 "형사소송법 제201조 제1항의 청구를 받은 지방법원 판사는 신속히 구속영장의 발부 여부를 결정하여야 한다."라고 규정하고 있는바, 형사소송법 제202조에 의해 만약 사법경찰관이 피의자를 구속한 때에는 10일 이내에 피의자를 검사에게 인치하지 아니하면 석방해야 하고, 형사소송법 제203조에 의해 검사가 피의자를 구속한 때 또는 사법경찰관으로부터 피의자의 인치를 받은 때에는 10일 이내에 공소를 제기하지 아니하면 석방해야 하며, 형사소송법 제205조 제1항에 의해 지방법원 판사는 검사의 신청에 의하여 수사를 계속함에 상당한 이유가 있다고 인정한 때에 10일을 초과하지 아니하는 한도에서 형사소송법 제203조의 구속기간의 연장을 1차에 한하여 허가할 수 있다. 그리고 형사소송법 제215조 제1항에서 "검사는 범죄수사에 필요한 때에는 피의자가 죄를 범하였다고 의심할 만한 정황이 있고 해당 사건과 관계가 있다고 인정할 수 있는 것에 한정하여 지방법원 판사에게 청구하여 발부받은 영장에 의하여 압수, 수색 또는 검증을 할 수 있다."라고 규정하고 있는바, 이에 대한 예외사유로 형사소송법 제218조에서 "검사나 사법경찰관은 피의자 기타인의 유류한 물건이나 소유자, 소지자 또는 보관자가 임의로 제출한 물건을 영장없이 압수할 수 있다."라고 규정하고 있다.

(5) 변호인의 조력을 받을 권리

헌법 제12조 제4항에서 "누구든지 체포 또는 구속을 당한 때에는 즉시 변호인의 조력을 받을 권리를 가진다. 다만 형사피고인이 스스로 변호인을 구할 수 없을 때에는 법률이 정하는 바에 의하여 국가가 변호인을 붙인다."라는 규정과 형사소송법 제30조 제1항에서 "피고인 또는 피의자는 변호인을 선임할 수 있다."라는 규정 등에 의한 헌법상의 기본권인 변호인의 조력을 받을 권리는 형사절차에서 피의자 또는 피고인이 검사 등 수사·공소기관과 대립되는 당사자의 지위에서 변호인 또는 변호인이 되려는 자와 사이에 충분한 접견교통에 의하여 피의사실이나 공소사실에 대하여 충분하게 방어할 수 있도록 함으로써, 피고인이나 피의자의 인권을 보장하려는데 그 제도의 취지가 있다. 따라서 형사사건에 있어 변호인의 조력을 받을 권리는 피의자나 피고인을 불문하고 보장되며, 피의자나 피고인이 체포나 구속을 당한 때 및 불구속 피의자나 피고인에게 모두 수사절차의 개시에서부터 재판절차의 종료에 이르기까지 변호인을 옆에 두고 조언과 상담을 구하기 위한 변호인의 조력을 받을 권리는 모두 인정된다. 그리고 형사소송법 제33조에서 "제1항: 다음 각 호의 어느 하나에 해당하는 경우에 변호인이 없는 때에는 법원은 직권으로 변호인을 선정하여야 한다. 1. 피고인이 구속된 때, 2. 피고인이 미성년자인 때, 3. 피고인이 70세 이상인 때, 4. 피고인이 농아자인 때, 5. 피고인이 심신장애의 의심이 있는 때, 6. 피고인이 사형, 무기 또는 단기 3년 이상의 징역이나 금고에 해당하는 사건으로 기소된 때, 제2항: 법원은 피고인이 빈곤 그 밖의 사유로 변호인을 선임할 수 없는 경우에 피고인의 청구가 있는 때에는 변호인을 선정하여야 한다. 제3항: 법원은 피고인의 연령·지능 및 교육 정도 등을 참작하여 권리보호를 위하여 필요하다고 인정하는 때에는 피고인의 명시적 의사에 반하지 아니하는 범위 안에서 변호인을 선정하여야 한다."라고 규정하여 국선변호인 제도를 두고 있다.

(6) 체포·구속의 이유 고지제도

헌법 제12조 제5항에서 "누구든지 체포 또는 구속의 이유와 변호인의 조력을 받을 권리가 있음을 고지받지 아니하고는 체포 또는 구속을 당하지 아니한다. 체포 또는 구속을 당한 자의 가족 등 법률이 정하는 자에게는 그 이유와 일시·장소가 지체없이 통지되어야 한다."라고 규정하고 있고, 형사소송법 제87조에서 "제1항: 피고인을 구속한 때에는 변호인이 있는 경우에는 변호인에게, 변호인이 없는 경우에는 제30조 제2항에 규정한 자 중 피고인이 지정한 자에게 피고 사건명, 구속일시, 장소, 범죄사실의 요지, 구속의 이유와 변호인을 선임할 수 있는 취지를 알려야 한다. 제2항: 제1항의 통지는 지체없이 서면으로 하여야 한다."라고 하여 피의자 또는 피고인 등에게 체포나 구속의 이유에 대해 고지해 줄 것을 규정하고 있다.

(7) 체포·구속 적부심사 청구권

헌법 제12조 제6항에서 "누구든지 체포 또는 구속을 당한 때에는 적부의 심사를 법원에 청구할 권리를 가진다."라는 규정과 형사소송법 제214조의2에서 "제1항: 체포 또는 구속된 피의자 또는 그 변호인, 법정대리인, 배우자, 직계친족, 형제자매나 가족, 동거인 또는 고용주는 관할 법원에 체포 또는 구속의 적부심사를 청구할 수 있다. 제2항: 피의자를 체포 또는 구속한 검사 또는 사법경찰관은 체포 또는 구속된 피의자와 제1항에 규정된 자 중에서 피의자가 지정하는 자에게 제1항에 따른 적부심사를 청구할 수 있음을 알려야 한다. 제3항: 법원은 제1항에 따른 청구가 다음 각 호의 어느 하나에 해당하는 때에는 제4항에 따른 심문 없이 결정으로 청구를 기각할 수 있다. 1. 청구권자 아닌 자가 청구하거나 동일한 체포영장 또는 구속영장의 발부에 대하여 재청구한 때, 2. 공범 또는 공동피의자의 순차청구가 수사방해의 목적임이 명백한 때, 제4항: 제1항의 청구를 받은 법원은 청구서가 접수된 때부터 48시간 이내에 체포 또는 구속된 피의자를 심문하고 수사관계 서류와 증거물을 조사하여 그 청구가 이유없다고 인정한 때에는 결정으로 이를 기각하고, 이유있다고 인정한 때에는 결정으로 체포 또는 구속된 피의자의 석방을 명하여야 한다. 심사 청구 후 피의자에 대하여 공소제기가 있는 경우에도 또한 같다. … 제12항: 체포영장 또는 구속영장을 발부한 법관은 제4항부터 제6항까지의 심문·조사·결정에 관여하지 못한다. 다만 체포영장 또는 구속영장을 발부한 법관 외에는 심문, 조사, 결정을 할 판사가 없는 경우에는 그러하지 아니하다."라는 규정 및 형사소송법 제214조의3에서 "제1항: 제214조의2 제4항의 규정에 의한 체포 또는 구속적부심사 결정에 의하여 석방된 피의자가 도망하거나 죄증을 인멸하는 경우를 제외하고는 동일한 범죄사실에 관하여 재차 체포 또는 구속하지 못한다. 제2항: 제214조의2 제5항에 따라 석방된 피의자에 대하여 다음 각 호의 1에 해당하는 사유가 있는 경우를 제외하고는 동일한 범죄사실에 관하여 재차 체포 또는 구속하지 못한다. 1. 도망한 때, 2. 도망하거나 죄증을 인멸할 염려가 있다고 믿을 만한 충분한 이유가 있는 때, 3. 출석요구를 받고 정당한 이유 없이 출석하지 아니한 때, 4. 주거의 제한 기타 법원이 정한 조건을 위반한 때"라고 규정하여, 피의자에 대한 체포 또는 구속 시 신중을 기하도록 체포·구속적부 심사청구권을 규정하고 있다.

(8) 자백의 증거능력과 증명력 부인(否認)

헌법 제12조 제7항에서 "피고인의 자백이 고문·폭행·협박·구속의 부당한 장기화 또는 기망 기타의 방법에 의하여 자의로 진술된 것이 아니라고 인정될 때 또는 정식 재판에 있어서 피고인의 자백이 그에게 불리한 유일한 증거일 때에는 이를 유죄의 증거로 삼거나 이를 이유로 처벌할 수 없다."라고 규정하고 있다.

이러한 헌법 제12조 제7항과 이를 근거로 형사소송법 제308조의2에서 "적법한 절차에 따르지 아니하고 수집한 증거는 증거로 할 수 없다."라는 위법수집증거의 배제 원칙에 대한 규정과 형사소송법 제309조에서 "피고인의 자백이 고문·폭행·협박·신체구속의 부당한 장기화 또는 기망 기타의 방법으로 임의로 진술한 것이 아니라고 의심할 만한 이유가 있는 때에는 이를 유죄의 증거로 하지 못한다."라는 규정에 의해 피고인에게 고문·폭행·협박·구속의 부당한 장기화 또는 기망 등 증거의 수집 과정에서 위법성이 없는 자백이나 진술 즉, 임의성(任意性)이 있는 자백이나 진술이 아닐 때에는 재판에서 엄격한 증명의 자료로서 사용될 수 있는 자격 즉, 증거능력이 없다. 또한 헌법 제12조 제7항과 이를 근거로 형사소송법 제310조에서 "피고인의 자백이 그 피고인에게 불이익한 유일의 증거인 때에는 이를 유죄의 증거로 하지 못한다."라는 규정에 의하여 설사 피고인의 자백이나 진술이 임의성이 있더라도 다른 유죄의 증거가 없고 피고인의 자백이나 진술만이 있을 때에는 그러한 자백이나 진술의 진실성과 신빙성의 정도인 증명력을 인정할 수 없어 이를 이유로 처벌할 수 없다.

(9) 죄형법정주의

"법률이 없으면 범죄도 없고 형벌도 없다."라는 말로 표현되는 죄형법정주의는 이미 제정된 정의로운 법률에 의하지 아니하고는 처벌되지 아니한다는 원칙으로서 이는 무엇이 처벌될 행위인가를 국민이 예측 가능한 형식으로 정하도록 하여 개인의 법적 안정성을 보호하고 성문의 형벌법규에 의한 실정법 질서를 확립하여 국가형벌권의 자의적인 행사로부터 개인의 자유와 권리를 보장하려는 법치국가 형법의 기본 원칙인바, 헌법 제12조 제1항 후단에서 "법률과 적법한 절차에 의하지 아니하고는 처벌·보안처분 또는 강제노역을 받지 아니한다."라고 규정하고 있고, 헌법 제13조 제1항 전단에서 "모든 국민은 행위시의 법률에 의하여 범죄를 구성하지 아니하는 행위로 소추되지 아니하며"라고 규정하여 죄형법정주의를 천명하였고, 이를 근거로 형법 제1조 제1항은 "범죄의 성립과 처벌은 행위시의 법률에 의한다."라고 규정하고 있다.

이렇듯 헌법상 죄형법정주의는 자유주의, 권력분립주의, 법치주의 및 국민주권 원리에 입각한 것으로서, 무엇이 범죄이며 그에 대한 형벌이 어떠한 것인가는 반드시 국민의 대표로 구성된 입법부가 제정한 법률로써 정하여야 한다는 원칙을 뜻한다. 이러한 죄형법정주의에는 범죄와 형벌은 성문의 법률로 정해져야 하므로, 무엇이 범죄이고 그에 대한 형벌이 어떠한 것인가는 입법부가 제정한 법률로 정해져야 한다는 것을 뜻하는 성문법주의, 형벌불소급의 원칙, 누구나 법률이 처벌하고자 하는 행위가 무엇이며, 그에 대한 형벌이 어떠한 것인지를 예견할 수 있고, 그에 따라 자신의 행위를 결정할 수 있도록 구성요건이 명확히 규정되어야 한다는 명확성의 원칙, 절대적 부정기형선고 금지의 원칙, 유추해석 금지의 원칙을 들 수 있다.

(10) 이중처벌금지의 원칙에 대한 헌법재판소의 판례

보안처분은 그 본질과 추구하는 목적 및 기능에 있어서 형벌과는 다른 독자적 의의를 가진 사회보호적인 처분이므로, 형벌과 보안처분은 서로 병과하여 선고를 하더라도 그것이 헌법 제13조 제1항 후단의 이중처벌금지의 원칙에 해당되지 아니한다는 것이 헌법재판소의 확립된 견해이고(헌재 1989. 7. 14, 88헌가5 등), 보안관찰법상 보안관찰처분 역시 그 본질은 헌법 제12조 제1항에 의한 것으로, 형의 집행종료 후에 별도로 보안관찰처분을 명할 수 있다고 규정한 보안관찰처분의 근거조항이 헌법 제13조 제1항이 규정한 이중처벌금지의 원칙에 위반되었다고 할 수 없다(헌재 1997. 11. 27, 92헌바28).

이와 관련하여 헌법재판소는 2016년에 구 아동·청소년성보호법(2012. 12. 18. 법률 제11572호로 전부 개정되기 전의 것. 단 현재는 '아동·청소년의성보호에관한법률'로 변경)상의 신상정보 공개·고지명령제도에 대하여, "동법상 신상정보 공개대상자는 아동·청소년 대상 성폭력범죄를 저지른 자, 신상공개 결정 또는 열람명령·공개명령을 선고받고 다시 아동·청소년 대상 성폭력범죄를 저지른 자, 아동·청소년 대상 성폭력범죄를 범하였으나 형법 제10조 제1항에 따라 처벌할 수 없는 자로서, 아동·청소년 대상 성폭력범죄를 다시 범할 위험성이 있다고 인정되는 자 등이다. 다만 아동·청소년 대상 성범죄 사건에 대하여 벌금형을 선고하거나 피고인이 아동·청소년인 경우, 그 밖에 신상정보를 공개해서는 안 될 특별한 사정이 있다고 판단되는 경우에는 그러하지 아니하다. 공개정보는 성명, 나이, 주소 및 실제거주지(읍·면·동까지로 한다), 신체정보(키와 몸무게), 사진, 아동·청소년 대상 성범죄 요지이다. 또한 신상정보공개기간은 '형의실효등에관한법률' 제7조(3년을 초과하는 징역·금고에 대하여는 10년, 3년 이하의 징역·금고에 대하여는 5년)에 따른 기간을 초과하지 못한다. 그리고 여성가족부장관은 공개명령의 집행을 위하여 공개정보를 등록 및 열람할 수 있는 전용 웹사이트를 구축·운영하여야 한다(2013. 5. 31. 대통령령 제24567호로 전부 개정되기 전의 구 아동·청소년성보호법시행령 제16조 제1항). 또한 구 아동·청소년성보호법상의 신상정보 고지대상자는 신상정보 공개대상자 중 아동·청소년 대상 성폭력범죄를 저지른 자, 아동·청소년 대상 성폭력범죄를 범하였으나, 형법 제10조 제1항에 따라 처벌할 수 없는 자로서, 등록대상 성폭력범죄를 다시 범할 위험성이 있다고 인정되는 자이다. 또한 신상고지정보는 고지대상자가 이미 거주하고 있거나 전입하는 경우에는 구 아동·청소년성보호법 제38조 제3항의 공개정보, 고지대상자가 전출하는 경우에는 고지대상자가 이미 거주하고 있거나 전입하는 경우의 구 아동·청소년성보호법 제38조 제3항의 공개정보의 고지정보와 그 대상자의 전출정보이다. 그리고 법원은 고지대상자의 이러한 신상고지정보를 고지대상자가 거주하는 읍·면·동에 거주하는 아동·청소년의 친권자 또는 법정대리인이 있는 가구, 어린이집의 원장, 유치원의 장과 초·중등학교의 장에게 우편고지 고지명령을 아동·청소년 대상 성범죄 사건의 판결과 동시에 선고하여야 한다. 다만 아동·청소년 대상 성범죄 사건에 대하여 벌금형을 선고하거나 피고인이 아동·청소년인 경우, 그 밖에 신상정보를 공개하여서는 아니될 특별한 사정이 있다고 판단하는 경우에는 그러하지 아니하다. 또한 신상고지명령은 고지대상자가 집행유예를 선고받은 경우에는 신상정보 최초 등록일부터 1개월 이내, 금고 이상의 실형을 선고받은 경우에는 출소 후 거주할 지역에 전입한 날부터 1개월 이내, 고지대상자가 다른 지역으로 전출하는 경우에는 변경정보 등록일부터 1개월 이내에 하여야 하고, '공개명령 기간동안' 고지명령을 선고하여야 한다는 동법상의 신상정보 공개·고지명령제도는 형벌과는 목적이나 심사대상 등을 달리하는 보안처분에 해당하므로, 동일한 범죄행위에 대하여 형벌과 병과된다고 하여 이중처벌금지의 원칙에 위반된다고 할 수 없다."라고 판시하였다(헌재 2016. 5. 26. 2014헌바68 등).

2. 거주·이전의 자유

헌법 제14조에서 "모든 국민은 거주·이전의 자유를 가진다."라고 규정하고 있다. 이러한 헌법상 거주·이전의 자유에서 '거주'란 일정한 장소에 자리를 잡고 머물러 사는 것을 뜻하고, '이전'이란 자신이 머물러 있는 장소를 옮기는 행위를 뜻한다. 그리고 이러한 헌법상의 거주·이전의 자유는 국가의 간섭 없이 자유롭게 체류지와 거주지를 정하여 헌법이 보장하는 여러가지 자유와 권리를 행사함으로써 개성을 신장시키고 행복을 추구하며, 인간다운 생활을 모색하는 경제적인 자유인의 필수적인 기본권이라고 할 것이다(헌재 2004. 10. 28. 2003헌가18).

한편 대법원은 1996년에 북한주민이 대한민국(남한)으로 들어온 것에 대하여 "조선인을 부친으로 하여 출생한 자는 남조선과도정부법률 제11호 국적에관한임시조례의규정에 따라 조선국적을 취득하였다가 제헌헌법의 공포와 동시에 대한민국의 국적을 취득하였다고 할 것이고, 설사 그가 북한법의 규정에 따라 북한국적을 취득하여 중국 주재 북한대사관으로부터 북한의 해외공민증을 발급받았더라도 북한지역 역시 대한민국의 영토에 속하는 한반도의 일부를 이루는 것이어서 대한민국의 주권이 미칠 뿐이고, 대한민국의 주권과 부딪치는 어떠한 국가단체나 주권을 법리상 인정할 수 없는 점에 비추어 볼 때, 북한주민이 대한민국 국적을 취득하고 이를 유지함에 있어 아무런 영향을 끼칠 수 없다. 또한 1994년 12월 22일에 법률 제4796호로 개정된 구 출입국관리법 제46조에 의해 외국인에게 대한민국 밖으로 강제퇴거를 시키기 위해서는 상대방이 대한민국의 국적을 가지지 아니한 외국인이라고 단정할 수 있어야 하는바, 재외국민이 다른 나라의 여권을 소지하고 대한민국에 입국했더라도 그가 당초에 대한민국의 국민이었던 점이 인정되는 이상, 다른 나라의 여권을 소지한 사실 자체만으로는 그 나라의 국적을 취득하였다거나 대한민국의 국적을 상실한 것으로 추정·의제되는 것은 아니므로, 다른 특별한 사정이 없는 한 그와 같은 재외국민을 외국인으로 볼 것은 아니다."라고 판시하여, 조선국적 취득 후 북한법에 의하여 북한국적을 취득하여 중국 주재 북한대사관에서 해외공민증을 발급받은 자는 대한민국의 국민이므로, 출입국관리소의 외국인보호소장이 대한민국(남한)으로 들어온 이러한 요건의 사람을 출입국관리법 제46조에 의해 본인의 의사에 반하여 국외로 추방하려는 강제퇴거명령은 위헌적인 공권력 행사라고 밝혔다(대법원 1996. 11. 12. 96누1221).

헌법상 거주·이전의 자유의 보호영역에는 국내에서 체류지와 거주지를 자유롭게 정할 수 있는 국내에서의 거주·이전의 자유 뿐만 아니라, 체류지와 거주지를 국외로 정할 수 있는 해외여행 및 해외이주의 자유를 포함하며, 후자에는 외국에서 체류 또는 거주하기 위하여 우리나라를 떠날 수 있는 출국의 자유가 당연히 포함된다(헌재 1993. 12. 23. 89헌마189).

한편 헌법상 거주·이전의 자유도 헌법 제37조 제2항이 규정하고 있는 기본권제한입법의 한계조항인 비례의 원칙에 위반되지 않는 한 법률로써 제한할 수 있다. 예를 들어, 군사작전상 필요한 경우나 국민보건상 필요에 의하여 군사작전지역이나 전염병 감염지역으로의 여행·거주·이전의 자유를 제한한다든가, 국제외교상 또는 국가안보상의 이유로 미수교국 내지 분쟁지역에의 여행이나 이주를 제한한다든가 형사재판에 계속 중인 경우(출입국관리법 제4조 제1항 제1호) 또는 징역형·금고형의 집행이 종료되지 아니한 경우(출입국관리법 제4조 제1항 제2호) 등의 경우에는 출국의 자유를 제한할 수 있다(헌재 2004. 10. 28. 2003헌가18). 그리고 군인과 수형자 등 특수신분을 가진 자에게는 영내 거주나 교도소 내 거주를 강제시켜 헌법상 거주·이전의 자유를 제한하고 있다. 또한 국가보안법 제6조에서 "제1항: 국가의 존립·안전이나 자유민주적 기본질서를 위태롭게 한다는 정을 알면서 반국가단체의 지배 하에 있는 지역으로부터 잠입하거나 그 지역으로 탈출한 자는 10년 이하의 징역에 처한다. 제2항: 반국가단체나 그 구성원의 지령을 받거나 받기 위하여 또는 그 목적수행을 협의하거나 협의하기 위하여 잠입하거나 탈출한 자는 사형, 무기 또는 5년 이상의 징역에 처한다."라고 규정하여 대한민국의 안전보장과 질서유지를 위하여 헌법상 거주·이전의 자유를 제한하고 있다.

이 밖에 거주·이전의 자유와 관련하여 헌법재판소는 2015년에 복수국적자에 대하여 제1국민역에 편입된 날부터 3개월 이내에 대한민국의 국적을 이탈하지 않으면 병역의무를 해소한 후에야 이를 가능하도록 한 구 국적법(2010. 5. 4. 법률 제10275호로 개정된 것) 제12조 제2항 본문 및 제14조 제1항 단서(이하 "이 사건 법률조항들"이라 한다)가 국적이탈의 자유를 침해하는지 여부에 대해서 "복수국적자가 대한민국 국민의 병역의무나 국적선택제도에 관하여 아무런 귀책사유 없이 알지 못하는 경우란 상정하기 어려운 점, 귀책사유 없이 국적선택기간을 알지 못하는 외국 거주 복수국적자라면 그가 생활영역에서 외국의 국적과 대한민국 국적을 함께 가지고 있다는 사실이 그의 법적 지위에 별다른 영향을 미치지 않을 것인 점, 이 사건 법률 조항들이 병역법 제2조와 제8조를 아울러 살펴보아야 제1국민역에 편입되는 시기를 알 수 있도록 하고 있다는 것만으로 불완전한 입법이라거나, 수범자가 이를 알 것이라고 기대하기 어렵다고 할 수 없는 점, 이 사건 법률 조항들이 민법상 성년에 이르지 못한 복수국적자로 하여금 18세가 되는 해의 3월 31일까지 국적을 선택하도록 하고 있다는 것만으로 현저하게 불합리하다거나 국적이탈의 자유를 과도하게 제한하고 있다고 보기 어려운 점 등을 고려하여 이 사건 법률 조항들이 복수국적자의 국적이탈의 자유를 침해하지 않는다."라고 판시하였다(헌재 2015. 11. 26. 2013헌마805).

3. 직업선택의 자유

헌법 제15조에서 "모든 국민은 직업선택의 자유를 가진다."라고 규정하고 있다. 여기서 '직업'의 의미는 생활의 기본적 수요를 충족시키기 위한 계속적인 소득활동이라고 할 것이므로(헌재 2000. 11. 30. 99헌마190), 단순한 취미활동은 직업의 범위 안에 들어가지 않으며, 이러한 직업은 헌법적인 비난가능성이 없어야 한다.[5]

이러한 직업선택의 자유는 자신이 원하는 직업 내지 직종을 자유롭게 선택하는 '직업선택의 자유'와 그가 선택한 직업을 자기가 결정한 방식으로 자유롭게 수행할 수 있는 '직업수행의 자유'를 포함한다(헌재 1993. 5. 13. 92헌마80). 이렇듯 헌법상 직업의 자유가 보장된다고 하여 그것이 반드시 특정인에게 배타적인 직업선택권이나 독점적인 직업활동의 자유를 보장하는 것은 아니다. 특히 법률이 일정 전문분야에 관하여 자격제도를 마련하고 그 자격자의 업무영역에 관하여 상당한 법률상 보호를 하고 있는 경우에 그 자격자 이외의 자에게 동종 업무의 취급을 허용할 것인가의 문제는 기본적으로 그 제도를 도입하게 된 배경과 목적 및 해당 전문분야 업무의 성격 등을 입법자가 종합적으로 고려하고 합목적적으로 판단하여 결정할 입법정책의 문제라고 할 것이다(헌재 1997. 4. 24. 95헌마273).

한편 각 개인이 향유하는 직업에 대한 선택 및 수행의 자유는 공동체의 경제사회질서에 직접적인 영향을 미치는 것이기 때문에 공동체의 동화적 통합을 촉진시키기 위하여 필수 불가결한 경우에는 헌법 제37조 제2항의 전문 규정에 따라 이에 대한 제한을 가할 수 있다. 즉, 국가안전보장·질서유지 또는 공공복리를 위한 목적의 정당성이 인정되는 경우에는 그러한 목적을 달성하는데 필요한 범위 내에서 법률로서 국민의 기본권을 제한할 수 있다. 그러나 그 제한의 방법이 합리적이어야 함은 물론 과잉금지의 원칙에 위배되거나 제한의 한계 규정인 헌법 제37조 제2항 후문의 규정에 따라 직업선택의 자유의 본질적인 내용을 침해하면 안 된다(헌재 1993. 5. 13. 92헌마80).

이와 관련하여 헌법재판소는 1995년에 "부천시담배자동판매기설치금지조례 제4조에서 자판기는 부천시 전 지역에 설치할 수 없다. 다만 성인이 출입하는 업소 안에서는 제외한다."라는 규정 및 부천시담배자동판매기설치금지조례 부칙 제2항에서 "이 조례의 시행 전에 설치된 자판기는 시행일부터 3월 이내에 철거하여야 한다."라는 규정(이하 "이 사건 심판대상 규정"이라 한다)에 대하여 "이 사건 심판대상 규정은 담배 소매인의 자판기 설치를 제한하고 이미 설치한 자판기를 철거하도록 함으로써 자판기를 통한 담배 판매라는 담배 소매인의 영업수단을 규제하는 것이므로, 이 사건 헌법소원심판의 청구인들을 포함한 담배 소매인의 직업선택의 자유 특히 영업의 자유 내지 직업수행의 자유를 제한하는 것이 될 소지가 있다. 헌법상 직업수행의 자유는 직업결정의 자유에 비하여 상대적으로 그 침해의 정도가 작다고 할 것이므로 이

---

5) 전광석, 전게서, 393면.

에 대하여는 공공복리 등 공익상의 이유로 비교적 넓은 법률상의 규제가 가능하지만, 그 경우에도 헌법 제37조 제2항에서 정한 한계인 과잉금지의 원칙은 지켜져야 할 것이다. 과잉금지의 원칙은 국가가 국민의 기본권을 제한하는 내용의 입법활동을 함에 있어서 지켜야 할 기본원칙으로서, 지방의회의 조례입법에 의한 기본권 제한의 경우에도 준수되어야 할 것이므로, 이 사건 심판대상 규정이 과잉금지의 원칙에 위반되는 것인지의 여부를 살펴보기로 한다. 담배는 폐암, 심장병, 호흡기 질환 등의 직접적인 원인으로 되는 등 그 유해함은 널리 알려진 사실이지만, 육체적·정신적으로 미숙한 청소년의 건강에는 더욱 결정적인 해독을 초래할 뿐만 아니라, 청소년의 흡연은 이에 그치지 않고 음주와 약물남용으로 이어지고 다시 청소년 범죄로 옮겨가서 청소년들이 육체적으로나 정신적으로 건강하게 성장하는 것을 방해하고 수많은 비행청소년을 양산해 낼 우려마저 있다고 할 수 있다. 이에 구 미성년자보호법(1995. 12. 6. 법률 제4991호로 개정되기 전의 것. 현재는 '청소년보호법'으로 변경)은 제4조 제1항에서 '연초 또는 주류판매업자 및 그 고용인은 미성년자에게 그가 끽용 또는 음용할 것을 알고 이들을 판매하거나 공여하여서는 아니 된다.'라고 규정하고, 동법 제6조 제1항에서는 '이에 위반한 자는 1년 이하의 징역이나 100만원 이하의 벌금·구류 또는 과료에 처한다.'라고 규정하였다. 그런데 자판기를 통한 담배 판매는 구입자가 누구인지를 분별하는 것이 매우 곤란하게 하기 때문에 청소년의 담배 구입을 막기 어려우므로, 구 미성년자보호법 규정의 취지를 몰각시키고 있을 뿐만 아니라, 그 특성상 판매자와 대면하지 않는 익명성·비노출성으로 인하여 청소년으로 하여금 심리적으로 담배 구입을 용이하게 하고, 주야를 불문하고 언제라도 담배 구입을 가능하게 하며, 청소년이 쉽게 볼 수 있는 장소에 설치됨으로써 청소년에 대한 흡연유발 효과도 매우 크다고 아니할 수 없다. 그렇다면 청소년의 보호를 위하여 담배 자판기 설치의 제한은 반드시 필요하다고 할 것이고, 이로 인하여 담배 소매인의 직업수행의 자유가 다소 제한되더라도 법익형량의 원리상 감수되어야 할 것이다. 따라서 이 사건 심판대상 규정은 기본권 제한 입법에 있어서 반드시 지켜져야 할 과잉금지의 원칙에 위반하여 헌법 제15조에 의하여 보장된 청구인들의 직업선택의 자유를 침해하였다고 볼 수 없다."라고 판시하였다(헌재 1995. 4. 20. 92헌마264·279).

한편 헌법재판소는 1999년에 구 주세법(1995. 8. 4. 법률 제4956호로 개정된 것) 제5조 제3항에서 "탁주(대통령령이 정하는 장기보존이 가능한 탁주를 제외한다)의 공급구역은 주류제조장 소재지의 시(서울특별시와 광역시를 포함한다)·군의 행정구역으로 한다. 다만 주류공급사정과 주세보전상 그 공급구역을 변경할 필요가 있다고 인정될 경우에는 동일 지방국세청 관내에 한하여 당해 지방국세청장이 이를 변경할 수 있다(이하 "이 사건 법률 조항"이라 한다)."라는 규정에 대하여 "탁주의 공급구역제한제도를 규정하고 있는 이 사건 법률 조항이 탁주 제조업자에 대하여는 자유경쟁에 의한 시장의 점유를 제한함으로써 직업의 자유를 구성하는 기업의 자유와 경쟁의 자유를 제한하고, 탁주 판매업자에 대하여는 공급구역 외의 탁주 제조업자로부터 탁주 구입을 제한하는 것으로서 직업행사의 자유를 제한하는 측면이 있음을 부정할 수는 없다. 그러나 직업의 자유 중에서도 직업행사의 자유에 관하여는 직업선택의 자유에 비하여 입법자에게 보다 폭 넓은 형성의 자유가 인정되는 것으로서, 직업행사의 자유는 공공복리를 합리적으로 고려하여 합목적적이라고 판단되는 한 제한될 수 있으며, 다만 그 정도가 너무 지나쳐서 수인할 수 없을 정도의 과잉제한은 허용되지 아니할 뿐이다. 특히 국민보건에 직접적인 영향을 미치는 주류의 특성상 주류 제조·판매와 관련되는 직업의 자유 내지 영업의 자유에 대하여는 폭넓은 국가적 규제가 가능하고, 또 입법자의 입법형성권의 범위도 광범위하게 인정되는 분야라고 하지 아니할 수 없다. 한편 우리나라 헌법은 자유와 경쟁에 대한 보완원리로서 헌법 제119조 제2항·제123조 제2항·제3항에서 사회정의·경제정의와 경제민주화의 이념을 채택하고, 이를 위한 구체적인 경제목표로서 독과점 규제·지역경제육성·중소기업의 보호를 들고 있으며, 이를 실현하기 위해 국가적 규제와 조정을 광범위하게 인정하고 있는바, 이러한 경제목표의 달성을 위하여 입법자는 경제 현실의 역사와 미래에 대한 전망, 목적의 달성에 소요되는 경제적·사회적 비용, 당해 경제문제에 관한 국민 내지 이해관계인의 인식 등 제반 사정을 두루 감안하여 가능한 여러 정책 중 필요하다고 판단되는 경제정책을 선택할 수 있고, 입법자의 그러한 정책판단과 선택은 그것이 독과점 규제·지역경제육성·중소기업 보호라는 헌법적 요청을 구체화시키고 실현시키는 것인 한, 그리고 그것이 현저히 합리성을 결여한 것이라고 볼 수 없는 한, 경제에 관한 국가적 규제 조정 권한의 행사로서 존중되어야 하고 사법적 판단에 의해 함부로 대체되어서는 아니 된다. 이와 같이 광범위한 입법형성권을 인정하는 바탕 위에 이 사건 법률 조항이 탁주 제조업자와 판매업자의 직업행사의 자유 내지 영업의 자유를 과도히 침해하는 것인지에 대하여 구체적으로 살펴보면 이 사건 공급구역제한제도는 국민보건위생을 보호하고 탁주 제조업체 간의 과당경쟁을 방지함으로써, 중소기업의 보호·지역경제의 육성이라는 헌법상의 경제목표를 실현한다는 정당한 입법 목적을 가진 것으로서, 그 입법 목적을 달성하기에 이상적인 제도라고까지는 할 수 없을지라도 전혀 부적합한 것이라고 단정할 수는 없다. 이 사건 공급구역제한

제도는 발효주로서의 특성, 현재의 냉장유통체계를 고려할 때 국민의 보건위생을 보호하기 위하여 나름대로의 합리성을 갖추고 있다고 할 수 있다. 탁주는 제조장에서 출고되어 소비자가 음용할 때까지 계속 발효되는 특성을 가지고 있으며, 기온·출고 거리에 따라 쉽게 변질될 우려가 매우 큰 주류로서, 통상 섭씨 10도 정도의 상온에서 제조일로부터 5일이 경과하면 변질될 가능성이 많기 때문에 제조·유통상 관리가 필요하다. 특히 우유나 요구르트 등 여타 발효식품과는 달리 광범위한 냉장유통체계가 구축되어 있지 아니하기 때문에 탁주를 장기간 보관·유통할 경우에는 부패의 위험성이 상대적으로 높은 것이다. 이 사건 법률 조항이 살균 처리되어 전국적으로 유통하여도 변질의 위험성이 없게 됨으로써 '장기보존이 가능한 탁주'에 대하여는 적용되지 아니하는 이유도 여기에 있는 것이다. 이 사건 공급구역제한제도가 탁주 제조업체 간의 과당경쟁을 방지함으로써 대부분 영세업체인 탁주 제조업체를 보호하고, 지역경제 활성화에 일정한 기여를 하고 있음을 간과할 수 없다. 1997년 말을 기준으로 1,056개의 탁주 제조업체 중 대다수가 영세업체이므로, 이 사건 공급구역제한제도가 폐지될 경우에 업체 간의 과당경쟁 및 장거리 운반에 따른 물류비용 등의 추가부담으로 경영이 악화되어 도산의 위기에 처할 것으로 예상된다. 물론 중소기업의 보호는 넓은 의미의 경쟁질서의 범주 내에서 경쟁질서의 확립을 통하여 이루어지는 것이 바람직하겠으나, 이 사건 공급구역제한제도가 폐지될 경우에 기존 대형주류 제조업체가 시장에 참여함으로써 영세한 대다수 탁주 제조업체들이 시장에서 퇴출될 가능성이 아주 높고, 나아가서는 이 사건 공급구역제한제도에 의하여 형성되어 있는 지역적 독과점 현상을 대신하여 기존 대형주류 제조업체에 의한 전국적인 독과점 현상을 초래할 수도 있는 것이다. 그렇게 될 경우에 우리나라의 전통주로서 보호·육성할 필요가 있는 각 지역의 특이한 탁주가 자연소멸 될 가능성 또한 배제할 수 없다. 또한 지역경제의 육성이란 목표를 경제력이 전국적으로 균형 있게 배분된 상태를 지향하는 모든 노력을 이르는 것으로 폭넓게 해석한다면, 각 지역마다 하나씩의 탁주 업체가 도산하지 아니하고 건실하게 사업을 할 수 있도록 보호해 주는 것만으로도 헌법상 지역경제 육성의 목적에 부합하는 것이다. 이 사건 공급구역제한제도가 주세보전에도 일정한 긍정적인 역할을 하고 있음을 부정할 수 없다. 주세는 제조장으로부터 출고한 주류의 수량 또는 가격에 응하여 제조자로부터 징수되는 것이므로, 이 사건 공급구역제한제도의 철폐가 주세보전에 직접적인 영향을 미친다고는 할 수 없으나, 이 사건 공급구역제한제도가 폐지됨에 따라 대다수 영세 탁주 제조업체가 도산하는 상황이 벌어지게 되면 도산지역에서의 탁주 공급이 원활하지 못하여 밀조

주 등 부정주류가 횡행하는 등 유통질서가 문란하게 됨으로써 이로 인한 주세감소의 결과가 초래될 가능성을 배제할 수 없다. 이 사건 공급구역제한제도가 비록 탁주 제조업자나 판매업자의 직업의 자유 내지 영업의 자유를 다소 제한한다고 하더라도 그 정도가 지나치게 과도하여 입법형성권의 범위를 현저히 일탈한 것이라고 볼 수는 없다. 앞에서 본 바와 같이 탁주는 발효주로서 변질의 가능성이 크므로, 현재의 냉장 운송체계로써는 원거리 운송이나 장기간 보존이 곤란한 이상 탁주 제조장 소재지의 시·군의 행정구역에 대해서만 이를 공급하고 소비하게 하는 공급구역의 제한은 국민보건위생의 차원에서 하나의 적절한 수단으로 평가될 수 있다. 이러한 맥락에서 '장기보존이 가능한 탁주'에 대하여는 이미 공급구역을 제한하지 않고 있다. 또한 유통과정에서의 탁주변질의 방지만을 목적으로 한다면 제조일자나 유통기간, 보관방법을 명시하게 하는 등 유통과정을 통제하는 방식을 취하는 것으로 충분할 수도 있겠으나, 이 사건 공급구역제한제도는 중소기업의 보호·지역경제의 육성이라는 헌법의 경제조항으로부터 직접 요청되는 중대한 공익의 실현까지도 입법 목적으로 하고 있음을 감안한다면, 입법자가 위 방식에 그치지 아니하고 이 사건과 같은 공급구역제한제도를 채택하였다고 하더라도 그것이 중소기업의 보호와 지역경제의 육성이라는 목적달성에 전혀 부적합한 것이라고 볼 수 없는 이상, 이를 두고 입법형성권의 범위를 일탈하여 지나치게 기본권을 제한하는 것이라고 하기 어렵다. 물론 지역 탁주 제조업자의 보호를 위하여 세제상의 지원이나 보조금 지급과 같은 방법을 강구하는 것은 이 사건 공급구역제한제도에 비하여 기본권을 제한하지 아니하거나 그 제한의 정도가 크지 아니하지만, 그 방법에는 막대한 경제적·사회적 비용이 소요되지 아니할 수 없을 것이므로, 그와 같은 방법을 채택하지 아니하고 이 사건 공급구역제한제도를 채택하였다고 하여 곧바로 과잉규제라고 할 수도 없다. 또한 이 사건 법률조항은 그 단서에서 '주류공급사정과 주세보전상 그 공급구역을 변경할 필요가 있다고 인정될 경우에는 동일 지방국세청 관내에 한하여 당해 지방국세청장이 이를 변경할 수 있다.'라고 규정하여 공급구역제도의 탄력적 운용가능성을 제도화하고 있는바, 이는 기본권의 제한을 최소화하는 가운데 입법 목적을 달성하려는 것으로서, 이 사건 공급구역제한제도가 초래할 수 있는 기본권 제한의 정도는 이로써 상당히 완화될 수 있다. 이 사건에 대한 위헌의견에서는 이 단서 규정에 관한 주세법 기본통칙의 내용을 들어 이 단서 규정이 본문 규정에 대한 보완이 되지 못하지만, 과세관청 내부의 행정규칙에 불과한 주세법 기본통칙의 현재의 내용이 이 단서 규정의 취지를 잘 반영하지 못하고 있다는 것과 이 단서 규정의 객관적 의미 내용에 비추어 이 사건 법률 조항의 위헌 여부를 판단하는 것은 별개의 문제인 것으로 보인다. 따라서 이 사건 공급구역제한제도는 그 추구하는 정당한 입법 목적 달성에 필요한 정도를 넘어서 지나치게 직업의 자유를 제한하는 것이라 볼 수 없다.”라고 판시하였다(헌재 1999. 7. 22, 98헌가5).

이와 달리 헌법재판소는 1996년에 구 주세법(1995. 12. 29. 법률 제5036호로 개정된 것) 제38조의 7(희석식 소주의 자도소주 100분의 50 이상 구입명령제도)에서 “제1항: 국세청장은 주류판매업자(주류중개업자를 포함한다)에 대하여 매월 제3조의3 제2호에 규정하는 희석식 소주의 총 구입액의 100분의 50 이상을 당해 주류판매업자의 판매장이 소재하는 지역(서울특별시 · 인천광역시 및 경기도, 대구광역시 및 경상북도, 광주광역시 및 전라남도 · 대전광역시 및 충청남도는 이를 각각 1개 지역으로 보며, 부산광역시와 그밖의 도는 이를 각각 별개의 지역으로 본다)과 같은 지역에 소재하는 제조장(제5조 제5항의 규정에 불구하고 용기주입 제조장을 제외한다)으로부터 구입하도록 명하여야 한다. 제2항: 제1항의 구입명령은 직전 연도의 전국 시장 점유율이 100분의 10 이상인 제조업자가 소재하는 지역 내의 주류판매업자에 대하여는 이를 적용하지 아니한다. 제3항: 제1항 내지 제2항의 규정에 의한 자도소주 구입비율 계산에 있어서는 수출분을 포함하지 아니하고 수입분을 포함한다. 제4항: 제1항 내지 제3항의 규정에 의한 자도소주구입에 관하여 기타 필요한 사항은 대통령령으로 정한다.”라는 규정과 동법 제18조(주류판매정지 또는 면허취소)에서 “제1항: 주류의 판매업자가 다음 각 호의 1에 해당하는 때에는 대통령령이 정하는 구분에 의하여 관할 세무서장은 그 판매업을 정지 처분하거나 그 면허를 취소하여야 한다. 9. 제38조의7의 규정에 의한 구입명령을 위반한 때. 다만 당해 판매업자가 소재하는 지역의 제조장의 생산량이나 출고량이 현저히 감소하는 등 당해 판매업자에게 책임 없는 사유로 구입하지 못하는 경우를 제외한다.”라는 규정의 위헌 여부에 대하여 “기본권인 직업행사의 자유를 제한하는 법률이 헌법에 저촉되지 아니하기 위하여는 그 기본권의 침해가 합리적이고 이성적인 공익상의 이유로 정당화할 수 있어야 한다. 물론 입법자는 경제정책의 목표와 그 목표를 달성하기 위하여 적합한 수단을 결정하는데 있어서 광범위한 형성의 자유가 부여되고, 또한 경제정책적 조정조치를 통하여 시장경제의 자유로운 힘의 대결을 수정할 수 있다. 그러나 자유로운 직업행사에 대한 침해는 그 침해가 공익상의 충분한 이유로 정당화되고 또한 비례의 원칙을 준수하여야 비로소 직업의 자유와 조화될 수 있다. 즉 입법자가 선택한 수단이 의도하는 입법 목적을 달성하기에 적정해야 하고, 입법 목적을 달성하기 위하여 똑같이 효율적인 수단 중에서 기본권을 되도록 적게 침해하는 수단을 사용하여야 하며, 침해의 정도와 공익의 비중을 전반적으로 비교형량하여 양자 사이에 적정한 비례의 관계가 이루어져야 한다. 우리나라 헌법은 헌법 제119조 이하의 경제에 관한 장에서 '균형 있는 국민경제의 성장과 안정, 적정한 소득의 분배, 시장의 지배와 경제력 남용의 방지, 경제주체 간의 조화를 통한 경제의 민주화, 균형 있는 지역경제의 육성, 중소기업의 보호 육성, 소비자의 보호 등'의 경제 영역에서의 국가목표를 명시적으로 규정함으로써 국가가 경제정책을 통하여 달성하여야 할 공익을 구체화하고, 동시에 헌법 제37조 제2항의 기본권 제한을 위한 일반적 법률유보에서의 '공공복리'를 구체화하고 있다. 그러나 경제적 기본권의 제한을 정당화하는 공익이 헌법에 명시적으로 규정된 목표에만 제한되는 것은 아니고, 헌법은 단지 국가가 실현하려고 의도하는 전형적인 경제목표를 예시적으로 구체화하고 있을 뿐이므로, 기본권의 침해를 정당화할 수 있는 모든 공익을 아울러 고려하여 법률의 합헌성 여부를 심사하여야 한다. 위의 구 주세법상 자도소주 구입명령제도가 물류비의 증가와 교통량 체증의 방지에 적정하고 필요한 수단인가 하는 것은 별론으로 하더라도 자도소주 구입명령제도의 도입을 통하여 달성하려는 성과가 직업의 자유에 대한 침해의 정도와 현저한 불균형을 이루고 있다. 입법을 통하여 달성하려는 공익은 그 중요성에 있어서 기본권 침해의 정도와 적정한 비례의 관계를 유지하여야 한다. 그러나 소주 제품에만 국한된 자도소주 구입명령제도는 현재 우리나라의 전체 물동량에 비추어 물류비의 증가 및 교통량 체증을 방지하는 효과가 작은데 반하여, 이로써 소주 판매업자, 제조업자, 소비자의 기본권을 침해하는 정도와 침해의 효과는 상당히 크다. 특히 소주 판매업자의 경우에 자도의 소주 제조업자로부터 의무적으로 반 이상의 자도소주를 구입해야 하고 또한 구입의무에 대응하는 계약체결의 강제를 법률이 규정하고 있지도 아니하므로, 이에 따른 지방소주 제조업자의 거의 독점적인 지위로 말미암아 소주 판매업자의 제조업자에 대한 의존의 정도가 매우 크고 경제적 활동의 자유에도 큰 제약을 받게 된다. 따라서 위의 구 주세법상 자도소주 구입명령제도가 물류비의 증가 및 교통량 체증의 방지에 기여하는 정도는 비교적 작은데 반하여 그로 말미암아 특히 소주 판매업자의 경우에는 상대적으로 심각한 기본권의 침해를 가져오므로, 침해를 통하여 얻는 성과와 침해의 정도가 합리적인 비례관계를 벗어났다고 아니할 수 없다. 헌법 제119조 제2항은 '국가는 …시장의 지배와 경제력의 남용을 방지하기 위하여 …경제에 관한 규제와 조정을 할 수 있다.'라고 규정함으로써, 독과점의 규제라는 경제정책적 목표를 개인의 경제적 자유를 제한할 수 있는 정당한 공익의 하나로 명문화하고 있다. 국가목표로서의 독과점 규제는 스스로에게 맡겨진 경제는 경제적 자유에 내재하는 경제력 집중적 또는 시장지배적 경향으로 말미암아 반드시 시장의 자유가 제한받게 되므로, 국가의 법질서에 의한 경쟁질서의 형성과 확보가 필요하고, 경쟁질서의 유지는 자연적인 사회현상이 아니라 국가의 지속적인 과제라는 인식에 그 바탕을 두고 있다. 독과점에 대한 규제는 국가의 경쟁정책에 의하여 실현되고 경쟁정책의 목적은 공정하고 자유로운 경쟁의 촉진에 있다. 독점규제의 목표는 독점규제및공정거래에관한법률(이하 "독점규제법"이라 한다)이 그 규제의 목표를 보다 구체화하고 있는바, 독점규제법 제1조는 '사업자의 시장지배적 지위의 남용과 과도한 경제력의 집중을 방지하고 부당한 공동행위 및 불공정거래행위를 규제하여, 공정하고 자유로운 경쟁을 촉진함으로써 창의적 기업활동을 조장하고 소비자를 보호함과 아울러 국민경제의 균형 있는 발전을 도모함을 목적으로 하고 있다.'라고 규정하여 이 법의 입법 목적을 밝히고 있다. 즉 국가의 경쟁정책은 시장지배적 지위의 남용방지, 기업결합의 제한, 부당한 공동행위의 제한 등을 통하여 시장경제가 제대로 기능하기 위한 전제조건으로서의 가격과 경쟁의 기능을 유지하고 촉진하려고 하는 것이다. 따라서 독과점 규제의 목적이 경쟁의 회복에 있다면 이 목적을 실현하는 수단 또한 자유롭고 공정한 경쟁을 가능하게 하는 방법이어야 한다. 그러나 이 사건 법률 조항이 규정한 소주 판매업자가 매월 소주류 총 구입액의 100분의 50 이상을 자도소주로 구입하도록 하는 구입명령제도는 실질적으로는 지방 소주 제조업자에게 경쟁으로부터의 면제라는 특권을 부여하고, 그로 말미암아 기업의 능력과 관계없이 자도소주 구입명령제도를 통하여 확보되고 유지되는 현 상태에 안주하는 결과를 가져오게 한다. 결국 자도소주 구입명령제도는 전국적으로 자유경쟁을 배제한 채, 지역 나누어 먹기 식의 지역 할거주의로 자리잡게 하고, 그로써 지방 소주업체들이 각 도마다 최소한 50퍼센트의 지역시장 점유율을 보유하게 하여 지역 독과점적 현상의 고착화를 초래하게 한다. 이로 말미암아 사실상 경쟁이 본래의 기능을 잃고 경쟁을 통하여 얻으려는 효과는 얻을 수 없게 된다. 그러므로 이 사건 법률 조항이 규정한 자도소주 구입명령제도는 지방 소주업체를 경쟁으로부터 직접 보호함으로써 오히려 경쟁을 저해하는 것이기 때문에 공정하고 자유로운 경쟁을 유지하고 촉진하려는 목적인 독과점 규제라는 공익을 달성하기 위한 적정한 조치로 보기 어렵다. 경쟁의 회복이라는 독과점 규제의 목적을 달성할 수 있는 방법은 되도록 균등한 경쟁의 출발선을 형성함으로써 경쟁을 가능하게 하고 활성화하는 방법이어야 한다. 비록 소주시장에서 이미 시장지배적 지위가 형성되었거나 또는 형성될 우려가 있다고 하더라도, 위의 구 주세법상 자도소주 구입명령제도는 독점화되어 있는 시장구조를 경쟁적인 시장구조로 전환시키기 위하여 적정한 수단으로 볼 수 없으므로, 위의 구 주세법 규정은 비례의 원칙에 위반된다. 그리고 우리나라 헌법은 제123조 제3항에서 중소기업을 보호·육성해야 할 국가의 과제를 부과하고, 같은 조 제5항에서는 국가는 중소기업의 자조조직을 육성하여야 하며, 그 자율적 활동과 발전을 보장해야 한다고 규정하고 있다. 중소기업은 생산과 고용의 증대에 기여하고 대기업보다 경기의 영향을 작게 받으며, 수요의 변화에 적절히 대처하고 새로운 기술의 개발을 기대하게 할 뿐만 아니라, 사회적 분업과 기업 간의 경쟁을 촉진함으로써 전체 국민경제에 크게 기여하고 있다. 그러나 중소기업은 대기업에 비하여 자금력, 기술 수준, 경영능력 등에 있어서 열세하기 때문에 자력으로는 경영의 합리화와 경쟁력의 향상을 도모할 수 없는 경우가 많다. 우리나라 헌법은 중소기업이 국민경제에서 차지하는 중요성 때문에 '중소기업의 보호'를 국가경제정책적 목표로 명문화하고, 대기업과의 경쟁에서 불리한 위치에 있는 중소기업의 지원을 통하여 경쟁에서의 불리함을 조정하고, 가능하면 균등한 경쟁조건을 형성함으로써 대기업과의 경쟁을 가능하게 해야 할 국가의 과제를 부과하고 있다. 중소기업의 보호는 넓은 의미의 경쟁정책의 한 측면을 의미하므로, 중소기업의 보호는 원칙적으로 경쟁질서의 범주 내에서 경쟁질서의 확립을 통하여 이루어져야 한다. 중소기업의 육성이란 공익을 경쟁질서의 테두리 안에서 실현해야 한다는 것으로 독점규제법도 간접적으로 표현하고 있다. 즉 능력에 의한 경쟁을 원칙으로 하는 독점규제법에서는 단지 제19조 제1항 단서 및 제26조 제2항에서 중소기업의 경쟁력 향상을 위한 경우에 한하여 공동행위와 사업자 단체의 경쟁제한행위를 예외적으로 허용할 뿐, 중소기업을 경쟁으로부터 직접 보호하는 지원조치는 이를 찾아볼 수 없다. 중소기업 또한 대기업과 마찬가지로 경쟁에서 능력을 인정 받고 시장에서 자신의 위치를 관철해야 한다. 단지 대기업 및 재벌기업과의 경쟁에서 중소기업이 불리하다면 그 불리한 경쟁조건을 완화하고 되도록 균등한 경쟁조건을 형성하는 수단을 통하여 조정함이 마땅하다. 현 상태의 유지를 법률의 형태로 보장함으로써 중소기업을 대기업과의 경쟁에서 제외하는 방법은 결코 바람직한 것이 못 된다. 중소기업의 육성은 세법상의 혜택이나 중소기업기본법 등 중소기업 지원을 위한 특별법에 규정된 특수한 중소기업육성책을 통하여 이루어져야 한다. 중소기업의 보호란 공익이 자유경쟁의 질서 안에서 발생하는 중소기업의 불리함을 국가의 지원으로 보완하여 경쟁을 유지하고 촉진시키려는데 그 목적이 있으므로, 이 사건 법률 조항이 규정한 자도소주 구입명령제도는 이러한 공익을 실현하기에 적합한 수단으로 보기 어렵다. 따라서 이 사건 법률 조항은 소주 판매업자의 직업의 자유는 물론 소주 제조업자의 경쟁 및 기업의 자유, 즉 직업의 자유와 소비자의 행복추구권에서 파생된 자기결정권을 지나치게 침해하는 위헌적인 규정이라고 아니할 수 없다."라고 판시하였다(헌재 1996. 12. 26, 96헌가18).

한편 헌법재판소는 2016년에 성매매알선등행위의처벌에관한법률(2011. 5. 23. 법률 제10697호로 개정된 것, 이하 "성매매처벌법"이라 한다) 제21조 제1항에서 "성매매를 한 사람은 1년 이하의 징역이나 300만원 이하의 벌금·구류 또는 과료(科料)에 처한다."라는 규정(이하 "심판대상 조항"이라 한다)의 위헌성 여부에 대하여 "성매매처벌법 제1조는 '성매매와 성매매 알선 등의 행위 및 성매매 목적의 인신매매를 근절하고, 성매매 피해자의 인권을 보호함을 목적으로 한다.'라는 규정에서 성매매의 근절을 성매매처벌법의 주된 입법 목적으로 밝히고 있다. 이와 같은 입법 목적이 정당한지의 여부를 판단하기 위해서는 과연 성매매가 근절의 대상이 되어야 할 해로운 행위인지에 대한 논의가 먼저 이루어져야 할 것이다. 최근 우리 사회는 개인주의와 성개방적 사고의 확산에 따라 성과 사랑은 법으로 통제할 사항이 아닌 사적 영역의 문제라는 인식이 커져가고 있다. 또한 사회의 성풍속 및 성도덕의 유지라는 사회적 법익 못지 않게 성적 자기결정권[6]의 자유로운 행사라는 개인적 법익을 중요시하는 사회로 변해가고 있다. 그러나 이와 같은 성의 자유화·개방화 추세가 성을 사고파는 행위까지 용인하거나 이를 정당화시킨다고 볼 수 없다. 성매매를 단순히 인류의 역사상 가장 오래된 직업이라거나 인간의 성에 대한 본능을 충족하는 불가피한 수단의 하나로 보는 것은 성매매가 가진 비인간성과 폭력적·착취적인 성격을 간과한 것이다. 성매매는 경제적인 대가를 매개로 하여 경제적 약자인 성판매자의 신체와 인격을 지배하는 형태를 띠므로, 대등한 당사자 사이의 자유로운 거래행위로 볼 수 없다. 인간의 정서적 교감이 배제된 채 경제적인 대가를 매개로 하여 이루어지는 성매매는 성을 상품화하고, 돈만 있으면 성도 쉽게 살 수 있다는 인식을 확대·재생산한다. 그 결과 성판매자는 하나의 상품으로 간주되며, 성구매자의 성욕을 충족시키는 과정에서 정신적·신체적인 폭력에 노출될 위험을 안게 된다. 또한 성폭력이나 성매매 목적의 인신매매 등 강압적인 성범죄가 발생하기 쉬운 환경이 만들어짐에 따라 퇴폐·향락 문화가 확산되고, 종국적으로는 사회 전반의 건전한 성풍속과 성도덕을 허물어뜨리

---

6) 성적 자기결정권 의의 및 헌법적 근거와 제한 및 제한 입법의 위헌 심사 기준에 대해 자세한 것은 이희훈, "성적 자기결정권과 성폭력 관련 법제 및 판례에 대한 헌법적 고찰", 헌법논총 제26집, 헌법재판소, 2015. 11, 175-201면.

게 된다. 개인의 성행위 그 자체는 사생활의 내밀한 영역에 속하고 개인의 성적 자기결정권의 보호대상에 속한다고 할지라도 그것이 외부에 표출되어 사회의 건전한 성풍속을 해칠 때에는 마땅히 법률의 규제를 받아야 하는 것이고, 외관상 강요되지 않은 자발적인 성매매 행위도 인간의 성을 상품화함으로써 성판매자의 인격적 자율성을 침해할 수 있으며, 성매매 산업이 번창할수록 자금과 노동력의 정상적인 흐름을 왜곡하여 산업구조를 기형화시키는 점에서 사회적으로 매우 유해한 것이다(헌재 2012. 12. 27, 2011헌바235). 특히 최근의 성매매 산업이 음성적이고 기형적인 형태로 조직화·전문화되고 있고, 정보통신의 발달로 인터넷이나 스마트폰 애플리케이션을 이용한 성매매 알선업자의 영업수법이 지능화되고 있는 현실을 감안할 때, 성매매 행위를 합법화하거나 처벌하지 않게 되면 성산업으로의 거대자금의 유입, 불법체류자의 증가, 노동시장의 기형화 등을 초래하여 국민생활의 경제적·사회적 안정을 해치고 국민의 성도덕을 문란하게 하는 현상을 더욱 심화시킬 수 있다. 또한 인간의 성을 고귀한 것으로 여기고, 물질로 취급하거나 도구화하지 않아야 한다는 것은 인간의 존엄과 가치를 위하여 우리 공동체가 포기할 수 없는 중요한 가치이자 기본적 토대라 할 수 있다. 설령 강압이 아닌 스스로의 자율적인 의사에 의하여 성매매를 선택한 경우라고 하더라도 자신의 신체를 경제적 대가 또는 성구매자의 성적 만족이나 쾌락의 수단 내지 도구로 전락시키는 행위를 허용하는 것은 단순히 사적인 영역의 문제를 넘어 인간의 존엄성을 자본의 위력에 양보하는 것이 되므로 강압에 의한 성매매와 그 본질에 있어 차이가 없다. 따라서 성매매를 근절함으로써 건전한 성풍속 및 성도덕을 확립하고자 하는 심판대상 조항의 입법 목적은 성매매의 자발성 여부와 상관없이 그 정당성을 인정할 수 있다. 다만 성매매처벌법 시행 이후에도 여전히 성매매 시장이 음성화되어 존재하고 있으므로, 성매매에 대한 형사처벌이 성매매의 근절에 기여하지 못한다는 비판이 있다. 그러나 성매매가 완전히 근절되지 않고 있는 것은 여전히 존재하는 성매매에 관대한 접대문화, 낮은 불법성 인식, 신·변종 성매매 산업의 등장, 인터넷이나 스마트폰을 이용한 성매매 알선의 지능화, 전담 수사인력의 부족, 성구매자에 대한 관대한 처벌경향, 일관된 단속과 집행이 이루어지지 못한 점 등 복합적인 요인에서 그 원인을 찾을 수 있고, 현실적인 집행상의 문제를 규범 자체의 실효성 문제와 직접 결부시킬 수 없다. 오히려 2013년 여성가족부의 성매매 실태조사에 의하면 성매매업소가 밀집된 특정지역, 이른바 '성매매 집결지'를 중심으로 한 성매매 업소와 성판매 여성의 수가 감소하는 추세에 있고, 성구매사범 대부분이 성매매처벌법에 의해 성매매가 처벌된다는 사실을 인지한 후 성구매를 자제하게 되었다고 응답하고 있으므로, 심판대상 조항이 성매매를 규제하기 위한 형벌로서의 처단기능을 갖지 않는다고 볼 수 없다. 따라서 심판대상 조항은 성매매의 근절을 통한 건전한 성풍속 및 성도덕 확립이라는 입법의 목적을 달성하기 위한 적절한 수단에 해당한다고 할 것이다. 현대 형법의 추세는 개개인의 행위가 비록 도덕률에 반하더라도 본질적으로 개인의 사생활에 속하고 사회적 유해성이 없거나 법익에 대한 명백한 침해가 없는 경우에는 국가권력이 개입해서는 안 된다는 사생활에 대한 비범죄화 경향이 강한 것은 사실이다. 그러나 특정한 인간의 행위를 범죄로 보아 국가가 형벌권을 행사하여 규제할 것인지, 아니면 단순히 도덕률에 맡길 것인지의 문제는 인간과 인간, 인간과 사회와의 상호관계를 고려하여 시간과 공간에 따라 그 결과를 달리할 수밖에 없는 것이고, 결국은 그 사회의 시대적인 상황, 사회 구성원들의 의식 등에 의하여 결정될 수밖에 없다. 그런데 앞에서 본 것처럼 성매매는 단순히 사적이고 은밀한 영역에서의 개인활동에 국한된 문제가 아니라, 성에 대한 인식을 왜곡함으로써 사회 전반의 성풍속 및 성도덕을 허물어뜨리는 유해한 행위로 평가할 수 있다. 그러므로 성매매를 개인의 자유 영역에 남겨두지 않고 국가가 개입하여 형사처벌을 하는 것은 국민의 법감정과 상충된다거나 성매매에 대한 규제의 필요성이 지금의 한국 사회에서는 더이상 통용되기 어려워졌다고 볼 수 없다. 특히 성매매에 대한 수요는 성매매의 시장을 형성하고 이를 유지·확대하는 주요한 원인이 된다. 따라서 성매매 근절을 위해서는 성구매자의 수요를 억제하는 것이 무엇보다 중요하다. 우리 사회는 잘못된 접대문화 등으로 인하여 성매매에 대한 관대한 인식이 팽배해 있으며, 성매매 집결지를 중심으로 한 전통적인 유형의 성매매 뿐만 아니라, 산업형(겸업형) 성매매, 신·변종 성매매, 인터넷·스마트폰을 통해 이루어지는 성매매 등 다양한 유형의 성매매 시장이 활성화되어 있다. 또한 불법체류자나 이주노동자들의 성매매, 청소년·노인의 성매매, 해외 원정·관광을 통한 성매매 등 성매매의 양상도 점차 복잡해지고 있다. 이러한 상황에서 성매매에 대한 지속적인 수요를 억제하지 않는다면 성인 뿐만 아니라 청소년이나 저개발국의 여성들까지 성매매시장에 유입되어 그 규모가 비약적으로 확대될 우려가 있다. 이에 대하여 성구매자를 형사처벌을 하는 대신에 성매매의 예방이나 재범방지의 교육 등과 같은 덜 제약적인 수단에 의하여도 성매매 근절이 가능하다는 주장이 있을 수 있다. 그러나 성매매처벌법의 존재와 내용, 불법성 등을 인지하면서도 여전히 성매매의 유혹을 뿌리치지 못하는 사람들이 존재하고, 성구매에 대한 관대한 사회적 인식이 팽배한 현실에서 성매매 예방이나 재범방지 교육이 성구매자에 대한 형사처벌과 유사하거나 더 높은 효과를 갖는다고 단정할 수 없다. 이러한 점에서 성구매자에 대한 형사처벌이 과도하다고 볼 수 없다. 심판대상 조항은 성구매자 뿐만 아니라 성판매자도 동일한 법정형으로 처벌하도록 하고 있다. 이는 성구매자를 처벌하여 성매매에 대한 수요를 억제한다고 하더라도 성매매에 대한 공급이 합법적으로 존재하는 상황에서는 성매매 근절의 실효성을 달성할 수 없다는 인식에 기초한 것이다. 만약 성판매의 행위를 비범죄화한다면 경제적 이익을 목적으로 한 성매매의 공급이 더욱 확대될 수 있고, 성매매를 원하는 자들로 하여금 성판매자에게 보다 쉽게 접근할 수 있는 길을 열어줄 위험이 있다. 성판매자가 성구매자들의 적발과 단속을 피할 수 있는 방안을 보장하는 등의 불법적인 조건으로 성매매를 유도할 가능성도 배제할 수 없다. 또한 성판매의 행위를 비범죄화한다면 포주 조직이 불법적인 인신매매를 통하여 성매매 시장으로 유입된 성매매 여성에게 합법적인 성판매를 강요하는 등 성매매의 형태가 조직범죄화 될 가능성도 얼마든지 있을 수 있고, 성을 상품화하는 현상이 만연한 현실을 감안하면 성판매 여성의 인권 향상은 커녕 오히려 탈(脫) 성매매를 어렵게 만들어 성매매에 고착시킬 우려도 있다. 따라서 성매매를 근절하기 위해서는 성구매자 뿐만 아니라 성판매자도 형사처벌의 대상에 포함시킬 필요성이 충분히 인정된다. 성매매 여성에 대한 차별과 낙인, 기본적 생활보장, 인권침해의 문제는 성매매를 '노동'으로 인정하거나 성판매의 비범죄화를 통하여 해결할 것이 아니라, 성을 판매하지 않고도 얼마든지 살아갈 수 있도록 국가와 사회가 효과적인 대안을 제시하면서 보다 많은 투자를 하고 우리 사회의 문화적 구조와 의식을 변화시키는 것이 우선적인 과제이다. 다만 사회구조적인 요인에 의해 불가피하게 성판매에 종사하는 자가 많은 상황에서 이들에 대한 형사처벌이 과도하다는 비판이 있을 수 있다. 실제로 차별적인 노동시장이나 빈곤 등과 같은 사회구조적인 요인이 성판매의 종사에 커다란 영향을 미칠 수 있음을 부정할 수 없다. 하지만 실제 성매매의 실태를 살펴보면 빈곤 등의 사회구조적인 요인이 아니라, 쉽게 돈을 벌 수 있다는 유혹에 따라 소득의 보충이나 용돈의 마련 등을 위한 적극적이거나 자발적인 성판매자도 상당 부분 있다는 점도 부인할 수 없다. 그런데 성판매자의 정체성은 '자유로운 개인'과 '피해자'라는 양 극단에서부터 그 중간을 아우르는 영역까지 다양한 양상을 띠고 있으며, 성판매자들 사이에서도 다양한 계층이 형성되어 각기 속한 환경에 따라 다른 모습을 보이기도 한다. 이러한 복잡한 양상 때문에 개개의 성매매에 대한 통일적이고 일반적인 원인을 규명하여 어쩔 수 없이 성매매에 내몰린 성판매자들의 집단을 구별해 내기가 쉽지 않다. 게다가 빈곤한 사람들이나 사회적 취약계층의 사람들이 모두 성매매에 종사하는 것은 아니며, 사회구조적인 요인에 따른 영향이 성매매에만 국한된 특유한 문제라고 볼 수도 없다. 설령 외부적인 요인에 의해 성매매에 내몰린 경우라도 그것이 성판매자의 자율적인 판단을 완전히 박탈할 정도에 이르지 않은 이상, 비난가능성이나 책임이 부정된다고 볼 수는 없을 것이다. 만약 성판매자에게 책임을 묻기 어려운 구체적인 사정이 있는 경우에는 성매매처벌법상 '성매매 피해자'로 인정되어 형사처벌의 대상에서 제외될 수 있는 가능성도 존재하므로, 성매매 피해자에 해당되지 않는 성판매자를 처벌하는 것을 두고 국가의 과도한 형벌권 행사라고 보기 어렵다. 또한 '생계형 성판매자'는 처벌하지 말아야 한다는 주장도 있다. 그러나 어떤 경우를 생계형 성판매로 인정할 것인지 그 구별기준을 정하기 매우 어렵고(성매매 집결지에서의 성판매만을 '생계형 성판매'라고 단정할 수도 없을 것이다), 성매매가 아닌 다른 범죄에도 생계형이 충분히 있을 수 있다는 점 등을 감안하면 생계를 유지하기 위한 어쩔 수 없는 성판매 행위를 처벌하느냐 하는 것은 위헌의 문제에서 고려할 것이 아니라, 형사처벌에서의 정상 참작이나 여러가지 성판매자 지원정책에서 반영할 문제이다. 성매매처벌법은 형법상의 범죄피해자의 개념에서 벗어나 넓은 범위의 피해자 개념을 인정함으로써 성매매 피해자를 보호하고 있다. 구체적으로 위계, 위력, 그 밖에 이에 준하는 방법으로 성매매를 강요당한 사람, 업무관계, 고용관계 등으로 인하여 보호 또는 감독하는 사람에 의하여 마약 등에 중독되어 성매매를 한 사람, 청소년, 사물을 변별하거나 의사를 결정할 능력이 없거나 미약한 사람, 성매매 목적의 인신매매를 당하여 성매매를 한 사람은 성매매 피해자의 범주에 포함된다(성매매처벌법 제2조 제1항 제4호). 또한 선불금 등으로 인하여 그 의사에 반하여 이탈을 제지받은 사람이나 다른 사람을 고용·감독하는 사람, 출입국·직업을 알선하는 사람 또는 그를 보조하는 사람이 성을 파는 행위를 하게 할 목적으로 여권이나 여권을 갈음하는 증명서를 채무이행의 확보 수단으로 받은 경우에는 그 대상자를 성매매 목적의 인신매매를 당한 것으로 의제하여 성매매 피해자로 보고 있다(성매매처벌법 제2조 제2항·제1항 제3호·제4호 라목). 이처럼 성판매자가 성매매 피해자로 인정되면 성매매에 대한 책임을 물을 수 없는 경우로 인정하여 형사처벌의 대상에서 제외하고 있다(성매매처벌법 제6조 제1항). 그 밖에 성매매처벌법에서는 성매매 피해자에 해당하지 아니하는 성판매자라고 하더라도 사건의 성격이나 동기, 행위자의 성행 등에 따라 형사처벌이 아닌 보호사건으로 처리될 수 있는 길을 열어두고 있다(제12조). 검사나 판사가 성판매자에 대하여 보호처분을 하는 것이 적절하다고 인정할 때에는 보호사건으로 처리하도록 하여 성매매가 이루어질 우려가 있는 장소나 지역에의 출입금지, 보호관찰,

사회봉사 · 수강명령, 성매매 피해상담소에의 상담 위탁, 전담의료기관에의 치료위탁 등의 보호처분을 받을 수 있도록 한다(제14조 제1항). 이처럼 성매매처벌법은 성매매 피해자에 해당하지 아니하는 성판매자에 대하여 원칙적으로 형사처벌을 하도록 하는 한편, 일정한 경우에는 형사처벌 없이도 성매매에서 이탈하도록 유도하는 제도적 방안을 두는 등 형사처벌에 따른 부작용을 최소화하기 위한 보완장치도 마련해 놓고 있다. 또한 '성매매방지및피해자보호등에관한법률'(이하 "성매매피해자보호법"이라 한다)에서는 성판매자가 성매매에서 벗어나 정상적인 사회에 복귀할 수 있도록 하는 여러 제도적 방안을 마련해 놓고 있다. 성매매피해자보호법에서는 성매매 피해자 등의 보호, 피해의 회복 및 자립 · 자활을 지원하기 위하여 법적 · 제도적인 장치를 마련하고 필요한 행정적 · 재정적 조치를 하는 것을 국가와 지방자치단체의 책임으로 규정하고 있다(성매매피해자보호법 제3조). 국가와 지방자치단체는 성매매 피해자의 사회복귀를 돕기 위하여 취학지원을 할 수 있을 뿐만 아니라(동법 제8조), 이들을 위한 지원시설이나 성매매 피해상담소, 자활지원센터 등을 통하여 숙식제공, 상담 및 치료, 의료지원, 수사기관의 조사와 법원의 증인신문에의 동행 등을 할 수 있다(동법 제10조, 제11조, 제15조 내지 제18조). 이러한 수단을 통하여 성매매 피해자나 성판매자들은 성매매의 굴레에서 벗어나 원활히 사회 복귀를 하는데 도움을 받을 수 있다. 성매매를 바라보는 시각은 매우 다양하여 그에 대한 각국의 법적 대책은 한 가지로 통일되어 있지 않다. 즉, 성매매에 대한 정책은 우리나라와 같은 금지정책 외에도 관리정책 · 비범죄화정책 등 각국이 처한 현실에 따라 다양하게 이루어지고 있다. 그런데 성인 사이의 자발적인 성매매에 대하여 형사처벌을 하지 않는 국가이더라도 성매매가 지역공동체에 미치는 부정적인 영향을 막기 위하여 성판매자들의 호객행위를 규제하거나 성매매업소의 운영을 금지하기도 하고, 성매매와 성매매업소가 합법화된 국가라도 성매매의 시간이나 지역을 제한하거나, 성매매의 집결지 폐쇄나 성매매의 업소에 대한 엄격한 규제정책을 병행하기도 한다. 또한 성판매를 비범죄화한 국가의 경우에 그것이 성판매자들의 안전이나 인권보호의 개선으로 바로 이어지지는 않고, 오히려 성매매의 확대와 성착취의 심화 · 성구매 관광수요의 증가로 인한 인신매매의 증가 등 심각한 폐해가 나타나는 경우도 볼 수 있다. 이처럼 나라별로 시대정신, 국민 인식의 변화, 사회 · 경제적 구조 등을 고려하여 성매매에 대하여 다양한 정책이 시행되고 있을 뿐만 아니라, 단기간의 가시적이고 외부적인 통계나 성과만으로 그 정책의 효율성을 판단하는 것도 쉽지 않다. 따라서 성매매에 대하여 국가가 어떠한 태도를 취해야 하는가에 대한 답은 일도양단식으로 쉽게 내릴 수 없는 문제라고 할 것이고, 입법자가 성매매 행위를 유해한 것으로 평가하여 이를 근절하기로 결정한 후에 다양한 입법적인 시도를 하는 것 자체에 대하여 일률적으로 그 위헌성 여부를 논할 수는 없다고 할 것이다. 그러므로 심판대상 조항이 성매매 행위를 처벌하되, 성매매 피해자는 처벌의 대상으로 하지 않고 오히려 보호의 대상으로 하고 있으며, 미수범을 처벌하지 않을 뿐만 아니라, 법정형도 '1년 이하의 징역이나 300만원 이하의 벌금, 구류 또는 과료'로 비교적 높지 않게 규정한 것을 다른 국가와 평면적으로 비교하여 침해의 최소성 원칙에 어긋난다고 볼 수도 없다. 또한 자신의 성 뿐만 아니라 타인의 성을 고귀한 것으로 여기고 이를 수단화하지 않는 것은 모든 인간의 존엄과 평등이 보장되는 공동체의 발전을 위하여 기본 전제가 되는 가치관이다. 인간의 성에 대한 자본의 극단적인 침식행위를 용인하는 성매매는 이러한 가치관을 허물어뜨리는 행위이므로, 성매매의 형태로 이루어지는 개인의 성적 행위에 국가가 적극 개입하고 성매매를 근절함으로써 확립하려는 사회 전반의 건전한 성풍속과 성도덕이라는 공익적 가치는 개인의 성적 자기결정권 등 기본권 제한의 정도에 비해 결코 작다고 볼 수 없다. 그러므로 심판대상 조항은 법익 균형성의 원칙에도 위반되지 아니한다."라고 판시하였다(헌재 2016. 3. 31, 2013헌가2).

이 밖에 구 학교보건법 시행령(1993. 9. 27. 대통령령 제13982호로 개정된 것) 제4조의2 제5호, 부칙 제2항(이하 "이 사건 시행령 조항"이라 한다)의 위헌 여부에 대해서 "시행령 제4조의2(정화구역 안에서의 기타 금지시설) 구 학교보건법 제6조 제1항 제14호의 규정에 의하여 대통령령으로 정하는 시설은 다음 각 호와 같다. 다만 초·중등교육법 제2조 제1호의 규정에 의한 유치원과 고등교육법 제2조 각 호의 규정에 의한 학교의 학교 환경위생 정화구역의 경우에는 제1호·제3호 및 제5호 내지 제7호의 시설을 제외한다. 1. 컴퓨터게임장, 2. 특수목욕장 중 증기탕, 3. 만화가게, 4. 풍속영업의규제에관한법률 제2조 제5호의 규정에 의한 무도학원·무도장, 5. 풍속영업의규제에관한법률시행령 제2조 제5호의 규정에 의한 노래연습장, 6. 담배자동판매기, 7. 음반및비디오물에관한법률 제2조 제6호 라목의 규정에 의한 비디오물 감상실, 8. 청소년보호법시행령 제3조 각 호의 1에 해당하는 업소. 동법 시행령 부칙 제2항: 이 영 시행 당시 제4조의2 제4호 내지 제6호의 개정규정에 해당하는 시설은 1998년 12월 31일까지 이전 또는 폐쇄하여야 한다. 다만 1994년 8월 31일까지 법 제6조 제1항 단서의 규정에 의하여 교육감 또는 교육감이 지정하는 자의 인정을 받은 경우에는 그러하지 아니하다."라고 규정되어 있었다. 이러한 이 사건 시행령 조항의 위헌 여부에 대하여 헌법재판소는 1999년에 "이 사건 시행령 조항은 학교보건법 소정의 학교 환경위생 정화구역 안에서 노래연습장 시설을 못하게 하여 노래연습장으로 인하여 청소년 학생이 학습을 소홀히 하는 것을 막고 노래연습장의 유해한 환경으로부터 학생들을 차단·보호하여 학교 교육의 능률화를 기하려는 것으로서 그 입법의 목적이 정당하고, 학교 경계선으로부터 200미터 이내의 학교 환경위생 정화구역 안에서만 노래연습장 시설을 금지하는데 불과하므로 기본권 제한의 정도가 그다지 크지 아니한데 비하여, 학생들이 자주 출입하고 학교에서 바라보이는 학교 환경위생 정화구역 안에서 노래연습장 시설을 금지하면 변별력과 의지력이 미약한 초·중등교육법상 각 학교(같은 법 제2조 제1호의 유치원은 제외한다)의 학생들을 노래연습장이 갖는 오락적인 유혹으로부터 차단하는 효과가 상당히 크다고 할 것이고, 학교보건법 제6조 제1항 단서, 같은 법 시행령 제4조에 의하여 학교 환경위생 정화위원회의 심의를 거쳐 학습과 학교 보건위생에 나쁜 영향을 주지 않는다고 인정하는 경우에는 위 학교 환경위생 정화구역 중 상대 정화구역 안에서의 노래연습장 시설은 허용되므로, 이 사건 시행령 조항에 의한 직업행사의 자유에 대한 제한은 그 입법 목적의 달성을 위하여 필요한 정도를 넘어서 과도하게 제한하는 것이라고 할 수 없다. 따라서 이 사건 시행령 조항은 직업선택의 자유와 행복추구권으로부터 파생되는 일반적 행동자유권을 침해한 것으로 볼 수 없다."라고 합헌으로 판시하였다(헌재 1999. 7. 22. 98헌마 480 등).

한편 구 학교보건법(2002. 8. 26. 법률 제6716호로 개정된 것. 이하 "이 사건 법률 조항"이라 한다) 제5조와 제6조 제1항 제2호에서 "제5조 제1항: 학교의 보건·위생 및 학습환경을 보호하기 위하여 교육감은 대통령령이 정하는 바에 따라 학교 환경위생 정화구역을 설정하여야 한다. 이 경우 학교 환경위생 정화구역은 학교 경계선으로부터 200미터를 초과할 수 없다. 제2항: 제1항의 규정에 의한 교육감의 권한은 대통령령이 정하는 바에 따라 교육장에게 위임할 수 있다. 제6조 제1항: 누구든지 학교 환경위생 정화구역 안에서는 다음 각 호의 1에 해당하는 행위 및 시설을 하여서는 아니 된다. 다만 대통령령이 정하는 구역 안에서는 제2호, 제4호, 제8호 및 제10호 내지 제14호에 규정한 행위 및 시설 중 교육감 또는 교육감이 위임한 자가 학교 환경위생 정화위원회의 심의를 거쳐 학습과 학교 보건위생에 나쁜 영향을 주지 않는다고 인정하는 행위 및 시설은 제외한다. 1. 생략, 2. 극장, 총포·화약류의 제조장 및 저장소, 고압가스·천연가스·액화석유가스 제조소 및 저장소, 3.-14. 생략"이라고 규정되어 있었다.

이 사건 법률 조항에 대하여 헌법재판소는 2004년에 "구 학교보건법 제5조 제1항은 교육감에게 학교의 보건·위생 및 학습환경을 보호하기 위하여 학교의 경계선으로부터 200미터를 초과하지 않는 범위에서 대통령령이 정하는 바에 따라 학교 환경위생 정화구역을 설정하여야 할 의무를 부과하고 있다. 이 법에서 정하는 '학교'의 의미는 학교보건법의 입법 목적 및 학교보건법 시행령의 규정의 취지를 종합하여 살펴볼 때, 학교보건법 시행령 제2조에 규정된 모든 학교 즉, 유치원·초·중·고등학교 및 대학을 포함하는 개념이다. 또한 이 사건 법률 조항은 누구든지 정화구역 안에서 극장시설 및 영업을 하여서는 안 된다고 규정하고 있는바, 여기서의 '극장'이란 그 사전적 의미 및 이 사건 법률 조항의 입법 취지를 종합하여 살펴볼 때, 연극 등의 공연을 위한 무대공연시설과 영화상영을 위한 극장시설을 모두 포함하는 개념이다. 이 사건 법률 조항은 대학 부근 정화구역 내의 극장을 일반적으로 금지하고 있다. 그런데 대학생들은 고등학교를 졸업한 자 또는 법령에 의하여 이와 동등 이상의 학력이 있는 자 중에서 선발되므로, 신체적·정신적으로 성숙하여 자신의 판단에 따라 자율적으로 행동하고 책임을 질 수 있는 시기에 이르렀다고 할 것이다. 이와 같은 대학생의 신체적·정신적 성숙성에 비추어 볼 때, 대학생이 영화의 오락성에 탐닉하여 학습을 소홀히 할 가능성이 적으며, 그와 같은 가능성이 있다고 하여도 이는 자율성을 가장 큰 특징으로 하는 대학 교육이 용인해야 할 부분이라고 할 것이다. 따라서 대학의 정화구역에 관하여는 구 학교보건법 제6조 제1항 단서에서 규율하는 바와 같은 예외 조항의 유무와 상관없이 극장에 대한 일반적인 금지를 둘 필요성을 인정하기 어렵다. 결국 대학의 정화구역 안에서 극장시설을 금지하는 이 사건 법률 조항은 극장 운영자의 직업수행의 자유를 필요 최소한 정도의 범위에서 제한한 것이라고 볼 수 없어 최소 침해성의 원칙에 반한다. 이 사건 법률 조항은 유치원 및 초·중·고등학교의 정화구역 내의 극장시설 및 영업도 일반적으로 금지하고 있는바, 그 정화구역 중 금지의 예외가 인정되는 구역을 제외한 나머지 구역은 어떠한 경우에도 예외가 인정되지 아니하는 절대금지구역이다. 그런데 국가·지방자치단체 또는 문화재단 등 비영리단체가 운영하는 공연장 및 영화상영관, 순수 예술이나 아동·청소년을 위한 전용 공연장 등을 포함한 예술적 관람물의 공연을 목적으로 하는 공연법상의 공연장, 순수예술이나 아동·청소년을 위한 영화진흥법상의 전용영화상영관 등의 경우에는 정화구역 내에 위치하더라도 초·중·고등학교 학생들에게 유해한 환경이라고 하기보다는 오히려 학생들의 문화적 성장을 위하여 유익한 시설로서의 성격을 가지고 있어 바람직한 방향으로 활용될 가능성이 높다는 점을 부인하기 어렵다. 그렇다면 정화구역 내의 절대금지구역에서는 이와 같은 유형의 극장에 대한 예외를 허용할 수 있는 가능성을 전혀 인정하지 아니하고 일률적으로 금지하고 있는 이 사건 법률 조항은 그 입법의 목적을 달성하기 위하여 필요한 정도 이상으로 극장 운영자의 직업의 자유 등의 기본권을 제한하는 법률이다."라고 위헌으로 판시하였다 (헌재 2004. 5. 27, 2003헌가1 등).

4. 주거의 자유

헌법 제16조에서 "모든 국민은 주거의 자유를 침해받지 아니한다. 주거에 대한 압수나 수색을 할 때에는 검사의 신청에 의하여 법관이 발부한 영장을 제시하여야 한다."라고 규정하고 있다.

먼저 헌법 제16조 전문에서 '주거'란 개인의 사생활이 영위되는 공간을 뜻하므로, 거주 여부를 불문하며, 주택을 포함하여 학교, 회사, 호텔의 객실 등 각종 숙소, 공장, 점포, 사무실 등 사람의 사적인 생활의 거처로서 일반인에게는 출입이 허용되지 않는 점유 중인 일체의 건조물이나 시설에 해당하는 공간은 모두 헌법 제16조의 거주의 개념에 포함된다.[7]

이에 대하여 대법원은 1992년에 "일반적으로 대학교의 강의실은 그 대학 당국에 의하여 관리되면서 그 관리업무나 강의와 관련되는 사람에 한하여 출입이 허용되는 건조물이지, 널리 일반인에게 개방되어 누구나 자유롭게 출입할 수 있는 곳은 아니다."라고 판시하여, 대학의 강의실도 헌법 제16조의 주거의 개념에 포함되는 것으로 보아, 이를 형법상 주거침입죄의 대상이 되는 곳으로 보았다(대법원 1992. 9. 25, 92도1520).

5. 사생활의 비밀과 자유

헌법 제17조에서 "모든 국민은 사생활의 비밀과 자유를 침해받지 아니한다."라고 규정하여 사생활의 비밀과 자유를 보장하고 있다.

여기서 '사생활의 비밀'이란 사생활과 관련된 사사로운 자신만의 영역이 본인의 의사에 반해서 타인에게 알려지지 않도록 할 수 있는 권리를 뜻하고, '사생활의 자유'

---

7) 성낙인, 전게서, 1225면; 정종섭, 헌법학원론, 박영사, 639-640면.

란 사회공동체의 일반적인 생활규범의 범위 내에서 사생활을 자유롭게 형성해나가고 그 설계 및 내용에 대해서 외부로부터의 간섭을 받지 아니할 권리를 뜻한다(헌재 2001. 8. 30. 99헌바92 등). 즉, 헌법 제17조의 사생활의 비밀은 국가가 개인의 사생활의 영역을 들여다보는 것에 대한 보호를 제공해 주는 기본권이며, 사생활의 자유는 국가가 개인의 사생활의 자유로운 형성을 방해하거나 금지하는 것에 대한 보호를 의미하는바, 헌법 제17조가 보호하고자 하는 기본권은 개인의 사생활의 영역에 대한 자유로운 형성과 비밀의 유지라고 할 것이다(헌재 2003. 10. 30. 2002헌마518).

오늘날 사생활의 비밀과 자유 즉, 프라이버시권은 사생활의 평온을 침해받지 아니하고 사생활의 비밀을 함부로 공개당하지 않을 권리로서의 소극적인 성격과 자기에 대한 개인정보의 유통을 스스로 결정 또는 통제할 수 있는 적극적인 성격이 있다고 할 것이다. 이하에서는 오늘날과 같은 고도의 정보화 사회에서 그 중요성이 부각되고 있는 사생활의 비밀과 자유, 즉 프라이버시권의 적극적 성격에 해당하는 개인정보자기결정권의 내용에 대해 살펴보겠다.[8]

(1) 개인정보의 의의

먼저 '개인정보'란 '개인의 신원을 확인할 수 있는 개인에 관한 일체의 정보'를 뜻한다고 할 것이다.

이에 대하여 먼저 '개인적'이란 어떤 정보가 주체에게 특별히 민감하고, 개인적이며, 당혹스러울 뿐만 아니라, 비록 그 정보가 평범하거나 사소한 것이라도 그 주체의 의사에 반한 것으로 추정되는 경우에는 헌법상 개인정보자기결정권의 보호 대

---

[8] 이하에서 개인정보자기결정권의 내용에 대한 것은 이희훈, "개인정보자기결정권과 정보통신망 이용촉진 및 정보보호 등에 관한 법률 개정안에 대한 연구", 입법학연구 제14집 제1호, 한국입법학회, 2017. 2, 123-143면. 참고로 본서에서 개인정보자기결정권의 헌법적 근거를 헌법 제17조의 사생활의 비밀과 자유 규정에서 도출되는 것으로 보아, 사생활의 비밀과 자유 부분에서 개인정보자기결정권에 대하여 살펴본 이유는 다음과 같다. 즉, 헌법 제17조의 사생활의 비밀과 자유 규정에는 개인이 자신의 정보가 사적영역에 속하는 것이든 공적영역에 속하는 것이든 자신에 관련된 정보를 언제 누구에게 얼마만큼 공개할 것인지와 주거나 이용 또는 사용하도록 할 것인가, 그리고 이용 또는 사용중지나 수정 또는 삭제 등을 주체적 입장에서 원칙적으로 결정할 수 있는 권리인 개인정보자기결정권이 포함되어 있다고 할 것이다. 이에 개인정보자기결정권의 헌법적 근거는 헌법 제17조의 사생활의 비밀과 자유 규정에서 찾을 수 있다는 점과 헌법 제10조는 포괄적 기본권으로서, 기본권으로 보호되어야 할 권리가 헌법상 개별 기본권 규정에서 도출될 수 없을 때에 이러한 해당 기본권을 도출하는 근거로 작용할 수 있다는 점 등 때문이다.

상에 해당한다고 할 것이다.

　이와 관련하여 개인정보보호법 제2조 제1호에서 "개인정보란 살아 있는 개인에 관한 정보로서 다음 각 목의 어느 하나에 해당하는 정보를 말한다. 가. 성명, 주민등록번호 및 영상 등을 통하여 개인을 알아볼 수 있는 정보. 나. 해당 정보만으로는 특정 개인을 알아볼 수 없더라도 다른 정보와 쉽게 결합하여 알아볼 수 있는 정보. 이 경우 쉽게 결합할 수 있는지 여부는 다른 정보의 입수 가능성 등 개인을 알아보는데 소요되는 시간, 비용, 기술 등을 합리적으로 고려하여야 한다. 다. 가목 또는 나목을 제1호의2에 따라 가명처리함으로써 원래의 상태로 복원하기 위한 추가 정보의 사용·결합 없이는 특정 개인을 알아볼 수 없는 정보"라고 규정하고 있다. 그리고 헌법재판소는 2005년에 개인정보의 개념에 대해 "개인정보란 개인의 신체, 신념, 사회적 지위, 신분 등과 같이 개인의 인격주체성을 특징짓는 사항으로서, 그 개인의 동일성을 식별할 수 있게 하는 일체의 정보라고 할 수 있고, 반드시 개인의 내밀한 영역이나 사사(私事)의 영역에 속하는 정보에 국한되지 않고 공적 생활에서 형성되었거나 이미 공개된 개인정보까지 포함한다."라고 판시하였다(헌재 2005. 5. 26, 99헌마 513 등).

(2) 개인정보자기결정권의 의의

　헌법상 '개인정보자기결정권'이란 기본권은 어떤 개인이 자신에 관한 정보가 언제 누구에게 어느 범위까지 알려지고 공개하며 또한 이용 내지 사용되도록 할 것인지를 그 정보주체가 스스로 결정할 수 있는 권리를 뜻한다. 즉, '개인정보자기결정권'이란 정보주체가 개인정보의 공개와 이용에 관하여 스스로 결정할 수 있는 권리를 뜻한다.

　이에 대하여 미국에서는 과거 개인의 사생활에 대한 과도한 언론의 보도를 적절히 규제하기 위하여 타인이나 카메라 등에 의해 쫓기는 것이 아니라 혼자되는 것은 인간에게 부여된 권리라는 주장이 제기되었고, 이러한 권리는 프라이버시로 명하여졌다. 이렇듯 프라이버시권은 미국에서 과거에 '혼자 있을 권리'로 불려졌다. 이렇게 미국에서 개인의 비밀스러운 사생활을 보호하기 위한 권리의 성격으로 '혼자 있을 권리'라는 소극적인 권리로 여겨졌던 프라이버시권의 개념은 1960년 말부터 1970년대 초까지 미국에서 정보화 사회로 발전됨에 따라 개인의 자신에 대한 정보의 결정이나 통제를 하기 위한 권리라는 적극적이고 능동적인 의미의 프라이버시권으로 전개되어, 현대사회에 있어 컴퓨터의 발전과 함께 개인정보에 대한 보호의 문제가 부각되어 이른바 '정보 프라이버시권' 또는 '데이터 프라이버시권'의 개념으로 발전하였다.

이와 관련하여 오늘날의 정보화 사회에서 프라이버시권이 과거처럼 사생활의 침해나 공개를 당하지 아니할 권리의 소극적 성격이 아닌, 적극적인 성격의 프라이버시권의 개념에 대해 밀러 교수는 '프라이버시권은 정보주체가 자기에 관한 정보가 전파되는 것을 통제하는 권리'라고 하였고, 프리이드 교수는 '프라이버시권이란 우리 자신에 관한 정보를 우리 스스로가 통제하는 권리'라고 하였으며, 웨스틴 교수는 '프라이버시란 개인·단체·기관이 스스로 언제, 어떻게, 어느 정도 자기의 정보를 다른 사람에게 전파시킬 것인가를 결정하는 권리'라고 하였다.

즉, 오늘날 전 세계적으로 컴퓨터와 인터넷 및 스마트폰 등의 급속한 발달로 인하여 정보화 사회에서 개인의 다양한 각종 정보들이 컴퓨터 등에 저장되고 집적되어 개인정보의 유출로 인한 개인의 내적 사생활의 침해 문제의 가능성이 커지게 되었다. 이에 더 이상 프라이버시권을 과거처럼 타인의 간섭을 받지 않은 채 혼자 있을 수 있고, 개인의 사생활에 관한 비밀이 함부로 침해되거나 또는 외부에 공개당하지 아니하는 소극적 권리를 뜻하는 것에서 벗어나, 개인이 자기 자신의 개인정보에 대해 적극적으로 스스로 관리하고 통제하며 결정할 수 있는 권리로 확대되어, 오늘날 정보화 사회에서 개인정보자기결정권은 프라이버시권의 중요한 한 내용을 이룬다고 하겠다.

(3) 개인정보자기결정권의 내용

개인정보자기결정권의 구체적 내용으로 다음과 같이 크게 일곱 가지의 익명권, 정보 수집 동의권, 정보 수집 및 이용제한 청구권, 정보 열람 청구권, 정보 수정(정정) 청구권, 정보 분리 및 시스템 공개 청구권, 정보 관리책임 청구권을 보장해야 한다.

(가) 익명권

오늘날 정보통신기술의 발달에 따라 국가의 정치적 필요나 기업 또는 사인이 시장의 필요에 따른 거래 관계에 있어 그 거래 당사자의 신원 확인을 매우 높게 확인할 수 있다. 따라서 적법하게 수집된 개인정보를 처리할 때 그 입력이나 사용 또는 타인에게 제공 시 정보 주체의 식별을 최소화하여 그러한 각종 신원 확인 시 헌법적 차원에서 적절히 제한 내지 통제할 수 있도록 개인정보자기결정권의 한 내용으로 '익명권'을 보장해야 한다.

이에 따라 개인정보보호법 제3조 제7항에서는 "개인정보처리자는 개인정보를 익명 또는 가명으로 처리하여도 개인정보 수집목적을 달성할 수 있는 경우 익명처리가 가능한 경우에는 익명에 의하여, 익명처리로 목적을 달성할 수 없는 경우에는 가명에 의하여 처리될 수 있도록 하여야 한다."라고 규정하고 있다.

(나) 정보 수집 동의권

개인이 자신에 대한 정보를 언제 얼마만큼을 누구에게 주어 상대방이 자신의 정보를 수집하도록 할 것인가를 원칙적으로 결정할 수 있도록 개인정보자기결정권의 한 내용으로 '정보 수집 동의권'을 보장해야 한다.

이러한 개인의 정보에 대한 수집 동의권은 상대방의 충분한 개인정보의 수집목적과 정보 수집자와 관리자의 신원 및 향후 개인정보에 대해 정보 주체가 계속적으로 제한할 수 있는가 등에 대한 충분한 설명과 고지 및 그에 따른 적법한 절차에 따른 정보의 수집이 이루어지도록 보장해야 한다. 그리고 개인의 사상이나 신조 등 개인의 민감하고 내밀한 개인정보에 대해서는 원칙적으로 그 수집을 제한해야 한다. 왜냐하면 개인의 이러한 무분별한 정보의 수집은 개인의 사생활을 크게 해쳐 궁극적으로는 개인의 인격권을 침해하기 때문이다.

이에 따라 개인정보보호법 제4조 제1호 및 제2호에서는 "정보주체는 자신의 개인정보 처리와 관련하여 다음 각 호의 권리를 가진다. 1. 개인정보의 처리에 관한 정보를 제공받을 권리, 2. 개인정보의 처리에 관한 동의 여부, 동의 범위 등을 선택하고 결정할 권리"라고 규정하고 있다.

(다) 정보 수집 및 이용제한 청구권

정보의 수집자 또는 보유자는 개인이 자신에 관한 정보가 어떤 특정된 목적을 위해 필요한지를 명확하게 인식할 수 있도록 해야 하고, 그 후의 사용은 특정된 수집 목적과 일치되도록 해야 하며, 개인정보는 정당한 목적 하에 필요한 범위에서 공정하고 합리적인 방식으로 정보주체의 분명한 인식이나 동의 하에 수집되어야 한다는 정보 수집 목적의 정당성과 정보 수집 범위의 필요 최소성 및 수집 방식의 합리성과 정보주체의 인식 명확성에 부합하도록 보장해야 한다. 또한 정보의 수집자 또는 보유자는 개인으로부터 정보를 수집하더라도 수집된 개인정보의 내용이 최근의 상황에 맞게 정확하고 안전하게 항상 노력하여 정보주체가 피해를 보지 않도록 해야 한다는 개인정보에 대한 정확성과 안전성을 보장해야 한다. 그리고 만약 개인정보가 개인정보의 보관 및 관리자에게 허락한 본래의 목적 이외의 용도로 사용되거나 처리되고 있을 때에는 언제든지 그 사용이나 처리를 제한 내지 중단할 수 있도록 보장해야 한다. 이를 위하여 개인정보자기결정권의 한 내용으로 자신의 개인정보에 대한 '정보 수집 및 이용제한 청구권'을 보장해야 한다.

즉, 개인이 자신에 대한 정보를 수집한 자나 현재 그 정보를 보유한 자가 자신이 허락한 사용 범위를 초과하거나 무단으로 제3자에게 제공하거나 또는 제3자에게 자신의 개인정보가 무방비로 노출될 위험에 처해 있는 등 자신의 개인정보를 사용·관리·처분을 잘못하고 있을 경우 및 정보 주체가 더 이상 자신의 개인정보를 보유 및 관리하고 있는 상대방에게 보유나 관리를 하고 있게 할 필요가 없어졌을 때 등의 경우에는 자신의 개인정보를 사용·관리·처분을 하고 있던 그 상대방에게 자신의 개인정보에 대한 사용중지나 삭제나 폐기 등을 청구할 수 있도록 개인정보자기결정권의 한 내용으로 보장해야 한다.

이에 따라 개인정보보호법 제3조 제1항부터 제4항까지 "제1항: 개인정보처리자는 개인정보의 처리 목적을 명확하게 하여야 하고 그 목적에 필요한 범위에서 최소한의 개인정보만을 적법하고 정당하게 수집하여야 한다. 제2항: 개인정보처리자는 개인정보의 처리 목적에 필요한 범위에서 적합하게 개인정보를 처리하여야 하며, 그 목적 외의 용도로 활용하여서는 아니 된다. 제3항: 개인정보처리자는 개인정보의 처리 목적에 필요한 범위에서 개인정보의 정확성·완전성 및 최신성이 보장되도록 하여야 한다. 제4항: 개인정보처리자는 개인정보의 처리 방법 및 종류 등에 따라 정보주체의 권리가 침해받을 가능성과 그 위험 정도를 고려하여 개인정보를 안전하게 관리하여야 한다."라고 규정하고 있다. 그리고 개인정보보호법 제18조 제1항에서 "개인정보처리자는 개인정보를 제15조 제1항 및 제39조의3 제1항 및 제2항에 따른 범위를 초과하여 이용하거나 제17조 제1항 및 제3항에 따른 범위를 초과하여 제3자에게 제공하여서는 아니 된다."라고 규정하고 있다. 또한 개인정보보호법 제4조 제4호에서는 "정보주체는 자신의 개인정보 처리와 관련하여 다음 각 호의 권리를 가진다.

4. 개인정보의 처리 정지, 정정·삭제 및 파기를 요구할 권리"라고 규정하고 있다.

(라) 정보 열람 청구권

개인이 자신에 대한 정보에 대한 수집에 동의한 후에 자신의 정보에 대해 필요시 해당 개인정보를 보유하고 있는 해당 기관에게 원칙적으로 자신의 개인정보에 대해 확인 및 열람할 수 있도록 개인정보자기결정권의 한 내용으로 '정보 열람 청구권'을 보장해야 한다.

이에 따라 개인정보보호법 제3조 제5항에서는 "개인정보처리자는 개인정보 처리방침 등 개인정보의 처리에 관한 사항을 공개하여야 하며, 열람청구권 등 정보주체의 권리를 보장하여야 한다."라고 규정하고 있다. 그리고 개인정보보호법 제4조 제3호에서는 "정보주체는 자신의 개인정보 처리와 관련하여 다음 각 호의 권리를 가진다. 3. 개인정보의 처리 여부를 확인하고 개인정보에 대하여 열람(사본의 발급을 포함한다)을 요구할 권리"라고 규정하고 있다.

(마) 정보 수정(정정) 청구권

개인정보의 주체가 자신의 개인정보에 대해 확인 및 열람한 결과, 그 정보의 내용이 부정확해지거나 변경할 필요가 생겼을 때에는 그 정보의 수집자나 현재 그 정보의 보유자에게 자신의 정보에 대해 신속히 수정이나 정정 또는 변경을 요청할 수 있고, 그 요청에 대한 결과를 알 수 있도록 하기 위하여 개인정보자기결정권의 한 내용으로 자신의 개인정보에 대한 '정보 수정(정정) 청구권'을 보장해야 한다.

이에 따라 개인정보보호법 제4조 제4호에서는 "정보주체는 자신의 개인정보 처리와 관련하여 다음 각 호의 권리를 가진다. 4. 개인정보의 처리 정지·정정·삭제 및 파기를 요구할 권리"라고 규정하고 있다.

(바) 정보 분리 및 시스템 공개 청구권

특정된 목적을 위해 수집된 개인정보는 다른 기관에서 다른 목적을 위해 수집된 개인정보와 원칙적으로 통합시키지 않고 개인정보 간에 목적별로 각각 분리된 상태로 보유 및 관리해야 하고, 개인정보 처리시스템의 설치 여부, 설치목적, 정보 처리방식, 처리정보의 항목, 시스템운영책임자, 처리시스템에 의한 자동결정이 이루어지는지의 여부 등 수집된 개인정보에 대한 보유와 처리상황 등이 전반적으로 투명하게 공개하기 위하여 개인정보자기결정권의 한 내용으로 '정보 분리 및 시스템 공개 청구권'을 보장해야 한다.

이에 따라 개인정보보호법 제3조 제6항에서는 "개인정보처리자는 정보주체의 사생활 침해를 최소화하는 방법으로 개인정보를 처리하여야 한다."라고 규정하고 있다.

(사) 정보 관리책임 청구권

개인정보처리자는 특정된 목적을 위해 수집된 개인정보에 대해 정보주체의 사생활 침해를 최소화하는 방법으로 관리하도록 노력해야 할 것과 이에 대해 잘못 관리하여 발생한 피해에 대하여 적정한 책임을 질 수 있도록 하여 개인정보자기결정권이 실질적으로 보호될 수 있도록 개인정보자기결정권의 한 내용으로 '정보 관리책임 청구권'을 보장해야 한다.

이에 따라 개인정보보호법 제3조 제8항 및 제4조 제5호에서는 "제3조 제8항: 개인정보처리자는 이 법 및 관계 법령에서 규정하고 있는 책임과 의무를 준수하고 실천함으로써 정보주체의 신뢰를 얻기 위하여 노력하여야 한다. 제4조 제5호: 정보주체는 자신의 개인정보 처리와 관련하여 다음 각 호의 권리를 가진다. 개인정보의 처리로 인하여 발생한 피해를 신속하고 공정한 절차에 따라 구제받을 권리"라고 규정하고 있다.

(4) 사생활의 비밀과 자유에 대한 헌법재판소의 판례

(가) 공직자등의병역사항신고및공개에관한법률에 대한 판례

정ㅇ상(이하 "청구인"이라 한다)은 1990년 징병검사에서 한쪽 눈의 실명으로 병역면제 처분을 받았다. 청구인은 2005년 3월부터 국회 정책연구위원으로 근무하고 있는 공무원으로서, 구 공직자등의병역사항신고및공개에관한법률(2004. 12. 31. 법률 제7268호로 개정된 것. 이하 "법"이라 한다)에 따라 같은 해 8월 병역사항을 신고하였는데, 법 제3조에 따라 병역처분을 할 때의 질병명을 신고하여야 했었고, 이 신고사항은 법 제8조에 의하여 관보와 인터넷에 게재하는 방식으로 공개되었다. 이에 청구인은 질병명까지 신고·공개토록 하고 있는 위 법률조항들 및 공직선거의 후보자가 되려는 사람으로 하여금 후보자등록을 하는 때에 그와 같은 병역사항을 신고토록 규정하고 있는 법 제9조, 공직선거 후보자의 병역정보 공개에 관한 공직선거법(2005. 8. 4. 법률 제7681호로 개정된 것) 제65조가 자신의 사생활의 비밀과 자유와 직업선택의 자유 등의 기본권을 침해한다고 주장하면서, 2005년 11월 22일에 그 위헌확인을 구하는 권리구제형 헌법소원심판을 청구하였다(헌재 2007. 5. 31, 2005헌마1139).

먼저 이 권리구제형 헌법소원심판 사건과 관련된 법 규정들과 그 입법 배경에 대하여 살펴보면 다음과 같다. 즉, 1998년 7월 군과 검찰의 수사로 드러난 병무비리의 실태는 국민들에게 충격을 주었는데, 병무비리 청탁자의 대부분은 사회지도층 인사들이었다. 이에 공직자 및 공직후보자와 그 직계비속의 병역사항 신고 및 공개를 제도화하여 공직을 이용한 부정한 병역면탈을 방지하고 공직사회의 투명성을 제고함으로써 병역의무를 자진 이행하는 사회 분위기를 조성하기 위하여 의원입법으로 1999년 5월 24일에 '공직자등의병역사항신고및공개에관한법률'이 공포되어 동 일자로 시행되었다. 이 법률은 2004년 12월 31일에 개정이 되었는데, 병역사항 공개제도의 실효성을 높이기 위하여 병역사항 공개대상을 1급 이상의 공무원 등에서 공직자윤리법에 의하여 재산을 등록하는 직위인 4급 이상의 공무원 등으로 확대하고, 최종 병역처분을 할 때의 질병명 및 처분사유를 병역사항에 포함시켜 신고·공개토록 하였으며, 공개된 병역사항을 국민들이 보다 쉽게 확인할 수 있도록 관보 뿐만 아니라 인터넷을 통하여도 공개하도록 규정하였다. 그리고 이 당시 병역공개제도에 대한 주요 법 규정들을 살펴보면 다음과 같다. 4급 이상 공무원 등이 신고의무자(법 제2조)로서 이들은 본인과 18세 이상인 직계비속에 대한 병역사항을 신고하여야 한다(법 제3조 본문). 신고대상자가 병역면제자, 제2국민역에 편입된 자 등에 해당하는 경우에는 신고대상자의 질병명 또는 처분사유를 신고하여야 한다(법 제3조 제4호). 병무청장은 신고사항을 관보와 인터넷에 게재하여 공개하여야 한다(법 제8조 제1항). 신고의무자는 그 직계비속의 병역사항에 관하여는 대통령령으로 정하는 일정한 질병명 또는 심신장애 내용의 비공개를 요구할 수 있고, 이 경우에는 공개가 금지된다(법 제8조 제3항). 국가안전보장 및 국방분야 등에 종사하는 일정한 사람들에 대해서는 그 병역사항을 공개하지 않을 수 있다(법 제8조의2). 신고의무를 이행하지 않은 사람에 대해서는 1년 이하의 징역 또는 1천만원 이하의 벌금이 부과되는 것(법 제17조)으로 규정하였다.

다음으로 헌법재판소가 2007년에 법이 사생활의 비밀과 자유를 침해하는지의 여부에 대해서 살펴보면 "헌법 제17조는 사생활의 비밀과 자유를 국민의 기본권의 하나로 보장하고 있다. 사생활의 비밀은 국가가 사생활 영역을 들여다보는 것에 대한 보호를 제공하는 기본권이며, 사생활의 자유는 국가가 사생활의 자유로운 형성을 방해하거나 금지하는 것에 대한 보호를 의미한다. 구체적으로 사생활의 비밀과 자유 규정에 의하여 보호되는 것은 개인의 내밀한 내용의 비밀을 유지할 권리, 개인이 자신의 사생활의 불가침을 보장받을 수 있는 권리, 개인의 양심영역이나 성적 영역과 같은 내밀한 영역에 대한 보호, 인격적인 감정세계의 존중의 권리와 정신적인 내면생활이 침해받지 아니할 권리 등이다. 요컨대 헌법 제17조가 보호하고자 하는 기본권은 사생활 영역의 자유로운 형성과 비밀유지라고 할 것이다(헌재 2003. 10. 30, 2002헌마518). 법 제8조 제1항 본문 가운데 '4급 이상의 공무원 본인의 질병명에 관한 부분'(이하 "이 사건 법률 조항"이라 한다)은 국가가 신고의무의 부과를 통하여 획득한 개인의 질병명을 관보와 인터넷에 게재하여 공개토록 하는 것인바, 질병명은 신체상의 특징이나 건강상태에 관한 사적정보이므로, 이를 개인의 의사와 무관하게 일방적으로 공개하는 것은 그 개인의 사생활의 비밀과 자유를 제한하는 것이다. 사생활의 비밀과 자유는 공공복리 등을 위하여 법률로써 제한할 수 있으나 그 경우에도 기본권 제한의 한계원리인 비례의 원칙의 한계를 벗어나서는 아니 된다(헌법 제37조 제2항). 그리고 법 제1조는 "이 법은 공직자 및 공직후보자와 그 직계비속의 병역사항 신고 및 공개를 제도화하여 공직을 이용한 부정한 병역면탈을 방지하고 병역의무의 자진이행에 기여함을 목적으로 한다."라고 규정하고 있다. 민주국가에서 병역의무는 납세의무와 더불어 국가라는 정치적 공동체의 존립·유지를 위하여 국가구성원인 국민에게 그 부담이 돌아갈 수밖에 없는 것으로서, 병역의무의 부과를 통하여 국가방위를 도모하는 것은 국가공동체에 필연적으로 내재하는 헌법적 가치라고 할 수 있다. 헌법 제39조는 병역의무가 지닌 이러한 헌법적 가치성을 분명히 밝히고 있다 (헌재 2004. 8. 26, 2002헌바13). 그럼에도 불구하고 우리 사회에서는 병무행정에 관한 부정과 비리가 근절되지 않고 있으며, 그 척결 및 병역부담의 평등에 대한 사회적 요구는 대단히 강하다. 특히 그간에 문제되었던 병역특혜 또는 병무비리의 배후에는 사회지도층 인사들의 연루가 적지 않아서 고위공직자 등 사회지도층 인사들의 병역 문제에 대한 국민적 관심이 크다. 이러한 상황에서 병역의무의 공평하고 충실한 이행을 담보하고 병역의무의 기피를 차단하기 위한 적절한 규제와 조치를 강구하는 것은 입법자의 시대적 소명이다. 이상에서 살펴본 이유로 도입된 병역공개제도는 이러한 입법과제를 이행하기 위한 노력의 일환으로 공직자의 병역사항 신고 및 공개를 제도화한 것이다. '부정한 병역면탈의 방지'와 '병역의무의 자진이행에 기여'라는 입법 목적을 어떻게 달성할 것인지는 국민의 준법의식, 병역 관련 법제도, 군복무의 환경, 국가안보상황 등의 여러 가지 법적·제도적·문화적 요소들에 달려 있다. 이렇게 많은 요소들 가운데 중요한 것은 무엇보다도 법제도의 합리성 제고, 병무행정의 공평무사한 집행에 있을 것이다. 그러나 입법자는 입법 목적의 추구를 위한 본질적이거나 근원적인 수단 이외에도 부가적·보충적 수단들을 동원할 수 있다. 병역공개제도를 입법할 당시 입법자는 공정한 병무행정의 확립이 대단히 시급한 국가적 과제라고 보았으며, 과제의 시급성에 비추어 볼 때, 그 속성상 장기적이고 근본적인 대책과 투자를 필요로 하는 본질적이고도 직접적인 대책 외에도 병역의무 이행의 사회적 풍토를 조성함으로써 간접적으로 그러한 과제 해결에 기여할 보조적인 수단이 긴요하다고 보았다. 그것이 바로 병역공개제도이고, 이러한 입법자의 판단과 선택이 불합리한 것이라고 볼 수 없다. 이러한 입법 목적을 달성하기 위해서는 병역사항을 신고하게 하고 적정한 방법으로 이를 공개하는 것이 필요하다고 볼 수 있다. 신고의무를 부과함으로써 병역사항의 자료를 확보할 수 있을 뿐만 아니라, 병역의무 이행의 규범의식을 제고할 수 있다. 또한 이러한 입법 목적과 관련하여 살펴볼 때 공개 없는 신고는 그 실효성이 약하다. 신고된 병역사항의 투명한 공개 없이 신고의무의 부과나 공부에의 기재만으로는 이러한 목적을 충분히 달성하리라는 기대를 하기 어렵다. 이 사건 법률 조항은 병역사항과 관계없이 국가가 무단히 개인의 질병명 등의 신체정보를 파악하여 공개하는 것이 아니다. 병역사항 공개의 일환으로 질병명을 공개토록 한 것인데, 이것이 필요한 것은 질병이 병역처분에 있어 고려되는 본질적 요소이기 때문이다. 병역의 감당 여부를 판정하기 위하여 징병검사를 실시하는데, 신체검사가 가장 중요하고 일차적인 기준이다(병역법 제11조, 제12조, 제14조). 현역이냐 보충역이냐의 판정에는 신체등위를 주된 기준으로 하되, 학력·연령·병역자원의 수급 등을 보충적으로 고려할 수 있으나, 병역면제 판정의 기준은 오로지 신체등위에 달려 있다(병역법 제14조). 질병 또는 심신장애로 병역을 감당할 수 없는 사람은 신체등위 6급 판정을 받으며, 신체등위가 6급인 사람은 병역면제처분을 받는 것이다. 그러므로 병역면제자를 애초부터 병역공개제도의 적용 대상에서 제외한다면 모르거니와 이들을 포함하는 한, 신체검사의 결과는 이들에 대한 병역사항 정보의 본질을 이루는 것이다. 이때 그러한 결과를 단순히 "질병", "심신장애" 또는 "6급 판정"과 같이 표시만 하여서는 병역공개제도의 취지를 살릴 수 없을 것이다. 따라서 질병명에 대한 신고와 그 적정한 공개자체는 필요하다고 할 수 있다. 이와 같이 병역공개제도의 실현을 위해 질병명에 대한 신고와 그 적정한 공개자체는 필요하다고 할지라도 질병명이라는 민감한 개인정보의 일방적 공개의 범위와 방법을 정함에 있어서는 사생활의 비밀과 자유를 보장하는 헌법 규정의 의미와 작용을 충분히 감안하여야 한다. 사람의 육체적·정신적 상태나 건강에 대한 정보, 성생활에 대한 정보와 같은 것은 인간의 존엄성이나 인격의 내적 핵심을 이루는 요소이다. 따라서 외부세계의 어떤 이해관계에 따라 그에 대한 정보를 수집하고 공표하는 것이 쉽게 허용되어서는 개인의 내밀한 인격과 자기정체성이 유지될 수 없다. 이 사건 법률 조항에 의하여 그 공개가 강제되는 질병명은 내밀한 사적 영역에 근접하는 민감한 개인정보이다. 인간이 아무리 공동체에서 어울려 살아가는 사회적인 존재라고 할지라도 개인의 질병명은 외부 세계와의 접촉을 통하여 생성·전달·공개·이용되는 것이 자연스럽거나 필요한 정보가 아니다. 오히려 특별한 사정이 없는 한 타인의 지득(知得), 외부에 대한 공개로부터 차단되어 개인의 내밀한 영역 내에 유보되어야 하는 정보인 것이다. 공무원의 질병명 정보 또한 마찬가지이다. 이 사건에서 문제되고 있는 것은 병역면제 처분의 사유인 질병명으로서 이는 해당 공무원의 공적 활동과 관련하여 생성된 정보가 아니라 그 이전에, 그와 무관하게 개인에게 부과된 것으로서 극히 사적인 정체성을 드러내는 정보이다. 질병이 병역처분, 특히 병역면제 여부를 판가름함에 있어서 본질적인 요소라고는 하지만, 그것은 개인이 선택·조정 가능한 사항이 아니다. 이러한 성격의 개인정보를 공개함으로써 사생활의 비밀과 자유를 제한하는 국가적 조치는 엄격한 기준과 방법에 따라 섬세하게 행하여져야 한다. 그럼에도 불구하고 이 사건 법률 조항은 질병명 공개의 범위와 방법을 정함에 있어서 위와 같은 사생활의 비밀과 자유라는 기본권이 지닌 의미와 작용을 제대로 고려하지 않았다. 질병이 병역면제 처분과 불가결의 관계에 있는 요소라고 할지라도 공개 대상자의 사생활 침해가 최소화되도록 하는 방안을 강구하여야 했다. 질병 중에는 인격 또는 사생활의 핵심에 관련되는 것과 그렇지 않은 것이 있다. 후자의 질병은 몰라도 전자의 질병까지 무차별적으로 공개토록 하는 것은 사생활 보호의 헌법적 요청을 거의 고려하지 않은 것이라고 하지 않을 수 없다. 이상에서 살펴본 것처럼 신고의무자의 직계비속에 관하여는 대통령령으로 일정한 질병을 정하고 이들 질병에 관한 한 비공개 요구권을 신고의무자에게 부여하였고, 이 경우에는 공개가 금지된다(법 제8조 제3항, 법 시행령 제14조 제1항 별표). 대통령령에서 비공개 대상으로 규정하고 있는 질병이나 심신장애의 내용들은 대부분 그 공개 시 인격이나 사생활의 심각한 침해를 초래할 수 있는 것들이다(예를 들어, 후천성면역결핍증, 정신분열장애, 매독, 인공항문 등). 이러한 종류의 질병명을 예외 없이 공개함으로써 초래되는 사생활 비밀의 중대한 침해로부터 보호될 필요성은 비단 신고의무자의 직계비속 뿐만 아니라 신고의무자 본인에게도 없다고 할 수 없는 것이다. 더욱이 병역공개제도는 병역면제 처분이 불법·부당히 이루어진 것인지를 불문하고 공개하는 것이어서 공정한 판정에 따른 정당한 면제처분을 받았던 공무원들의 질병명마저 공개된다. 이러한 공직자들에 대해서까지 병역의무 이행의 사회적 풍토 조성을 위해 특별히 공개책임을 지라고 하고, 아무리 사생활과 인격의 침해가 크더라도 이를 감수하라고 하는 것은 정당하지 않다. 해당 공직자의 사생활 보호에서 더 나아가 공직제도의 효율적 운용이라는 관점에서 보더라도 이 사건 법률 조항과 같은 무차별적인 질병명 공개제도는 해당 공직자의 사기와 충성심을 저하시키거나 공무원 조직 내에서의 인화와 단결을 저해할 수 있고, 경우에 따라서는 유능한 공직자를 상실하는 결과를 초래할 수 있다. 한편 공무원은 국민 전체에 대한 봉사자로서 국민에 대하여 책임을 지는 지위에 있으므로(헌법 제7조), 그 병역의무 이행에 관하여 일반 사인에 비하여 보다 더 큰 책임이 부과될 수 있고, 이를 위해서는 병역사항에 관한 정보를 일반 국민들에게 제공할 필요가 있을 수도 있다. 그리고 이상에서 살펴본 것처럼 병역 형평에의 특별한 사회적 요구, 사회 지도층의 병역 특혜에 대한 사회적 불신이 존재하는 우리나라의 현실 하에서 공무원의 병역의무 이행에 관한 정보는 주권자로서 국민이 지대하고 예민하게 관심을 가지는 사항이라고 할 수 있다. 이와 같이 공적 성격을 띠는 정보이니만큼 정보 보유자인 공무원 개인을 위한 정보 보호의 요청은 어느 정도 후퇴할 수 있는 반면, 공적 관심사의 충족과 공정한 병역의무 이행이라는 공익실현에 필요한 한도 내에서는 어느 정도 공적 광장에 노출시켜야 할 필요도 있을 것이다. 그러나 이 사건 법률 조항에서 일방적으로 공개를 강행하는 병역사항은 공무원 개인의 질병명이다. 4급 이상의 공무원 모두를 대상으로 삼아 내밀한 사적 영역에 근접하는 민감한 개인정보인 질병명을 공개토록 한 것은 지나치게 포괄적이고 광범위하다. 우리의 현실에 비추어 질병명 공개와 같은 비상한 처방을 통한 병역풍토의 쇄신이 설사 필요하다고 하더라도 그것은 이른바 특별한 책임과 희생을 추궁할 수 있는 소수 사회지도층에 국한되어야 할 것이다. 4급 공무원이면 주로 과장급 또는 계장급 공무원에 해당하며, 이들이 비록 실무책임자의 지위를 가진다고 하더라도 주요 정책이나 기획의 직접적·최종적 결정권을 가진다고는 할 수 없고, 사회의 일반적 관념에 비추어 보면 평범한 직업인의 하나에 불과한 경우도 많을 것이다. 이런 점에서 이들의 병역정보가 설사 공적 관심의 대상이 된다고 할지라도 그 정도는 비교적 약하다고 하지 않을 수 없고, 그렇다면 공무원 개인을 위한 정보보호의 요청을 쉽사리 낮추어서는 아니 되며, 그 정보가 질병명과 같이 인격 또는 사생활의 핵심에 관련되는 것일 때는 더욱 그러하다. 따라서 입법자는 공직자로서의 상징성, 공적 관심의 집중도, 고도의 공직윤리가 요구되는 정도, 병무행정과의 관련성 등 입법 목적 달성에 밀접한 관련성을 지닌 소수의 지도적 공무원들을 엄별하여 이들에 대해서만 적정한 범위의 질병명을 공개토록 하는 것이 옳았을 것이다. 공무원 개인의 극히 사적인 질병정보까지 '공적 사항', '공적 관심사'라는 명목으로 사생활 정보로서의 보호가치를 낮게 보아 국민의 눈과 입에 함부로 노출시켜도 무방하다고 보는 것은 공무원에 관한 한 사생활의 비밀과 자유를 기본권으로 보호하지 않겠다는 것과 다를 바 없는 결과를 초래할 수 있다. 따라서 이 사건 법률 조항이 공적 관심의 정도가 약한 4급 이상의 공무원들까지 대상으로 삼아 모든 질병명을 아무런 예외 없이 공개토록 한 것은 입법 목적의 실현에 치중한 나머지 사생활 보호의 헌법적 요청을 현저히 무시한 것이고, 이로 인하여 청구인들을 비롯한 해당 공무원들의 헌법 제17조가 보장하는 기본권인 사생활의 비밀과 자유를 침해하는 것이다."라고 판시하였다(헌재 2007. 5. 31, 2005헌마1139).

이후 이 사건 법률조항은 병역신고 대상자가 대통령령으로 정하는 질병·심신장애 또는 처분사유로 제2국민역에 편입된 경우와 병역이 면제된 경우 중 어느 하나에 해당하면 병적증명서 발급을 신청하거나 병역사항 또는 변동사항을 신고할 때에 질병명·심신장애 내용 또는 처분사유의 비공개를 요구할 수 있고, 이 경우에 병무청장은 그 질병명·심신장애의 내용 또는 처분사유를 공개해서는 안 되는 것으로 개정되었다.

(나) 성폭력범죄의처벌등에관한특례법 제45조 제1항 등 성범죄자 신상공개제도에 대한 판례

성폭력범죄의처벌등에관한특례법 제45조 제1항 등 성범죄자 신상공개제도가 사생활의 비밀과 자유를 침해하는지 여부에 대하여 헌법재판소에 권리구제형 헌법소원 심판(헌재 2019. 11. 28, 2017헌마1163)에 대한 사건의 개요를 살펴보면 다음과 같다.

이○○(이하 "청구인"이라 한다)은 2017년 4월 25일에 대구지방법원에서 형법 제298조의 강제추행죄로 벌금 6백만원 및 40시간의 성폭력치료 프로그램 이수명령을 선고 받았으며(대구지방법원 2016고단5499), 이에 대하여 청구인이 항소하여 2017년 8월 23일에 대구지방법원에서 같은 죄로 벌금 4백만원 및 40시간의 성폭력치료 프로그램 이수명령을 선고받았으며(대구지방법원 2017노1972), 항소심 판결은 2017년 8월

31일에 확정되었다. 청구인은 '성폭력범죄의처벌등에관한특례법'(2016. 12. 20. 법률 제14412호로 개정된 것. 이하 "성폭력처벌법"이라 한다) 제42조 제1항, 제45조 제1항 제4호에 따라 등록기간이 10년인 신상정보 등록대상자가 되었고, 같은 법 제45조의2 제2항 제4호에 따라 기본 신상정보를 최초로 등록한 날부터 7년이 경과된 후 법무부장관에게 신상정보 등록의 면제를 신청할 수 있게 되었다.

이에 청구인은 2017년 10월 17일에 청구인과 같이 등록대상 성범죄로 벌금형의 선고를 받은 사람들은 대부분 초범이거나 범죄가 가벼운 경우가 많고, 재범의 가능성이 높지 않은데, 구 성폭력처벌법 제45조 제1항에서 등록대상 성범죄로 벌금형의 선고를 받은 사람의 신상정보 등록기간을 10년으로 규정한 것은 청구인의 행복추구권과 개인정보자기결정권 등을 침해하는 것이고, 청구인과 같이 초범인 성범죄자로 가벼운 벌금형이 선고된 경우에는 재범의 가능성이 적다고 할 수 있는바, 매년 재범의 가능성을 확인하여 최초 등록일로부터 3년 또는 5년이 경과하면 신상정보 등록면제 신청을 할 수 있도록 하는 등 범죄의 경중에 따라 면제신청 기간을 정할 수도 있을 것인데, 7년이라는 장기간 동안 신고의무를 이행하고 나서야 신상정보 등록면제 신청을 할 수 있도록 규정한 등록면제 신청 조항은 청구인의 인격권과 개인정보자기결정권을 침해한다는 사유로, 구 성폭력처벌법 제45조 제1항,[9] 제45조의2 제2항[10]에 대하여 권리구제형 헌법소원심판을 청구하였다.

이에 대하여 헌법재판소는 2019년에 "관리조항은 성범죄의 재범을 억제하고 재범이 현실적으로 이루어진 경우에 수사의 효율성과 신속성을 높이기 위하여 법무부장관이 등록 대상 성범죄로 벌금형을 선고받은 사람의 등록정보를 최초 등록일부터 10년 동안 보존·관리하게 하는데, 이는 정당한 입법 목적을 달성하기 위한 적합한 수단에 해당한다. 그리고 구 성폭력처벌법 제45조 제1항은 선고형에 따라 등록기간

---

9) 성폭력범죄의처벌등에관한특례법(2016. 12. 20. 법률 제14412호로 개정된 것) 제45조(등록정보의 관리) 제1항: 법무부장관은 제44조 제1항 또는 제4항에 따라 기본 신상정보를 최초로 등록한 날(이하 "최초 등록일"이라 한다)부터 다음 각 호의 구분에 따른 기간(이하 "등록기간"이라 한다) 동안 등록정보를 보존·관리하여야 한다. (이하 "관리조항"이라 한다) 1–3호: 생략. 제4호: 신상정보 등록의 원인이 된 성범죄로 벌금형을 선고받은 사람: 10년.

10) 성폭력범죄의처벌등에관한특례법(2016. 12. 20. 법률 제14412호로 개정된 것) 제45조2(신상정보 등록의 면제) 제2항: 등록대상자는 다음 각 호의 구분에 따른 기간(교정시설 또는 치료감호시설에 수용된 기간은 제외한다)이 경과한 경우에는 법무부령으로 정하는 신청서에 범죄경력조회서를 첨부하여 법무부장관에게 신상정보 등록의 면제를 신청할 수 있다. 1–3호: 생략. 제4호: 제45조 제1항에 따른 등록기간이 10년인 등록대상자: 최초 등록일부터 7년(이하 "등록면제신청 조항"이라 한다).

을 10년부터 30년까지 달리하도록 개정되었고, 선고형을 결정할 때 고려되는 범인의 연령, 성행, 지능과 환경, 피해자에 대한 관계, 범행의 동기, 수단과 결과, 범행후의 정황 등은 재범의 위험성을 판단함에 있어서도 중요한 요소이므로, 관리조항은 형사책임의 경중 및 재범의 위험성에 따라 등록기간을 차등화한 것으로 볼 수 있다. 또한 구 성폭력처벌법은 신상정보 등록면제 제도를 도입하여 등록기간이 30년인 경우에는 20년, 20년인 경우에는 15년, 15년인 경우에는 10년, 10년인 경우에는 7년이 경과한 후에 신상정보 등록대상자가 법무부장관에게 신상정보 등록의 면제를 신청할 수 있도록 규정하고(구 성폭력처벌법 제45조의2 제2항), 법무부장관은 등록기간 중 등록대상 성범죄를 저질러 유죄판결이 확정된 사실이 없을 것, 신상정보 등록의 원인이 된 성범죄로 선고받은 징역형 또는 금고형의 집행을 종료하거나 벌금을 완납하였을 것, 신상정보 등록의 원인이 된 성범죄로 부과받은 부수처분의 집행을 완료하였을 것, 등록기간 중 신상정보의 등록 또는 부수처분에 관련된 의무를 위반하여 유죄판결이 확정된 사실이 없을 것의 요건을 갖춘 경우에는 신상정보의 등록을 면제하도록 규정하고 있다(같은 조 제3항). 위 규정에 따라 등록대상 성범죄로 벌금형을 선고 받았더라도 7년이 경과한 후에는 신상정보 등록의 면제를 신청할 수 있고, 신상정보 등록의 원인이 된 성범죄로 부과받은 형벌과 보안처분의 집행을 성실히 마치고 등록대상 성범죄를 다시 범하지 않은 경우에는 신상정보 등록이 면제되므로, 개정법은 재범의 위험성이 낮아진 경우에 신상정보의 등록을 면할 수 있는 수단도 마련하고 있다. 아울러 등록대상 성범죄의 일반적인 재범의 위험성을 인정하는 전제에서 개별 행위자의 장래 위험성을 별도로 고려하지 아니한 입법자의 판단이 자의적이라고 보기 어려울 뿐만 아니라, 관리조항과 동일한 정도의 입법 목적을 달성할 수 있는 덜 침해적인 대안이 있다고 보기도 어렵다. 따라서 관리조항은 피해의 최소성이 인정된다. 또한 관리조항에 의하여 등록정보가 보존·관리된다고 하여 그 자체로 신상정보 등록대상자의 사회복귀가 저해되는 것은 아니다. 등록정보는 등록대상 성범죄의 예방과 수사라는 한정된 목적 하에 검사 또는 각급 경찰관서의 장과 같이 한정된 범위의 사람들에게만 배포될 수 있고, 등록정보의 보존·관리 업무에 종사하거나 종사하였던 자가 직무상 알게 된 등록정보를 누설할 경우에 형사처벌이 된다는 점을 고려할 때 관리조항으로 인하여 침해되는 사익은 크지 않다고 할 수 있다. 반면에 관리조항을 통하여 달성하려는 성범죄자의 재범방지 및 사회방위의 공익이 매우 중요한 것임은 명백하다. 따라서 관리조항은 법익의 균형성이 인정된다. 따라서 관리조항은 청구인의 개인정보자기결정권을 침해하지 않는다. 그리고 등록면제신청 조항은 등록대상 성범죄로 인해 벌금형을 선고받은 등록대상자의 신상정보 등록기간의 하한을 7년으로 정하여 신상정보 등록의 원인이 된 성범죄로 부과받은 형벌과 보안처분의 집행을 성실히 마치고 등록대상 성범죄를 다시 범하지 않는 등의 요건을 갖춘 경우에 신상정보 등록면제를 신청할 수 있도록 한 규정이다. 등록면제신청 조항은 법무부장관이 등록기간이 10년인 등록대상자의 등록정보를 최초 등록일부터 최소 7년 동안 보존·관리하게 함으로써, 관리조항과 마찬가지로 성범죄의 재범을 억제하고 재범이 현실적으로 이루어진 경우에 수사의 효율성과 신속성을 높이는 한편, 재범의 위험성이 낮아진 경우에 신상정보등록 대상자의 등록의무를 면하도록 한 것으로, 그 입법 목적이 정당하고, 수단의 적합성 또한 인정된다. 또한 구 성폭력처벌법 제45조 제1항이 선고형에 따라 신상정보 등록기간을 10년부터 30년까지 달리하는 내용으로 개정되어 관리조항이 등록대상 성범죄로 인해 벌금형을 선고받은 등록대상자의 신상정보 등록기간을 10년으로 정하였고, 구 성폭력처벌법 제45조의2가 신설되어 등록면제신청 조항은 신상정보 등록기간이 10년인 등록대상자의 경우에 최초 등록일부터 7년이 경과하면 법무부장관에게 신상정보 등록의 면제를 신청할 수 있도록 하였다. 구 성폭력처벌법은 형사책임의 경중 및 재범의 위험성에 따라 등록기간을 차등화하면서 재범의 위험성이 감소된 등록대상자가 신상정보 등록의무를 면할 수 있는 최소기간을 정한 것으로 볼 수 있다. 짧은 기간동안 성범죄를 저지르지 않았다고 하여 재범의 위험성이 감소하였다고 단정할 수 없고, 성범죄자에 대하여 상당한 기간을 두고 관리·감독하는 것은 재범의 위험성 감소 여부의 실질적인 판단을 위하여 필수적이라는 점에서 등록면제 신청 조항이 등록기간이 10년인 등록대상자의 등록면제 신청을 위한 최소기간을 7년으로 정한 것은 지나친 것이라고 보기 어렵다. 또한 현재로서는 성범죄자의 재범가능성 여부를 정확하게 판단할 수 있는 평가수단이 존재한다고 보기 어려워, 재범의 위험성이 있음에도 신상정보 등록을 면제할 위험성이 있다는 점에서 등록면제신청 조항과 동일한 정도의 입법 목적을 달성할 수 있는 덜 침해적인 대안이 있다고 보기도 어렵다. 따라서 등록면제신청 조항은 입법 목적을 달성하기 위하여 필요한 범위 내의 것이므로, 침해의 최소성이 인정된다. 이 밖에 등록면제신청 조항에 의하여 신상정보등록 대상자의 등록정보가 최소 7년 이상 보존·관리된다고 하여 그 자체로 신상정보등록 대상자의 사회복귀가 저해되는 것은 아니고, 관리조항과 마찬가지로 등록면제신청 조항으로 인하여 침해되는 사익은 크지 않다고 볼 수 있다. 반면 등록면제신청 조항을 통하여 달성되는 성범죄자의 재범방지 및 사회방위의 공익이 매우 중요한 것임은 명백하다. 따라서 구 성폭력범처벌법상 등록면제신청 조항은 법익의 균형성이 인정된다. 그러므로 등록면제신청 조항은 청구인의 개인정보자기결정권을 침해하지 않는다."라고 판시하였다(헌재 2019. 11. 28, 2017헌마1163).

6. 통신의 자유

헌법 제18조에서는 "모든 국민은 통신의 비밀을 침해받지 아니한다."라고 규정하여 통신의 비밀보호를 그 핵심 내용으로 하는 통신의 자유를 기본권으로 보장하고 있다. 즉, '통신의 자유'란 개인이 그 의사나 정보를 우편물이나 전기통신의 수단에 의해 전달하거나 교환할 때 본인의 의사에 반하여 그 내용이나 당사자 등이 공개되지 아니할 자유를 뜻한다. 여기서 '우편물'이란 우편법에 의한 통상우편물과 소포우편물(통신비밀보호법 제2조 제2호)을 뜻하고, '전기통신'이란 전화·전자우편·회원제정보서비스·모사전송·무선호출 등과 같이 유선·무선·광선 및 기타의 전자적 방식에 의하여 모든 종류의 음향·문언·부호 또는 영상을 송신하거나 수신하는 것(통신비밀보호법 제2조 제3호)을 뜻한다.

통신의 자유를 기본권으로서 보장하는 것은 사적 영역에 속하는 개인 간의 의사소통을 사생활의 일부로서 보장하겠다는 취지에서 비롯된 것이라고 할 것이다. 그런데 개인과 개인 간의 관계를 전제로 하는 통신은 다른 사생활의 영역과 비교해 볼 때 국가에 의한 침해의 가능성이 매우 큰 영역이라 할 수 있다. 왜냐하면 오늘날 개인과 개인 간의 사적인 의사소통은 공간적인 거리로 인해 우편이나 전기통신을 통하여 이루어지는 경우가 많은데, 이러한 우편이나 전기통신의 운영이 전통적으로 국가독점에서 출발하였기 때문이다(헌재 2001. 3. 21, 2000헌바25).

이렇듯 헌법상 사생활의 비밀과 자유에 포섭될 수 있는 사적 영역에 속하는 통신의 자유를 헌법이 별개의 조항을 통해서 기본권으로 보호하고 있는 이유는 이와 같이 국가에 의한 침해의 가능성이 여타의 사적 영역보다 크기 때문이라고 할 것이다. 이에 따라 국가, 특히 수사기관에 의한 통신의 비밀에 대한 침해를 규제하기 위하여 통신비밀보호법에서 일정한 종류의 범죄에만 국한하여 일정한 경우에만 통신제한조치를 허가하도록 한다든지, 통신제한조치는 원칙적으로 법원의 허가를 받아서 하도록 한다든지, 통신제한조치 등으로 취득한 내용을 법의 규정에 의하여 사용하는 경우 외에는 다른 기관 또는 외부에 공개하거나 누설할 수 없도록 한다든지, 통신제한조치 등의 집행으로 취득된 우편물 또는 그 내용과 전기통신의 내용을 통신제한조치의 목적이 된 범죄나 이와 관련된 범죄를 수사·소추하거나 그 범죄를 예방하기 위하여 사용하는 경우 등 일정한 경우 외에는 사용할 수 없도록 한다든지, 불법검열에 의하여 취득한 우편물이나 그 내용 및 불법감청에 의하여 지득 또는 채록된 전기통신의 내용을 재판 또는 징계절차에서 증거로 사용할 수 없도록 하는 등의 여러 제반 장치들을 마련하고 있다. 그러나 오늘날에 있어서 통신기술의 발달과 광범위한 보급으로 인하여 사인에 의한 통신의 비밀의 침해 가능성도 점차 확대되어 가고 있는바, 아무런 통제 없이 감청설비가 대량 제조·유통·사용된다면 그와 같은 감청설비를 이용한 통신비밀 침해행위가 사인들에 의하여 널리 이루어질 가능성이 매우 높기 때문에 통신비밀보호법에서 이러한 사인에 의한 통신의 비밀에 대한 침해행위를 사전에 예방하기 위하여 감청설비를 제조·수입·판매·배포·소지·사용하거나 이를 위한 광고를 하고자 하는 자는 해당 행정부처의 장관의 인가를 받도록 규정하고 있다(헌재 2001. 3. 21. 2000헌바25).

이러한 헌법상 통신의 자유는 통신비밀보호법에 의하여 구체적으로 보호 및 제한을 받고 있는바, 동법의 주요 규정 내용을 살펴보면 다음과 같다. 통신비밀보호법 제3조에서는 "제1항: 누구든지 이 법과 형사소송법 또는 군사법원법의 규정에 의하지 아니하고는 우편물의 검열·전기통신의 감청 또는 통신사실 확인자료의 제공을 하거나 공개되지 아니한 타인 간의 대화를 녹음 또는 청취하지 못한다. 다만 다음 각호의 경우에는 당해 법률이 정하는 바에 의한다. 1. 환부우편물 등의 처리: 우편법 제28조·제32조·제35조·제36조 등의 규정에 의하여 폭발물 등 우편금 제품이 들어 있다고 의심되는 소포 우편물(이와 유사한 우편물을 포함한다)을 개피하는 경우, 수취인에게 배달할 수 없거나 수취인이 수령을 거부한 우편물을 발송인에게 환부하는 경우, 발송인의 주소·성명이 누락된 우편물로서 수취인이 수취를 거부하여 환부하는 때에 그 주소·성명을 알기 위하여 개피하는 경우 또는 유가물이 든 환부불능 우편물을 처리하는 경우, 2. 수출입 우편물에 대한 검사: 관세법 제256조·제257조 등의 규정에 의한 신서 외의 우편물에 대한 통관검사절차, 3. 구속 또는 복역 중인 사람에 대한 통신: 형사소송법 제91조, 군사법원법 제131조, 형의집행및수용자의처우에관한법률 제41조·제43조·제44조 및 군에서의형의집행및군수용자의처우에관한법률 제42조·제44조 및 제45조에 따른 구속 또는 복역 중인 사람에 대한 통신의 관리, 4. 파산선고를 받은 자에 대한 통신: 채무자회생및파산에관한법률 제484조의 규정에 의하여 파산선고를 받은 자에게 보내온 통신을 파산관재인이 수령하는 경우, 5. 혼신제거 등을 위한 전파감시: 전파법 제49조 내지 제51조의 규정에 의한 혼신제거 등 전파질서유지를 위한 전파감시의 경우, 제2항: 우편물의 검열 또는 전기통신의 감청(이하 "통신제한조치"라 한다)은 범죄수사 또는 국가안전보장을 위하여 보충적인 수단으로 이용되어야 하며, 국민의 통신비밀에 대한 침해가 최소한에 그치도록 노력하여야 한다. 제3항: 누구든지 단말기기 고유번호를 제공하거나 제공받아서는 아니 된다. 다만 이동전화단말기 제조업체 또는 이동통신사업자가 단말기의 개통처리 및 수리 등 정당한 업무의 이행을 위하여 제공하거나 제공받는 경우에는 그러하지 아니하다."라고 규정하고 있다. 그리고 동법 제4조에서는 "동법 제3조의 규정에 위반하여 불법검열에 의하여 취득한 우편물이나 그 내용 및 불법감청에 의하여 지득 또는 채록된 전기통신의 내용은 재판 또는 징계절차에서 증거로 사용할 수 없다."라고 불법검열에 의한 우편물의 내용과 불법감청에 의한 전기통신내용의 증거사용 금지에 대하여 규정하고 있다. 동법 제5조에서는 "제1항: 통신제한조치는 다음 각 호의 범죄를 계획 또는 실행하고 있거나 실행하였다고 의심할만한 충분한 이유가 있고 다른 방법으로는 그 범죄의 실행을 저지하거나 범인의 체포 또는 증거의 수집이 어려운 경우에 한하여 허가할 수 있다. 1. 형법 제2편 중 제1장 내란의 죄, 제2장 외환의 죄 중 제92조 내지 제101조의 죄, 제4장 국교에 관한 죄 중 제107조, 제108조, 제111조 내지 제113조의 죄, 제5장 공안을 해하는 죄 중 제114조, 제115조의 죄, 제6장 폭발물에 관한 죄, 제7장 공무원의 직무에 관한 죄 중 제127조, 제129조 내지 제133조의 죄, 제9장 도주와 범인은닉의 죄, 제13장 방화와 실화의 죄 중 제164조 내지 제167조·제172조 내지 제173조·제174조 및 제175조의 죄, 제17장 아편에 관한 죄, 제18장 통화에 관한 죄, 제19장 유가증권, 우표와 인지에 관한 죄 중 제214조 내지 제217조, 제223조(제214조 내지 제217조의 미수범에 한한다) 및 제224조(제214조 및 제215조의 예비·음모에 한한다), 제24장 살인의 죄, 제29장 체포와 감금의 죄, 제30장 협박의 죄 중 제283조 제1항, 제284조, 제285조(제283조 제1항, 제284조의 상습범에 한한다), 제286조[제283조 제1항, 제284조, 제285조(제283조 제1항 내지 제284조의 상습범에 한한다)의 미수범에 한한다]의 죄, 제31장 약취(略取), 유인(誘引) 및 인신매매의 죄, 제32장 강간과 추행의 죄 중 제297조 내지 제301조의2, 제305조의 죄, 제34장 신용, 업무와 경매에 관한 죄 중 제315조의 죄, 제37장 권리행사를 방해하는 죄 중 제324조의2 내지 제324조의4·제324조의5(제324조의2 내지 제324조의4의 미수범에 한한다)의 죄, 제38장 절도와 강도의 죄 중 제329조 내지 제331조, 제332조(제329조 내지 제331조의 상습범에 한한다), 제333조 내지 제341조, 제342조[제329조 내지 제331조, 제332조(제329조 내지 제331조의 상습범에 한한다), 제333조 내지 제341조의 미수범에 한한다]의 죄, 제39장 사기와 공갈의 죄 중 제350조, 제350조의2, 제351조(제350조, 제350조의2의 상습범에 한정한다), 제352조(제350조, 제350조의2의 미수범에 한정한다)의 죄, 제41장 장물에 관한 죄 중 제363조의 죄, 2. 군형법 제2편 중 제1장 반란의 죄, 제2장 이적의 죄, 제3장 지휘권 남용의 죄, 제4장 지휘관의 항복과 도피의 죄, 제5장 수소이탈의 죄, 제7장 군무태만의 죄 중 제42조의 죄, 제8장 항명의 죄, 제9장 폭행ㆍ협박ㆍ상해와 살인의 죄, 제11장 군용물에 관한 죄, 제12장 위령의 죄 중 제78조ㆍ제80조ㆍ제81조의 죄, 3. 국가보안법에 규정된 범죄, 4. 군사기밀보호법에 규정된 범죄, 5. 군사기지및군사시설보호법에 규정된 범죄, 6. 마약류관리에관한법률에 규정된 범죄 중 제58조 내지 제62조의 죄, 7. 폭력행위등처벌에관한법률에 규정된 범죄 중 제4조 및 제5조의 죄, 8. 총포ㆍ도검ㆍ화약류등의안전관리에관한법률에 규정된 범죄 중 제70조 및 제71조 제1호 내지 제3호의 죄, 9. 특정범죄가중처벌등에관한법률에 규정된 범죄 중 제2조 내지 제8조, 제11조, 제12조의 죄, 10. 특정경제범죄가중처벌등에관한법률에 규정된 범죄 중 제3조 내지 제9조의 죄, 11. 제1호와 제2호의 죄에 대한 가중처벌을 규정하는 법률에 위반하는 범죄, 12. 국제상거래에 있어서 외국공무원에 대한 뇌물방지법에 규정된 범죄 중 제3조 및 제4조의 죄, 제2항: 통신제한조치는 제1항의 요건에 해당하는 자가 발송ㆍ수취하거나 송ㆍ수신하는 특정한 우편물이나 전기통신 또는 그 해당자가 일정한 기간에 걸쳐 발송ㆍ수취하거나 송ㆍ수신하는 우편물이나 전기통신을 대상으로 허가될 수 있다."라고 범죄수사를 위한 통신제한조치의 허가요건에 대하여 규정하고 있다. 동법 제6조에서는 "제1항: 검사(군검사를 포함한다)는 제5조 제1항의 요건이 구비된 경우에는 법원(군사법원을 포함한다)에 대하여 각 피의자별 또는 각 피내사자별로 통신제한조치를 허가하여 줄 것을 청구할 수 있다. 제2항: 사법경찰관(군사법경찰관을 포함한다)은 제5조 제1항의 요건이 구비된 경우에는 검사에 대하여 각 피의자별 또는 각 피내사자별로 통신제한조치에 대한 허가를 신청하고, 검사는 법원에 대하여 그 허가를 청구할 수 있다. 제3항: 제1항 및 제2항의 통신제한조치 청구사건의 관할 법원은 그 통신제한조치를 받을 통신당사자의 쌍방 또는 일방의 주소지ㆍ소재지, 범죄지 또는 통신 당사자와 공범관계에 있는 자의 주소지ㆍ소재지를 관할하는 지방법원 또는 지원(보통군사법원을 포함한다)으로 한다. 제4항: 제1항 및 제2항의 통신제한조치 청구는 필요한 통신제한조치의 종류ㆍ그 목적ㆍ대상ㆍ범위ㆍ기간ㆍ집행장소ㆍ방법 및 당해 통신제한조치가 제5조 제1항의 허가요건을 충족하는 사유 등의 청구이유를 기재한 서면(이하 "청구서"라 한다)으로 하여야 하며, 청구이유에 대한 소명자료를 첨부하여야 한다. 이 경우 동일한 범죄사실에 대하여 그 피의자 또는 피내사자에 대하여 통신제한조치의 허가를 청구하였거나 허가받은 사실이 있는 때에는 다시 통신제한조치를 청구하는 취지 및 이유를 기재하여야 한다. 제5항: 법원은 청구가 이유 있다고 인정하는 경우에는 각 피의자별 또는 각 피내사자별로 통신제한조치를 허가하고, 이를 증명하는 서류(이하 "허가서"라 한다)를 청구인에게 발부한다. 제6항: 제5항의 허가서에는 통신제한조치의 종류ㆍ그 목적ㆍ대상ㆍ범위ㆍ기간 및 집행장소와 방법을 특정하여 기재하여야 한다. 제7항: 통신제한조치의 기간은 2개월을 초과하지 못하고, 그 기간 중 통신제한조치의 목적이 달성되었을 경우에는 즉시 종료하여야 한다. 다만 제5조 제1항의 허가요건이 존속하는 경우에는 소명자료를 첨부하여 제1항 또는 제2항에 따라 2개월의 범위에서 통신제한조치 기간의 연장을 청구할 수 있다. 제8항: 검사 또는 사법경찰관이 제7항 단서에 따라 통신제한조치의 연장을 청구하는 경우에 통신제한조치의 총 연장기간은 1년을 초과할 수 없다. 다만 다음 각 호의 어느 하나에 해당하는 범죄의 경우에는 통신제한조치의 총 연장기간이 3년을 초과할 수 없다. 1. 형법 제2편 중 제1장 내란의 죄, 제2장 외환의 죄 중 제92조부터 제101조까지의 죄, 제4장 국교에 관한 죄 중 제107조, 제108조, 제111조부터 제113조까지의 죄, 제5장 공안을 해하는 죄 중 제114조, 제115조의 죄 및 제6장 폭발물에 관한 죄, 2. 군형법 제2편 중 제1장 반란의 죄, 제2장 이적의 죄, 제11장 군용물에 관한 죄 및 제12장 위령의 죄 중 제78조ㆍ제80조ㆍ제81조의 죄, 3. 국가보안법에 규정된 죄, 4. 군사기밀보호법에 규정된 죄, 5. 군사기지 및 군사시설보호법에 규정된 죄, 제9항: 법원은 제1항ㆍ제2항 및 제7항 단서에 따른 청구가 이유 없다고 인정하는 경우에는 청구를 기각하고 이를 청구인에게 통지한다."라고 범죄수사를 위한 통신제한조치의 허가절차에 대하여 규정하고 있다.

또한 동법 제7조에서는 "제1항: 대통령령이 정하는 정보수사기관의 장(이하 "정보수사기관의 장"이라 한다)은 국가안전보장에 상당한 위험이 예상되는 경우 또는 국민보호와 공공안전을 위한 테러방지법 제2조 제6호의 대테러활동에 필요한 경우에 한하여 그 위해를 방지하기 위하여 이에 관한 정보수집이 특히 필요한 때에는 다음 각 호의 구분에 따라 통신제한조치를 할 수 있다. 1. 통신의 일방 또는 쌍방당사자가 내국인인 때에는 고등법원 수석부장판사의 허가를 받아야 한다. 다만 군용전기통신법 제2조의 규정에 의한 군용전기통신(작전수행을 위한 전기통신에 한한다)에 대하여는 그러하지 아니하다. 2. 대한민국에 적대하는 국가, 반국가활동의 혐의가 있는 외국의 기관ㆍ단체와 외국인, 대한민국의 통치권이 사실상 미치지 아니하는 한반도 내의 집단이나 외국에 소재하는 그 산하단체의 구성원의 통신인 때 및 제1항 제1호 단서의 경우에는 서면으로 대통령의 승인을 얻어야 한다. 제2항: 제1항의 규정에 의한 통신제한조치의 기간은 4월을 초과하지 못하고, 그 기간 중 통신제한조치의 목적이 달성되었을 경우에는 즉시 종료하여야 하되, 제1항의 요건이 존속하는 경우에는 소명자료를 첨부하여 고등법원 수석부장판사의 허가 또는 대통령의 승인을 얻어 4월의 범위 이내에서 통신제한조치의 기간을 연장할 수 있다. 다만 제1항 제1호 단서의 규정에 의한 통신제한조치는 전시·사변 또는 이에 준하는 국가비상사태에 있어서 적과 교전상태에 있는 때에는 작전이 종료될 때까지 대통령의 승인을 얻지 아니하고 기간을 연장할 수 있다. 제3항: 제1항 제1호에 따른 허가에 관하여는 제6조 제2항, 제4항부터 제6항까지 및 제9항을 준용한다. 이 경우 "사법경찰관(군사법 경찰관을 포함한다)"은 "정보수사기관의 장"으로, "법원"은 "고등법원 수석부장판사"로, "제5조 제1항"은 "제7조 제1항 제1호 본문"으로, 제6조 제2항 및 제5항 중 "각 피의자별 또는 각 피내사자별로 통신제한조치"는 각각 "통신제한조치"로 본다. 제4항: 제1항 제2호의 규정에 의한 대통령의 승인에 관한 절차 등 필요한 사항은 대통령령으로 정한다."라고 국가안보를 위한 통신제한조치에 대하여 규정하고 있다.

이 밖에 동법 제8조에서는 "제1항: 검사, 사법경찰관 또는 정보수사기관의 장은 국가안보를 위협하는 음모행위, 직접적인 사망이나 심각한 상해의 위험을 야기할 수 있는 범죄 또는 조직범죄 등 중대한 범죄의 계획이나 실행 등 긴박한 상황에 있고 제5조 제1항 또는 제7조 제1항 제1호의 규정에 의한 요건을 구비한 자에 대하여 제6조 또는 제7조 제1항 및 제3항의 규정에 의한 절차를 거칠 수 없는 긴급한 사유가 있는 때에는 법원의 허가 없이 통신제한조치를 할 수 있다. 제2항: 검사, 사법경찰관 또는 정보수사기관의 장은 제1항의 규정에 의한 통신제한조치(이하 "긴급 통신제한조치"라 한다)의 집행착수 후 지체 없이 제6조 및 제7조 제3항의 규정에 의하여 법원에 허가청구를 하여야 하며, 그 긴급 통신제한조치를 한 때부터 36시간 이내에 법원의 허가를 받지 못한 때에는 즉시 이를 중지하여야 한다. 제3항: 사법경찰관이 긴급 통신제한조치를 할 경우에는 미리 검사의 지휘를 받아야 한다. 다만 특히 급속을 요하여 미리 지휘를 받을 수 없는 사유가 있는 경우에는 긴급 통신제한조치의 집행착수 후 지체 없이 검사의 승인을 얻어야 한다. 제4항: 검사, 사법경찰관 또는 정보수사기관의 장이 긴급 통신제한조치를 하고자 하는 경우에는 반드시 긴급 검열서 또는 긴급 감청서(이하 "긴급 감청서 등"이라 한다)에 의하여야 하며 소속기관에 긴급 통신제한조치 대장을 비치하여야 한다. 제5항: 긴급 통신제한조치가 단시간 내에 종료되어

법원의 허가를 받을 필요가 없는 경우에는 그 종료 후 7일 이내에 관할 지방검찰청 검사장(제1항의 규정에 의하여 정보수사기관의 장이 제7조 제1항 제1호의 규정에 의한 요건을 구비한 자에 대하여 긴급 통신제한조치를 한 경우에는 관할 고등검찰청검사장)은 이에 대응하는 법원장에게 긴급 통신제한조치를 한 검사, 사법경찰관 또는 정보수사기관의 장이 작성한 긴급통신제한조치 통보서를 송부하여야 한다. 다만 군검사 또는 군사법경찰관이 제5조 제1항의 규정에 의한 요건을 구비한 자에 대하여 긴급 통신제한조치를 한 경우에는 관할 보통검찰부장이 이에 대응하는 보통군사법원 군판사에게 긴급 통신제한조치 통보서를 송부하여야 한다. 제6항: 제5항의 규정에 의한 통보서에는 긴급 통신제한조치의 목적·대상·범위·기간·집행장소·방법 및 통신제한조치 허가청구를 하지 못한 사유 등을 기재하여야 한다. 제7항: 제5항의 규정에 의하여 긴급 통신제한조치 통보서를 송부받은 법원 또는 보통군사법원 군판사는 긴급 통신제한조치 통보대장을 비치하여야 한다. 제8항: 정보수사기관의 장은 국가안보를 위협하는 음모행위, 직접적인 사망이나 심각한 상해의 위험을 야기할 수 있는 범죄 또는 조직범죄 등 중대한 범죄의 계획이나 실행 등 긴박한 상황에 있고 제7조 제1항 제2호에 해당하는 자에 대하여 대통령의 승인을 얻을 시간적 여유가 없거나 통신제한조치를 긴급히 실시하지 아니하면 국가안전보장에 대한 위해를 초래할 수 있다고 판단되는 때에는 소속 장관(국가정보원장을 포함한다)의 승인을 얻어 통신제한조치를 할 수 있다. 제9항: 제8항의 규정에 의하여 긴급 통신제한조치를 한 때에는 지체 없이 제7조의 규정에 의하여 대통령의 승인을 얻어야 하며, 36시간 이내에 대통령의 승인을 얻지 못한 때에는 즉시 그 긴급 통신제한조치를 중지하여야 한다."라고 긴급 통신제한조치에 대하여 규정하고 있다.

이러한 헌법상 통신의 자유에 대해서 헌법재판소는 1998년에 다음과 같은 권리구제형 헌법소원심판에서 합헌으로 판시하였다. 이 권리구제형 헌법소원심판(헌재 1998. 8. 27. 96헌마398)의 사건의 개요를 살펴보면 다음과 같다. 즉, 이ㅇ영(이하 "청구인"이라 한다)이 1996년 3월 12일에 국가보안법 위반죄로 대법원에서 징역 1년이 확정되어 안양교도소와 순천교도소에서 복역하다가 1997년 7월 8일에 형기(집행유예 실효로 합산된 기간 포함)의 종료로 출소하였다. 안양교도소장인 피청구인은 청구인이 안양교도소에 수용 중이던 1996년 4월 17일에 박ㅇ운 변호사에게 보내기 위하여 발송 의뢰한 서신과 같은 달 19일에 유ㅇ영 변호사에게 보내기 위하여 발송 의뢰한 서신을 행형법(이하 "법"이라 한다) 제18조 제3항 본문에 따라 검열한 다음 그 발송을 각 거부하였다. 청구인은 피청구인의 위와 같은 서신검열 및 발송거부 행위로 청구인의 기본권이 침해되었고, 아울러 수형자의 서신을 검열하도록 규정한 법 제18조 제3항 본문[11]은 위헌이라고 주장하면서 1996년 12월 5일에 권리구제형 헌법소원심판을 청구하였다.

이에 대하여 헌법재판소는 1998년에 이 사건에서 안양교도소장인 피청구인이 청구인의 1996년 4월 17일자 및 같은 달 19일자 서신을 각 검열한 행위와 위 각 서신의 발송을 거부한 행위로 인하여 청구인의 기본권을 침해받았는지의 여부와 법 제18조 제3항 본문 중 "수형자의 서신 검열" 부분(이하 "이 법률 조항"이라 한다)의 위헌 여부에 대하여 "수형자를 구금하는 목적은 자유형의 집행이고, 자유형의 내용은 수형자를 일정한 장소에 구금하여 사회로부터 격리시켜 그 자유를 박탈함과 동시에 그의 교화·갱생을 도모함에 있다. 그러므로 자유형의 본질상 수형자에게는 외부와의 자유로운 교통·통신에 대한 제한이 수반되는 것이다. 그런데 수형자의 사회적 위험성이나 사회 방위의 관점에서는 사회로부터의 격리가 불가피하나, 때로는 수형자의 교화·갱생을 위하여 일정한 범위 내에서 서신 수발의 자유를 허용하는 것이 보다 더 유익할 수도 있다. 따라서 수형자에게 통신의 자유를 구체적으로 어느 정도 인정할 것인가의 기준은 기본적으로 입법권자의 입법정책에 맡겨져 있다고 할 것이다. 다만 이렇게 수형자의 교화·갱생을 위하여 서신 수발의 자유를 허용하는 것이 필요하더라도 구금시설은 다수의 수형자를 집단으로 관리하는 시설로서 규율과 질서유지가 필요하므로 수형자의 서신 수발의 자유에는 내재적인 한계가 있다고 하지 않을 수 없다. 즉, 구금의 목적을 달성하기 위하여는 우선 수형자의 신체적 구속을 확보하여야 하고 교도소 내의 수용질서 및 규율을 유지하여야 할 뿐만 아니라, 수형자의 교화·개선에 해로운 물질이나 서신의 수발을 허용하여서는 아니 된다. 수형자는 수사 및 재판과정에서 관련된 고소·고발인, 경찰·검찰 및 법원의 공무원, 피해자, 증인, 감정인 등에 대하여 원망과 분노를 가질 수 있으므로, 만일 수형자로 하여금 이들에게 서신을 제한없이 발송할 수 있게 한다면 출소 후의 보복 협박, 교도소 내에 있는 동안 뒷바라지의 강요 등 교도소 밖에 있는 국민들에게 해악을 끼치고 사회불안요소가 되는 등 많은 부작용이 생길 수 있다. 또 서신 교환의 방법으로 마약이나 범죄에 이용될 물건이 반입될 수도 있고, 외부 범죄세력과 연결하여 탈주를 기도하거나 수형자끼리 연락하여 범죄행위를 준비하는 등 수용질서를 어지럽힐 우려가 많

---

11) 행형법(1995. 1. 5. 법률 제4936호로 개정된 것) 제18조(접견과 서신의 수발) 제3항: 수용자의 접견과 서신 수발은 교도관의 참여와 검열을 요한다.

다. 더욱이 그러한 부작용과 그로 인한 사회불안의 정도는 미결수용자의 경우보다 훨씬 더 심각할 것임은 분명하다. 따라서 수형자의 도주를 예방하고 교도소 내의 규율과 질서를 유지하여 구금의 목적을 달성하기 위하여는 수형자의 서신에 대한 검열은 불가피하다고 할 것이다. 그런데 수형자가 수발하는 서신에 대한 검열이 허용된다고 하더라도 통신의 비밀을 보호하려는 헌법정신에 따라 그 검열은 합리적인 방법으로 운용되어야 하고, 검열에 의한 서신 수발의 불허는 엄격한 기준에 의하여야 하며, 또 교도관 등이 지득한 서신 내용의 비밀이 엄수되어야 할 것이다. 그리하여 법 제18조 제2항에서 '수용자의 서신 수발은 교화 또는 처우상 특히 부적당한 사유가 없는 한 이를 허가하여야 한다.'라고 규정하여 수형자의 서신 수발의 자유를 원칙적으로 보장하고, 구금의 목적상 수용자의 서신 수발은 교도관의 검열을 요하도록 하되(같은 조 제3항), 서신의 검열이나 발송 및 교부를 신속하게 하도록 규정하고 있으며(같은 조 제4항), 나아가 교도관집무규칙 제78조와 재소자계호근무준칙 제284조 등은 서신 검열의 기준 및 검열자의 비밀준수의무 등을 규정하고 있다. 그러므로 이러한 법령과 제도 하에서 수형자가 수발하는 서신에 대한 검열로 인하여 수형자의 통신의 비밀이 일부 제한되는 것은 국가안전보장·질서유지 또는 공공복리의 정당한 목적을 위하여 부득이할 뿐만 아니라, 유효·적절한 방법에 의한 최소한의 제한이며, 통신의 자유의 본질적 내용을 침해하는 것이 아니므로 헌법에 위반된다고 할 수 없다."라고 판시하였다(헌재 1998. 8. 27, 96헌마398).

그리고 헌법상 통신의 자유에 대하여 최근 2019년에 헌법재판소는 다음과 같은 헌법소원심판(헌재 2019. 12. 27, 2017헌마413 등)에서 합헌으로 판시하였다. 이 권리구제형 헌법소원심판의 사건의 개요를 살펴보면 다음과 같다. 즉, 이○○(이하 "청구인"이라 한다)은 1999년 10월 22일에 살인죄로 무기징역을 선고받고 그 형이 확정된 자로서, 2016년경 ○○교도소에 입소하여 2019년 12월경 □□교도소로 이감되었다. 청구 외 이□□(이하 "이□□"라 한다)는 사기죄 등으로 징역형을 선고받고 그 형이 확정된 자로, 2016년 10월 27일에 ○○구치소에 입소하여 2018년 4월 3일에 출소하였다. 청구인과 이□□는 단순한 지인으로 혈연관계에 있지 않다. 청구인은 2017년 3월 27일에 청구인이 원고인 부산고등법원 2015나3907 사건과 관련된 증인 최○○의 증언을 민사소송규칙 제35조에 따라 작성한 녹취서(이하 "이 사건 녹취서"라 한다) 뒷면에 편지를 작성하여 ○○구치소에 수용 중인 이□□에게 발송하였다. 피청구인인 ○○구치소장은 2017년 3월 29일에 서신 이외에 녹취서가 동봉되었다는 이유로 청구인의 서신을 반송하였다(이하 "이 사건 반송행위"라 한다). 이에 청구인은 이 사건 반송행위가 청구인의 통신의 자유 등을 침해하였다고 주장하며, 2017년 4월 19일에 피청구인인 ○○구치소장을 상대로 권리구제형 헌법소원심판을 청구하였다. 한편 청구인은 ○○구치소에 수용 중인 이□□에게 청구인의 얼굴과 상반신이 촬영된 사진(이하 "이 사건 사진"이라 한다)만을 넣은 서신을 발송하였는데, 피청구인인 ○○구치소장은 2017년 9월 8일에 사진이 동봉되었다는 이유로 청구인의 서신을 반송하였다. 이에 청구인은 위 반송행위 및 법무부 예규인 '수용자교육교화운영지침' 제19조 본문 후단 부분이 청구인의 통신의 자유 등을 침해하였다고 주장하며, 2017년 10월 17일에 피청구인들을 상대로 권리구제형 헌법소원심판을 청구하였다.

이에 대하여 헌법재판소는 2019년에 "이 사건 반송행위는 청구인의 통신의 자유를 제한하고 있으므로, 헌법 제37조 제2항에 따라 법률에 근거하여야 한다. 교도소장은 수용자가 주고받는 서신에 '법령에 따라 금지된 물품'이 들어 있는지 확인할 수 있고(형집행법 제43조 제3항), 수용자가 주고 받는 서신을 확인한 결과 수용자의 서신에 '법령으로 금지된 물품'이 들어 있으면 수신을 금지할 수 있는데(형집행법 제43조 제5항), 형집행법 제43조 제5항의 '법령으로 금지된 물품'은 형집행법 제92조에서 정하는 '금지물품'을 포함하는 광의의 개념으로서 형집행법 시행규칙에 의해 금지된 물품도 포함한다. 따라서 형집행법 제43조 제5항의 '법령으로 금지된 물품'에는 형집행법 제92조의 '금지물품'에 해당하지 않더라도 형집행법 시행규칙 제214조 제15호가 금지하는 '허가 없이 수수되는 물품', '허가 없이 반입되는 물품'이 포함된다. 이 사건 녹취서 및 이 사건 사진은 서신 동봉과 관련하여 허가를 받지 않았으므로, 형집행법 시행규칙 제214조 제15호가 금지하는 '허가 없이 수수되는 물품'에 해당한다. 따라서 피청구인 ○○구치소장은 ○○구치소에 수용 중인 이□□에 대하여 이 사건 녹취서 및 이 사건 사진의 수신을 형집행법 제43조 제5항에 의하여 금지할 수 있고, 그 수신 금지의 부수적 절차로 발신자로서 ○○교도소에 수용 중인 청구인에게 이 사건 녹취서 및 이 사건 사진을 반송할 수 있다. 그렇다면 이 사건 반송행위는 형집행법 제43조 제5항, 형집행법 시행규칙 제214조 제15호에 근거하고 있으므로, 법률유보의 원칙에 위반되어 청구인의 통신의 자유를 침해하지 않는다."라고 판시하였다(헌재 2019. 12. 27. 2017헌마413 등).

그리고 헌법재판소는 2019년에 이 사건 반송행위가 헌법상 과잉금지의 원칙에 위반되는지 여부에 대하여 "수형시설에 수용된 자들 사이의 서신에 허가받지 않은 물품인 이 사건 녹취서와 이 사건 사진이 동봉되어 있는 경우에 수신인의 서신 수수를 금지하고 발신인에게 물품을 반송하는 것은 수용자의 교화·개선에 해로운 영향을 미칠 수 있는 물품의 수신을 금지함으로써 수용자의 건전한 사회 복귀를 도모하고, 안전하고 질서 있는 교정환경을 확보하기 위한 것이므로 그 목적이 정당하다. 이 사건 녹취서의 반송행위 및 이 사건 사진의 반송행위는 위와 같은 목적을 달성할 수 있는 적합한 수단이다. 그리고 수용자의 교화·갱생을 도모하기 위하여 서신 수발을 허용하는 것이 필요한 측면이 있더라도 교도소 및 구치소는 다수의 수용자를 집단으로 관리하는 구금시설로서 규율과 질서유지가 필요하므로 수용자의 서신 수발의 자유에는 한계가 있을 수 있다. 특히 서신을 우편으로 받는 교정시설의 입장에서는 교정환경을 안전하고 질서있게 유지하기 위해서 수신되는 서신에 동봉된 물품의 수수를 통제할 필요가 있다. 따라서 피청구인 ○○구치소장이 ○○구치소에 수용 중인 이ㅁㅁ에게 온 서신에 '허가 없이 수수되는 물품'인 이 사건 녹취서와 이 사건 사진이 동봉되어 있음을 확인하여 물품의 수수를 금지하고 발신인인 청구인에게 물품을 반송한 것은 교정사고를 미연에 방지하고 교정시설의 안전과 질서 유지를 위하여 불가피한 측면이 있다. 또한 청구인은 교정시설의 안전과 질서유지를 위하여 엄중한 관리가 필요하다고 인정되어 분류처우위원회의 의결을 거쳐 관심대상수용자로 지정된 자로서(형집행법 시행규칙 제210조 제13호, 제211호) 교정시설의 안전과 질서유지를 위하여 다른 수용자와의 접촉을 차단하거나 계호를 엄중히 하여야 하는 엄중관리대상자에 해당한다(형집행법 제104조 제1항, 형집행법 시행규칙 제194조 제3호). 서신의 상대방인 이ㅁㅁ는 사기, 폭행, 협박 및 업무방해죄로 형이 확정된 수용자이다. 기록에 첨부되어 있는 이 사건 녹취서를 살펴보면 이 사건 녹취서는 청구인이 원고로 제기한 어촌계원총회 결의 무효 등 사건(부산고등법원 2015나3907)과 관련하여 증인 최○○의 증언을 녹취한 소송서류로서, 이 사건 녹취서에는 증인 최○○의 개인정보가 상세히 기재되어 있을 뿐만 아니라, 증인 외에 타인의 실명과 개인정보 역시 기재되어 있음을 알 수 있다. 위와 같은 사정들을 고려하면 피청구인 ○○구치소장이 교정시설의 안전과 질서를 유지하고, 수용자의 교화 및 사회 복귀를 위해 허가받지 않은 물품인 이 사건 녹취서가 동봉된 서신이 이ㅁㅁ에게 수수되는 것을 금지하고 발신자인 청구인에게 반송한 것은 지나치게 과도한 조치라고 할 수 없고 불가피한 측면이 있다. 가족이 아닌 수용자에게 허가 없이도 서로 사진을 자유롭게 교환할 수 있도록 허용할 경우에 교정시설 내 서신 교환을 통하여 음란사진 등을 유포하거나 주고받고 그 대가로 금원을 수취하는 행위가 발생할 수 있고, 반목관계에 있는 자의 수용사실 확인, 범죄 조직원 내 결속력 도모, 범죄 모의 등을 위해 사진을 수수할 가능성을 완전히 배제할 수 없다. 위와 같은 사정들을 고려하면 이 사건 사진이 비록 청구인의 얼굴 및 상반신이 촬영된 사진이더라도 허가를 받지 않은 이상, 피청구인 ○○구치소장이 교정시설의 안전과 질서를 유지하고, 수용자의 교화 및 사회복귀를 위해서 허가받지 않은 물품인 이 사건 사진이 동봉된 서신이 이ㅁㅁ에게 수수되는 것을 금지하고 발신자인 청구인에게 반송한 것이 지나치게 과도한 조치라고 할 수 없고, 불가피한 측면이 있다. 그렇다면 이 사건 반송행위는 피해의 최소성 원칙에 위반되지 아니한다. 이 밖에 수용자 간 서신에 허가받지 않은 물품을 동봉하여 수수하는 자유는 이를 규제하지 않았을 때 각종 범죄와 사고가 발생하거나 교정시설의 안전과 질서가 위협받게 될 우려가 있음을 부정할 수 없다. 이와 같은 점을 감안하면 이 사건 반송행위로 수용자인 청구인이 받게 되는 통신의 자유 제한에 따른 불이익보다는 교정시설의 안전과 질서유지, 수형자의 교화 및 사회 복귀를 원활하게 하고자 하는 공익이 더욱 크다고 할 것이므로 법익의 균형성 원칙에도 합치된다. 따라서 이 사건 반송행위는 헌법상 과잉금지의 원칙에 위반되지 않으므로, 청구인의 통신의 자유를 침해하지 아니한다."라고 판시하였다(헌재 2019. 12. 27, 2017헌마413 등).

7. 양심의 자유

헌법 제19조는 "모든 국민은 양심의 자유를 가진다."라고 규정하여, 자신의 양심에 어긋나는 신념이나 행동을 강요당하지 않고 자신의 양심에 따라 행동할 수 있는 양심의 자유를 규정하고 있다. 여기서 '양심'이란 세계관·인생관·주의·신조 등은 물론, 이에 이르지 아니하여도 보다 널리 개인의 인격형성에 관계되는 내심에 있어서의 가치적·윤리적 판단도 포함된다. 그러므로 양심의 자유에는 널리 사물의 시시비비나 선악과 같은 윤리적 판단에 국가가 개입해서는 안 되는 내심적 자유는 물론 이와 같은 윤리적 판단을 국가권력에 의하여 외부에 표명하도록 강제받지 않는 자유, 즉 윤리적 판단사항에 관한 침묵의 자유까지 포괄한다(헌재 1991. 4. 1, 89헌마160).

이러한 양심의 자유와 관련하여 헌법재판소는 1997년에 "헌법이 보호하려는 양심은 어떤 일의 옳고 그름을 판단함에 있어서 그렇게 행동하지 아니하고는 자신의 인격적인 존재가치가 허물어지고 말 것이라는 강력하고 진지한 마음의 소리이지, 막연하고 추상적인 개념으로서의 양심이 아니다. 음주측정의 요구에 처하여 이에 응하여야 할 것인지 거부해야 할 것인지 고민에 빠질 수는 있겠지만, 그러한 고민은 선과 악의 범주에 관한 진지한 윤리적 결정을 위한 고민이라고 할 수 없으므로, 그 고민 끝에 어쩔 수 없이 음주측정에 응하였다고 하여 내면적으로 구축된 인간의 양심이 왜곡·굴절된다고 할 수 없다. 따라서 도로교통법상 경찰의 음주운전 강제측정 조항은 헌법 제19조에서 보장하는 양심의 자유를 침해하는 것이라고 할 수 없다."라고 판시하였다(헌재 1997. 3. 27, 96헌가11).

한편 헌법 제19조의 양심의 자유는 크게 양심형성의 내부 영역과 이를 실현하는 외부 영역으로 나누어 볼 수 있으므로, 그 구체적인 보장 내용에 있어서도 내심의 자유인 '양심형성의 자유'와 양심적 결정을 외부로 표현하고 실현하는 '양심실현의 자유'로 구분된다. 여기서 '양심형성의 자유'란 외부로부터의 부당한 간섭이나 강제를 받지 않고 개인의 내심 영역에서 양심을 형성하고 양심상의 결정을 내리는 자유를 말하고, '양심실현의 자유'란 형성된 양심을 외부로 표명하고 양심에 따라 삶을 형성할 자유, 구체적으로는 양심을 표명하거나 또는 양심을 표명하도록 강요받지 아니할 자유(양심표명의 자유), 양심에 반하는 행동을 강요받지 아니할 자유(부작위에 의한 양심실현의 자유), 양심에 따른 행동을 할 자유(작위에 의한 양심실현의 자유)를 모두 포함한다. 이러한 양심의 자유 중 양심형성의 자유는 내심에 머무르는 한, 절대적으로 보호되는 기본권인 반면에 양심적 결정을 외부로 표현하고 실현할 수 있는 권리인 양심실현의 자유는 법질서에 위배되거나 타인의 권리를 침해할 수 있기 때문에 법률에 의하여 제한될 수 있는 상대적인 자유라고 하겠다(헌재 2011. 8. 30, 2008헌가22 등).

이러한 헌법상 양심의 자유와 관련하여 헌법재판소는 지난 2011년에 소위 양심적 병역거부자가 입영하라는 통지를 받고도 입영기일부터 3일이 경과하도록 입영하지 아니하였다는 이유로 병역법 위반으로 처벌을 받게 된 양심적 병역거부자의 헌법상 양심의 자유 등을 침해하는 것은 아닌지 여부에 대하여 "국민의 의무인 국방의 의무의 이행을 관철하고 강제함으로써 징병제를 근간으로 하는 병역제도 하에서 병역자원의 확보와 병역부담의 형평을 기하고 궁극적으로 국가의 안전보장이라는 헌법적 법익을 실현하고자 하는 것으로 그 입법 목적이 정당하고, 입영을 기피하는 현역입영대상자에 대하여 형벌을 부과함으로써 현역 복무의무의 이행을 강제하고 있으므로, 이와 같은 입법 목적을 달성하기 위한 적절한 수단이다. 또한 병역의무와 관련하여 대체복무제를 도입할 것인지의 문제는 결국 '대체복무제를 허용하더라도 국가안보라는 중대한 공익의 달성에 아무런 지장이 없는지 여부'에 대한 판단의 문제로 귀결되는바, 남북이 대치하고 있는 우리나라의 특유한 안보 상황, 대체복무제 도입시 발생할 병력자원의 손실 문제, 병역거부가 진정한 양심에 의한 것인지 여부에 대한 심사의 곤란성, 사회적 여론이 비판적인 상태에서 대체복무제를 도입하는 경우에 사회 통합을 저해하여 국가 전체의 역량에 심각한 손상을 가할 우려가 있는 점 및 종전 헌법재판소의 결정에서 제시한 선행조건들이 아직도 충족되지 않고 있는 점 등을 고려할 때 대체복무제를 허용하더라도 국가안보와 병역의무의 형평성이라는 중대한 공익의 달성에 아무런 지장이 없다는 판단을 쉽사리 내릴 수 없으므로, 양심적 병역거부자에 대하여 대체복무제를 도입하지 않은 채 형사처벌 규정만을 두고 있다고 하더라도 병역법상 양심을 이유로 병역거부 시 처벌하는 조항이 양심적 병역거부자의 헌법상 양심의 자유를 과다하게 침해한다고 볼 수 없다."라고 합헌으로 판시하였다(헌재 2011. 8. 30, 2008헌가22 등).

그러나 최근 헌법재판소는 2018년에 양심적 병역거부자에 대하여 구 병역법 제5조 제1항(2000. 12. 26. 법률 제6290호로 개정된 것부터 2016. 5. 29. 법률 제14183호로 개정된 것) 및 구 병역법 제88조 제1항(2004. 12. 31. 법률 제7272호로 개정된 것부터 2013. 6. 4. 법률 제11849호로 개정되기 전의 것)에서 형사처벌을 하도록 규정하였던 것(이하 "이 사건 법률 조항"이라 한다)에 대하여 "양심은 민주적 다수의 사고나 가치관과 일치하는 것이 아니라, 개인적 현상으로서 지극히 주관적인 것이다. 양심은 그 대상이나 내용 또는 동기에 의하여 판단될 수 없으며, 특히 양심상의 결정이 이성적 · 합리적인가, 타당한가 또는 법질서나 사회규범 · 도덕률과 일치하는가 하는 관점은 양심의 존재를 판단하는 기준이 될 수 없다(헌재 2004. 8. 26, 2002헌가1). 이처럼 개인의 양심은 사회 다수의 정의관 · 도덕관과 일치하지 않을 수 있으며, 오히려 헌법상 양심의 자유가 문제되는 상황은 개인의 양심이 국가의 법질서나 사회의 도덕률에 부합하지 않는 경우이므로, 헌법에 의해 보호받는 양심은 법질서와 도덕에 부합하는 사고를 가진 다수가 아니라 이른바 '소수자'의 양심이 되기 마련이다. 특정한 내적인 확신 또는 신념이 양심으로 형성된 이상 그 내용 여하를 떠나 양심의 자유에 의해 보호되는 양심이 될 수 있으므로, 헌법상 양심의 자유에 의해 보호받는 '양심'으로 인정할 것인지의 판단은 그것이 깊고, 확고하며, 진실된 것인지 여부에 따르게 된다. 그리하여 양심적 병역거부를 주장하는 사람은 자신의 '양심'을 외부로 표명하여 증명할 최소한의 의무를 진다. 물론 그렇게 형성된 양심에 대한 사회적 · 도덕적 판단이나 평가는 당연히 가능하며, '양심'이기 때문에 무조건 그 자체로 정당하다거나 도덕적이라는 의미는 아니다. 양심의 자유 중 양심형성의 자유는 내심에 머무르는 한, 절대적으로 보호되는 기본권이라 할 수 있는 반면, 양심적 결정을 외부로 표현하고 실현할 수 있는 권리인 양심실현의 자유는 법질서에 위배되거나 타인의 권리를 침해할 수 있기 때문에 법률에 의하여 제한될 수 있다. 일반적으로 양심적 병역거부는 병역의무가 인정되는 징병제 국가에서 종교적·윤리적·철학적 또는 이와 유사한 동기로부터 형성된 양심상의 결정을 이유로 병역의무의 이행을 거부하는 행위를 가리킨다. 그런데 일상생활에서 '양심적' 병역거부라는 말은 병역거부가 '양심적', 즉 도덕적이고 정당하다는 것을 가리킴으로써, 그 반면으로 병역의무를 이행하는 사람은 '비양심적'이거나 '비도덕적'인 사람으로 치부하게 될 여지가 있다. 하지만 앞에서 살펴본 양심의 의미에 비추어 볼 때 '양심적' 병역거부는 실상 당사자의 '양심에 따른' 혹은 '양심을 이유로 한' 병역거부를 가리키는 것일 뿐, 병역거부가 '도덕적이고 정당하다'는 의미는 아닌 것이다. 따라서 '양심적' 병역거부라는 용어를 사용한다고 하여 병역의무의 이행은 '비양심적'이 된다거나, 병역을 이행하는 거의 대부분의 병역의무자들과 병역의무의 이행이 국민의 숭고한 의무라고 생각하는 대다수 국민들이 '비양심적'인 사람들이 되는 것은 결코 아니다. 양심적 병역거부는 인류의 평화적 공존에 대한 간절한 희망과 결단을 기반으로 하고 있다. 사유를 불문하고 일체의 살상과 전쟁을 거부하는 사상은 역사상 꾸준히 나타났으며, 비폭력·불살생·평화주의 등으로 표현된 평화에 대한 이상은 그 실현가능성과 관계없이 인류가 오랫동안 추구하고 존중해 온 것이다. 우리나라의 헌법 역시 전문에서 '항구적인 세계평화와 인류공영에 이바지함'을 선언하여 이러한 이념의 일단을 표명하고 있다. 세계의 많은 나라들이 양심적 병역거부를 인정해 왔고, 국제기구들에서도 끊임없이 각종 결의 등을 통해 그 보호 필요성을 확인해 온 것은 이 문제가 위와 같은 인류 보편의 이상과 연계되어 있음을 시사한다. 또한 양심적 병역거부를 인정한다고 해서 양심적 병역거부자의 병역의무를 전적으로 면제하는 것은 아니다. 양심적 병역거부를 인정하는 징병제 국가들은 대부분 양심적 병역거부자로 하여금 비군사적 성격의 공익적 업무에 종사하게 함으로써 병역의무의 이행에 갈음하는 제도를 두고 있는데, 이를 대체복무제라고 한다. 양심적 병역거부자들은 병역의무를 단순히 거부하는 것이 아니라, 자신의 양심을 지키면서도 국민으로서의 국방의 의무를 다할 수 있도록 집총 등 군사훈련을 수반하는 병역의무를 대신하는 제도를 마련해 달라고 국가에 호소하고 있다. 따라서 이들의 병역거부를 군복무의 고역을 피하기 위한 핑계라거나 국가공동체에 대한 기본의무는 이행하지 않으면서 국가의 보호만을 바라는 무임승차라고 볼 수는 없다. 즉, 양심적 병역거부자들은 단순히 군복무의 위험과 어려움 때문에 병역의무의 이행을 회피하고자 하는 다른 병역기피자들과는 구별된다고 보아야 한다. 양심적 병역거부자들은 현재의 대법원 판례에 따를 때 이 사건 법률 조항에 의해 형사처벌을 받게 되고 이후에도 공무원이 될 기회를 가질 수 없게 되는 등 여러 부차적인 불이익마저 받게 된다. 그럼에도 불구하고 국가는 양심적 병역거부자들의 절박한 상황과 대안의 가능성을 외면하고 양심을 지키려는 국민에 대해 그 양심의 포기 아니면 교도소에의 수용이라는 양자택일을 강요하여 왔을 뿐이다. 국가에게 병역의무의 면제라는 특혜와 형사처벌이라는 두 개의 선택지 밖에 없다면 모르되, 국방의 의무와 양심의 자유를 조화시킬 수 있는 제3의 길이 있다면 국가는 그 길을 진지하게 모색하여야 할 것이다. 국제인권규범에 비추어 양심적 병역거부에 대하여 살펴보면, 1966년 국제연합(UN)에서 채택한 '시민적 · 정치적권리에관한국제규약(이하 "자유권 규약"이라 한다)' 제18조는 사상, 양심 그리고 종교의 자유를 보장하고 있고, 1993년 자유권 규약 위원회는 사상 · 양심 · 종교의 자유에 관한 일반의견 제22호와 자유권 규약 제18조에서 양심적 병역거부권이 도출될 수 있다고 하였다. 우리나라는 1990년 위 규약에 제18조에 대한 아무런 유보 없이 가입하였다. 국제연합 인권위원회도 반복된 결의를 통하여 같은 입장을 밝혔다. 예를 들어, 위 위원회는 1989년 제59호 결의에서 양심적 병역거부권을 자유권 규약 제18조에 규정된 사상 · 양심 · 종교의 자유의 정당한 권리행사로 인정하였고, 1998년 제77호 결의에서는 양심적 병역거부 행위의 진정성을 판단할 독립적이고 공정한 결정기관의 설립, 비전투적 또는 민간적 성격을 띤 대체복무제의 도입, 양심적 병역거부자에 대한 구금 및 반복적 형벌부과의 금지 등을 각국에 요청하였으며, 그 외에도 수 차례의 결의를 통하여 위와 같은 내용을 재확인하였다. 또한 2006년부터 국제연합 인권위원회를 대신하게 된 국제연합 인권이사회는 2013년 9월 27일에 양심적 병역거부에 관한 결의를 통하여 앞서 살펴본 인권위원회의 결의 내용들을 다시 언급하면서, 양심적 병역거부자에 대한 처벌을 중단하고 현재 수감 중인 양심적 병역거부자들을 석방할 것, 대체복무제를 도입할 것 등을 각국에 촉구하였다. 그리고 유럽연합의회는 2000년 12월 7일에 채택한 '유럽연합 기본권 헌장'에서 '양심적 병역거부권은 인정되며, 그 권리의 행사는 각국의 국내법에 따른다.'(제10조 제2항)라고 규정하여 양심적 병역거부권을 인정하고 있다. 위 기본권 헌장은 2009년 12월 1일에 발효된 새로운 유럽연합조약 제6조 제1항에 따라 유럽연합 회원국에 대해 법적 구속력을 가지게 되었다. 유럽인권재판소는 2011년 7월 7일에 양심적 병역거부가 유럽인권협약 제9조에 의하여 보장된다고 판단하면서, 진지한 종교적 신념을 이유로 병역의무를 거부하는 사람에게 대체복무를 부과하지 않고 형사처벌을 하는 것은 민주사회에서 필요한 제한이라고 볼 수 없어 유럽인권협약 제9조를 위반한 것이라고 판단하였다.[12] 이에 자유권 규약 위원회는 2006년 자유권 규약 관련 대한민국의 제3차 국가보고서에 대한 최종 견해에서 양심적 병역거부자가 형사처벌을 받고 국가기관 및 공공기관의 채용에서 배제되며 전과자의 낙인을 안고 살아가는 것에 대해 우려를 표한다고 하면서, 우리나라에 양심적 병역거부자를 군복무에서 면제하고 자유권 규약 제18조에 부합하는 입법조치를 취할 것을 권고하였고, 2015년에도 대한민국의 제4차 국가보고서에 대한 최종 견해를 통하여 양심적 병역거부자를 석방하고, 그들의 전과기록을 말소하고 적절한 보상을 하며, 민간적 성격의 대체복무제를 도입할 것을 권고하였다. 한편 자유권 규약 위원회는 처벌조항에 따라 유죄의 확정 판결을 받은 여호와의 증인인 우리 국민 2인이 제기한 개인통보에 대해 2006년 11월 3일에 채택한 견해에서 대한민국이 자유권 규약 제18조 제1항을 위반하였다고 하면서, 대한민국은 위 국민들에게 효과적인 구제조치를 하고 유사한 위반이 장래에 또 발생하지 않도록 할 의무가 있다고 하였다. 그 후 자유권 규약 위원회는 양심적 병역거부와 관련하여 국민이 제기한 모든 개인통보 사건들에서 같은 취지의 견해를 채택하였다. 병역의 종류를 규정한 2006년 3월 24일에 법률 제7897호로 개정되기 전의 구 병역법부터 현행 병역법까지의 병역법 제5조 제1항(이하 모두 합하여 "병역종류 조항"이라 한다)은 국민이 부담하는 병역의 종류를 현역·예비역·보충역·병역준비역·전시근로역으로 규정하고, 구 병역법 제88조 제1항(이하 "처벌조항"이라 한다)에서 위와 같은 병역의무의 이행을 강제하고자 현역입영 또는 소집 통지서를 받은 사람이 정당한 사유 없이 입영일이나 소집일부터 3일이 지나도 입영하지 아니하거나 소집에 응하지 아니한 경우에 3년 이하의 징역에 처한다고 규정하고 있다. 처벌조항은 그 자체로는 '정당한 사유 없이' 입영하지 아니하거나 소집에 응하지 아니하는 경우만을 처벌하도록 규정하고 있으나, 양심상의 결정을 내세워 입영을 거부하거나 소집에 불응하는 것은 '정당한 사유'에 해당하지 않는다는 것이 대법원의 확고한 판례이므로(대법원 2004. 7. 15. 2004도2965), 양심적 병역거부자도 일반 병역기피자와 마찬가지로 처벌조항에 의하여 처벌되고 있다. 이 사건 청구인 등이 자신의 종교관·가치관·세계관 등에 따라 일체의 전쟁과 그에 따른 인간의 살상에 반대하는 진지한 내적 확신을 형성하였다면 그들이 집총 등 군사훈련을 수반하는 병역의무의 이행을 거부하는 결정은 양심에 반하여 행동할 수 없다는 강력하고 진지한 윤리적 결정이며, 병역의무를 이행해야 하는 상황은 개인의 윤리적 정체성에 대한 중

---

12) Bayatyan v. Armenia (Application no. 23459/03).

대한 위기 상황에 해당한다. 이와 같이 병역종류 조항에 대체복무제가 마련되지 아니한 상황에서 양심상의 결정에 따라 입영을 거부하거나 소집에 불응하는 이 사건 청구인 등이 현재의 대법원 판례에 따라 처벌조항에 의하여 형벌을 부과 받음으로써 양심에 반하는 행동을 강요받고 있으므로, 이 사건 법률 조항은 '양심에 반하는 행동을 강요당하지 아니할 자유', 즉, '부작위에 의한 양심실현의 자유'를 제한하고 있다(헌재 2011. 8. 30. 2008헌가22 등). 한편 헌법 제20조 제1항은 양심의 자유와 별개로 종교의 자유를 따로 보장하고 있고, 이 사건 청구인 등의 대부분은 여호와의 증인 또는 카톨릭 신도로서 자신들의 종교적 신앙에 따라 병역의무를 거부하고 있으므로, 이 사건 법률 조항에 의하여 이들의 종교의 자유도 함께 제한된다. 그러나 종교적 신앙에 의한 행위라도 개인의 주관적·윤리적 판단을 동반하는 것인 한, 양심의 자유에 포함시켜 고찰할 수 있고 양심적 병역거부의 바탕이 되는 양심상의 결정은 종교적 동기 뿐만 아니라, 윤리적·철학적 또는 이와 유사한 동기로부터도 형성될 수 있는 것이므로, 이 사건에서는 양심의 자유를 중심으로 기본권 침해 여부를 살펴본다. 먼저 이 사건 청구인들은 이 사건 법률 조항이 헌법 제10조의 인간의 존엄과 가치 및 행복추구권을 침해한다는 주장도 하고 있으나, 양심의 자유는 인간의 존엄과 가치와 불가분의 관계에 있는 정신적 기본권이고, 행복추구권은 다른 개별적 기본권이 적용되지 않는 경우에 한하여 보충적으로 적용되는 기본권이므로, 양심의 자유의 침해 여부를 판단하는 이상 별도로 인간의 존엄과 가치나 행복추구권 침해 여부는 판단하지 아니한다. 이 사건 법률 조항은 헌법상 기본의무인 국방의 의무를 구체적으로 형성하는 것이면서 또한 동시에 양심적 병역거부자들의 양심의 자유를 제한한다. 이 사건 법률 조항으로 인해서 국가의 존립과 안전을 위한 불가결한 헌법적 가치를 담고 있는 국방의 의무와 개인의 인격과 존엄의 기초가 되는 양심의 자유가 상충하게 된다. 이처럼 헌법적 가치가 서로 충돌하는 경우에 입법자는 두 가치를 양립시킬 수 있는 조화점을 최대한 모색해야 하고, 그것이 불가능해 부득이 어느 하나의 헌법적 가치를 후퇴시킬 수밖에 없는 경우에도 그 목적에 비례하는 범위 내에 그쳐야 한다. 헌법 제37조 제2항의 비례의 원칙은 단순히 기본권 제한의 일반 원칙에 그치지 않고, 모든 국가의 작용은 정당한 목적을 달성하기 위하여 필요한 범위 내에서만 행사되어야 한다는 국가작용의 한계를 선언한 것이므로, 비록 이 사건 법률 조항이 헌법 제39조에 규정된 국방의 의무를 형성하는 입법이라 할지라도 그에 대한 심사는 헌법상 비례의 원칙에 의하여야 한다(헌재 2011. 8. 30. 2008헌가22 등). 다음으로 병역종류 조항의 위헌 여부에 대하여 비례의 원칙 중 목적의 정당성 및 수단의 적합성 부분을 살펴보면, 병역종류 조항은 병역의 종류를 현역, 예비역, 보충역, 병역 준비역, 전시 근로역의 다섯 가지로 한정적으로 열거하고 그에 대한 어떠한 예외도 규정하지 않음으로써, 병역의무자는 병역법에 따라 특별히 병역을 면제받는 경우를 제외하고는 누구라도 그 중 자신에게 해당되는 병역을 이행하도록 하고 있다. 이와 같이 병역종류 조항은 병역의 종류와 각 병역의 내용 및 범위를 법률로 정하여 병역부담의 형평을 기하고, 병역의무자의 신체적 특성과 개인적 상황, 병력수급의 사정 등을 고려하여 병역자원을 효율적으로 배분할 수 있도록 함과 동시에 병역의 종류를 한정적으로 열거하고 그에 대한 예외를 인정하지 않음으로써 병역자원을 효과적으로 확보할 수 있도록 하기 위한 것이다. 이는 궁극적으로 국가안전보장이라는 헌법적 법익을 실현하고자 하는 것이므로 위와 같은 입법 목적은 정당하고, 병역종류 조항은 그러한 입법 목적을 달성하기 위한 적합한 수단이다. 그리고 비례의 원칙 중 침해의 최소성 부분을 살펴보면 병역종류 조항은 병역의 종류를 현역, 예비역, 보충역, 병역 준비역, 전시 근로역의 다섯 가지로 한정적으로 열거하고, 그 이외에 다른 병역의 종류나 내용을 상정하지는 않고 있다. 그런데 위 병역들은 모두 군사훈련을 받는 것을 전제하고 있으므로, 양심적 병역거부자에게 병역종류 조항에 규정된 병역을 부과할 경우에 필연적으로 그들의 양심과 충돌을 일으킬 수밖에 없다. 입법자는 기본권을 제한하는 경우에도 입법 목적의 실현에 적합한 여러 수단들 중에서 되도록 기본권을 최소로 침해하는 수단을 선택해야 한다. 양심적 병역거부자로 하여금 비군사적 성격의 공익적 업무에 종사하게 함으로써 병역의무의 이행에 갈음하도록 하는 대체복무제는 국방의 의무와 양심의 자유의 보장 사이에 발생하는 헌법적 가치의 충돌 문제를 해결하는 유력한 수단으로 오래 전부터 제시되어 왔다. 이러한 대체복무제는 군사훈련을 수반하는 병역의무를 일률적으로 부과하는 것에 비하여 양심의 자유를 덜 제한하는 수단임이 명백하다. 한편 종래 대체복무제를 도입하면 국방력의 저하, 병역의무의 형평성 저해가 우려된다는 주장이 제기되어 왔다. 이에 대체복무제의 도입이 우리나라의 국방력에 미치는 영향에 대하여 살펴보면 2016년 국방백서에 의할 때 우리나라의 병력은 대략 총 62만 5천명으로, 병무청 통계에 의할 때 2016년 병역판정검사를 받은 인원은 총 34만명에 달한다. 이에 비하여 우리나라의 양심적 병역거부자는 연평균 약 600명 내외일 뿐이므로, 병역자원이나 전투력의 감소를 논할 정도로 의미 있는 규모는 아니다. 더구나 양심적 병역거부자들을 처벌한다고 하더라도 이들을 교도소에 수감할 수 있을 뿐, 입영시키거나 소집에 응하게 하여 병역자원으로 활용할 수는 없으므로, 대체복무제의 도입으로 양심적 병역거부자들이 대체복무를 이행하게 된다고 해서 병역자원의 손실이 발생한다고 할 수 없다. 물론 대체복무제가 도입됨으로써 처벌 및 그에 따른 불이익이 두려워 그동안 자신의 양심상의 확신을 외부로 드러내지 못했던 사람들이 대체복무를 신청하여 종전보다 양심적 병역거부자가 늘어날 수는 있을 것이다. 그러나 공정하고 객관적인 심사절차, 현역복무와 대체복무 사이에 형평성의 확보 등을 통하여 진정한 양심적 병역거부자와 이를 가장한 병역기피자를 제대로 가려낸다면 양심적 병역거부자의 숫자가 지금보다 다소 늘어나더라도 우리의 국방력에 영향을 미칠 수준에 이를 것이라고 보기는 어렵다. 한편 급격한 출산율 감소로 인해 향후 예상되는 병역자원의 감소를 감안할 때 양심적 병역거부를 인정하기 어렵다는 지적도 있다. 그러나 오늘날의 국방력은 인적 병역자원에만 의존하는 것은 아니고, 현대전은 정보전·과학전의 양상을 띠므로, 전체 국방력에서 병역자원이 차지하는 중요성은 상대적으로 낮아지고 있다. 이는 우리의 실제 국방정책에도 그대로 반영되고 있다. 2006년 12월 28일에 제정되어 2018년 현재까지 그대로 유지되고 있는 '국방개혁에관한법률' 제25조 제1항 및 같은 법 시행령 제14조 제1항은 국군의 상비병력 규모를 연차적으로 감축하여 2020년까지 50만명 수준이 되도록 하여야 한다고 규정하고 있다. 또한 국방부는 2018년 업무보고에서 군의 구조개편과 방위사업의 혁신을 추진함과 동시에 2017년 현재 61만 8천명인 상비병력을 2022년까지 50만명 수준으로 단계적으로 감축할 계획이라고 하였다. 이러한 사정을 고려하면 양심적 병역거부자에게 대체복무를 부과하더라도 우리나라의 국방력에 의미 있는 수준의 영향을 미친다고 보기는 어려울 것이다. 다음으로 대체복무제를 도입함으로써 발생할 수 있는 병역의무의 형평성 문제에 관하여 살펴본다. 양심적 병역거부자에 대하여 대체복무를 인정하면 양심적 병역거부를 빙자한 병역기피자들이 증가하여 국방의무의 평등한 이행확보가 어려울 수 있고, 국민개병제를 바탕으로 한 전체 병역제도의 실효성이 훼손될 수 있다는 우려가 제기된다. 이러한 우려는 진정한 양심적 병역거부자와 양심을 가장한 병역기피자를 심사를 통하여 가려내기 어렵고, 이에 따라 대체복무제를 허용할 경우에 양심을 가장한 병역기피자가 급증할 것이라는 점에 주된 근거를 두고 있다. 그러나 국가가 관리하는 객관적이고 공정한 사전심사 절차와 엄격한 사후관리 절차를 갖출 경우에 진정한 양심적 병역거부자와 그렇지 않은 자를 가려내는데 큰 어려움은 없을 것으로 보인다. 즉, 대체복무를 신청할 때 그 사유를 자세히 소명하고 증빙자료를 제출하게 하고, 신청의 인용 여부는 학계·법조계·종교계·시민사회 등 전문 분야의 위원으로 구성된 중립적인 위원회에서 결정하도록 하며, 필요한 경우에 서면심사 뿐만 아니라, 대면심사를 통하여 신청인·증인·참고인으로부터 증언 또는 진술을 청취할 수 있도록 하는 등 위원회에 폭넓은 사실조사의 권한을 부여하고, 신청인·증인·참고인 등의 자료나 진술이 허위인 것으로 사후에 밝혀지는 경우에 위원회가 재심사를 통하여 종전의 결정을 번복할 수 있도록 하는 등의 제도적 장치를 마련한다면 양심을 가장한 병역기피자를 가려낼 수 있을 것이다. 무엇보다도 현역복무와 대체복무 사이에 복무의 난이도나 기간과 관련하여 형평성을 확보해 현역복무를 회피할 요인을 제거한다면 심사의 곤란성과 병역기피자의 증가 문제를 효과적으로 해결할 수 있다. 양심적 병역거부를 빙자하여 복무를 기피하는 것은 대체복무에의 종사가 개인적으로 이익이 된다고 판단하기 때문일 것이므로, 대체복무의 부담과 어려움이 커질수록 양심을 빙자한 병역기피자는 줄어들 수밖에 없다. 따라서 대체복무의 기간을 현역복무의 기간보다 어느 정도 길게 하거나, 대체복무의 강도를 현역복무의 경우와 최소한 같게 하거나 그보다 더 무겁고 힘들게 함으로써 양심을 가장한 병역기피자가 대체복무 신청을 할 유인을 제거한다면 심사의 곤란성 문제를 상당부분 극복하고 병역기피자의 증가도 막을 수 있을 것이다. 다만 대체복무의 기간이나 고역의 정도가 과도하여 양심적 병역거부자이더라도 도저히 이를 선택하기 어렵게 만드는 것은 대체복무제를 유명무실하게 하거나 징벌로 기능하게 할 수 있으며 또 다른 기본권 침해의 문제를 발생시킬 수 있다는 점에 유의할 필요가 있다. 따라서 양심적 병역거부자에 대한 대체복무제를 도입할 경우에 병역기피자가 증가하고 병역의무의 형평성이 붕괴되어 전체 병역제도의 실효성이 훼손될 것이라는 견해는 다소 추상적이거나 막연한 예측에 가깝다. 반면에 이미 상당한 기간 동안 세계의 많은 나라들이 양심적 병역거부를 인정하면서도 여러 문제들을 효과적으로 해결하여 징병제를 유지해오고 있다는 사실은 대체복무제를 도입하면서도 병역의무의 형평을 유지하는 것이 충분히 가능하다는 사실을 강력히 시사한다. 한편 한반도의 특수한 안보 상황을 고려할 때 대체복무제를 도입하기 어렵다는 주장에 대하여 살펴보면 한반도는 6·25 전쟁 이후에 남북으로 분단되어 60년이 넘는 세월동안 휴전상태로 대치하여 왔다. 최근 이러한 상황에 대한 변화의 토대가 마련되었으나 항구적인 평화의 정착을 위해서는 아직 해결해야 할 과제가 많고, 우리나라 및 주변국들을 둘러싼 국제정세도 예측하기 어려운 것이 사실이다. 그런데 대체복무제의 도입이 우리나라의 국방력에 유의미한 영향을 미친다거나 병역제도의 실효성을 떨어뜨린다고 보기 어려운 이상, 위와 같은 특수한 안보 상황을 이유로 대체복무제를 도입하지 않거나 그 도입을 미루는 것이 정당화된다고 할 수는 없다. 실제로 미국은 제2차 세계대전 중에도 종교적 사유로 참전에 반대하는 사람들에 대하여 전투복무 대신에 비전투복무 또는 국가적으로 중요한 민간 업무에 복무하도록 하였고, 통일 전 서독은 동서냉전이 진행 중이던 1949년 및 1956년에 각각 양심적 병역거부와 대체복무제에 관한 내용을 기본법에까지 규정하였다. 아르메니아는 아제르바이잔과 1994년까지 전쟁 후에 휴전하였으나 지금까지도 소규모 무력충돌이 계속되고 있음에도 불구하고 2003년에 대체복무제를 도입하였다. 그리고 중국과 군사적 긴장관계에 있는 대만에서도 2000년에 대체복무제를 도입하여 시행하고 있다. 이와 같은 외국의 사례들은 안보위협이 심각하더라도 양심적 병역거부자에 대한 대체복무제를 실시하는 것이 충분히 가능하다는 사실을 실증적으로 뒷받침한다. 즉, 대체복무제를 도입하더라도 우리의 국방력에 유의미한 영향이 있을 것이라고 보기는 어려운 반면, 대체복무에의 편입 여부를 판정하는 객관적이고 공정한 심사절차를 마련하고 현역복무와 대체복무 사이의 형평성이 확보되도록 제도를 설계한다면 대체복무제의 도입은 병역자원을 확보하고 병역부담의 형평을 기하고자 하는 입법 목적을 병역종류 조항과 같은 정도로 충분히 달성할 수 있다고 판단된다. 이와 같이 대체복무제라는 대안이 있음에도 불구하고 군사훈련을 수반하는 병역의무만을 규정한 병역종류 조항은 비례의 원칙 중 침해의 최소성 원칙에 어긋난다. 또한 병역종류 조항에 대하여 비례의 원칙 중 법익의 균형성 원칙 부분을 살펴보면 병역종류 조항이 추구하는 공익이 국가의 존립과 모든 자유의 전제조건인 '국가안보' 및 '병역의무의 공평한 부담'이라는 대단히 중요한 것임은 부정할 수 없다. 그러나 병역종류 조항에 대체복무제를 도입한다고 하더라도 위와 같은 공익은 충분히 달성할 수 있다고 판단된다. 반면에 이 사건 병역종류 조항이 대체복무제를 규정하지 아니함으로 인하여 양심적 병역거부자들이 감수하여야 하는 불이익은 심대하다. 우선 양심적 병역거부자들은 현재 대법원 판례에 따라 처벌조항에 의하여 대부분 최소 1년 6월 이상의 징역형을 선고받으며, 형 집행이 종료된 이후에도 일정기간 공무원으로 임용될 수 없다(국가공무원법 제33조 제3호, 지방공무원법 제31조 제3호). 또한 병역기피자로 간주되어 공무원 또는 일반 기업의 임·직원으로 근무하고 있었던 경우에는 해직되어 직장을 잃게 되고(병역법 제76조 제1항 제2호, 제93조 제1항), 이전에 취득하였던 각종 관허업의 특허·허가·인가·면허 등도 모두 상실한다(같은 법 제76조 제2항). 게다가 병역의무 기피자로서 인적사항과 병역의무 미이행사항 등이 병무청 인터넷 홈페이지 등에 공개될 수 있다(같은 법 제81조의2 제1항 제3호). 이러한 법적인 불이익과는 별도로 처벌 이후 사회생활에서는 징역형을 선고받은 전과자로서 여러가지 유·무형의 냉대와 취업 곤란을 포함한 불이익 역시 감수하여야 한다. 더구나 우리나라에서는 병역거부에 관한 종교적 신념을 가족들이 공유하는 경우에 위와 같은 피해가 해당 양심적 병역거부자 개인에게 그치지 아니하며, 형제들 모두가 형사처벌을 받거나 아버지와 아들이 대를 이어서 처벌되는 가혹한 사례도 발생하고 있는 상황이다. 양심적 병역거부행위는 사회 공동체의 법질서에 대한 적극적인 공격행위가 아니라, 자신의 양심을 지키려는 소극적이고 방어적인 행위이며, 양심적 병역거부자들은 집총 등 병역의무 이외의 분야에서는 국가 공동체를 위한 어떠한 의무도 기꺼이 이행하겠다고 지속적으로 호소한다. 따라서 비록 이들의 병역거부라는 결정이 국가 공동체의 다수의 가치와 맞지 않더라도 양심의 자유를 기본권으로 보장하고 있는 헌법질서 아래에서는 그 결정을 국가가 동원할 수 있는 가장 강력한 수단인 형벌권을 곧바로 발동하여야 할 정도의 반사회적인 행위라고 할 수는 없다. 양심의 자유에서 보호하는 양심은 그 어느 것으로도 대체되지 아니하며, 그에 따라 행동함으로써 자기를 표현하고 인간으로서의 존엄과 가치를 확인하는 의미를 가지는 것이다. 따라서 강요에 의하여 그러한 신념을 의심하고 그 포기의 여부를 선택해야 하는 상황에 처하는 것만으로도 개인의 인격에는 큰 타격이 될 수 있다. 자신이 전인격을 걸고 옳은 것이라고 믿는 신념을 변경하지 않을 경우에 형벌과 사회생활에서의 제약 등 커다란 피해를 입는 것이 예정되어 있는 상황에 처하면 개인은 선택의 기로에서 자신의 인격적 존재가치에 회의를 느끼지 않을 수 없고, 이는 결국 인간의 존엄성에 대한 손상으로 이어질 수밖에 없기 때문이다. 한편 양심적 병역거부자를 처벌하는 것보다 이들에게 대체복무를 부과하는 것이 넓은 의미의 국가안보와 공익의 실현에 오히려 더 도움이 된다고 할 수 있다. 양심적 병역거부자들을 억지로 입영시키거나 소집에 응하게 할 수 있는 방법은 사실상 없다고 볼 수 있으므로, 현 상황에서는 오로지 이들을 처벌하여 교도소에 수용하는 것만이 가능할 뿐이다. 그런데 양심적 병역거부자들이 오랜기간 형사처벌 및 이에 뒤따르는 유·무형의 막대한 불이익을 겪으면서도 꾸준히 입영이나 집총을 거부하여 왔다는 사실을 고려하면 형사처벌이 그들에게 특별 예방효과나 일반 예방효과를 가지지 못한다고 볼 수 있으므로, 병역자원을 단순히 교도소에 수용하고 있는 것은 국가안보나 공익에 거의 아무런 도움이 되지 않는 조치라고 할 수 있다. 국방의 의무의 내용은 군사적 역무에 국한되는 것이 아니라 비군사적 역무까지 포함한다고 할 수 있고, 오늘날 국가안보의 개념은 군사적 위협과 같은 전통적 안보위기 뿐만 아니라, 자연재난이나 사회재난, 테러 등으로 인한 안보위기에 대한 대응을 포함하는 포괄적인 안보개념으로 나아가고 있으며, 현대국가에서는 후자의 중요성이 점점 더 커지고 있다. 따라서 양심적 병역거부자들에게 소방·보건·의료·방재·구호 등의 공익 관련 업무에 종사하도록 한다면 이들을 일률적으로 처벌하여 단순히 교도소에 수용하고 있는 것 보다는 넓은 의미의 안보에 실질적으로 더 유익한 효과를 거둘 수 있을 것이다. 나아가 우리 사회에는 공익을 위하여 누군가는 반드시 해야 할 일이지만, 힘들거나 위험하다는 이유로 대부분의 사람들이 기피하여 인력 부족에 시달리는 업무들이 많이 있다. 예를 들어, 노인·장애인·중증환자 등의 보호·치료·요양 등 사회복지 관련 업무가 그런 업무에 속할 수 있을 것이다. 양심적 병역거부자들로 하여금 위와 같이 어렵고 힘든 공익업무를 수행하도록 하거나 그 중 전문적인 지식과 능력을 가진 사람들의 경우에 그것을 활용하여 또 다른 공익업무에 복무하도록 한다면 우리 사회에 큰 혜택이 될 것이다. 예를 들어, 사회복무요원(제26조 제1항), 예술·체육요원(제33조의7), 공중보건의사(제34조), 공익법무관(제34조의6) 등으로 복무할 수 있는 보충역 복무규정을 두고 있다. 사회복무요원의 경우를 살펴보면 이들은 국가기관·지방자치단체·공공단체 및 사회복지시설의 공익목적에 필요한 사회복지, 보건·의료, 교육·문화, 환경·안전 등 사회서비스업무의 지원업무, 국가기관·지방자치단체·공공단체의 공익목적에 필요한 행정업무 등의 지원업무 등에 종사한다(제26조 제1항). 이러한 사회복무요원의 복무는 30일 이내의 군사교육소집(제29조 제3항, 제55조 제1항, 병역법시행령 제108조)을 받는다는 점을 제외하면 양심적 병역거부자가 하게 될 대체복무와 그 복무 내용이 크게 다르지 않을 것이다. 결국 양심적 병역거부자들은 대체복무제를 통해 이 사회의 일원으로서 떳떳하게 공익에 기여할 수 있게 되어 국가와 사회에 대한 소속감을 키우고 스스로에 대한 자긍심을 가질 수 있게 될 것이다. 동시에 우리 사회는 이들을 공동체 구성원으로 포용하고 관용함으로써 국가와 사회의 통합과 다양성의 수준도 높아지게 될 것이다. 양심적 병역거부자에 대한 관용은 결코 병역의무의 면제와 특혜의 부여에 대한 관용이 아니다. 대체복무제는 병역의무의 일환으로 도입되는 것이고 현역 복무와의 형평을 고려하여 최대한 등가성을 가지도록 설계되어야 하는 것이기 때문이다. 따라서 병역종류 조항이 추구하는 공익은 대단히 중요한 것이지만, 병역종류 조항에 대체복무제를 도입한다고 하더라도 위와 같은 공익은 충분히 달성할 수 있다고 판단되는 반면에 병역종류 조항에 대체복무제가 규정되지 않음으로 인하여 양심적 병역거부자가 감수하여야 하는 불이익은 심대하고, 이들에게 대체복무를 부과하는 것이 오히려 넓은 의미의 국가안보와 공익실현에 더 도움이 된다는 점을 고려할 때 병역종류 조항은 기본권 제한의 한계를 초과하여 법익의 균형성 요건을 충족하지 못한 것으로 판단된다. 따라서 양심적 병역거부자에 대한 대체복무제를 규정하지 아니한 병역종류 조항은 과잉금지의 원칙에 위배하여 양심적 병역거부자의 양심의 자유를 침해한다. 그리고 법원에서도 최근 하급심에서 양심적 병역거부에 대해 무죄판결을 선고하는 사례가 증가하고 있다. 비록 헌법재판소가 지난 2011년에는 처벌조항에 대하여 합헌 결정을 하였지만(헌재 2011. 8. 30, 2008헌가22), 이미 2004년에는 대체복무제의 도입에 관한 검토를 권고한 바 있고(헌재 2004. 8. 26, 2002헌가1), 이제 그로부터 약 14년이라는 결코 짧지 않은 시간이 지나고 있다. 이러한 모든 사정에 비추어 볼 때 국가는 이 문제의 해결을 더 이상 미룰 수 없으며, 대체복무제를 도입함으로써 이 사건 병역종류 조항으로 인한 기본권의 침해 상황을 제거할 의무가 있음이 분명해진다. 양심의 자유와 국가안보라는 공익을 조화시킬 수 있는 대안이 존재하며 그에 관한 우리 사회의 논의가 성숙하였음에도 불구하고, 오로지 개인에게 만 책임을 전가하는 것은 국가의 중대한 임무를 미루고 있다고 하지 않을 수 없다." 라고 헌법재판소 스스로 이전에 양심적 병역거부자를 처벌하였던 병역종류 조항에 대하여 합헌적 견해를 변경하여 새롭게 헌법불합치 결정을 하였다(헌재 2018. 6. 28, 2011헌바379 등).

8. 종교의 자유

헌법 제20조에서 "제1항: 모든 국민은 종교의 자유를 가진다. 제2항: 국교는 인정되지 아니하며, 종교와 정치는 분리된다."라고 규정하고 있는바, 헌법상 종교의 자유는 적극적으로 신앙의 자유, 종교적 행위의 자유 및 종교적 집회·결사의 자유의 3요소로 구성된다(헌재 2001. 9. 27, 2000헌마159).

먼저 신앙의 자유는 신과 피안 또는 내세에 대한 인간의 내적 확신에 대한 자유를 말하는 것으로서, 이러한 신앙의 자유는 그 자체가 내심의 자유의 핵심이기 때문에 법률로써도 이를 침해할 수 없는 절대적 기본권이다(헌재 2011. 12. 29, 2009헌마527).

그리고 종교적 행위의 자유는 종교상의 의식·예배 등 종교적 행위를 각 개인이 임의로 할 수 있는 등 종교적인 확신에 따라 행동하고 교리에 따라 생활할 수 있는 자유와 소극적으로는 자신의 종교적인 확신에 반하는 행위를 강요당하지 않을 자유 및 선교의 자유, 종교 교육의 자유 등이 포함된다.

그리고 종교적 집회·결사의 자유는 종교적 목적으로 같은 신자들이 집회하거나 종교단체를 결성할 자유로써, 이러한 종교적 행위의 자유와 종교적 집회·결사의 자유는 신앙의 자유와는 달리 내심의 절대적 자유가 아니므로, 헌법 제37조 제2항에 의해 질서유지 또는 공공복리를 위해 관련 법률로써 제한할 수 있고, 이러한 제한은 헌법상 비례의 원칙이나 종교의 자유의 본질적 내용을 침해해서는 안 되는 한계가 있다(헌재 2001. 9. 27, 2000헌마159). 이러한 종교적 집회·결사의 자유는 종교를 위한 집회나 종교단체의 형성과 참가 또는 가입이나 탈퇴를 자유롭게 할 수 있는 권리를 뜻하며, 종교의 자유는 소극적으로 무신앙의 자유, 종교적 행사나 종교적 집회 및 결사 또는 선교활동 등을 강제받지 않을 자유를 포함한다.[13]

이러한 종교의 자유에 대하여 대법원은 1998년에 "사립학교는 국·공립학교와는 달리 종교의 자유의 내용으로서 종교교육 내지는 종교선전을 할 수 있고, 학교는 인적·물적 시설을 포함한 교육시설로써 학생들에게 교육을 실시하는 것을 본질로 하며, 특히 대학은 헌법상 자치권이 부여되어 있으므로 사립대학은 교육시설의 질서를 유지하고 재학관계를 명확히 하기 위하여 법률상 금지된 것이 아니면 학사관리, 입학 및 졸업에 관한 사항이나 학교시설의 이용에 관한 사항 등을 학칙 등으로 제정할 수 있으며, 또한 1997년 12월 13일에 법률 제5437호로 교육기본법 부칙 제2조에 의해 폐지된 구 교육법시행령 제55조는 학칙을 학교의 설립인가 신청에 필요한 서류의 하나로 규정하고, 동법 시행령 제56조 제1항은 학칙에서 기재하여야 할 사항으로 '교과와 수업일수에 관한 사항', '고사(또는 시험)와 과정수료에 관한 사항', '입학, 편입학, 퇴학, 전학, 휴학, 수료, 졸업과 상벌에 관한 사항' 등을 규정하고 있으므로, 사립대학은 종교교육 내지 종교선전을 위하여 학생들의 신앙을 가지지 않을 자유를 침해하지 않는 범위 내에서 학생들로 하여금 일정한 내용의 종교교육을 받을 것을 졸업요건으로 하는 학칙을 제정할 수 있다. 따라서 기독교 재단이 설립한 사립대학이 학칙으로 대학예배의 6학기 참석을 졸업요건으로 정한 경우에 기독교 재단이 설립한 대학교의 대학예배는 목사에 의한 예배 뿐만 아니라, 강연이나 드라마 등 다양한 형식을 취하고 있고 학생들에 대하여도 예배시간의 참석만을 졸업의 요건으로 할 뿐, 그 태도나 성과 등을 평가하지는 않는 사실 등에 비추어 볼 때, 기독교 재단이 설립한 대학교의 예배는 복음 전도나 종교인 양성에 직접적인 목표가 있는 것이 아니고 신앙을 가지지 않을 자유를 침해하지 않는 범위 내에서 학생들에게 종교교육을 함으로써 진리·사랑에 기초한 보편적 교양인을 양성하는데 목표를 두고 있다고

---

13) 권영성, 헌법학원론, 법문사, 2009, 486-487면.

할 것이므로, 대학 예배에의 6학기 참석을 졸업요건으로 정한 기독교 재단이 설립한 대학교의 학칙은 헌법상 종교의 자유에 반하는 위헌무효의 학칙이 아니다."라고 판시하였다(대법원 1998. 11. 10. 96다37268).

그리고 종교의 자유와 관련하여 대법원은 2007년에 "헌법상 종교의 자유에는 자기가 신봉하는 종교를 선전하고 새로운 신자를 규합하기 위한 선교의 자유가 포함되고, 선교의 자유에는 다른 종교를 비판하거나 다른 종교의 신자에 대하여 개종을 권고하는 자유도 포함되는바, 종교적 선전과 타 종교에 대한 비판 등은 동시에 표현의 자유의 보호대상이 되는 것이나, 그 경우에 종교의 자유에 관한 헌법 제20조 제1항은 표현의 자유에 관한 헌법 제21조 제1항에 대해 특별법적 규정의 성격을 갖는다고 할 것이므로, 종교적 목적을 위한 언론과 출판의 경우에는 그 밖의 일반적인 언론과 출판에 비하여 고도의 보장을 받게 되고, 특히 그 언론과 출판의 목적이 다른 종교나 종교집단에 대한 신앙교리 논쟁으로서 같은 종파에 속하는 신자들에게 비판하고자 하는 내용을 알리고 아울러 다른 종파에 속하는 사람들에게도 자신의 신앙교리 내용과 반대 종파에 대한 비판의 내용을 알리기 위한 것이라면 그와 같은 비판할 권리는 최대한 보장받아야 할 것인바, 그로 인하여 타인의 명예 등 인격권을 침해하는 경우에 종교의 자유 보장과 개인의 명예 보호라는 두 법익을 어떻게 조정할 것인지는 그 비판행위로 얻어지는 이익, 가치와 공표가 이루어진 범위의 광협(廣狹), 그 표현방법 등 그 비판행위 자체에 관한 제반 사정을 감안함과 동시에 그 비판에 의하여 훼손되거나 훼손될 수 있는 타인의 명예 침해의 정도를 비교 고려하여 결정하여야 한다."라고 판시하였다(대법원 2007. 4. 26. 2006다87903).

또한 헌법재판소는 2001년에 "종교적 행위의 자유는 신앙의 자유와는 달리 절대적 자유가 아니라 질서유지, 공공복리 등을 위하여 제한할 수 있는 것으로서, 사법시험 제1차 시험과 같은 대규모 응시생들이 응시하는 시험의 경우에 그 시험장소는 중·고등학교 건물을 임차하는 것 이외에 특별한 방법이 없고 또한 시험관리를 위한 2,000여 명의 공무원이 동원되어야 하며, 일요일이 아닌 평일에 시험이 있을 경우에 직장인 또는 학생 신분인 사람들은 결근·결석을 하여야 하고 그 밖에 시험 당일의 원활한 시험관리에도 상당한 지장이 있는 사정이 있는바, 이러한 사정을 참작한다면 피청구인이 사법시험 제1차 시험 시행일을 일요일로 정하여 공고한 것은 국가공무원법 제35조에 의하여 다수 국민의 편의를 위한 것이므로, 이로 인하여 청구인의 종교의 자유가 어느 정도 제한된다고 하더라도 이는 공공복리를 위한 부득이한 제한으로 보아야 할 것이고, 그 정도를 보더라도 비례의 원칙에 벗어난 것으로 볼 수 없고 청구인의 종교의 자유의 본질적인 내용을 침해한 것으로 볼 수도 없다. 또한 기독교 문화를 사회적 배경으로 하고 있는 구미 제국과 달리 우리나라에서 일요일은 특별한 종교의 종교의식일이 아니라, 일반적인 공휴일로 보아야 할 것이라는 점 등을 참작한다면 사법시험 제1차 시험 시행일을 일요일로 결정한 것은 합헌이다." 라고 판시하였다(헌재 2001. 9. 27. 2000헌마159).

한편 대법원은 종교교육과 관련하여 1989년에 "정교분리의 원칙상 국·공립학교에서의 특정 종교를 위한 종교교육은 금지되나 사립학교에서의 종교교육 및 종교지도자 육성은 선교의 자유의 일환으로서 보장되는 것이고, 교육법 제81조는 능력에 따라 균등하게 교육을 받을 권리를 규정한 구 헌법 제29조 제1항과 마찬가지로 신앙, 성별, 사회적 신분, 경제적 지위 등에 의한 불합리한 차별을 금지하는 것일 뿐이므로, 교육기관이 학교설립인가를 받았다고 하여 종교지도자의 양성을 위한 종교교육을 할 수 없게 되는 것도 아니다."라고 판시하였다(대법원 1989. 9. 25. 87도519).

그리고 대법원은 다른 종교의 비판행위에 대하여 1996년에 "종교의 자유에는 자기가 신봉하는 종교를 선전하고 새로운 신자를 규합하기 위한 선교의 자유가 포함되고 선교의 자유에는 다른 종교를 비판하거나 다른 종교의 신자에 대하여 개종을 권고하는 자유도 포함되는바, 종교적 선전이나 타 종교에 대한 비판 등은 동시에 표현의 자유의 보호대상이 되는 것이나, 그 경우에 종교의 자유에 관한 헌법 제20조 제1항은 표현의 자유에 관한 헌법 제21조 제1항에 대하여 특별 규정의 성격을 갖는다고 할 것이므로, 종교적 목적을 위한 언론·출판의 경우에는 그 밖의 일반적인 언론·출판에 비하여 보다 고도의 보장을 받게 된다. 다른 종교나 종교집단을 비판할 권리는 최대한 보장받아야 할 것인바, 그로 인하여 타인의 명예 등 인격권을 침해하는 경우에 종교의 자유 보장과 개인의 명예보호라는 두 법익을 어떻게 조정할 것인지는 그 비판행위로 얻어지는 이익, 가치와 공표가 이루어진 범위의 광협, 그 표현방법 등 그 비판행위 자체에 관한 제반 사정을 감안함과 동시에 그 비판에 의하여 훼손되거나 훼손될 수 있는 타인의 명예 침해의 정도를 비교 고려하여 결정하여야 한다. 노회의 회장, 서기 또는 그 노회 소속 교회의 목사, 장로인 자들이 다른 교단 소속의 기도원 운영자를 비판한 행위 및 그에 맞선 기도원 운영자의 광고행위가 각 관계자들의 지위, 비판행위로 얻어지는 이익, 공표가 이루어진 상대방 범위의 광협, 그 표현방법, 비판 내용 및 명예침해의 정도 등에 비추어, 다소 과장되거나 부적절한 표현을 사용한 바가 있다고 하더라도 그 행위는 근본적으로 종교적 비판의 표현 행위에 해당되어 위법성이 없다."라고 판시하였다(대법원 1996. 9. 6, 96다19246).

한편 대법원은 종교의 자유의 제한에 대하여 1995년에 "종교의 자유는 인간의 정신세계에 기초를 둔 것으로서 인간의 내적 자유인 신앙의 자유를 의미하는 한도 내에서는 밖으로 표현되지 아니한 양심의 자유에 있어서와 같이 제한할 수 없는 것 이지만, 그것이 종교적 행위로 표출되는 경우에 있어서는 대외적 행위의 자유이기 때 문에 질서유지를 위하여 당연히 제한을 받아야 하며, 공공복리를 위하여서는 법률로 써 이를 제한할 수도 있다. 세칭 '승리제단' 교주가 신도들로부터 헌금 명목으로 금원 을 교부받은 것을 사기죄에 해당한다."라고 판시하였다(대법원 1995. 4. 28, 95도250).

이 밖에 대법원은 종교교육의 한계에 대하여 2010년에 "고등학교의 평준화 정 책에 따른 학교의 강제배정제도가 위헌이 아니더라도, 여전히 종립학교(종교단체가 설 립한 사립학교)가 가지는 종교교육의 자유 및 운영의 자유와 학생들이 가지는 소극적 종교행위의 자유 및 소극적 신앙고백의 자유 사이에 충돌이 생기게 된다. 고등학교 평준화 정책교육의 범위를 넘어서서 학교의 설립이념이 된 특정의 종교교리를 전파 하는 종파교육 형태의 종교교육을 실시하는 경우에는 그 종교교육의 구체적인 내용 과 정도, 종교교육이 일시적인 것인지 아니면 계속적인 것인지 여부, 학생들에게 그 러한 종교교육에 관하여 사전에 충분한 설명을 하고 동의를 구하였는지 여부, 종교 교육에 대한 학생들의 태도나 학생들이 불이익이 있을 것을 염려하지 아니하고 자유 롭게 대체과목을 선택하거나 종교교육에 참여를 거부할 수 있었는지 여부 등의 구체 적인 사정을 종합적으로 고려하여 사회공동체의 건전한 상식과 법감정에 비추어 볼 때 용인될 수 있는 한계를 초과한 종교교육이라고 보이는 경우에는 위법성을 인정할 수 있다."라고 판시하였다(대법원 2010. 4. 22, 2008다38288).

9. 언론·출판의 자유

헌법 제21조에서는 "제1항: 모든 국민은 언론·출판의 자유와 집회·결사의 자 유를 가진다. 제2항: 언론·출판에 대한 허가나 검열과 집회·결사에 대한 허가는 인 정되지 아니한다. 제3항: 통신·방송의 시설기준과 신문의 기능을 보장하기 위하여 필요한 사항은 법률로 정한다. 제4항: 언론·출판은 타인의 명예나 권리 또는 공중 도덕이나 사회윤리를 침해하여서는 아니 된다. 언론·출판이 타인의 명예나 권리를 침해한 때에는 피해자는 이에 대한 피해의 배상을 청구할 수 있다."라고 규정하고 있다. 즉, 헌법 제21조 제1항은 언론 및 출판의 자유와 집회 및 결사의 자유의 보장에 대한 총론적 규정이고, 헌법 제21조 제2항은 언론 및 출판에 대한 허가제나 검열제의 금지 및 집회 및 결사에 대한 허가제의 금지를 규정하고 있으며, 헌법 제21조 제3항은 언론기관시설 법정주의에 대해 규정하고 있고, 헌법 제21조 제4항은 언론 및 출판의 자유의 한계를 규정하고 있다.

헌법 제21조 제1항은 넓게 보아 의사 표현의 자유의 보장을 규정하고 있는바, 이는 개인적(개별적) 의사의 표현인 언론 및 출판의 자유와 집단적 의사 표현인 집회 및 결사의 자유를 헌법에서 보장한다는 것을 뜻한다. 즉, 헌법 제21조에서 보장하고 있는 표현의 자유는 전통적으로는 사상 또는 의견의 자유로운 표명을 할 수 있는 자유를 뜻하는 '발표의 자유'와 그것을 타인에게 전파할 수 있는 자유를 뜻하는 '전달의 자유'를 뜻한다. 이러한 표현의 자유는 헌법 제17조의 사생활의 비밀과 자유, 헌법 제19조의 양심의 자유, 헌법 제20조의 종교의 자유, 헌법 제22조의 학문과 예술의 자유 등 정신적인 자유를 외부적으로 표현하는 자유를 뜻하므로, 이러한 여러 헌법상의 정신적 기본권들과 상호 밀접한 관련성이 있다(헌재 1989. 9. 4, 88헌마22).

민주정치에 있어서 정치활동은 사상이나 의사의 자유로운 표현(표명)과 교환을 통하여 이루어지는 것이므로, 언론·출판의 자유가 보장되지 않는 상황에서 민주주의는 시행될 수 없고, 표현의 자유가 보장되어 있지 않은 나라는 엄격한 의미에서 민주국가라고 하기 어렵다. 따라서 헌법 제21조의 언론·출판의 자유에는 사상 내지 의사의 자유로운 표현과 전파(전달)의 자유가 포함되고, 이러한 전파(전달)의 자유에는 보급의 자유가 포함된다(헌재 1992. 11. 12, 89헌마88).

이러한 사상이나 의사의 표현 및 전파(전달)의 자유에 있어서 사상이나 의사의 표현 또는 전파(전달)의 매개체는 어떠한 형태이건 가능하며 그 제한이 없으므로, 모든 형상의 의사의 표현(표명) 또는 의사의 전파(전달)의 매개체가 포함된다. 따라서 음반 및 비디오물도 의사의 형성적 작용을 하는 한, 의사의 표현 및 전파(전달)의 형식의 하나로 인정되며, 이러한 작용을 하는 음반 및 비디오물의 제작은 헌법 제21조의 언론 및 출판의 자유에 의해서도 보호된다(헌재 1993. 5. 13, 91헌바17). 그리고 인터넷 게시판은 인터넷에서 의사를 형성 및 전파하는 매체로서의 역할을 담당하고 있으므로, 의사의 표현 및 전파 형식의 하나로서 인정된다고 할 것이다(헌재 2010. 2. 25, 2008헌마324).

한편 이러한 자유로운 의사 표명의 자유와 전파의 자유에는 자신의 신원을 누구에게도 밝히지 아니한 채, 익명 또는 가명으로 자신의 사상이나 견해를 표명하고 전파할 익명 표현의 자유도 보호된다(헌재 2010. 2. 25, 2008헌마324 등). 그리고 이러한 사상 또는 자유로운 의사 표명은 자유로운 의사를 형성할 수 있을 것을 전제로 하는바, 이러한 자유로운 의사의 형성은 충분한 정보에의 접근이 보장됨으로써 비로소 가능한 것이다. 이를 '알 권리'라고 한다. 또한 이와 동시에 자유로운 의사 표명의 자유는 자유로운 수용 또는 접수와 불가분의 관계에 있다고 할 것이므로, 정보에의 접근·수집·처리의 자유(알 권리)는 표현의 자유에 당연히 포함되는 것으로 보아야 한다. 이와 관련하여 독일 기본법 제5조 제1항에서 "누구든지 언어·문서 및 도형으로 자유로이 의사를 표현하고 유포하며, 일반적으로 접근할 수 있는 정보원으로부터 방해를 받지 아니하고 알 권리를 가진다."라고 하여 명문으로 알 권리를 규정하고 있다. 그리고 인권에관한세계선언 제19조는 "모든 사람은 모든 수단에 의하여 국경을 초월하여 정보와 사상을 탐구하거나 입수 또는 전달할 자유를 갖는다."라고 규정하여 알 권리를 명문으로 규정하고 있다(헌재 1989. 9. 4, 88헌마22). 이렇듯 알 권리를 명문으로 규정한 헌법은 전 세계적으로 독일의 경우를 제외하고는 거의 찾아보기 힘든바, 우리나라는 공공기관의정보공개에관한법률 제1조에서 "이 법은 공공기관이 보유 및 관리하는 정보에 대한 국민의 공개청구 및 공공기관의 공개의무에 관하여 필요한 사항을 정함으로써, 국민의 알 권리를 보장하고 국정에 대한 국민의 참여와 국정운영의 투명성을 확보함을 목적으로 한다."라고 명시적으로 정보공개청구권으로서의 알 권리를 규정하고 있을 뿐, 헌법에서 알 권리를 명문으로 규정하고 있지는 않다. 다만 헌법재판소는 1989년에 "정보에의 접근·수집·처리의 자유 즉, 알 권리는 표현의 자유에 당연히 포함되는 것으로 보아야 하는 것이다."라고 판시하여(헌재 1989. 9. 4, 88헌마22), 알 권리의 헌법적 근거를 헌법 제21조의 표현의 자유에서 찾고 있고, 대법원도 1999년에 "국민의 알 권리, 특히 국가정보에의 접근의 권리는 헌법상 기본적으로 표현의 자유와 관련하여 인정되는 것이다."라고 판시하여(대법원 1999. 9. 21, 97누5114), 알 권리의 헌법적 근거를 헌법 제21조의 표현의 자유에서 찾고 있다.

한편 이러한 알 권리는 들을 권리, 읽을 권리, 볼 권리 등을 주된 내용으로 하는바, 소극적인 측면에서 일반적으로 접근할 수 있는 정보원으로부터 국가나 사인에 의하여 방해를 받지 아니하고 정보를 수령할 수 있는 권리인 '정보 수령권'(정보를 받을 권리)과 적극적인 측면에서 국가나 사인의 방해를 받지 아니하고 일반적으로 접근할 수 있는 정보원으로부터 능동적으로 정보를 수집할 수 있는 권리인 '정보 수집권'

및 적극적인 측면에서 국가나 사회·개인에 대하여 정보를 공개해 달라고 요청할 수 있는 '정보공개청구권'으로 나타난다. 그리고 이 정보공개청구권은 다시 국가 공권력이 보유하는 모든 정보에 대하여 이해관계에 관계없이 일반인이 공개를 요구할 수 있는 권리(일반적 공개청구권)와 국가공권력이 보유하는 특정의 정보에 대하여 이해관계가 있는 일정 범위의 개인이 그 공개를 요구할 수 있는 권리(개별적 공개청구권)로 세분된다.14) 즉, 알 권리란 전통적으로 사상 또는 의견의 자유로운 표명(발표의 자유)과 그것을 전파할 자유(전달의 자유)를 의미하는 것으로서, 사상 또는 의견의 자유로운 표명은 자유로운 의사의 형성을 전제로 한다. 자유로운 의사의 형성은 정보에의 접근이 충분히 보장됨으로써 비로소 가능한 것이며 그러한 의미에서 정보에의 접근·수집·처리의 자유를 의미한다.

헌법 제21조 제1항에 규정되어 있는 '언론'이란 담화, 토론, 연설, 방송, 영화, 가요 등 구두에 의한 사상이나 의견의 표명 및 전달을 뜻하고, '출판'이란 문서, 도화, 사진, 신문, 잡지 등 정기간행물, 서적, 소설 등 문자나 형상에 의한 사상이나 의견의 표명 및 전달을 뜻한다.15) 이러한 헌법상 표현의 자유와 관련된 법률로는 방송통신위원회의설치및운영에관한법률, 뉴스통신진흥에관한법률, 신문등의진흥에관한법률, 잡지등정기간행물의진흥에관한법률, 언론중재및피해구제등에관한법률 등이 있다. 즉, 헌법 제21조에서 규정하고 있는 언론 및 출판의 자유, 즉 표현의 자유는 전통적으로 사상 또는 의견의 자유로운 표명(발표의 자유)과 그것을 전파할 자유(전달의 자유)를 의미하는 것으로서, 담화, 연설, 토론, 연극, 방송, 음악, 영화, 가요 등과 문서, 소설, 시가, 도화, 사진, 조각, 서화 등 모든 형상의 의사 표현 또는 의사 전파의 매개체를 포함한다(헌재 1993. 5. 13, 91헌바17). 또한 광고물도 사상, 지식, 정보 등을 불특정 다수인에게 전파하는 것으로서 언론 및 출판의 자유에 의한 보호를 받는 대상이 되고(헌재 1998. 2. 27, 96헌바2), 상업적 광고 표현도 언론 및 출판의 자유의 보호 대상이 되며(헌재 2000. 3. 30, 99헌마143), 텔레비전 방송광고 역시 언론 및 출판의 자유의 보호의 대상이 된다(헌재 2008. 6. 26, 2005헌마506). 이러한 언론 및 출판의 자유는 개인의 인격을 실현할 수 있게 하며, 민주주의를 실현시켜 주는 헌법적 기능을 한다.

---

14) 권영성, 상게서 498면; 성낙인, 전게서, 1199-1201면; 이희훈, "선거여론조사의 결과공표금지규정에 대한 헌법적 고찰 -알 권리의 침해를 중심으로-", 공법연구 제36집 제2호, 한국공법학회, 2008. 2, 259-260면; 정종섭, 전게서, 670-673면; 헌재 1991. 5. 13, 90헌마133.
15) 권영성, 상게서, 491면.

한편 언론매체 접근 및 이용권을 뜻하는 '액세스(Access)권'이란 협의로 볼 때 언론매체나 매스미디어에 의해 명예훼손이나 비판(비난) 또는 인신공격 등을 받은 국민이 그 해당 언론매체나 매스미디어를 상대로 이러한 자기와 관련 있는 보도에 대해 반박(반론)을 하거나 해명을 요구할 수 있는 권리를 뜻한다. 이러한 협의의 액세스권과 관련하여 언론중재및피해구제등에관한법률에서 정정보도청구권, 반론보도청구권, 추후보도청구권에 대해 각각 규정하고 있다. 또한 '액세스권'을 광의로 볼 때 국민이 자신의 사상이나 의견을 표현(표명)하기 위하여 다양한 언론매체나 매스미디어에 자유롭게 접근하여 그 언론매체를 이용할 수 있는 권리를 뜻한다. 이러한 광의의 액세스권과 관련하여 방송법상 시청자의 권익을 보호하기 위하여 시청자위원회를 두도록 규정하고 있다. 그리고 '반론보도청구권(=반론권, 반박권)'이란 방송이나 신문 또는 정기간행물 등의 언론사와 인터넷 뉴스서비스 사업자 및 인터넷 멀티미디어 방송사업자(이하 "언론사 등"이라 한다)의 사실적 주장에 관한 언론보도나 기사 등으로 인하여 피해를 입은 자가 그 언론보도의 내용에 관한 반론보도를 언론사 등에 청구할 수 있는 권리를 뜻한다. 또한 반론보도청구권의 대상이 된 언론사 등의 보도 내용은 허위임을 그 요건으로 하지 않는다(대법원 2009. 1. 15, 2008그193).

이러한 반론보도청구권은 피해자에게 보도된 사실적 내용에 대하여 반론기회를 허용함으로써 피해자의 인격을 보호하고 공정한 여론형성에 참여할 수 있게 하여 언론보도의 공정성과 객관성을 향상시킴으로써 제도로서의 언론보장을 더욱 충실하게 할 수 있게 하려는데 있다. 즉, 언론중재및피해구제등에관한법률상 반론보도청구권은 언론기관이 특정인의 일반적 인격권을 침해한 경우에 피해를 받은 개인에게 신속·적절하고 대등한 방어를 할 수 있게 해 주고, 공격 내용과 동일한 효과를 갖도록 보도된 매체자체를 통하여 방어주장의 기회를 보장해 주며, 독자의 입장에서 볼 때 언론기관이 시간적 제약 아래 일방적으로 수집 및 공급하는 정보에만 의존하기보다는 상대방의 반대주장까지 들어야 비로소 올바른 판단을 내릴 수 있기 때문에 반론보도청구권이 진실발견과 올바른 여론형성을 할 수 있도록 해 준다는 점에 의해 이러한 기능을 하는 반론보도청구권을 인정할 필요가 있다.

한편 언론중재및피해구제등에관한법률상 '정정보도청구권'이란 언론사 등의 사실적 주장에 관한 언론보도 등이 진실하지 않아서 피해를 입은 자는 해당 언론보도 등이 있음을 안 날부터 3개월 이내에 당해 언론사 등을 상대로 그 언론보도 등의 내용에 관한 정정보도를 청구할 수 있는 권리를 뜻한다. 또한 언론중재및피해구제등에 관한법률상 이러한 정정보도청구권의 행사는 해당 언론보도 등이 있은 날로부터 6개월이 지났을 때에는 정정보도를 청구할 수 없고, 정정보도청구권을 행사할 때에도 언론사 등의 고의나 과실 또는 위법성을 필요로 하지 않는다. 그리고 언론중재및피해구제등에관한법률상 정정보도청구는 언론사 등의 대표자에게 서면으로 하여야 하며, 청구서에는 피해자의 성명, 주소, 전화번호 등의 연락처를 적고, 정정의 대상인 언론보도 등의 내용 및 정정을 청구하는 이유와 청구하는 정정보도문을 명시해야 한다. 다만 인터넷신문 및 인터넷 뉴스 서비스의 언론보도 등의 내용이 해당 인터넷 홈페이지를 통하여 계속 보도 중이거나 매개 중인 경우에는 그 내용의 정정을 함께 청구할 수 있다. 이러한 정정보도청구를 받은 언론사 등의 대표자는 3일 이내에 그 수용 여부에 대한 통지를 청구인에게 발송해야 하고, 이 경우에 정정의 대상인 언론보도 등의 내용이 방송이나 인터넷신문, 인터넷 뉴스서비스 및 인터넷 멀티미디어 방송의 보도과정에서 성립한 경우에는 해당 언론사 등이 그러한 사실이 없었음을 입증하지 아니하면 그 사실의 존재를 부인하지 못한다. 그리고 언론사 등이 이러한 정정보도청구를 수용할 때에는 지체없이 피해자 또는 그 대리인과 정정보도의 내용 및 크기 등에 관하여 협의한 후, 그 청구를 받은 날부터 7일 내에 정정보도문을 방송하거나 게재해야 한다. 다만 신문 및 잡지 등 정기간행물의 경우에 이미 편집 및 제작이 완료되어 부득이할 때에는 다음 발행 호에 이를 게재해야 한다.

이 밖에 언론중재및피해구제등에관한법률상 '추후보도청구권'이란 언론사 등에 의한 언론보도 등에 의해 범죄혐의가 있거나 형사상의 조치를 받았다고 보도 또는 공표된 자가 그에 대한 형사절차가 무죄판결 또는 이와 동등한 형태로 종결되었을 때에 그 사실이 있음을 안 날부터 3개월 이내에 해당 언론사 등에 이 사실에 관한 추후보도의 게재를 청구할 수 있는 권리를 뜻하며, 이러한 추후보도에는 청구인의 명예나 권리 회복에 필요한 설명 또는 해명이 포함되어야 한다.

한편 언론 및 출판의 자유에 대한 제한 원칙들에는 사전제한(억제) 금지의 원칙, 명백하고 현존하는 위험의 원칙, 이중기준의 원칙, 명확성의 원칙, 비례의 원칙 등이 있다.

먼저 '사전제한(억제) 금지의 원칙'이란 헌법 제21조 제2항에서 "언론·출판에 대한 허가나 검열과 집회·결사에 대한 허가는 인정되지 아니한다."라고 규정에 의하여, 언론·출판의 자유에 대해 국가기관이 미리 어느 의사 표현을 할 수 있는지의 여부를 결정하는 것을 뜻하는 허가나 검열의 형태로 제한하는 것은 어떠한 경우라도 그리고 법률로써도 허용되지 않는다. 즉, 헌법 제21조 제2항에서 뜻하는 '검열'은 그 명칭이나 형식과 관계없이 실질적으로 행정권이 주체가 되어 사상이나 의견 등이 발표되기 이전에 예방적 조치로서 그 내용을 심사·선별하여 발표를 사전에 억제하는, 즉 행정기관의 허가를 받지 아니한 것의 발표를 금지하는 제도를 뜻하며, 이러한 사전 검열은 법률에 의하더라도 불가능하다(헌재 2005. 2. 3, 2004헌가8). 왜냐하면 만약 사전 검열이 허용된다면 행정기관이 집권자에게 불리한 내용의 표현을 사전에 억제함으로써, 이른바 관제의견이나 지배자에게 무해한 여론만을 허용하는 결과를 초래할 염려가 있기 때문이다(헌재 2008. 6. 26, 2005헌마506). 이렇듯 헌법상 의사 표현의 허가나 검열의 금지에 대한 요건에 대하여 헌법재판소는 2005년에 "사전검열 금지의 원칙은 모든 형태의 표현에 대한 사전적 규제를 금지하는 것은 아니고, 의사표현의 발표 여부가 오로지 행정권의 허가에 달려있는 사전심사만을 금지하는 것을 뜻하므로, 검열은 일반적으로 허가를 받기 위한 표현물의 제출의무의 존재, 행정권이 주체가 된 사전 심사절차의 존재, 허가를 받지 아니한 의사표현의 금지 및 심사절차를 관철할 수 있는 강제수단의 존재의 요건을 갖춘 사전심사절차의 경우에만 금지되는 것이다."라고 판시하였다(헌재 2005. 2. 3, 2004헌가8).

다음으로 '명백하고 현존하는 위험의 원칙'에 대하여 살펴보면 이 원칙은 미래에 해악을 가져올 경향이 있다는 사유만으로 표현을 제한할 수는 없고, 중대한 해악을 가져올 명백하고 현존하는 위험이 있어야만 표현을 제한할 수 있다는 것을 뜻한다. 즉, 이 원칙이 처음으로 적용된 것은 미국에서 1919년에 Schenck v. U.S. 사건에서 홈즈 대법관이 위법행위를 주장하는 등 질서 파괴의 위험이 있는 표현에 적용되는 원칙으로, 여기서 '명백'이란 표현과 해악의 발생 사이에 긴밀한 인과관계가 존재하는 경우를 뜻하고, '현존'이란 해악의 발생이 시간적으로 근접하고 있는 경우를 뜻하며, '위험'이란 공공의 이익에 대한 위협의 발생을 뜻한다.[16] 이에 대하여 헌법재판소는 1990년에 "국가보안법 제7조 제1항 소정의 찬양·고무·동조 그리고 이롭게 하는 행위 모두가 곧바로 국가의 존립·안전을 위태롭게 하거나 또는 자유민주적 기본질서에 위해를 줄 위험이 있는 것이 아니므로, 그 행위의 일체를 어의대로 해석하여 모두 처벌한다면 합헌적인 행위까지도 처벌하게 되어 위헌이 되게 된다. 따라서 국가의 존립·안전이나 자유민주적 기본질서에 무해한 행위는 처벌에서 배제하고, 이에 실질적인 해악을 미칠 명백한 위험성이 있는 경우로 처벌을 축소·제한하는 것

---

16) 성낙인, 전게서, 1153-1154면; 양건, 헌법강의, 법문사, 2012, 498면.

이 헌법 전문·제4조·제8조 제4항·제37조 제2항에 합치되는 해석이다."라고 판시하였다(헌재 1990. 4. 2, 89헌가113).

그리고 '이중기준의 원칙'에 대하여 살펴보면 헌법재판소는 1991년에 "재산적·경제적 권리에 관한 합헌성의 판단기준은 신체 및 정신작용과 관련된 인신보호를 위한 기본권 등에 대한 제한의 합헌성 판단기준이 엄격하게 적용되는 것과는 달리 관대하게 적용됨으로써 국가의 재량의 범위를 비교적 넓게 인정하는 것이 현대국가의 추세이며, 이것이 이중기준의 원칙이다."라고 판시하였다(헌재 1991. 6. 3, 89헌마204).

또한 '명확성의 원칙'에 대하여 살펴보면 현대 민주사회에서 표현의 자유가 국민주권주의의 이념의 실현에 불가결한 존재인 점에 비추어 볼 때, 불명확한 규범에 의한 표현의 자유의 규제는 헌법상 보호받는 표현에 대한 '위축효과(Chilling Effect)'를 수반하고, 그로 인하여 다양한 의견·견해·사상의 표출을 가능케 하여 이러한 표현들이 상호 검증을 거치도록 한다는 표현의 자유의 본래의 기능을 상실케 하므로, 무엇이 금지되는 표현인지가 불명확한 경우에 자신이 행하고자 하는 표현이 규제의 대상이 아니라는 확신이 없는 기본권의 주체는 대체로 규제를 받을 것을 우려해서 표현행위를 스스로 억제하게 될 가능성이 높게 되므로, 표현의 자유를 규제하는 법률은 규제되는 표현의 개념을 세밀하고 명확하게 규정할 것이 헌법적으로 요구된다(헌재 1998. 4. 30, 95헌가16). 그리고 어떤 법 규범이 명확한지의 여부는 그 법 규범이 수범자에게 법규의 의미 내용을 알 수 있도록 공정한 고지를 하여 예측가능성을 주고 있는지의 여부 및 그 법 규범이 법을 해석·집행하는 기관에게 충분한 의미내용을 규율하여 자의적인 법해석이나 법집행이 배제되는지의 여부에 따라 이를 판단할 수 있는바, 법 규범의 의미와 내용은 그 문언 뿐만 아니라, 입법 목적이나 입법 취지, 입법 연혁, 법 규범의 체계적 구조 등을 종합적으로 고려하는 해석방법에 의하여 구체화된다(헌재 2009. 5. 28, 2006헌바109).

끝으로 '비례의 원칙'에 대하여 살펴보면 헌법 제37조 제2항에 근거한 비례의 원칙은 모든 기본권을 제한하는 입법의 한계 원리에 해당하므로, 표현의 자유를 제한하는 입법도 이 원칙을 준수해야 한다. 즉, 비례의 원칙이란 국가가 국민의 기본권을 제한하는 내용의 입법 활동을 함에 있어서 준수하여야 할 기본 원칙 내지 입법 활동의 한계를 의미하는 것으로서, 국민의 기본권을 제한하려는 입법 목적의 달성을 위하여 그 방법이 효과적이고 적절하여야 하며(방법의 적절성), 설사 입법권자가 선택한 기본권 제한의 조치가 입법 목적의 달성을 위하여 설사 적절하더라도 보다 완화된 형태나 방법을 모색함으로써 기본권의 제한은 필요 최소한도에 그치도록 하여야 하며(피해의 최소성), 그 입법에 의하여 보호하려는 공익과 침해되는 사익을 비교 형량을 할 때 보호되는 공익이 더 크거나 적어도 같아야 한다(법익의 균형성)는 헌법상의 원칙을 뜻한다(헌재 1990. 9. 3, 89헌가95 등; 헌재 2009. 5. 28, 2006헌바109 등).

10. 집회·결사의 자유

헌법 제21조 제1항에서 "모든 국민은 언론·출판의 자유와 집회·결사의 자유를 가진다."라고 규정하여, 개인적(개별적) 의사 표현의 자유인 언론·출판의 자유와 구분하여 별도로 집단적 의사 표현의 자유인 집회·결사의 자유라는 기본권을 보장하고 있다. 헌법재판소는 이러한 집회의 자유의 헌법적 기능에 대하여 "먼저 집회의 자유는 인간의 존엄성과 자유로운 인격 발현을 최고의 가치로 삼는 우리나라의 헌법질서 내에서 집회의 자유도 다른 모든 기본권과 마찬가지로 일차적으로는 개인의 자기결정과 인격발현에 기여하는 기본권이다. 인간이 타인과의 접촉을 구하고 서로의 생각을 교환하며 공동으로 인격을 발현하고자 하는 것은 사회적 동물인 인간의 가장 기본적인 욕구에 속하는 것이다. 집회의 자유는 공동으로 인격을 발현하기 위해 타인과 함께 하려는 자유, 즉 타인과 의견교환을 통하여 공동으로 인격을 발현하는 자유를 보장하고 타인으로부터 고립되는 것으로부터 보호하는 기본권이다. 즉 공동의 인격 발현을 위하여 타인과 함께 모인다는 것은 이미 그 자체로서 기본권에 의하여 보호될 만한 가치가 있는 개인의 자유 영역인 것이다. 즉, 집회의 자유는 결사의 자유와 더불어 타인과 함께 모이는 자유를 보장하는 것이다. 다음으로 집회를 통하여 국민들은 자신의 의견과 주장을 집단적으로 표명함으로써 여론의 형성에 영향을 미치므로, 집회의 자유는 표현의 자유와 더불어 민주적 공동체가 기능하기 위하여 불가결한 근본요소에 속한다. 즉, 집회의 자유는 집단적 의견 표명의 자유로서 민주국가에서 정치적 의사형성에 참여할 수 있는 기회를 제공한다. 왜냐하면 직접민주주의를 배제하고 대의민주제를 선택한 우리나라 헌법에서 국민은 선거권의 행사, 정당이나 사회단체에 참여하여 활동하는 것 외에는 단지 집회의 자유를 행사하여 시위의 형태로써 공동으로 정치적 의사형성에 영향력을 행사하는 가능성 밖에 없기 때문이다. 또한 집회의 자유는 사회·정치 현상에 대한 불만과 비판을 공개적으로 표출케 함으로써, 정치적 불만이 있는 자를 사회에 통합하고 정치적 안정에 기여하는 기능을 한다. 특히 집회의 자유는 집권세력에 대한 정치적 반대의사를 공동으로 표명하는 효과적인 수단으로서 현대 사회에서 언론매체에 접근할 수 없는 소수 집단에게 그들의 권익과 주장을 옹호하기 위한 적절한 수단을 제공한다는 점에서, 소수 의견을 국정에 반영하는 창구로서 그 중요성을 더해 가고 있다. 이러한 의미에서 집회의 자유는 소수의 보호를 위한 중요한 기본권이다. 소수가 공동체의 정치적 의사형성 과정에 영향을 미칠 수 있는 가능성이 보장될 때, 다수결에 의한 공동체의 의사결정은 보다 정당성을 가지며 다수에 의하여 압도당한 소수에 의하여 수용될 수 있는 것이다. 헌법이 집회의 자유를 보장한 것은 관용과 다양한 견해가 공존하는 다원적인 '열린 사회'에 대한 헌법적 결단인 것이다."라고 판시하였다(헌재 2003. 10. 30, 2000 헌바67 등).[17]

그리고 헌법재판소는 집회의 자유의 헌법적 보장 내용에 대하여 "집회의 자유는 집회의 시간, 장소, 방법과 목적을 스스로 결정할 권리를 보장한다. 집회의 자유에 의하여 구체적으로 보호되는 주요 행위는 집회의 준비 및 조직, 지휘, 참가, 집회의 장소와 시간의 선택이다. 그러나 집회를 방해할 의도로 집회에 참가하는 것은 보호되지 않는다. 집회의 주최자는 집회의 대상, 목적, 장소 및 시간에 관하여 그리고 집회의 참가자는 참가의 형태와 정도, 복장을 자유로이 결정할 수 있다. 비록 헌법이 명시적으로 밝히고 있지 않지만, 집회의 자유에 의하여 보호되는 것은 단지 '평화적' 또는 '비폭력적' 집회이다. 집회의 자유는 민주국가에서 정신적 대립과 논의의 수단으로서, 평화적 수단을 이용한 의견의 표명은 헌법적으로 보호되지만, 폭력을 사용한 의견의 강요는 헌법적으로 보호되지 않는다."라고 판시하였다(헌재 2003. 10. 30, 2000 헌바67 등).

이렇듯 헌법상 집회의 자유에서 보호되지 않는 폭력적 집회에서 '폭력'의 의미에 대해 살펴보면 집회를 행하는 사람들이 일정한 장소에 모여 그들의 공동의 의사를 국가권력을 향해 집단적으로 표현하여 대의민주주의 하에서 그들의 의사를 국가권력에 영향을 미쳐 민주주의를 실현하기 위하여 이처럼 집회자들이 일정한 장소에 모인 것 자체가 집회와 관련 없는 일반인에게는 어떤 심리적인 압력 또는 폭행을 가하는 것이 될 수 있다. 즉, 집회를 행할 때 여러 사람들이 모여 그들의 공적 또는 사적인 공동의 집단적인 의사표현을 불특정한 다른 사람들에게 행사하기 때문에 집회를 행

---

17) 이러한 집회의 자유의 헌법적 기능에 대하여 자세한 것은 이희훈, "집회 및 시위에 관한 법률의 헌법적 문제점과 개선방안: 집회의 자유에 대한 실체법과 절차법적 제한을 중심으로", 중앙법학 제9집 제1호, 중앙법학회, 2007. 4, 80-81면.

하는 것 자체가 이미 타인에게 어느 정도의 심리적인 압박이나 압력을 가하는 것이 될 수 있다. 따라서 헌법상 집회의 자유의 보호 범위에서 배제되는 폭력의 의미를 심리적 폭력으로 보는 것은 집회의 자유의 보호 범위를 부당하게 축소시킬 수 있는 문제점이 있으므로, 물리적 폭력으로 보는 것이 타당하다.[18] 이에 대하여 헌법재판소는 2003년에 "집회의 자유에 의하여 보호되는 것은 단지 '평화적' 또는 '비폭력적' 집회이다. 집회의 자유는 민주국가에서 정신적 대립과 논의의 수단으로서, 평화적 수단을 이용한 의견의 표명은 헌법적으로 보호되지만, 폭력을 사용한 의견의 강요는 헌법적으로 보호되지 않는다. 헌법은 집회의 자유를 국민의 기본권으로 보장함으로써, 평화적 집회 그 자체는 공공의 안녕질서에 대한 위험이나 침해로서 평가되어서는 아니 되며, 개인이 집회의 자유를 집단적으로 행사함으로써 불가피하게 발생하는 일반 대중에 대한 불편함이나 법익에 대한 위험은 보호법익과 조화를 이루는 범위 내에서 국가와 제3자에 의하여 수인되어야 한다는 것을 헌법 스스로 규정하고 있는 것이다."라고 판시하였다(헌재 2003. 10. 30. 2000헌바67 등).

한편 헌법상 집회의 자유는 개인이 일정한 장소에 모여 타인과 사적 또는 공적인 사항에 대해 각자 자신의 의사를 표현하거나 의견을 교환하여 그들의 공동의 의사를 집단적으로 표현할 수 있게 하여 개인이 사회로부터 고립되지 않도록 해 주어 개인의 인격을 발현할 수 있게 하는 헌법적 기능을 하는바, 이러한 집회의 자유의 개인의 인격 발현적 기능에 비추어 볼 때, 어떤 개인이 자신의 인격을 발현할 수 있게 일정한 장소에 모일 타인의 수는 자신을 제외한 1인 이상이면 충분하다. 따라서 헌법 제21조 제1항에 의해 보호되는 집회의 자유의 인적 요건으로는 2인설이 타당하다.[19] 이에 대해 대법원은 "집회및시위에관한법률상 제3조에서의 집회란 특정 또는 불특정 다수인이 특정한 목적 아래 일시적으로 일정한 장소에 모이는 것이며, 그 모이는 장소나 사람의 다과에는 제한이 없다."라고 판시하였다(대법원 1982. 10. 26. 82도1861). 이러한 대법원의 판결에 비추어 보더라도 특정 또는 불특정의 다수인이라고 판시하였기 때문에 적어도 1인은 배제된다고 할 것이고, 모이는 사람의 다과에는 제한이 없다고 판시하였기 때문에 1인을 제외한 2인 이상이 있으면 집회를 개최할 수 있다는 것을 나타내고 있다고 할 것이다. 따라서 최소한 2인 이상이면 집회를 개최할 수 있다고

---

18) 이에 대해 자세한 것은 이희훈 "집회의 개념에 대한 헌법적 고찰", 헌법학연구 제12집 제5호, 한국헌법학회, 2006. 12. 149–153면.
19) 이희훈, "사이버 집회·시위에 대한 헌법적 고찰", 홍익법학 제11권 제2호, 홍익대 법학연구소, 2010. 6. 507면.

보는 것이 타당하다.

그리고 시위에 대해 집회및시위에관한법률상 "시위란 여러 사람이 공동의 목적을 가지고 도로, 광장, 공원 등 일반인이 자유로이 통행할 수 있는 장소를 행진하거나 위력(威力) 또는 기세(氣勢)를 보여 불특정한 여러 사람의 의견에 영향을 주거나 제압(制壓)을 가하는 행위"라고 규정하고 있으므로, 시위를 행하기 위해서는 집회및시위에관한법률상 여러 사람이 공동의 목적을 가지고 도로, 광장, 공원 등 일반인이 자유로이 통행할 수 있는 장소이어야 한다는 점 및 위력 또는 기세를 보여, 불특정한 여러 사람의 의견에 영향을 주거나 제압을 가하여야 한다. 한편 집회는 개인이 타인과 함께하려는 내적인 유대의사를 가지고 일정한 장소에 타인과 모여 공적 또는 사적인 사항에 대해 자신의 의사를 표현하거나 그들 상호 간에 의견을 교환하여 그들의 공동의 의사를 형성하거나 형성된 공동의 의사를 집단적으로 표현하는 것을 가능하게 하여 집회자 개개인의 인격을 발현할 수 있게 해 준다. 따라서 집회를 개최할 경우에는 개인이 타인과 함께 그들의 공동의 의사를 표현할 수 있는 장소라면 그 장소가 일반인이 자유로이 통행할 수 있는 장소이든 아니든 상관없다고 할 것이며, 집회는 시위처럼 반드시 불특정한 여러 사람에게 위력이나 기세를 보일 필요가 없다고 할 것이다. 따라서 집회가 시위보다는 큰 개념으로 집회 안에는 시위에 해당하는 집회와 시위에 해당하지 않은 집회가 있는 것으로 보는 것이 타당하다.[20] 이렇듯 집회는 시위를 포함하는 더 큰 개념이므로, 우리나라 헌법 제21조 제1항에서 시위의 자유를 보장한다는 규정을 명시적으로 두지 않고, 그 대신에 집회의 자유를 보장한다는 규정을 명시적으로 두고 있다고 해석된다.

한편 집회란 다수인이 일정한 장소에 모여 그들의 공동의 의사를 집단적으로 표현하는 것으로, 다수인이 집단적으로 표현하는 공동의 목적을 어떻게 볼 것인가에 대해서는 집회자들의 집회에 대한 공동의 의사가 정치적인 의사이어야 한다는 '최협의설', 공동의 의사가 공적인 의사이어야 한다는 '협의설', 공동의 의사가 공적인 의사 또는 사적인 의사이면 된다는 '광의설', 공동의 의사가 공적인 의사 또는 사적인 의사는 필요가 없고 집회자들 간의 내적인 유대관계만 있으면 된다는 '최광의설'이 있다. 이 중에서 최협의설과 협의설은 다수인이 일정한 장소에 모여 예를 들어, 부당한 해고나 처우 등을 억울하게 받은 근로자들이 해당 회사 근처에서 해당 악덕 기업주를 향한 반성과 적절한 보상 및 대우 등에 대해서 항의하는 사적인 목적의 해당

---

20) 이희훈, 전게 논문(주18), 162-166면.

피해 근로자들의 집단적 의사를 헌법상 집회의 자유에서 집회로 볼 수 없는 문제점이 발생한다. 그리고 최광의설에 의하면 다수인이 일정한 장소에 모여 그들의 공동의 의사의 집단적 표현이 없더라도 그들 상호 간에 내적인 유대의사를 바탕으로 한 접촉만 있으면 집회로 보게 되는바, 이러한 내적인 유대관계만 있고 그들 상호 간에 어떠한 공적 또는 사적인 공동의 의사 표현이 없는 경우는 헌법 제21조의 표현의 자유에 의해서가 아니라 헌법 제10조에 의하여 보호될 수 있다는 것을 간과한 문제점이 발생한다. 따라서 헌법 제21조 제1항에서 집단적 의사 표현의 자유로 보장하고 있는 집회의 자유에서 집회의 공동의 의사는 다수인이 집단적으로 표현하는 어떠한 공적인 의사 또는 사적인 의사가 있어야 하는 것으로 보는 '광의설'이 타당하다.[21]

그리고 헌법재판소는 2003년에 집회 장소와 관련하여 "집회 장소는 특별한 상징적 의미를 가진다. 특정 장소가 시위의 목적과 특별한 연관성이 있기 때문에 시위 장소로서 선택되는 경우가 빈번하다. 일반적으로 시위를 통하여 반대하고자 하는 대상물이 위치하거나(예를 들어, 핵발전소나 쓰레기 소각장 등 혐오시설) 또는 시위의 계기를 제공한 사건이 발생한 장소(예를 들어, 문제의 결정을 내린 국가기관의 청사)에서 시위를 통한 의견 표명이 이루어진다. 만약 여성차별적 법안에 대하여 항의하는 시민단체의 시위가 상가나 주택가에서 이루어진다면 그 시위에 큰 효과를 기대할 수 없는 반면, 국회의사당 앞에서 그 시위가 이루어진다면 그 시위의 효과는 극대화를 노릴 수 있다. 즉 집회의 목적과 내용 및 집회의 장소는 일반적으로 밀접한 내적인 연관관계에 있기 때문에 집회의 장소에 대한 선택이 집회의 성과를 결정짓는 경우가 적지 않은 것이다. 집회가 국가권력에 의하여 세인의 주목을 받지 못하는 장소나 집회에서 표명되는 의견에 대해 아무도 귀기울이지 않는 장소로 추방된다면 기본권의 보호가 사실상 그 효력을 잃게 된다는 점에서도 집회의 자유에 있어서 장소의 중요성은 뚜렷하게 드러난다. 집회 장소가 바로 집회의 목적과 효과에 대하여 중요한 의미를 가지기 때문에 누구나 '어떤 장소에서' 자신이 계획한 집회를 할 것인가를 원칙적으로 자유롭게 결정할 수 있어야만 집회의 자유가 비로소 효과적으로 보장되는 것이다. 따라서 집회의 자유는 다른 법익의 보호를 위하여 정당화되지 않는 한, 집회 장소를 항의의 대상으로부터 분리시키는 것을 금지한다."라고 판시하였다(헌재 2003. 10. 30, 2000헌바67 등).

한편 집회및시위에관한법률에서는 옥외집회와 옥내집회를 구분하여 옥외집회 및

---

21) 이희훈, 상게 논문, 153-159면.

시위의 경우에만 동법의 여러 제한규정을 적용하도록 하고 있는바, 이와 같이 옥외집회와 옥내집회를 구분하는 이유는 옥외집회의 경우 외부세계, 즉 다른 기본권의 주체와 직접적으로 접촉할 수 있기 때문에 옥내집회와 비교할 때 법익충돌의 위험성이 크기 때문이다. 옥외집회는 집회장소로서 도로 등 공공장소의 사용을 필요로 한다는 점에서 교통소통장애[22] 등 일반인들에게 불편을 주게 되고 다수인에 의한 집단적 행동을 수반한다는 점에서 질서유지에 위험을 가져올 수 있으므로, 집회의 자유의 행사방법과 절차에 관하여 보다 자세하게 규율할 필요가 있다. 이는 한편으로는 집회의 자유의 행사를 실질적으로 가능하게 하기 위한 것이고, 다른 한편으로는 집회의 자유와 충돌하는 제3자의 법익을 충분히 보호하기 위한 것이라고 하겠다(헌재 2003. 10. 30, 2000헌바67 등).

그리고 집회및시위에관한법률상 옥외집회나 시위를 주최하려는 자는 동법에서 요구하는 항목을 기재한 신고서를 옥외집회나 시위를 시작하기 720시간 전부터 48시간 전에 관할 경찰서장에게 제출하여야 한다. 이러한 옥외집회에 대한 사전신고제도가 헌법 제21조 제2항의 사전허가금지 조항에 위배되는지에 여부에 대하여 헌법재판소는 2009년에 "집회의 자유를 한층 보장하기 위하여 헌법 제21조 제2항은 '집회에 대한 허가는 인정되지 아니한다.'라고 규정함으로써 다른 기본권 조항과는 달리 기본권을 제한하는 특정 국가행위를 명시적으로 배제하고 있다. 그런데 집회의 자유의 행사는 다수인의 집단적인 행동을 수반하기 때문에 집단행동의 속성상 의사표현의 수단으로서 개인적인 행동의 경우보다 공공의 안녕질서나 법적 평화와 마찰을 빚을 가능성이 큰 것 또한 사실이다. 특히 옥외집회와 시위는 일정한 옥외장소나 도로의 사용을 전제로 하므로, 그러한 가능성이 더욱 높다. 이에 따라 사전에 집회의 자유와 다른 법익을 조화시킬 수 있는 제도적인 장치가 요청된다. 그리하여 집시법 제6조 제1항은 옥외집회나 시위를 주최하려는 자는 그에 관한 신고서를 옥외집회나 시위를 시작하기 720시간 전부터 48시간 전에 관할 경찰서장에게 제출하도록 규정하고 있다. 이러한 사전신고는 경찰관청 등 행정관청으로 하여금 집회의 순조로운 개최와 공공의 안전보호를 위하여 필요한 준비를 할 수 있는 시간적 여유를 주기 위한 것으로 협력의무로서의 신고이다. 결국 집시법 전체의 규정 체제에서 보면 법은 일

---

22) 집회로 인한 교통소통방해의 헌법적 검토에 대한 것은 이희훈, "일반 교통방해죄와 외교기관 인근 집회·시위 금지에 대한 헌법적 평가 -헌법재판소 2010. 03. 25. 선고, 2009헌가2 결정과 헌법재판소 2010. 10. 28. 선고, 2010헌마111 결정에 대한 비판을 중심으로-", 공법연구 제39집 제3호, 한국공법학회, 2011. 2, 265-292면.

정한 신고절차만 밟으면 일반적·원칙적으로 옥외집회 및 시위를 할 수 있도록 보장하고 있으므로, 집회에 대한 사전신고제도는 헌법 제21조 제2항의 사전허가금지에 위배되지 않는다."라고 판시하였다(헌재 1994. 3. 28, 91헌바14).[23]

이 밖에 집시법 제10조의 누구든지 해가 뜨기 전이나 해가 진 후에는 옥외집회 또는 시위를 해서는 안 되도록 규정했던 것에 대하여 헌법재판소는 2009년에 "집시법 제10조 본문이 야간 옥외집회를 일반적으로 금지하고 있는 이유는 야간 옥외집회가 집단적인 행동으로 공공질서나 타인의 법익을 침해할 개연성이 높기 때문에 그러한 위험성을 예방할 필요가 있다는 것이다. 그러나 헌법과 집시법은 평화적인 집회만을 보호하는 것이고 집회과정에서 공공질서나 타인의 법익을 침해하는 경우에는 형법 기타의 법률에 의하여 처벌대상으로 되기 때문에 공공질서나 타인의 법익을 침해할 위험이 있다고 하여 집회를 금지할 필요가 있다고 할 수 없다. 집시법은 집단적인 폭행·협박·손괴·방화 등으로 공공의 안녕질서에 직접적인 위협을 끼칠 것이 명백한 집회 또는 시위를 금지하고, 모든 옥외집회를 48시간 전에 신고하게 하며, 옥외집회가 신고된 경우에 공공의 질서유지를 위해 필요한 경우에 질서유지선을 설정할 수 있게 하고, 폭력집회의 사태가 발생하는 주된 이유는 야간 옥외집회 자체를 불법집회로 취급하여 강제적으로 금지·해산시키려고 하는 과정에서 충돌이 생기기 때문이므로, 야간 옥외집회를 합법적으로 허용하고 보호할 경우에도 야간 옥외집회의 속성으로 인하여 저절로 폭력사태가 발생할 것이라고 보기 어렵다. 야간 옥외라는 이유만으로 집회를 원천적으로 금지할 사유로 삼을 수는 없는 것이다. 야간 옥외집회가 공공질서나 타인의 법익을 해칠 위험성이 있고, 야간 옥외집회의 시간과 장소에 따라 타인의 법익을 침해할 개연성이 확실하게 인정될 경우도 있겠지만, 모든 야간 옥외집회가 항상 타인의 법익을 침해할 것이라고 볼 수 있는 것은 아니다. 야간 옥외집회가 타인의 법익을 침해할 개연성이 확실하다고 인정할 수 있는 경우를 가려내어 그러한 위험성을 예방하기에 필요하고도 적절한 조치를 강구하면 되는 것이므로, 야간 옥외집회의 법익 침해의 가능성을 내세워 모든 야간 옥외집회를 금지할 수는 없다. 집회의 주최자나 참가자가 타인에게 심각한 피해를 줄 수 있는 소음을 발생시키는 것을 금지하면서 이에 위반하는 경우에 관할 경찰서장이 확성기 사용

---

23) 이렇듯 집회및시위에관한법률상 집회의 사전신고제도의 헌법적 검토에 대하여 자세한 것은 이희훈, "헌법상 집회시 사전 허가제 금지의 의미와 집회 및 시위에 관한 법률상 사전 신고제의 합헌성 및 문제점과 개선방안", 토지공법연구 제73집 제2호, 한국토지공법학회, 2016. 2, 549-570면.

중지 등 필요한 조치를 할 수 있도록 규정하고 있으므로, 공공질서나 타인의 법익을 침해할 위험을 방지하기 위하여 야간 옥외집회를 원천적으로 금지할 필요가 있다고 볼 수 없다. 그리고 집회의 자유는 개인의 사회생활과 여론형성 및 민주정치의 토대를 이루고 소수자의 집단적 의사표현을 가능하게 하는 중요한 기본권이기 때문에 단순히 위법행위의 개연성이 있다는 예상만으로 집회의 자유를 제한할 수는 없는 것이다. 집회 과정에서 구체적인 위법행위가 현실적으로 발생하면 그 때에 현존하는 위법행위를 제재하면 되는 것이지, 그러한 위법행위가 발생하기도 전에 미리 위법상황을 예상하여 집회의 자유를 제한할 수는 없는 것이다. 야간 옥외집회의 폭력행위 빈도가 주간 옥외집회에 비하여 높다는 증거도 없다. 야간은 어두움 속에 감추어지는 은닉성을 가지지만, 현대의 도시생활에서는 야간조명이 충분하고 야간생활이 보편화·일상화되었기 때문에 야간의 은닉성을 이유로 야간 옥외집회를 전면적으로 금지하는 것은 집회의 자유를 제한하는 정도가 매우 중대함에도 불구하고 그 합리성은 아주 미약하다. 그리고 해가 진 후부터 해가 뜨기 전까지 옥외집회를 전면적으로 금지하면 주간에 직장에서 일하거나 학교에서 공부하는 사람들에게는 집회의 자유를 명목상의 자유에 그치게 할 것이다. 결국 집시법 제10조 본문이 야간 옥외집회를 일반적·전면적으로 금지하는 것은 합리적인 사유도 없이 집회의 자유를 상당 부분 박탈하는 것이다. 집시법 제10조 중 '옥외집회' 부분은 헌법 제21조 제1항에 의하여 금지되는 허가제를 규정한 것으로서 헌법에 위반된다."라고 판시하였다(헌재 2009. 9. 24, 2008헌가25).[24]

한편 헌법 제21조가 규정하고 있는 결사의 자유란 다수의 자연인 또는 법인이 공동의 목적을 위하여 단체를 결성할 수 있는 자유를 말하는 것으로, 적극적으로는 단체결성의 자유, 단체존속의 자유, 단체활동의 자유, 결사에의 가입·잔류의 자유를, 소극적으로는 기존의 단체로부터 탈퇴할 자유와 결사에 가입하지 아니할 자유를 내용으로 한다. 여기서 '결사'란 자연인 또는 법인의 다수가 상당한 기간 동안 공동의 목적을 위하여 자유의사에 기하여 결합하고 조직화된 의사형성이 가능한 단체를 말하는 것으로 공법상의 결사는 이에 포함되지 않는다(헌재 1996. 4. 25, 92헌바47). 그리고 결사의 공동의 목적의 범위를 비영리적인 것으로 제한할 필요는 없고, 결사

---

24) 이러한 집회및시위에관한법률상 야간 옥외집회 금지 조항의 헌법적 검토에 대해 자세한 것은 이희훈, "헌법재판소의 야간 옥외집회 금지와 처벌규정의 결정에 대한 연구 –헌법재판소 2009. 9. 24, 2008헌가25결정에 대한 평석–", 외법논집 제33집 제4호, 한국외대 법학연구소, 2009. 11, 391–418면.

의 개념에 공법상의 결사나 법이 특별한 공공목적에 의하여 구성원의 자격을 정하고 있는 특수단체의 조직활동은 해당되지 않으며, 영리단체도 헌법상 결사의 자유에 의하여 보호된다고 할 것이다(헌재 2002. 9. 19. 2000헌바84).

11. 학문의 자유

헌법 제22조에서 "제1항: 모든 국민은 학문과 예술의 자유를 가진다. 제2항: 저작자·발명가·과학기술자와 예술가의 권리는 법률로써 보호한다."라고 규정하고 있다.

이 중에서 먼저 학문의 자유란 진리를 탐구하는 자유를 의미하는바, 이것은 단순히 진리탐구의 자유에 그치지 않고 탐구한 결과에 대한 발표의 자유 내지 가르치는 자유(이하 "수업의 자유"라 한다) 등을 포함하는 것이라고 할 수 있다. 다만 진리탐구의 자유는 신앙의 자유와 양심형성의 자유 및 예술창작의 자유와 같이 절대적 기본권이라고 할 수 있으나, 수업의 자유는 표현의 자유와도 밀접한 관련이 있는 것으로서, 경우에 따라 헌법 제21조 제4항 및 제37조 제2항에 따른 제약이 있을 수 있다. 그리고 수업의 자유는 두텁게 보호되어야 하지만, 초·중·고교에서의 수업의 자유는 대학교에서의 교수의 자유와 완전히 동일시 할 수는 없다. 왜냐하면 초·중·고교의 학생은 대학생이나 사회의 일반 성인과는 달리 다양한 가치와 지식에 대하여 비판적으로 취사선택을 할 수 있는 독자적 능력이 부족하다고 할 것이므로, 지식과 사상·가치의 자유시장에서 주체적인 판단에 따라 스스로 책임지고 이를 선택하도록 방치해 둘 수 없기 때문이다. 따라서 대학교에서의 교수의 자유는 초·중·고교에서의 수업의 자유보다 더 한층 보장되어야 한다. 즉, 초·중·고교에서의 수업의 자유는 대학교에서의 교수의 자유보다 더 많은 제한을 받는 것이 정당화 된다. 이러한 사유로 보통교육의 단계에서 학교교재 내지 교과용 도서에 대하여 국가가 어떠한 형태로 간여하여 영향력을 행사하는 것은 부득이한 것이며, 각급 학교·학년과 학과에 따라 국정 또는 검·인정제도의 제약을 가하거나 자유발행제를 허용하거나 할 수 있는 재량권을 갖는다(헌재 1992. 11. 12. 89헌마88).

또한 헌법 제22조 제1항에서 규정한 학문의 자유의 보호는 개인의 인권으로서의 학문의 자유 뿐만 아니라, 특히 대학에서 학문 연구의 자유·연구 활동의 자유·교수의 자유 등도 보장하는 취지이다. 이처럼 대학에서의 학문의 자유에 대한 보장을 담보하기 위해서 대학의 자율성이 보장되어야 한다. 교육의 자주성이나 대학의 자율성은 헌법 제22조 제1항이 보장하고 있는 학문의 자유의 확실한 보장수단으로 꼭 필요한 것으로서 이는 대학에게 부여된 헌법상의 기본권이다. 여기서 대학의 자율은 대학시설의 관리·운영만이 아니라 전반적인 것이라야 하므로, 연구와 교육의 내용, 그 방법과 대상, 교과과정의 편성, 학생의 선발과 전형 및 특히 교원의 임면에 관한 사항도 자율의 범위에 속한다(헌재 1998. 7. 16, 96헌바33).

이 밖에 헌법재판소는 대학의 자율성 내지 대학의 자치권에 대하여 1992년에 "대학의 자율성은 헌법 제22조 제1항이 보장하고 있는 학문의 자유의 확실한 보장수단으로 꼭 필요한 것으로서, 대학에게 부여된 헌법상의 기본권이다."라고 판시하였다(헌재 1992. 10. 1, 92헌마68 등). 이렇듯 대학의 자율 내지 자치의 주체를 대학으로 보더라도 교수나 교수회의 주체성이 부정된다고 볼 수는 없고, 가령 학문의 자유를 침해하는 대학의 장에 대한 관계에서는 교수나 교수회가 주체가 될 수 있고, 국가에 의한 침해에 있어서는 대학 자체 외에도 대학의 전 구성원이 자율성을 갖는 경우도 있을 것이므로, 경우에 따라서는 대학, 교수, 교수회 모두가 단독 또는 중첩적으로 주체가 될 수 있다(헌재 2006. 4. 27, 2005헌마1047 등).

12. 예술의 자유

헌법 제22조에서는 예술의 자유를 학문의 자유와 별도로 구분하여 보장하고 있다. 여기서 '예술'이란 음악, 회화, 판화, 조각, 도자기, 공예, 디자인, 건축, 사진, 영화, 연극, 무용, 오페라, 판소리, 레이저 예술, 행위예술 등 일정한 장르의 형태를 띤 표현행위에 의해 어떤 가치를 표현한 것을 의미한다. 이러한 헌법상 예술의 자유의 내용으로는 일반적으로 예술창작의 자유, 예술표현의 자유, 예술적 집회 및 결사의 자유 등이 있다.25)

이 중에서 '예술창작의 자유'는 예술창작활동을 할 수 있는 자유로서, 창작소재, 창작형태 및 창작과정 등에 대한 임의로운 결정권을 포함한 모든 예술창작활동의 자유를 그 내용으로 한다. 따라서 음반 및 비디오물로써 예술창작활동을 하는 자유도 이 예술의 자유에 포함된다. 그리고 '예술표현의 자유'는 창작한 예술품을 일반 대중에게 전시·공연·보급할 수 있는 자유다. 예술품의 보급의 자유와 관련해서 예술품의 보급을 목적으로 하는 예술·출판자 등도 이러한 의미의 예술의 자유를 보호받는다고 할 것이다. 따라서 비디오물을 포함하는 음반제작자도 이러한 의미에서의 예술

---

25) 김철수, 헌법학개론, 박영사, 2007, 822-823면.

표현의 자유를 향유한다고 할 것이다. 다만 이러한 예술표현의 자유는 무제한의 기본권이 아니다. 예술표현의 자유는 타인의 권리와 명예 또는 공중도덕이나 사회윤리를 침해해서는 안 된다. 그리고 국가안전보장, 질서유지 또는 공공복리를 위하여 필요한 경우에는 헌법 제37조 제2항에 의하여 법률로써 제한할 수 있지만, 그 제한은 과잉금지의 원칙에 반하지 않는 한도 내에서 할 수 있다(헌재 1993. 5. 13, 91헌바17).

한편 이러한 예술의 자유와 관련하여 헌법재판소는 1996년에 "영화는 예술 표현의 수단이 되기도 하므로, 그 제작 및 상영은 예술의 자유를 규정하고 있는 헌법 제22조 제1항에 의해서도 보장을 받는다."라고 판시하였다(헌재 1996. 10. 4, 93헌가13). 그리고 헌법재판소는 2008년에 "영화의 제작·상영은 헌법 제22조에 의하여 예술의 자유로 보호된다. 영화는 문학·연기·영상·음악·미술 등이 함께 어우러져 인간의 정신활동을 표현하는 종합예술로서 그 가치와 내용은 상영과 관람이라는 방법에 의하여 공표되고 전달되는바, 영화의 자유는 영화를 제작·반포하고 상영하고 관람할 자유 등을 포함한다."라고 판시하였다(헌재 2008. 7. 31. 2007헌가4 중 조대현 재판관 의견).

한편 현재 우리나라에서 영화의 제작자나 배급사 등(이하 "영화업자"라 한다) 영화업자는 영화및비디오물의진흥에관한법률(이하 "영비법"이라 한다) 제29조 제1항 제1호부터 제3호까지에 규정된 영화를 제외한 제작 또는 수입한 모든 영화에 대해서 그 상영 전까지 영등위에 동법 제29조 제1항에 의해 상영등급을 분류 받아야만 하고, 동법 동조 제3항에 의해 누구든지 동법 동조 제1항 및 제2항의 규정을 위반하여 상영등급을 분류 받지 아니한 영화를 상영해서는 안 되는 제한을 받는다. 만약 이를 위반했을 때에는 동법 제94조 제1호에 의해 3년 이하의 징역이나 3천만원 이하의 벌금에 처하도록 규정하고 있다. 그리고 영비법 제29조 제2항의 5개 영화상영등급 중 제한상영가 등급을 받으면 동법 제33조에 의해 제한상영가 영화에 관한 광고 또는 선전을 제한상영관 안에서만 게시해야 하고, 이 경우에 당해 게시물이 제한상영관 밖에서는 보이지 않도록 제한하고 있다. 그리고 이를 위반한 자에게는 동법 제95조 제2호에 의해 2년 이하의 징역이나 2천만원 이하의 벌금에 처하도록 규정하고 있다. 또한 영비법 제43조 제1항에 의해 누구든지 제한상영관이 아닌 장소나 시설에서 제한상영가 영화를 상영해서는 안 되고, 동법 동조 제2항에 의해 누구든지 제한상영가 영화와 동일한 영화를 비디오물 등 다른 영상물로 제작하거나 그 제작된 영상물을 상영·판매·전송·대여하거나 시청에 제공해서는 안 되도록 제한하고 있다. 그리고 이를 위반한 자에게는 각각 동법 제94조 제3호와 제4호에 의해 3년 이하의 징역이나 3천만원 이하의 벌금에 처하도록 규정하고 있으며, 동법 동조 제3항에 의해 제한상영관에서는 전체관람가 영화, 12세 이상 관람가 영화, 15세 이상 관람가 영화, 청소년 관람불가 영화를 상영해서는 안 되도록 제한하고 있는바, 만약 이 규정을 위반했을 때에는 그 위반한 자를 동법 제95조 제3호에 의해 2년 이하의 징역이나 2천만원 이하의 벌금에 처하도록 규정하고 있다.

이러한 영비법상 영화등급 중 제한상영가 등급에 대하여 헌법적으로 살펴보면 영화는 시청각을 표현수단으로 하는 영상매체의 특수성으로 인해 일단 상영된 후에는 그 자극이나 충격이 매우 강하게 그리고 직접적으로 전달되어 그 영향력이 매우 클 뿐만 아니라, 비디오나 인터넷상의 동영상으로 인해 그 파급효과가 대단히 광범위하게 이루어질 수 있게 되어 있으므로, 일단 소비자에게 보급되고 난 뒤에는 이를 효율적으로 규제할 방법이 사실상 없다. 따라서 헌법 제37조 2항의 공공의 안녕과 질서의 유지를 위해서 영화가 상영되거나 보급되기 전에 영화의 내용을 심사하거나 규제해야 할 헌법적 필요성이 있다. 특히 청소년이 음란이나 폭력 등이 남발된 영화에 접근하는 것을 미리 차단하여 청소년을 보호해야 할 헌법적 필요성이 있다. 이렇듯 영화의 상영으로 인한 실정법 위반의 가능성을 사전에 막고, 청소년 등에 대한 상영이 부적절할 경우에 이를 유통단계에서 매우 효과적으로 통제 및 관리하기 위하여 영비법상 영화에 대한 상영등급분류제도에 의해 영화를 상영하기 전에 미리 영화의 등급을 심사하는 것은 헌법 제21조 제4항에서 금지하고 있는 사전 검열에 해당한다고 볼 수 없어 헌법적으로 타당한 제도라고 하겠다.[26]

그리고 영비법상 제한상영가 등급은 형법에 '음란'에 해당하지는 않지만, 선정성·폭력성·사회적 행위 등의 표현이 과도하여 인간의 보편적 존엄, 사회적 가치, 선량한 풍속 또는 국민정서를 현저하게 해할 우려가 있는 영화(영비법 제29조 제2항 제5호)로, 국민의 법 감정에 비추어 볼 때 그리고 특히 이러한 영화의 내용을 극히 싫어하는 성인 관객들에게 이렇게 형법상 '음란'에 해당하지는 않지만, 지나치게 노골적으로 성을 묘사한 영화나 형법에 의해 처벌될 수 없는 지나치게 과도한 폭력적인 영화나 인간의 보편적 존엄에 반하는 영화라는 것을 미리 알게 하여 영화의 관람 도중 예상치 못한 정신적 고충이나 충격을 받지 않게 할 필요가 있다고 할 것이므로,

---

26) 이희훈, "영화 및 비디오물의 진흥에 관한 법률상 제한상영가 등급에 대한 헌법적 평가", 법학논총 제23집, 숭실대 법학연구소, 2010. 2, 84–85면.

영비법에 제한상영가 등급을 두는 것은 합헌이라고 할 것이다. 즉, 성적 표현에 민감하여 법적으로 처벌되는 음란물에는 해당하지 않지만 노골적인 성적 표현물에 대해서는 역겹거나 불쾌감을 느끼는 성인이 있을 수 있고, 나아가 폭력적으로 지나치게 잔인한 영화나 욕설 등이 난무하여 지나치게 거친 대사나 장면이 많은 영화에 불쾌감을 느끼는 성인이 있을 수 있다. 만약 제한상영가 등급이 없다면 이러한 성인들이 청소년 관람불가 등급에서 나타나는 일반적인 성적 표현이나 폭력적인 대사나 장면만을 염두에 두고 영화를 관람하러 갔다가 예상치 못한 선정적이거나 폭력적인 장면에 그대로 노출되어 정신적 고충과 충격을 받을 것이므로, 이러한 폐단을 방지하기 위해 영비법에 제한상영가 등급을 두는 것은 합헌이라고 보는 것이 타당하다. 따라서 우리나라에서 단 1곳이 있었던 제한상영관이 폐업하여 실제로 현재에는 존재하지 않으므로, 헌법재판소가 위헌이라고 판시한 기존의 등급분류보류제도와 하등의 차이가 없어서 사실상 위헌의 효과가 발생하고 있는 것에 대해서는 헌법상 비례의 원칙에 비추어 볼 때 영비법상 제한상영가 등급에 대한 여러 제한 규정들을 최소 침해의 원칙과 법익 균형의 원칙에 반하지 않도록 예외 규정을 두어 해결하는 것이 바람직하다.27)

즉, 영비법 제29조 제2항 제5호에 제한상영가 등급을 두어 선정성·폭력성·사회적 행위 등의 표현이 과도하여 인간의 보편적 존엄, 사회적 가치, 선량한 풍속 또는 국민정서를 현저하게 해할 우려가 있는 영화에 대해서는 동법 제33조에서 제한상영가 영화에 관한 광고나 선전을 제한상영관 안에서만 게시하도록 규정하고 있고, 이때 당해 게시물이 제한상영관 밖에서 보이지 않도록 제한하고 있는바, 이를 위반했을 때에는 동법 제95조 제2호에 의해 형사처벌을 하도록 규정하고 있다. 그리고 동법 제43조 제1항에서 누구든지 제한상영관이 아닌 장소나 시설에서 제한상영가 영화를 상영하지 못하도록 규정하고 있고, 동법 동조 제2항에서 누구든지 제한상영가 영화와 동일한 영화를 비디오물 등 다른 영상물로 제작하거나 그 제작된 영상물을 상영·판매·전송·대여하거나 시청에 제공하지 못하도록 제한하고 있는바, 이를 위반했을 때에는 각각 동법 제94조 제3호와 제4호에 의해 형사처벌을 하도록 규정하고 있다. 또한 동법 제94조 제3항에서 제한상영관에서는 제한상영가 등급을 받은 영화만 상영하도록 규정하고 있는바, 이를 위반했을 때에는 동법 제95조 제3호에 의해 형사처벌을 하도록 규정하고 있다. 이러한 영비법상 제한상영가 등급에 의한

---

27) 이희훈, 상게 논문, 85-88면.

여러 제한 규정들을 비례의 원칙에 비추어 볼 때 다음과 같은 사유로 최소 침해의 원칙과 법익 균형의 원칙에 반하여 위헌적 규정이라고 할 것이다.

먼저 영비법상 제한상영가 등급을 통해 인간의 보편적 존엄, 사회적 가치, 선량한 풍속 또는 국민 정서의 보호와 제한상영가 등급을 받을 정도의 영화의 내용을 극히 싫어하는 성인 관객들의 정신적 보호라는 입법의 목적은 헌법적으로 타당하다.

그리고 이러한 입법 목적을 실현하기 위하여 영비법상 제한상영가 등급의 영화를 상영하거나 광고·선전을 하는데 있어 선택한 이러한 여러 제한들을 가하는 수단은 그 입법 목적을 실현하는데 조금이라도 기여하므로 비례의 원칙 중 수단의 적합성 요건을 갖추었다고 할 것이다.

그러나 영비법에서 제한상영가 등급의 영화를 상영할 수 있는 장소를 제한상영관으로 한정시켜 놓고, 제한상영관이 아닌 일반 극장이나 다른 매체를 통해서 광고나 선전을 할 수 있게 하되, 제한상영가 등급의 영화 속에서 지나치게 선정적이거나 폭력적 또는 비윤리적인 장면이나 줄거리는 광고나 선전을 하지 못하도록 하지 않고, 일체 제한상영가 등급 영화의 광고나 선전을 제한상영관에서만 가능하도록 하고 그 밖에서는 보이지 않도록 규정하고 있는 점과 제한상영가 등급의 영화를 비디오물이나 다른 영상물로 제작·유통할 수 있게 하되, 그 다른 영상물에 제한상영가 등급을 명확히 표시하여 성인들만 드나들 수 있는 비디오방(숍)이나 DVD방(숍)에서만 판매나 대여 또는 상영 등을 하게 하거나 인터넷상의 철저한 성인 인증을 통하여 유료로 다운받게 하거나 상영 등을 할 수 있게 하지 않고, 제한상영가 등급의 영화를 비디오물 등 다른 영상물로의 제작이나 유통을 일체 금지하고 있는 점 및 제한상영관에서 다른 등급의 영화를 일정한 기간 동안이나 또는 흥행성 높은 일반 영화의 상영 편수를 제한하는 등 예외적으로 상영할 수 있게 하여 제한 상영관이 폐업을 하지 않도록 최소한의 영업을 계속 할 수 있도록 규정하지 않고, 제한상영관에서 다른 등급의 영화를 일체 상영하지 못하도록 금지하고 있는 것은 제한상영가 등급의 영화를 상영하려는 영화업자 등의 표현의 자유 등을 지나치게 과다하게 제한하는 것으로, 영비법상 제한상영가 등급의 영화에 대해 지나치게 제한을 하고 있는 이러한 여러 규정들은 비례의 원칙 중 최소 침해의 원칙에 반한다고 할 것이다. 따라서 영비법상의 제한상영가 등급의 영화에 대해 제한을 하고 있는 여러 규정들로 인해 보호하려는 인간의 보편적 존엄, 사회적 가치, 선량한 풍속 또는 국민 정서의 보호와 제한상영가 등급을 받을 정도의 영화의 내용을 극히 싫어하는 성인 관객들의 정신적 보호라는 공익보다 이러한 규정들로 인해 침해되는 영화업자 등의 표현의 자유 등의 사익이 더 크다고 할 것이므로, 비례의 원칙 중 법익 균형의 원칙에도 반한다고 할 것이다.[28]

13. 재산권

헌법 제23조에서 "제1항: 모든 국민의 재산권은 보장된다. 그 내용과 한계는 법률로 정한다. 제2항: 재산권의 행사는 공공복리에 적합하도록 하여야 한다. 제3항: 공공필요에 의한 재산권의 수용, 사용 또는 제한 및 그에 대한 보상은 법률로써 하되, 정당한 보상을 지급하여야 한다."라고 규정하고 있다. 이러한 헌법상 재산권은 개인이 각자의 인생관과 능력에 따라 자신의 생활을 형성하도록 물질적·경제적 조건을 보장해주는 기능을 하는 것으로서, 재산권의 보장은 자유 실현의 물질적인 바탕을 의미한다(헌재 1999. 4. 29, 94헌바37). 따라서 헌법상 재산권의 범위 안에는 민법상의 각종 물권, 각종 채권, 상속권, 광업권, 어업권, 공법상의 보상청구권, 각종 연금수급권, 손실보상청구권, 형사보상청구권, 급여청구권 등 사적 유용성을 가지고 있는 일체의 물건과 이익 및 노동에 의해 생산 및 창출되는 것과 일체의 경제활동에 의해 생산 및 창출되는 것이 모두 포함된다. 그러나 단순한 기대 이익이나 반사적인 이익, 경제적 기회의 재화 획득에 대한 기회 등은 헌법상 재산권의 범위 안에 포함되지 않는다.[29]

이와 관련하여 헌법재판소는 1996년에 "헌법상 보장된 재산권은 사적 유용성 및 그에 대한 원칙적인 처분권을 내포하는 재산가치 있는 구체적인 권리이므로 구체적인 권리가 아닌, 단순한 이익이나 영리획득의 단순한 기회 또는 기업활동의 사실적·법적 여건은 기업에게는 중요한 의미를 갖는다고 하더라도 재산권 보장의 대상이 아니다."라고 판시하였다(헌재 1996. 8. 29, 95헌바36). 즉, 헌법 제23조 제1항에서 "모든 국민의 재산권은 보장된다."라고 규정하여 재산권의 보장에 대한 일반적인 원칙 규정을 두고 있고, 헌법 제13조 제2항에서 소급입법에 의한 재산권의 박탈을 금지하고 있으며, 헌법 제119조 제1항에서 "대한민국의 경제질서는 개인과 기업의 경제상의 자유와 창의를 존중함을 기본으로 한다."라고 규정하여, 헌법상 사유재산제도

---

28) 이희훈, 상게 논문, 88-90면.
29) 정종섭, 전게서, 702-703면.

와 경제활동에 대한 사적 자치의 원칙을 기초로 하는 자본주의 시장경제질서를 기본으로 하고 있음을 선언함으로써, 국민 개개인이 사적 자치의 원칙을 기초로 하는 자본주의 시장경제질서 아래 자유로운 경제활동을 통하여 생활의 기본적 수요를 스스로 충족할 수 있도록 하면서, 사유재산의 자유로운 이용·수익과 그 처분 및 상속을 보장하고 있다(헌재 1989. 12. 22. 88헌가13 등).

다음으로 헌법 제23조 제1항 제2문에서 재산권은 보장하되 "그 내용과 한계는 법률로 정한다."라고 규정하고 있고, 헌법 제23조 제2항에서 "재산권의 행사는 공공복리에 적합하도록 하여야 한다."라고 규정하여 재산권 행사의 사회적 의무성을 강조하고 있다. 이러한 재산권 행사의 사회적 의무성은 헌법 또는 법률에 의하여 일정한 행위를 제한하거나 금지하는 형태로 구체화될 것이지만, 그 정도는 재산의 종류, 성질, 형태, 조건 등에 따라 달라질 수 있다. 따라서 재산권 행사의 대상이 되는 객체가 지닌 사회적인 연관성과 사회적 기능이 크면 클수록 입법자에 의한 보다 더 광범위한 제한이 허용된다고 할 것이다. 즉, 특정 재산권의 이용이나 처분이 그 소유자 개인의 생활영역에 머무르지 아니하고, 국민 다수의 일상생활에 큰 영향을 미치는 경우에는 입법자가 공동체의 이익을 위하여 개인의 재산권을 규제하는 권한을 더욱 폭넓게 가진다(헌재 1999. 4. 29. 94헌바37).

끝으로 헌법 제23조 제3항에서 "공공필요에 의한 재산권의 수용, 사용 또는 제한 및 그에 대한 보상은 법률로써 하되, 정당한 보상을 지급하여야 한다."라고 규정하여, 정당한 보상을 전제로 하여 재산권의 수용 등 국가에 의해 재산권이 합법적으로 특별히 제한되는 경우에 손실보상청구권에 대해 규정하고 있다.[30]

---

30) 정종섭, 상게서, 713면.

IV. 참정권적 기본권

1. 의의

'참정권권적 기본권(이하 "참정권"이라 한다)'이란 주권자인 국민이 국가기관의 의사형성이나 정책결정에 직접 참여하거나 선거시 투표권을 행사하여, 해당 선거에 참여하거나 또는 자신이 입법부, 행정부, 사법부, 지방자치단체 등의 공무원으로 선임될 수 있는 권리를 뜻한다. 이렇듯 주권자인 국민이 국가의 정치적 의사결정에 참정권을 행사해야만 비로소 민주적 정당성을 확보할 수 있게 된다.[31]

즉, 국민이 국정에 참여하는 참정권은 국민주권의 상징적 표현으로서, 국민의 가장 중요한 기본적 권리의 하나이며, 다른 기본권에 대하여 우월적 지위를 가진다. 따라서 이러한 국민주권이 현실적으로 행사될 때에는 국민 개인이 가지는 불가침의 기본권으로 보장된다. 참정권은 대리 행사를 시킬 수 없는 국민 각자의 고유한 주관적인 권리이고, 참정권의 행사와 보장도 개인주의 사상에 기초를 두고 그 개인의 인격을 기본으로 하고 있다. 참정권의 주체는 국민 각자의 개인의 인격과 그 의사결정을 단위로 하고 있으며, 그것은 개인의 주권성과 인간의 존엄성을 최대한 보장하여 자유계약과 자유경쟁으로 국가조직과 사회번영을 유지한다는 사회철학에서 비롯된 것이다. 주권자인 국민은 선거를 통하여 직접적으로는 국가기관의 구성원을 선출하고, 간접적으로는 여하한 정부를 원하느냐에 관한 국민의 의사를 표시하도록 하는 정치행위를 참정권이라고 한다. 따라서 참정권은 국민이 국가의 구성원으로서 국정에 참여한다는 전체주의적 의미보다 사람은 정치적 동물이라고 하듯 인간의 본능적인 정치적 욕구를 충족할 수 있도록 국민 각자를 단위로 개개인의 기본권으로서 국정을 창조하고 형성하는 개인의 정치적 권리이며, 정치적 의사로서 자기의 권익과 행복을 추구하는 가장 중요한 수단으로서 보장받는다(헌재 1989. 9. 8, 88헌가6).

이러한 참정권에 대하여 헌법은 제41조 제1항에서 "국회는 국민의 보통·평등·직접·비밀선거에 의하여 선출된 국회의원으로 구성한다."라는 규정과 헌법 제67조 제1항에서 "대통령은 국민의 보통·평등·직접·비밀선거에 의하여 선출한다."라는 규정에 의해 대의제(간접민주주의)를 원칙으로 인정하고 있다. 다만 헌법 제130조 제2항에서 "헌법개정안은 국회가 의결한 후 30일 이내에 국민투표에 붙여 국회의원 선거권자 과반수의 투표와 투표자 과반수의 찬성을 얻어야 한다."라는 규정과 헌법 제72

---

31) 권영성, 전게서, 587면; 성낙인, 전게서, 1319면.

조에서 "대통령은 필요하다고 인정할 때에는 외교·국방·통일 기타 국가 안위에 관한 중요정책을 국민투표에 붙일 수 있다."라는 규정에 의해 직접민주주의를 예외적으로 인정하고 있다.

2. 선거권의 내용

선거는 국민의 의사를 대신해 줄 대의기관 즉, 국민의 대표자를 결정하기 위한 방법으로 사용되고, 대표자를 교체시킴으로서 민의에 의한 정치를 가능토록 하며, 민의에 반하는 국가권력의 지배를 방지하여 혁명을 예방하는 기능을 한다.[32] 즉, 선거는 이를 통하여 국민의 다양한 정치적 의사가 표출되는 장이고, 입후보자는 국민의 정치적 의사형성 및 이의 전달에 기여한다. 이러한 선거과정을 통하여 정치적 욕구를 배출함으로써 민주사회의 평화가 유지되기도 한다. 따라서 선거는 주권자인 국민이 그 주권을 행사하는 통로이므로, 선거제도는 국민의 의사를 제대로 반영하고, 국민의 자유로운 선택을 보장하여야 하며, 정당의 공직선거 후보자의 결정과정이 민주적이어야 한다(헌재 2001. 7. 19, 2000헌마91 등).

선거 시에 투표에 참여할 수 있는 권리 및 선거인단의 구성원으로서 각급 공무원을 선임할 수 있는 권리를 뜻하는 선거권은 헌법 제24조에서 "모든 국민은 법률이 정하는 바에 의하여 선거권을 가진다."라는 규정에 의하여, 공직선거법 제15조에서 "제1항: 18세 이상의 국민은 대통령 및 국회의원의 선거권이 있다. 다만 지역구 국회의원의 선거권은 18세 이상의 국민으로서 제37조 제1항에 따른 선거인 명부작성 기준일 현재 다음 각 호의 어느 하나에 해당하는 사람에 한하여 인정된다. 1. 주민등록법 제6조 제1항 제1호 또는 제2호에 해당하는 사람으로서 해당 국회의원 지역선거구 안에 주민등록이 되어 있는 사람, 2. 주민등록법 제6조 제1항 제3호에 해당하는 사람으로서 주민등록표에 3개월 이상 계속하여 올라 있고 해당 국회의원 지역선거구 안에 주민등록이 되어 있는 사람, 제2항: 18세 이상으로서 제37조 제1항에 따른 선거인 명부작성 기준일 현재 다음 각 호의 어느 하나에 해당하는 사람은 그 구역에서 선거하는 지방자치단체의회 의원 및 장의 선거권이 있다. 1. 주민등록법 제6조 제1항 제1호 또는 제2호에 해당하는 사람으로서 해당 지방자치단체의 관할 구역에 주민등록이 되어 있는 사람, 2. 주민등록법 제6조 제1항 제3호에 해당하는 사

---

32) 김철수, 전게서, 239면.

람으로서 주민등록표에 3개월 이상 계속하여 올라 있고 해당 지방자치단체의 관할구역에 주민등록이 되어 있는 사람, 3. 출입국관리법 제10조에 따른 영주의 체류자격 취득일 후 3년이 경과한 외국인으로서 동법 제34조에 따라 해당 지방자치단체의 외국인 등록대장에 올라 있는 사람"이라고 규정되어 있다.

한편 공직선거법 제18조에서는 "제1항: 선거일 현재 다음 각 호의 어느 하나에 해당하는 사람은 선거권이 없다. 1. 금치산선고를 받은 자, 2. 1년 이상의 징역 또는 금고의 형의 선고를 받고 그 집행이 종료되지 아니하거나 그 집행을 받지 아니하기로 확정되지 아니한 사람. 다만 그 형의 집행유예를 선고받고 유예기간 중에 있는 사람은 제외한다. 3. 선거범, 정치자금법 제45조(정치자금 부정 수수죄) 및 제49조(선거비용 관련 위반행위에 관한 벌칙)에 규정된 죄를 범한 자 또는 대통령 · 국회의원 · 지방의회의원 · 지방자치단체의 장으로서 그 재임 중의 직무와 관련하여 형법(특정범죄가중처벌등에관한법률 제2조에 의하여 가중처벌이 되는 경우를 포함한다) 제129조(수뢰, 사전수뢰) 내지 제132조(알선수뢰) · 특정범죄가중처벌등에관한법률 제3조(알선수재)에 규정된 죄를 범한 자로서, 100만원 이상의 벌금형의 선고를 받고 그 형이 확정된 후 5년 또는 형의 집행유예의 선고를 받고 그 형이 확정된 후 10년을 경과하지 아니하거나 징역형의 선고를 받고 그 집행을 받지 아니하기로 확정된 후 또는 그 형의 집행이 종료되거나 면제된 후 10년을 경과하지 아니한 자(형이 실효된 자도 포함한다), 4. 법원의 판결 또는 다른 법률에 의하여 선거권이 정지 또는 상실된 자, 제2항: 제1항 제3호에서 '선거범'이라 함은 제16장 벌칙에 규정된 죄와 국민투표법 위반의 죄를 범한 자를 말한다. 제3항: 형법 제38조에도 불구하고 제1항 제3호에 규정된 죄와 다른 죄의 경합범에 대하여는 이를 분리 선고하고, 선거사무장 · 선거사무소의 회계책임자(선거사무소의 회계책임자로 선임 · 신고되지 아니한 사람으로서, 후보자와 통모(通謀)하여 해당 후보자의 선거비용으로 지출한 금액이 선거비용 제한액의 3분의 1 이상에 해당하는 사람을 포함한다) 또는 후보자(후보자가 되려는 사람을 포함한다)의 직계존비속 및 배우자에게 제263조 및 제265조에 규정된 죄와 이 조 제1항 제3호에 규정된 죄의 경합범으로 징역형 또는 300만원 이상의 벌금형을 선고하는 때(선거사무장, 선거사무소의 회계책임자에 대하여는 선임 · 신고되기 전의 행위로 인한 경우를 포함한다)에는 이를 분리 선고하여야 한다."라고 규정되어 있다.

3. 피선거권의 내용

헌법 제25조는 "모든 국민은 법률이 정하는 바에 의하여 공무담임권을 가진다."라고 규정하고 있다. 여기서 '공무담임권'이란 대통령과 국회의원 등의 여러 선거에 입후보하여 당선될 수 있는 피선거권을 포함하여 모든 공직에 임명될 수 있는 공직취임권을 뜻한다.

이러한 공무담임권 중 피선거권에 대해 공직선거법 제16조에서 "제1항: 선거일 현재 5년 이상 국내에 거주하고 있는 40세 이상의 국민은 대통령의 피선거권이 있다. 이 경우 공무로 외국에 파견된 기간과 국내에 주소를 두고 일정 기간 외국에 체류한 기간은 국내 거주기간으로 본다. 제2항: 25세 이상의 국민은 국회의원의 피선거권이 있다. 제3항: 선거일 현재 계속하여 60일 이상(공무로 외국에 파견되어 선거일 전 60일 후에 귀국한 자는 선거인 명부작성 기준일부터 계속하여 선거일까지) 해당 지방자치단체의 관할 구역에 주민등록이 되어 있는 주민으로서 25세 이상의 국민은 그 지방의회의원 및 지방자치단체의 장의 피선거권이 있다. 이 경우 60일의 기간은 그 지방자치단체의 설치·폐지·분할·합병 또는 구역변경(제28조 각 호의 어느 하나에 따른 구역변경을 포함한다)에 의하여 중단되지 아니한다. 제4항: 제3항 전단의 경우에 지방자치단체의 사무소 소재지가 다른 지방자치단체의 관할 구역에 있어 해당 지방자치단체의 장의 주민등록이 다른 지방자치단체의 관할 구역에 있게 된 때에는 해당 지방자치단체의 관할 구역에 주민등록이 되어 있는 것으로 본다."라고 규정되어 있다. 그리고 공직선거법 제19조에서 "선거일 현재 다음 각 호의 어느 하나에 해당하는 자는 피선거권이 없다. 1. 제18조(선거권이 없는 자) 제1항 제1호·제3호 또는 제4호에 해당하는 자, 2. 금고 이상의 형의 선고를 받고 그 형이 실효되지 아니한 자, 3. 법원의 판결 또는 다른 법률에 의하여 피선거권이 정지되거나 상실된 자, 4. 국회법 제166조(국회회의 방해죄)의 죄를 범한 자로서 다음 각 목의 어느 하나에 해당하는 자(형이 실효된 자를 포함한다) 가. 500만원 이상의 벌금형의 선고를 받고 그 형이 확정된 후 5년이 경과되지 아니한 자, 나. 형의 집행유예의 선고를 받고 그 형이 확정된 후 10년이 경과되지 아니한 자, 다. 징역형의 선고를 받고 그 집행을 받지 아니하기로 확정된 후 또는 그 형의 집행이 종료되거나 면제된 후 10년이 경과되지 아니한 자, 5. 제230조 제6항의 죄를 범한 자로서 벌금형의 선고를 받고 그 형이 확정된 후 10년을 경과하지 아니한 자(형이 실효된 자도 포함한다)"라고 규정되어 있다.

4. 참정권적 기본권의 제한

　　참정권적 기본권도 다른 기본권들과 마찬가지로 헌법 제37조 제2항에 의해 그 본질적 내용을 침해하지 아니하는 한, 국가의 안전보장·질서유지 또는 공공복리를 위하여 법률에 의하여 제한할 수 있다. 다만 참정권적 기본권은 선거를 통하여 통치기관을 구성하고 그에 정당성을 부여하는 한편 국민 스스로 정치형성과정에 참여하여 국민주권 및 대의민주주의를 실현하는 핵심적인 수단이라는 점에서 아주 중요한 기본권 중의 하나라고 할 것이다. 따라서 참정권의 제한은 국민주권에 바탕을 두고 자유·평등·정의를 실현시키려는 우리나라 헌법의 민주적 가치질서를 직접적으로 침해하게 될 위험성이 크기 때문에 언제나 필요 최소한의 정도에 그쳐야 한다(헌재 1995. 5. 25, 91헌마67).

　　이러한 헌법 하에서 선거권도 법률이 정하는 바에 의하여 보장되는 것이므로, 입법형성권을 갖고 있는 입법자가 선거법을 제정하는 경우에 헌법에 명시된 선거제도의 원칙을 존중하는 가운데, 구체적으로 어떠한 입법 목적의 달성을 위하여 어떠한 방법을 선택할 것인가는 그것이 현저하게 불합리하고 불공정한 것이 아닌 한, 입법자의 재량영역에 속한다고 할 것이다(헌재 1997. 6. 26, 96헌마89).

V. 청구권적 기본권

1. 청원권

헌법 제26조에서 "제1항: 모든 국민은 법률이 정하는 바에 의하여 국가기관에 문서로 청원할 권리를 가진다. 제2항: 국가는 청원에 대하여 심사할 의무를 진다." 라고 규정하고 있다. 이러한 헌법 제26조를 근거로 청원권은 청원법에서 구체적으로 보장되고 있다.

이러한 청원법의 주요 내용들에 대하여 살펴보면 먼저 청원법 제3조에서 "이 법에 의하여 청원을 제출할 수 있는 기관은 다음 각 호와 같다. 1. 국가기관, 2. 지방자치단체와 그 소속기관, 3. 법령에 의하여 행정권한을 가지고 있거나 행정권한을 위임 또는 위탁받은 법인·단체 또는 그 기관이나 개인"이라고 청원대상기관에 대해 규정하고 있다. 그리고 청원법 제4조에서 "청원은 다음 각 호의 어느 하나에 해당하는 경우에 한하여 할 수 있다. 1. 피해의 구제, 2. 공무원의 위법·부당한 행위에 대한 시정이나 징계의 요구, 3. 법률·명령·조례·규칙 등의 제정·개정 또는 폐지, 4. 공공의 제도 또는 시설의 운영, 5. 그 밖에 국가기관 등의 권한에 속하는 사항" 이라고 청원사항에 대해 규정하고 있다. 또한 청원법 제5조에서 "제1항: 청원이 다음 각 호의 어느 하나에 해당하는 때에는 이를 수리하지 아니한다. 1. 감사·수사·재판·행정심판·조정·중재 등 다른 법령에 의한 조사·불복 또는 구제절차가 진행 중인 때, 2. 허위의 사실로 타인으로 하여금 형사처분 또는 징계처분을 받게 하거나 국가기관 등을 중상 모략하는 사항인 때, 3. 사인 간의 권리관계 또는 개인의 사생활에 관한 사항인 때, 4. 청원인의 성명·주소 등이 불분명하거나 청원 내용이 불명확한 때, 제2항: 청원서를 접수한 기관은 제1항 각 호의 어느 하나에 해당하는 사유로 청원을 수리하지 아니하는 때에는 그 사유를 명시하여 청원인에게 통지하여야 한다."라고 청원의 불수리 사항에 대해 규정하고 있다. 그리고 청원법 제6조 제1항에서 "청원은 청원인의 성명(법인인 경우에는 명칭 및 대표자의 성명을 말한다)과 주소 또는 거소를 기재하고 서명한 문서(전자정부법에 의한 전자문서를 포함한다)로 하여야 한다."라고 청원방법에 대해 규정하고 있고, 청원법 제8조에서 "동일인이 동일한 내용의 청원서를 동일한 기관에 2건 이상 제출하거나 2 이상의 기관에 제출한 때에는 나중에 접수된 청원서는 이를 반려할 수 있다."라고 반복청원 및 이중청원의 처리에 대해 규정하고 있다.

또한 청원법 제9조에서 "제1항: 청원을 수리한 기관은 성실하고 공정하게 청원을 심사·처리하여야 한다. 제2항: 청원을 수리한 기관은 청원의 심사에 필요하다고 인정할 때에는 청원인, 이해관계인 및 학식과 경험이 풍부한 사람으로부터 진술을 들을 수 있다. 이 경우 진술인(청원인은 제외한다)에게는 예산의 범위에서 여비와 수당을 지급할 수 있다. 제3항: 청원을 관장하는 기관이 청원을 접수한 때에는 특별한 사유가 없는 한, 90일 이내에 그 처리결과를 청원인에게 통지하여야 한다. 제4항: 청원을 관장하는 기관은 부득이한 사유로 제3항의 처리기간 내에 청원을 처리하기 곤란하다고 인정하는 경우에는 60일의 범위 내에서 1회에 한하여 그 처리기간을 연장할 수 있다. 이 경우 그 사유와 처리예정기한을 지체 없이 청원인에게 통지하여야 한다."라고 청원의 심사에 대해 규정하고 있다. 그리고 청원법 제9조의 2에서는 "청원이 제9조에 따른 처리기간 이내에 처리되지 아니하는 경우 청원인은 청원을 관장하는 기관에 이의신청을 할 수 있다."라고 청원의 심사에 대한 이의신청에 대해 규정하고 있다. 또한 청원법 제11조에서 "누구든지 타인을 모해(謀害)할 목적으로 허위의 사실을 적시한 청원을 하여서는 아니 된다."라고 규정하고 있고, 청원법 제13조에서는 동법 제11조를 위반한 자에게 5년 이하의 징역 또는 5천만원 이하의 벌금에 처하도록 규정하고 있다. 이 밖에 청원법 제12조에서 "누구든지 청원을 하였다는 이유로 차별대우를 받거나 불이익을 강요당하지 아니한다."라고 규정하고 있다.

이와 관련하여 헌법재판소는 "청원서를 접수한 국가기관은 청원법이 정하는 절차와 범위 내에서 청원사항을 성실·공정·신속히 심사하고 청원인에게 그 청원을 어떻게 처리하였거나 처리하려 하는지를 알 수 있을 정도로 결과를 통지함으로써 충분하고, 비록 그 처리 내용이 청원인이 기대한 바에 미치지 않는다고 하더라도 헌법소원의 대상이 되는 공권력의 불행사가 있다고 볼 수 없다."라고 판시하였다(헌재 2004. 5. 27, 2003헌마851).

한편 국회에 청원을 하려는 자는 국회법 제123조에 의하여 "제1항: 국회에 청원을 하려는 자는 의원의 소개를 받거나 국회규칙으로 정하는 기간 동안 국회규칙으로 정하는 일정한 수 이상의 국민의 동의를 받아 청원서를 제출하여야 한다. 제2항: 청원은 청원자의 주소·성명(법인인 경우에는 그 명칭과 대표자의 성명을 말한다)을 적고 서명한 문서(전자정부법 제2조 제7호에 따른 전자문서를 포함한다)로 하여야 한다. 제3항: 청원이 다음 각 호의 어느 하나에 해당하는 경우에는 이를 접수하지 아니한다. 1. 재판에 간섭하는 내용의 청원, 2. 국가기관을 모독하는 내용의 청원, 3. 국가기밀에 관한 내용의 청원"이라고 규정하고 있고, 지방자치법 제73조에서는 "제1항: 지방의회에 청원을 하려는 자는 지방의회의원의 소개를 받아 청원서를 제출하여야 한다. 제2항: 청원서에는 청원자의 성명(법인인 경우에는 그 명칭과 대표자의 성명) 및 주소를 적고 서명·날인하여야 한다."라고 규정하고 있으며, 지방자치법 제74조에서는 "재판에 간섭하거나 법령에 위배되는 내용의 청원은 수리하지 아니한다."라고 규정하고 있다.

2. 재판청구권

헌법 제27조 제1항에서 "모든 국민은 헌법과 법률이 정한 법관에 의하여 법률에 의한 재판을 받을 권리를 가진다."라고 하여 재판청구권을 규정하고 있다. 이러한 헌법 제27조 제1항에 의해 모든 국민은 헌법과 법률이 정한 자격과 절차에 의하여 임명된(헌법 제101조 제3항, 제104조, 법원조직법 제41조 내지 제43조), 법관에 의하여 합헌적인 법률이 정한 내용과 절차에 따라 재판을 받을 권리를 보장하고 있다.

한편 '재판'이란 구체적 사건에 관하여 사실의 확정과 그에 대한 법률의 해석적용을 그 본질적인 내용으로 하는 일련의 과정이다. 따라서 법관에 의한 재판을 받을 권리를 보장한다는 것은 법관이 사실을 확정하고 법률을 해석 및 적용하는 재판을 받을 권리를 보장한다는 뜻으로, 법관에 의한 사실확정과 법률의 해석적용의 기회에 접근하기 어렵도록 제약이나 장벽을 쌓아서는 안 된다고 할 것이며, 만약 그러한 보장이 제대로 이루어지지 아니한다면 헌법상 보장된 재판을 받을 권리의 본질적 내용을 침해하는 것으로서, 이는 헌법상 허용되지 않는다(헌재 1992. 6. 26, 90헌바25). 이러한 헌법 제27조 제1항과 관련하여 헌법재판소는 1992년에 "헌법 제27조 제1항이 대법원을 구성하는 법관에 의한 재판을 받을 권리이거나, 사건의 경중을 가리지 않고 모든 사건에 대하여 대법원을 구성하는 법관에 의한 균등한 재판을 받을 권리로 보여지지 않는다. 나아가 후단의 '법률에 의한 재판을 받을 권리'란 재판에 있어서 법관이 법대로가 아닌 자와의 전단에 의하는 것을 배제한다는 것이지, 여기에서 곧바로 상고심 재판을 받을 권리가 발생한다고 보기 어렵다. … 모든 사건에 대해 똑같이 세 차례의 법률적 측면에서의 심사의 기회의 제공이 곧 헌법상의 재판을 받을 권리의 보장이라고 할 수 없다. 따라서 소송의 가액이 3천만원 이하의 소액사건에 관하여 일반사건에 비하여 상고 및 재항고를 제한하고 있는 소액사건심판법 제3조는 헌법 제27조 제1항의 재판을 받을 권리를 침해하는 것이 아니다."라고 판시하였다

(헌재 1992. 6. 26, 90헌바25).

한편 헌법 제27조 제2항에서 "군인 또는 군무원이 아닌 국민은 대한민국의 영역 안에서는 중대한 군사상 기밀·초병·초소·유독음식물공급·포로·군용물에 관한 죄 중 법률이 정한 경우와 비상계엄이 선포된 경우를 제외하고는 군사법원의 재판을 받지 아니한다."라고 규정하여, 국민은 원칙적으로 법률이 정한 경우와 비상계엄이 선포된 경우를 제외하고는 군사법원의 재판을 받지 않는다는 것을 밝히고 있다.

그리고 헌법 제27조 제3항에서 "모든 국민은 신속한 재판을 받을 권리를 가진다. 형사피고인은 상당한 이유가 없는 한, 지체 없이 공개재판을 받을 권리를 가진다."라고 하여 국민의 신속한 재판과 공개재판을 받을 권리에 대해 규정하고 있다. 즉, 헌법 제27조 제3항은 피고인으로 하여금 신속한 재판을 받을 권리를 기본권으로 보장하고 있다. 여기서 '신속한 재판'이란 적정한 재판을 확보함에 필요한 기간을 넘어 부당히 지연된 재판이 아닌 재판을 의미한다. 이러한 신속한 재판은 국가적 견지에서는 적정하고 실효성 있는 형벌제도의 운용을 위하여 중요하지만, 피고인의 입장에서는 유리한 증거를 확보하고 재판에 수반한 정신적 불안과 사회적 불이익을 최소화하는데 커다란 의의가 있다. 불필요한 재판의 지연은 피고인에게 인신구속의 부당한 장기화를 초래하여 허위자백과 물심양면의 고통을 강요하게 되고, 오랫동안 형사피고인이라는 불명예를 안겨줄 뿐만 아니라, 증거의 멸실과 왜곡에 의하여 실체적 진실발견이 저해될 염려가 있다. 또한 재판결과 설사 유죄로 된다고 하더라도 피고인에게 이러한 불안정한 상태의 신속한 해소도 중요한 의미를 갖고 있다고 할 것이므로, 헌법 제27조 제3항의 신속한 재판을 받을 권리는 적법절차에 의한 공정한 재판 못지 않게 형사재판에 있어서 지켜져야 할 준칙이라 하겠다(헌재 1997. 11. 27, 94헌마60).

또한 헌법 제27조 제3항의 '공개재판주의'는 비밀재판을 배제하고 국민의 감시 하에서 심리와 판결을 받음으로써 공정한 재판을 받을 수 있는 권리를 포함하고 있는바, 법원이 법정의 규모, 질서의 유지, 심리의 원활한 진행 등을 고려하여 방청을 희망하는 피고인들의 가족, 친지 기타 국민에게 미리 방청권을 발행하게 하고, 그 소지자에 한하여 방청을 허용하는 등의 방법으로 방청인의 수를 제한하는 조치를 취하는 것은 헌법 제27조 제3항의 공개재판주의에 반하지 않는다(대법원 1990. 6. 8, 90도646). 또한 헌법 제27조 제4항에서 "형사피고인은 유죄의 판결이 확정될 때까지는 무죄로 추정된다."라고 규정하여, 공소가 제기된 피고인이 비록 1심이나 2심에서 유죄판결을 선고받았더라도 그 유죄판결이 확정되기 전까지는 원칙적으로 죄가 없는 자에 준하여 취급해야 하며, 유죄임을 전제로 하여 해당 피고인에 대하여 유형·무형의 일체의 불이익을 가하지 못하도록 '무죄추정의 원칙'을 보장하고 있다(헌재 2010. 9. 2, 2010헌마418). 그리고 헌법 제27조 제5항에서 "형사피해자는 법률이 정하는 바에 의하여 당해 사건의 재판절차에서 진술할 수 있다."라고 규정하여, 형사피해자의 재판절차진술권을 보장하고 있다.

이러한 형사피해자의 재판절차진술권은 범죄로 인한 피해자가 당해 사건의 재판절차에 증인으로 출석하여 자신이 입은 피해의 내용과 사건에 관하여 의견을 진술할 수 있는 권리를 뜻한다. 이는 피해자 등에 의한 사인의 소추를 전면 배제하고 있는 형사소송의 체계 아래에서 형사피해자로 하여금 당해 사건의 형사재판절차에 참여하여 증언하는 이외에 형사사건에 관한 의견진술을 할 수 있는 청문의 기회를 부여함으로써, 형사사법의 절차적 적정성을 확보하기 위하여 이를 기본권으로 보장한다는 뜻으로(헌재 1989. 4. 17, 88헌마3), 형사소송법 제294조의2에서 "제1항: 법원은 범죄로 인한 피해자 또는 그 법정대리인(피해자가 사망한 경우에는 배우자·직계친족·형제자매를 포함한다. 이하 "피해자 등"이라 한다)의 신청이 있는 때에는 그 피해자 등을 증인으로 신문하여야 한다. 다만 다음 각 호의 어느 하나에 해당하는 경우에는 그러하지 아니하다. 1. 삭제, 2. 피해자 등 이미 당해 사건에 관하여 공판절차에서 충분히 진술하여 다시 진술할 필요가 없다고 인정되는 경우, 3. 피해자 등의 진술로 인하여 공판절차가 현저하게 지연될 우려가 있는 경우, 제2항: 법원은 제1항에 따라 피해자 등을 신문하는 경우 피해의 정도 및 결과, 피고인의 처벌에 관한 의견, 그 밖에 당해 사건에 관한 의견을 진술할 기회를 주어야 한다. 제3항: 법원은 동일한 범죄사실에서 제1항의 규정에 의한 신청인이 여러 명인 경우에는 진술할 자의 수를 제한할 수 있다. 제4항: 제1항의 규정에 의한 신청인이 출석통지를 받고도 정당한 이유 없이 출석하지 아니한 때에는 그 신청을 철회한 것으로 본다."라고 규정하여, 헌법상 형사피해자의 재판절차진술권을 구체적으로 보장해 주고 있다.

이와 관련하여 헌법재판소는 1993년에 이러한 헌법상 형사피해자의 재판절차진술권의 주체 범위에 대하여 "헌법 제27조 제5항에서 형사피해자의 재판절차진술권을 독립된 기본권으로 보장한 취지는 피해자 등에 의한 사인소추를 전면 배제하고 있는 형사소송의 체계 아래에서 형사피해자로 하여금 당해 사건의 형사재판절차에 참여할 수 있는 청문의 기회를 부여함으로써 형사사법의 절차적 적정성을 확보하기 위한 것이므로, 위 헌법조항의 형사피해자의 개념은 반드시 형사실체법상의 보호법익을 기준으로 한 피해자 개념에 한정하여 결정할 것이 아니라, 형사실체법상으로는 직접적인 보호법익의 향유주체로 해석되지 않는 자라고 하더라도 문제된 범죄행위로 말미암아 법률상 불이익을 받게 되는 자의 뜻으로 풀이하여야 할 것이다. 따라서 교통사고로 사망한 사람의 부모는 형사소송법상 고소권자의 지위에 있을 뿐만 아니라, 비록 교통사고처리특례법의 보호법익인 생명의 주체는 아니더라도 그 교통사고로 자녀가 사망함으로 인하여 극심한 정신적 고통을 받은 법률상의 불이익을 입게 된 자임이 명백하므로, 헌법상 재판절차진술권이 보장되는 형사피해자의 범주에 속한다."라고 판시하였다(헌재 1993. 3. 11, 92헌마48). 그리고 이와 관련하여 헌법재판소는 2002년에 "이 사건 청구인 유○종은 고소사실에서 문제 삼고 있는 폭행으로 인하여 사망한 자의 아버지인 사실이 인정되므로, 이 사건 청구인은 이 사망과 관련된 범죄의 피해자의 한 사람에 해당하고 따라서 고소사실에 관한 불기소처분에 대하여 헌법소원을 제기할 수 있다."라고 판시하였다(헌재 2002. 8. 29, 2002헌마330).

한편 헌법 제27조 제1항과 제3항에서 규정하고 있는 '공정한 재판을 받을 권리' 속에는 신속하고 공개된 법정의 법관의 면전에서 모든 증거자료가 조사·진술되고 이에 대하여 피고인이 공격·방어할 수 있는 기회가 보장되는 재판, 즉 원칙적으로 당사자주의와 구두변론주의가 보장되어, 당사자가 공소사실에 대한 답변과 입증 및 반증하는 등 공격·방어권이 충분히 보장되는 재판을 받을 권리가 포함되어 있다(헌재 1996. 1. 25, 95헌가5).

3. 형사보상청구권

헌법 제28조에서 "형사피의자 또는 형사피고인으로서 구금되었던 자가 법률이 정하는 불기소처분을 받거나 무죄판결을 받은 때에는 법률이 정하는 바에 의하여 국가에 정당한 보상을 청구할 수 있다."라고 규정하고 있다. 이러한 헌법 제28조를 근거로 형사보상청구권은 형사보상및명예회복에관한법률에서 구체적으로 보장되고 있다.

먼저 형사보상및명예회복에관한법률 제2조에서 "제1항: 형사소송법에 따른 일반절차 또는 재심이나 비상상고 절차에서 무죄재판을 받아 확정된 사건의 피고인이 미결구금을 당하였을 때에는 이 법에 따라 국가에 대하여 그 구금에 대한 보상을 청구할 수 있다. 제2항: 상소권회복에 의한 상소, 재심 또는 비상상고의 절차에서 무죄재판을 받아 확정된 사건의 피고인이 원판결에 의하여 구금되거나 형집행을 받았을 때에는 구금 또는 형의 집행에 대한 보상을 청구할 수 있다. 제3항: 형사소송법 제

470조 제3항에 따른 구치와 같은 법 제473조부터 제475조까지의 규정에 따른 구속은 제2항을 적용할 때에는 구금 또는 형의 집행으로 본다."라고 형사보상청구를 할수 있는 요건에 대해 규정하고 있다.

여기서 '구금'이란 형사소송법상의 구금을 뜻하는바, 구체적으로 미결구금과 형집행 및 형의 집행을 위한 구치나 노역장 유치도 포함된다. 또한 형사보상및명예회복에관한법률 제26조 제1항에서 "다음 각 호의 어느 하나에 해당하는 경우에도 국가에 대하여 구금에 대한 보상을 청구할 수 있다. 1. 형사소송법에 따라 면소 또는 공소기각의 재판을 받아 확정된 피고인이 면소 또는 공소기각의 재판을 할 만한 사유가 없었더라면 무죄재판을 받을 만한 현저한 사유가 있었을 경우, 2. 치료감호법 제7조에 따라 치료감호의 독립 청구를 받은 피치료감호청구인의 치료감호사건이 범죄로 되지 아니하거나 범죄사실의 증명이 없는 때에 해당되어 청구기각의 판결을 받아 확정된 경우"라고 규정하고 있다.

다음으로 형사보상및명예회복에관한법률 제3조 제1항에 의하여 형사보상청구를 할 수 있는 자가 그 청구를 하지 못하고 사망했을 때에는 그 상속인이 이를 청구할 수 있도록 규정하고 있다. 그리고 동법 제4조에서 "다음 각 호의 어느 하나에 해당하는 경우에는 법원은 재량으로 보상청구의 전부 또는 일부를 기각할 수 있다. 1. 형법 제9조(형사미성년자) 및 제10조 제1항(심신장애자)의 사유로 무죄재판을 받은 경우, 2. 본인이 수사 또는 심판을 그르칠 목적으로 거짓 자백을 하거나 다른 유죄의 증거를 만듦으로써 기소·미결구금 또는 유죄재판을 받게 된 것으로 인정된 경우, 3. 1개의 재판으로 경합범의 일부에 대하여 무죄재판을 받고 다른 부분에 대하여 유죄재판을 받았을 경우"라고 형사보상을 하지 않을 수 있는 경우에 대해 규정하고 있으며, 기소편의주의에 따라 내려지는 검사의 불기소처분의 경우에는 형사보상청구를 할 수 없다.

또한 형사보상및명예회복에관한법률 제5조 제1항에서 "구금에 대한 보상을 할때에는 그 구금일수에 따라 1일당 보상청구의 원인이 발생한 연도의 최저임금법에 따른 일급 최저임금액 이상 대통령령으로 정하는 금액 이하의 비율에 의한 보상금을 지급한다."라고 규정하고 있고, 동법 제5조 제2항에서 형사보상금액을 산정할 때 고려할 사항에 대해 규정하고 있으며, 형사보상및명예회복에관한법률 제6조 제3항에 의해 다른 법률에 따라 손해배상을 받을 자가 같은 원인에 대해 동법에 따른 보상을 받았을 때에는 그 보상금의 액수를 빼고 손해배상의 액수를 정하도록 규정하고 있고, 동법 제8조에서 형사보상청구는 무죄재판이 확정된 사실을 안 날부터 3년, 무죄재판이 확정된 때부터 5년 이내에 하도록 규정하고 있다.

이 밖에 형사보상및명예회복에관한법률 제28조 제1항에서 "피의자보상을 청구하려는 자는 공소를 제기하지 아니하는 처분을 한 검사가 소속된 지방검찰청(지방검찰청지청의 검사가 그러한 처분을 한 경우에는 그 지청이 속하는 지방검찰청을 말한다)의 심의회에 보상을 청구하여야 한다."라고 규정하고 있고, 동법 제29조 제1항과 제2항에서 무죄재판을 받아 확정된 사건의 피고인에 대한 보상과 군사법원에서 무죄재판을 받아 확정된 자, 군사법원에서 제26조 제1항 각 호에 해당하는 재판을 받은 자, 군검찰부 검찰관으로부터 공소를 제기하지 아니하는 처분을 받은 자에 대한 보상은 원칙적으로 동법 제28조 제1항을 준용하도록 규정하고 있으며, 동법 제30조부터 제35조까지 무죄재판을 받아 확정된 사건의 피고인에게 무죄재판이 확정된 때부터 3년 이내에 확정된 무죄재판사건의 재판서를 법무부 인터넷 홈페이지에 게재하도록 해당 사건을 기소한 검사가 소속된 지방검찰청에 청구할 수 있게 한 후에 이러한 명예회복에 대한 상세한 절차 및 방법을 규정하고 있다.

4. 국가배상청구권

(1) 의의

국가배상청구권이란 공무원의 직무상 불법행위로 말미암아 재산 또는 재산 이외의 손해를 받은 국민이 국가 또는 공공단체에 대하여 그 손해를 배상하여 주도록 청구할 수 있는 권리를 뜻한다(헌재 1997. 2. 20, 96헌바24). 이와 관련하여 헌법 제29조 제1항에서 "공무원의 직무상 불법행위로 손해를 받은 국민은 법률이 정하는 바에 의하여 국가 또는 공공단체에 정당한 배상을 청구할 수 있다. 이 경우 공무원 자신의 책임은 면제되지 아니한다."라고 규정하고 있는바, 이를 근거로 국가배상청구권은 국가배상법 제2조에서 구체적으로 보장되고 있다.

국가배상법 제2조에서는 "제1항: 국가나 지방자치단체는 공무원 또는 공무를 위탁받은 사인(이하 "공무원"이라 한다)이 직무를 집행하면서 고의 또는 과실로 법령을 위반하여 타인에게 손해를 입히거나, 자동차손해배상보장법에 따라 손해배상의 책임이 있을 때에는 이 법에 따라 그 손해를 배상하여야 한다. 다만 군인 · 군무원 · 경찰공무원 또는 예비군대원이 전투 · 훈련 등 직무 집행과 관련하여 전사(戰死) · 순직(殉

職)하거나 공상(公傷)을 입은 경우에 본인이나 그 유족이 다른 법령에 따라 재해보상금 · 유족연금 · 상이연금 등의 보상을 지급받을 수 있을 때에는 이 법 및 민법에 따른 손해배상을 청구할 수 없다. 제2항: 제1항 본문의 경우에 공무원에게 고의 또는 중대한 과실이 있으면 국가나 지방자치단체는 그 공무원에게 구상(求償)할 수 있다."라고 규정하고 있다.

한편 헌법 제29조 제2항에서 "군인 · 군무원 · 경찰공무원 기타 법률이 정하는 자가 전투 · 훈련 등 직무집행과 관련하여 받은 손해에 대하여는 법률이 정하는 보상 외에 국가 또는 공공단체에 공무원의 직무상 불법행위로 인한 배상은 청구할 수 없다."라고 규정하고 있다.

(2) 성립요건

(가) 공무원

국가배상법 제2조상의 '공무원'의 개념에 대해 통설은 최광의의 공무원 개념으로 보고 있다. 즉, 여기서 최광의의 공무원이란 국가배상법 제2조상의 공무원은 국가공무원인가, 지방공무원인가 또는 행정부 소속의 공무원인가 입법부 소속의 공무원인가 또는 사법부 소속의 공무원인가를 불문하고 널리 공무를 위임 · 위탁받아 실질적으로 이에 종사하는 모든 사람을 포함한다는 것을 의미한다.[33]

즉, 국가배상법 제2조상의 '공무원'은 공무를 수행하는 공무수탁사인, 행정업무의 대행자, 행정보조자도 국가배상법상의 공무원도 포함된다.[34] 따라서 사인이라도 공무를 위탁받아 공무를 수행하는 한 그것이 일시적인 사무일지라도 여기의 공무원에 해당한다.[35] 그리고 대법원 판례도 이와 같은 입장이다.[36] 설령 사인이 사법상의

---

33) 김남진 · 김연태, 행정법Ⅰ, 법문사, 2009, 511면; 김도창, 일반행정법론(상), 청운사, 1970, 621면; 김동희, 행정법Ⅰ, 박영사, 2009, 513면; 박윤흔 · 정형근, 최신 행정법강의(상), 박영사, 2009, 595면; 홍준형, 행정구제법, 한울, 2002, 100면.

34) 박균성, 행정법론(상), 박영사, 2009, 651면.

35) 홍정선, 행정법원론(상), 박영사, 2009, 648면.

36) 피고가 '교통할아버지 봉사활동' 계획을 수립한 다음 관할 동장으로 하여금 '교통할아버지' 봉사원을 선정하게 하여 그들에게 활동시간과 장소까지 지정해 주면서 그 활동시간에 비례한 수당을 지급하고 그 활동에 필요한 모자, 완장 등 물품을 공급함으로써, 피고의 복지행정업무에 해당하는 어린이 보호, 교통안내, 거리질서 확립 등의 공무를 위탁하여 이를 집행하게 하였다고 보아, 김OO는 '교통할아버지' 활동을 하는 범위 내에서는 국가배상법 제2조에 규정된 지방자치단체의 '공무원'이라고 봄이 상당하다고 판단한 것은 수긍되고 거기에 법리오해 등 상고이유로 주장된 바와 같은 위법은 없다(대법원 2001. 1. 5.

계약에 의하여 공무를 수행하여도 그 공무가 공법작용에 해당하면 그 사인은 국가배상법상 공무원에 해당한다고 할 것이며, 소집 중인 향토예비군대원(대법원 1970. 5. 26, 70다471), 집행관(대법원 1966. 7. 26, 66다854), 미군부대의 카튜사(대법원 1969. 2. 18, 68다2346), 시청소차운전수(대법원 1980. 9. 24, 80다1051), 파출소에 근무하는 방범대원(대법원 1991. 3. 27, 90도2930) 등을 국가배상법상 제2조의 '공무원'에 속한다고 판시하였다.[37]

이렇듯 우리나라에서 국가배상법상 '공무원'의 개념을 최광의로 보는 것처럼 독일에서도 국가배상법상 '공무원'의 개념을 최광의의 개념으로 보고 있다. 즉, 독일 기본법 제34조에서는 "공무를 집행하는 자가 자기에게 부여된 공무를 수행하던 중 제3자에게 그의 직무의무를 위반할 때에는 그가 속한 국가나 단체가 책임을 진다."라고 규정하여, 독일 기본법상 국가배상책임의 주체로서의 '공무를 집행하는 자'는 널리 공무를 수행할 권한을 가지고 있는 자를 모두 포함하는 것으로 보는 것이 통설이다.[38]

(나) 직무

헌법 제29조 제1항과 국가배상법 제2조 제1항 본문에서 '직무(행위)'란 공법상의 권력작용 및 공법상 비권력작용(관리작용)까지 포함한다고 보는 '광의설'이 타당하다.[39]

(다) 직무를 집행함에 당하여

국가배상법 제2조상 '직무를 집행함에 당하여'란 통상 공무원이 행하는 행위인 직무집행행위 뿐만 아니라, 널리 객관적으로 외형상으로 그 공무원의 직무집행과 관련 있는 행위를 포함하는 외형설이 통설이다.[40] 즉, 통설은 국가배상법 제2조상 '직무를 집행함에 당하여'는 공무원의 직무행위 및 객관적으로 직무의 범위에 속한다고 판단되는 행위 및 직무와 밀접히 관련된 행위를 포함한다. 또한 그 판단에 있어서는

98다39060).
37) 이일세, "국가배상법 제2조 1항에 관한 연구", 강원법학 제8권, 강원대 비교법학연구소, 1996. 11, 210면.
38) Fritz Ossenbühl, Staatshaftungsrecht, 4. Aufl., 1991, S.12.
39) 김남진·김연태, 전게서, 513면; 김도창, 전게서, 623면; 김동희, 전게서, 514면; 박윤흔·정형근, 전게서, 596면; 홍정선, 전게서, 649면; 홍준형, 전게서, 100면.
40) 권영성, 전게서, 618면; 김남진, 행정법 기본문제, 법문사, 1992, 517면; 김도창, 전게서, 626면; 김동희, 전게서, 519면; 박윤흔·정형근, 전게서, 600면; 홍정선, 전게서, 653면; 홍준형, 전게서, 101면.

당해 행위가 실제로 공무원의 정당한 권한 내의 것인지 또는 공무원이 주관적으로 직무집행의 의사를 갖고 있는지의 여부와 관계없이 객관적으로 직무행위의 외관을 갖추고 있는지의 여부에 따라 판단해야 한다는 입장이다.

　　이러한 통설인 외형설과 같이 대법원은 1995년에 "국가배상법 제2조 제1항의 '직무를 집행함에 당하여'란 직접 공무원의 직무집행 행위이거나 그와 밀접한 관계에 있는 행위를 포함하고, 이를 판단함에 있어서는 행위 자체의 외관을 객관적으로 관찰하여 공무원의 직무행위로 보여질 때에는 비록 그것이 실질적으로 직무행위가 아니거나 또는 행위자로서는 주관적으로 공무집행의 의사가 없었다고 하더라도 그 행위는 공무원이 '직무를 집행함에 당하여'에 해당하는 것으로 보아야 한다."라고 판시하였다(대판 1995. 4. 21. 93다14240). 이 밖에 대법원은 1998년에 이러한 통설과 같이 '직무를 집행함에 당하여'의 요건을 외형설의 입장에서 "국가배상법 제2조 소정의 '공무원이 그 직무를 집행함에 당하여'라고 함은 직무의 범위 내에 속하거나 직무와 밀접한 관련이 있는 것이라고 객관적으로 보여지는 행위를 함에 당하여라고 해석하여야 할 것인바, 미군부대 소속 선임하사관이 소속부대장의 명에 따라 공무차 예하부대로 출장을 감에 있어 부대에 공용차량이 없었던 까닭에 개인소유의 차량을 빌려 직접 운전하여 예하부대에 가서 공무를 보고나자 퇴근시간이 되어서 위 차량을 운전하여 집으로 운행하던 중 교통사고가 발생하였다면 위 선임하사관의 위 차량의 운행은 실질적·객관적으로 그가 명령 받은 위 출장명령을 수행하기 위한 직무와 밀접한 관련이 있는 것이라고 보아야 한다."라고 판시하였다(대법원 1988. 3. 22. 87다카1163).

(라) 불법행위

　　먼저 헌법 제29조 제1항과 국가배상법 제2조 제1항 본문에서 불법행위의 요건 중 '고의 또는 과실'이란 일반적으로 고의는 어떠한 위법행위의 발생 가능성을 행위자가 인식하고 그 결과를 인용하는 것을 뜻하고, 과실은 행위자가 부주의로 인해 어떠한 위법한 결과를 초래하는 것을 뜻한다. 국가배상법 제2조 제1항 본문에서 공무원의 직무집행상 '과실'은 공무원이 그 직무를 수행함에 있어서 당해 직무를 담당하는 평균인이 보통(통상) 갖추어야 할 주의의무를 게을리한 것을 뜻한다.41)

　　다음으로 헌법 제29조 제1항과 국가배상법 제2조 제1항 본문에서 불법행위의

---

41) 홍정선, 상게서, 654면; 대법원 1997. 7. 11. 97다7608.

요건 중 '법령에 위반'할 것이 필요한바, 여기서 '법령'은 널리 법률과 고시, 훈령의 법규명령과 같은 성문법 뿐만 아니라 불문법과 인권존중, 신의성실, 권리남용의 금지, 공서양속 등도 포함한다.[42] 그리고 고시나 훈령 형식의 법규명령도 이에 포함된다. 그러나 행정규칙은 원칙적으로 법규성을 갖지 아니하므로 법령에는 해당하지 않지만, 직접적인 외부적 구속효를 갖는 경우에는 법령에 해당한다.[43] 이와 관련하여 헌법재판소는 1990년에 "이른바 행정규칙은 일반적으로 행정조직 내부에서만 효력을 가지는 것이고 대외적인 구속력을 갖는 것이 아니지만, 행정규칙이 법령의 규정에 의하여 행정관청에 법령의 구체적인 내용을 보충할 권한을 부여한 경우 또는 재량권 행사의 준칙인 규칙이 그 정한 바에 따라 되풀이 시행되어 행정관행이 이룩되게 되면 평등의 원칙이나 신뢰보호의 원칙에 따라 행정기관은 그 상대방에 대한 관계에서 그 규칙에 따라야 할 자기구속을 당하게 되는 경우에는 대외적인 구속력을 가지게 된다."라고 판시하였다(헌재 1990. 9. 3. 90헌마13).

한편 '위반'이란 법령에 위배됨을 의미하는바, 여기에는 작위에 의한 위반과 부작위에 의한 위반이 포함된다. 물론 부작위의 경우에는 작위의무가 있어야 한다.[44] 이때 공무원의 주관적인 사정을 고려하여 법령에 위반된 행위를 판단할 것이 아니라, 평균적인 공무원을 기준으로 객관적으로 판단해야 한다. 왜냐하면 개개 공무원의 주관적인 사정을 고려하여 과실의 유무를 판단하게 되면 피해자에 대하여 어떤 경우에는 가해 공무원의 과실이 인정되고, 다른 경우에는 가해 공무원의 과실이 부정되어 피해자의 입장에서는 불공평하게 될 수 있기 때문이다.[45]

(마) 타인에게 손해의 발생

헌법 제29조 제1항과 국가배상법 제2조 제1항 본문에서 '타인'이란 위법한 행위를 한 자나 바로 그 행위에 가담한 자를 제외한 모든 피해자(자연인과 법인 포함)를 뜻한다.[46] 즉, 여기서 '타인'이란 가해자인 공무원과 그의 위법한 직무행위에 가담한 자 이외의 모든 사람을 뜻한다. 따라서 피해자가 자연인이든 법인이든 사인이든 공무원이든 불문한다. 다만 피해자가 군인·군무원·경찰공무원·향토예비군대원일 때

---

42) 박규하, "국가배상법상의 배상책임의 요건에 관한 연구", 논문집 제32집, 한국외국어대, 2000. 6. 460면.
43) 김도창, 전게서, 629면; 홍정선, 전게서, 657면; 홍준형, 전게서, 104면.
44) 대법원 1996. 10. 25. 95다45927 등.
45) 유희일, "국가배상법의 고찰", 새울법학 제3집, 대전대 법문화연구소, 1999. 4. 50면.
46) 박규하, 전게 논문, 462면; 홍정선, 전게서, 659면.

에는 헌법과 국가배상법에 특례가 규정되어 있어 국가배상청구권이 제한된다.[47]

한편 '손해'란 가해행위로부터 발생한 일체의 손해를 뜻한다. 그러나 반사적 이익의 침해는 여기의 손해에 해당하지 아니한다. 적극적 손해인가 또는 소극적 손해인가, 재산상의 손해인가 또는 생명·신체·정신상의 손해를 모두 포함한다.[48]

(바) 상당인과관계

국가배상법 제2조 제1항 본문에서 손해배상책임의 요건 중 공무원의 가해행위인 직무집행행위와 손해의 발생 사이에는 '상당인과관계'가 있어야 한다. 여기서 '상당인과관계'란 객관적으로 보아 일상 생활상의 경험칙상 어떠한 선행사실로부터 보통 일반적으로 초래되는 후행사실이 발생되는 범위 안에서 법률이 요구하는 인과관계를 인정하는 것을 뜻한다.[49] 그리고 이러한 상당인과관계 유무의 판단은 관련 법령의 내용, 가해행위의 태양, 피해의 상황 등 제반사정을 복합적으로 고려하여 이루어져야 한다.[50]

(3) 국가배상책임의 성질과 구상권

국가배상책임의 성질에 대해서는 크게 다음과 같은 세 가지의 견해가 있다. 첫째, 국가나 지방자치단체가 공무원의 직무상 불법행위에 대해 책임을 부담하는 이유는 공무원을 국가나 지방자치단체가 자신의 기관으로 사용한 것에 대한 자기책임으로, 공무원의 직무집행 중의 불법행위에 대한 귀책사유를 불문하고 이러한 공무원의 행위를 마치 국가나 지방자치단체 자신이 행한 행위와 동일시하여 국가나 지방자치단체 자신이 스스로 책임을 부담하는 것이라고 보는 '자기책임설'이 있다.

둘째, 국가나 지방자치단체가 공무원의 직무상 불법행위에 대해 책임은 원래 해당 공무원이 부담하는 것인데, 헌법과 국가배상법에 의해 국가나 지방자치단체가 피해자를 보호하기 위하여 해당 공무원을 대신하여 책임을 부담하는 것이라고 보는 '대위책임설'이 있다.

셋째, 공무원이 직무집행 중의 불법행위를 고의나 중과실로 행한 경우에는 국가

---

47) 이일세, 전게 논문, 233면.
48) 이일세, 상게 논문, 234면; 홍정선, 전게서, 660면.
49) 박규하, 전게 논문, 462면; 박윤흔·정형근, 전게서, 609면.
50) 홍정선, 전게서, 660면.

나 지방자치단체의 구상권이 인정되므로 이때에는 대위책임설이 적용되고, 공무원이 경과실로 직무집행 중의 불법행위를 행한 경우에는 구상권이 인정되지 않으므로 이때에는 자기책임설이 적용된다는 '절충설'이 있다.[51]

생각건대 국가배상법 제2조 제1항 본문 및 제2항에 비추어 볼 때 공무원의 직무상 불법행위로 타인에게 손해를 끼친 경우에는 변제자력이 충분한 국가나 지방자치단체에게 선임감독상 과실 여부에 불구하고 손해배상책임을 부담시켜 국민의 재산권을 보장하되, 공무원이 직무를 수행함에 있어서 경과실로 타인에게 손해를 입힌 경우에는 그 직무수행상 통상 예기할 수 있는 흠이 있는 것에 불과하므로, 이러한 공무원의 행위는 여전히 국가나 지방자치단체의 기관의 행위로 보아, 이로 인하여 발생한 손해에 대한 배상책임도 전적으로 국가나 지방자치단체에게 귀속시키고 공무원 개인에게는 이로 인한 책임을 부담시키지 아니하여 공무원의 공무집행의 안정성을 확보할 필요가 있다.

반면에 공무원의 직무상 불법행위가 고의나 중과실에 의할 때에는 해당 공무원의 불법행위는 국가나 지방자치단체의 기관행위로서의 품격을 상실하여 국가나 지방자치단체에게 그 책임을 귀속시킬 수 없을 것이므로, 이때에는 공무원 개인에게 불법행위로 인한 손해배상책임을 부담시키되, 그 행위의 외관을 객관적으로 살펴볼 때 공무원의 해당 직무집행에 속하는 것으로 여겨질 때에는 피해자인 국민을 두텁게 보호하기 위하여 국가나 지방자치단체가 해당 공무원의 개인과 중첩적으로 손해배상책임을 부담하되, 국가나 지방자치단체가 손해배상의 책임을 부담하는 경우에는 해당 공무원 개인에게 사후에 구상권을 행사할 수 있도록 하여, 결과적으로 그 손해배상의 책임을 해당 공무원 개인에게 귀속되도록 하는 것이 바람직하다는 점에서 '절충설'이 타당하다. 대법원도 이와 같은 '절충설'의 입장이다(대법원 1996. 2. 15, 95다38677).

5. 범죄피해자구조청구권

헌법 제30조에서 "타인의 범죄행위로 인하여 생명·신체에 대한 피해를 받은 국민은 법률이 정하는 바에 의하여 국가로부터 구조를 받을 수 있다."라고 규정하고 있다. 이러한 헌법 제30조를 근거로 한 범죄피해자구조청구권은 범죄피해자보호법에

---

51) 이러한 국가배상책임의 성질에 대한 세 가지 견해에 대한 것은 권영성, 전게서, 619면; 성낙인, 전게서, 1449-1451면; 정종섭, 전게서, 860-862면.

서 구체적으로 보장되고 있다.

먼저 범죄피해자보호법 제3조 제1항 제1호에서 "범죄피해자란 타인의 범죄행위로 피해를 당한 사람과 그 배우자(사실상의 혼인관계를 포함한다), 직계친족 및 형제자매를 말한다."라고 규정하고 있다. 다음으로 범죄피해자보호법 제3조 제1항 제4호에서 "구조대상 범죄피해란 대한민국의 영역 안에서 또는 대한민국의 영역 밖에 있는 대한민국의 선박이나 항공기 안에서 행하여진 사람의 생명 또는 신체를 해치는 죄에 해당하는 행위(형법 제9조, 제10조 제1항, 제12조, 제22조 제1항에 따라 처벌되지 아니하는 행위를 포함하며, 형법 제20조 또는 제21조 제1항에 따라 처벌되지 아니하는 행위 및 과실에 의한 행위는 제외한다)로 인하여 사망하거나 장해 또는 중상해를 입은 것을 말한다."라고 규정하고 있다. 그리고 범죄피해자보호법 제16조에서 "국가는 구조대상 범죄피해를 받은 사람(이하 "구조피해자"라 한다)이 다음 각 호의 어느 하나에 해당하면 구조피해자 또는 그 유족에게 범죄피해구조금(이하 "구조금"이라 한다)을 지급한다. 1. 구조피해자가 피해의 전부 또는 일부를 배상 받지 못하는 경우, 2. 자기 또는 타인의 형사사건의 수사 또는 재판에서 고소, 고발 등 수사단서를 제공하거나 진술, 증언 또는 자료제출을 하다가 구조피해자가 된 경우"라고 범죄피해자구조금의 지급요건에 대해 규정하고 있다.

한편 범죄피해자보호법 제19조에서 "제1항: 범죄행위 당시 구조피해자와 가해자 사이에 다음 각 호의 어느 하나에 해당하는 친족관계가 있는 경우에는 구조금을 지급하지 아니한다. 1. 부부(사실상의 혼인관계를 포함한다), 2. 직계혈족, 3. 4촌 이내의 친족, 4. 동거친족, 제2항: 범죄행위 당시 구조피해자와 가해자 사이에 제1항 각 호의 어느 하나에 해당하지 아니하는 친족관계가 있는 경우에는 구조금의 일부를 지급하지 아니한다. 제3항: 구조피해자가 다음 각 호의 어느 하나에 해당하는 행위를 한 때에는 구조금을 지급하지 아니한다. 1. 해당 범죄행위를 교사 또는 방조하는 행위, 2. 과도한 폭행·협박 또는 중대한 모욕 등 해당 범죄행위를 유발하는 행위, 3. 해당 범죄행위와 관련하여 현저하게 부정한 행위, 4. 해당 범죄행위를 용인하는 행위, 5. 집단적 또는 상습적으로 불법행위를 행할 우려가 있는 조직에 속하는 행위(다만 그 조직에 속하고 있는 것이 해당 범죄 피해를 당한 것과 관련이 없다고 인정되는 경우는 제외한다), 6. 범죄행위에 대한 보복으로 가해자 또는 그 친족이나 그 밖에 가해자와 밀접한 관계가 있는 사람의 생명을 해치거나 신체를 중대하게 침해하는 행위 … 제6항: 구조피해자 또는 그 유족과 가해자 사이의 관계, 그 밖의 사정을 고려하여 구조금의 전부 또는 일부를 지급하는 것이 사회통념에 위배된다고 인정될 때에는 구조금의 전부 또는 일부를 지급하지 아니할 수 있다."라고 범죄피해자구조금을 지급하지 아니할 수 있는 경우에 대해 규정하고 있다. 그리고 범죄피해자보호법 제20조에서 "구조피해자나 유족이 해당 구조대상 범죄피해를 원인으로 하여 국가배상법이나 그 밖의 법령에 따른 급여 등을 받을 수 있는 경우에는 대통령령으로 정하는 바에 따라 구조금을 지급하지 아니한다."라고 규정하고 있다. 또한 범죄피해자보호법 제21조 제1항에서 "국가는 구조피해자나 유족이 해당 구조대상 범죄피해를 원인으로 하여 손해배상을 받았으면 그 범위에서 구조금을 지급하지 아니한다."라고 규정하고 있다. 그리고 범죄피해자보호법 제22조에서 범죄피해자구조금액의 기준에 대해 규정하고 있고, 범죄피해자보호법 제25조에서 "제1항: 구조금을 받으려는 사람은 법무부령으로 정하는 바에 따라 그 주소지, 거주지 또는 범죄발생지를 관할하는 지구심의회에 신청하여야 한다. 제2항: 제1항에 따른 신청은 해당 구조대상 범죄피해의 발생을 안 날부터 3년이 지나거나 해당 구조대상 범죄피해가 발생한 날부터 10년이 지나면 할 수 없다."라고 규정하고 있다. 이 밖에 범죄피해자보호법 제31조에서는 "구조금을 받을 권리는 그 구조결정이 해당 신청인에게 송달된 날부터 2년간 행사하지 아니하면 시효로 인하여 소멸된다."라고 규정하고 있고, 동법 제32조에서는 "구조금을 받을 권리는 양도하거나 담보로 제공하거나 압류할 수 없다."라고 규정하고 있다.

Ⅵ. 사회권적 기본권

1. 인간다운 생활을 할 권리

헌법은 제34조 제1항에서는 국민에게 인간다운 생활을 할 권리를 보장하고 있고, 헌법 제34조 제2항에서는 국가의 사회보장 및 사회복지 증진의무를 천명하고 있다.

먼저 헌법 제34조 제1항의 인간다운 생활을 할 권리는 다른 사회권적 기본권에 관한 헌법 규범들의 이념적인 목표를 제시하고 있는 동시에 국민이 인간적 생존의 최소한을 확보하는데 있어서 필요한 최소한의 재화를 국가에게 요구할 수 있는 권리를 내용으로 하고 있다. 다음으로 헌법 제34조 제2항에서는 국가에게 물질적인 궁핍이나 각종 재난으로부터 국민을 보호할 대책을 세울 의무를 부과하여 헌법 제34조 제1항의 인간다운 생활을 할 권리의 실현을 위한 수단으로 국가의 사회보장 및 사회복지 증진의무에 대해 규정하고 있다. 이러한 인간다운 생활을 할 권리의 구체적인 부여 여부 및 그 내용 등은 무엇보다도 국가의 경제적인 수준과 재정능력 등에 따르는 재원확보의 가능성이라는 요인에 의하여 크게 좌우되게 된다(헌재 1995. 7. 21, 93헌가14). 따라서 헌법상 사회보장권은 입법부에 입법재량권이 크게 부여되는바, 사회보장의 수급요건과 수급자의 범위 및 수급액 등 구체적인 사항이 법률에 규정됨으로써 비로소 구체적인 법적 권리로 형성된다(헌재 1995. 7. 21, 93헌가14).

그리고 헌법 제34조 제1항에 의한 인간다운 생활을 할 권리는 사회보장에 관한 것으로, 입법부와 행정부에 대해서는 국민소득, 국가의 재정능력과 정책 등을 고려하여 가능한 범위 안에서 최대한으로 모든 국민이 물질적인 최저생활을 넘어서 인간의 존엄성에 맞는 건강하고 문화적인 생활을 누릴 수 있도록 하여야 한다는 행위의 지침, 즉 행위규범으로서 작용하고, 헌법재판에 있어서는 다른 국가기관, 즉 입법부나 행정부가 국민으로 하여금 인간다운 생활을 영위하도록 하기 위하여 객관적으로 필요한 최소한의 조치를 취할 의무를 다하였는지의 여부를 기준으로 국가기관의 행위의 합헌성을 심사하여야 한다는 통제규범으로 작용한다(헌재 1997. 5. 29, 94헌마33).

따라서 국가가 헌법 제34조 제1항의 인간다운 생활을 보장하기 위한 헌법적인 의무를 다하였는지의 여부가 사법적 심사의 대상이 된 경우에는 국가가 생계보호에 관한 입법을 전혀 하지 아니하였다든가 그 내용이 현저히 불합리하여 헌법상 용인될 수 있는 재량의 범위를 명백히 일탈한 경우에 한하여 헌법에 위반된다고 할 것이다.

또한 국가가 행하는 생계보호의 수준이 그 재량의 범위를 명백히 일탈하였는지의 여부, 즉 인간다운 생활을 보장하기 위한 객관적 내용의 최소한을 보장하고 있는지의 여부는 생활보호법에 의한 생계보호 급여만을 가지고 판단해서는 안 되고, 그 밖에 법령에 의거하여 국가가 생계보호를 위하여 지급하는 각종 급여나 각종 부담의 감면 등을 총괄한 수준을 가지고 판단해야 한다(헌재 1997. 5. 29, 94헌마33).

한편 헌법 제34조 제2항부터 제6항까지는 특정한 사회적 약자와 관련하여 헌법 제3조 제1항의 '인간다운 생활을 할 권리'의 내용을 다양한 국가의 의무를 통하여 구체화하고 있는바, 헌법 제34조 제3항에서 여자, 헌법 제34조 제4항에서 노인과 청소년, 헌법 제34조 제5항에서 신체장애자 등의 특정 사회적 약자의 보호를 각각 명시적으로 규정한 것은 '여자, 노인과 청소년, 신체장애자 등 이러한 사회적 약자들의 경우에 이들 스스로가 자유 행사의 실질적 조건을 갖추는데 어려움이 많으므로, 국가가 특히 이들에 대해 자유를 실질적으로 행사할 수 있는 조건을 형성하고 유지해야 한다'는 점을 강조하고 있다. 국가는 사회권적 기본권에 의해 제시된 국가의 의무와 과제를 언제나 국가의 현실적인 재정·경제능력의 범위 내에서 다른 국가과제와의 조화와 우선 순위의 결정을 통하여 이행할 수밖에 없다. 따라서 사회권적 기본권은 입법과정이나 정책결정과정에서 사회권적 기본권에 규정된 국가목표의 무조건적인 최우선적 배려가 아니라, 단지 적절한 고려를 요청하는 것이다. 이러한 의미에서 사회권적 기본권은 국가의 모든 의사결정과정에서 사회권적 기본권이 담고 있는 국가목표를 고려해야 할 국가의 의무를 의미한다(헌재 2002. 12. 18, 2002헌마52). 이러한 헌법 제34조에 의해 보장되고 있는 인간다운 생활을 할 권리의 이념과 목표는 현재 주로 사회보장법을 통해 실현되고 있으며, 그 밖에 국민건강보험법, 국민연금법, 산업재해보상보험법, 고용보험법, 노인장기요양보험법, 국가유공자등예우및지원에관한법률, 국민기초생활보장법 등에 의해 실현되고 있다.[52]

2. 교육을 받을 권리

헌법 제31조 제1항에서는 '교육을 받을 권리'를 보장함으로써 국가로부터 교육에 필요한 시설의 제공을 요구할 수 있는 권리 및 각자의 능력에 따라 교육시설에 입학하여 배울 수 있는 권리를 국민의 기본권으로서 보장함과 동시에 국민 누구나 능력

---

52) 전광석, 전게서, 475-476면.

에 따라 균등한 교육을 받을 수 있게끔 노력해야 할 의무와 과제를 국가에게 부과하고 있다(헌재 1991. 2. 11. 90헌가27).

이러한 '교육을 받을 권리'란 국민이 헌법 제31조 제1항을 근거로 하여 직접 특정한 교육제도나 학교시설을 요구할 수 있는 권리라고 하기보다는 모든 국민이 능력에 따라 균등하게 교육을 받을 수 있는 교육제도를 제공해야 할 국가의 의무를 규정한 것이라고 할 것이다. 즉, 헌법 제31조 제1항의 '교육을 받을 권리'란 모든 국민에게 저마다의 능력에 따른 교육이 가능하도록 그에 필요한 설비와 제도를 마련해야 할 국가의 과제와 아울러 이를 넘어 사회적·경제적 약자도 능력에 따른 실질적인 평등 교육을 받을 수 있도록 적극적인 정책을 실현해야 할 국가의 의무를 뜻한다. 이에 따라 국가는 다른 중요한 국가의 과제 및 국가의 재정이 허용하는 범위 내에서 민주시민이 갖추어야 할 최소한의 필수적인 교육과정을 의무교육으로서 국민 누구나가 혜택을 받을 수 있도록 제공해야 한다(헌재 2000. 4. 27. 98헌가16). 그리고 헌법 제31조 제1항에 의해 교육을 받을 권리를 보장하는 것은 국민이 헌법 제10조의 인간으로서 존엄과 가치를 가지며 행복을 추구하고, 헌법 제34조 제1항의 인간다운 생활을 영위하는데 필수적인 조건이자 대전제에 해당한다(헌재 1992. 11. 12. 89헌마88). 왜냐하면 교육의 목적은 국민 개개인의 타고난 소질을 계발하여 인격을 완성하게 하고, 자립생활을 할 능력을 증진시킴으로써 인간다운 생활을 누릴 수 있게 하는데 있기 때문이다(헌재 1991. 7. 22. 89헌가106).

다음으로 헌법 제31조 제2항 및 제3항은 헌법 제31조 제1항의 교육을 받을 권리에 상응하여 국가가 제공하는 의무교육을 받게 해야 할 부모의 의무 및 의무교육은 무상임을 규정하고 있다. 이러한 헌법 규정에 따라 교육기본법 제8조 제1항에서 "의무교육은 6년의 초등교육과 3년의 중등교육으로 한다."라고 규정하고 있다. 그리고 헌법 제31조 제4항에서 교육의 자주성·전문성·정치적 중립성 및 대학의 자율성도 법률이 정하는 바에 의해 보장되어야 한다는 것을 규정하고 있고, 헌법 제31조 제6항에서 국민의 교육을 받을 권리의 차질 없는 실현을 위해 교육제도와 교육재정 및 교원제도 등 기본적인 사항이 법률에 의해 시행되어야 한다는 것을 규정하고 있다. 즉, 헌법 제31조 제2항부터 제6항까지 규정하고 있는 교육을 받게 할 의무, 의무교육의 무상, 교육의 자주성·전문성·중립성 보장, 평생교육진흥, 교육제도 및 교육재정, 교원지위 법률주의 등은 국민의 교육을 받을 권리의 효율적인 보장을 위한 규정이라고 할 것이다(헌재 1999. 3. 25. 97헌마130).

한편 헌법재판소는 1995년에 "거주지를 기준으로 중·고등학교의 입학을 제한하는 1994년 10월 15일에 대통령령 제14401호로 개정된 구 교육법시행령 제71조 등의 규정은 과열된 입시경쟁으로 말미암아 발생하는 부작용을 방지한다고 하는 입법의 목적을 달성하기 위한 하나의 방안이고, 도시와 농어촌에 있는 중·고등학교의 교육 여건의 차이가 심하지 않으며, 획일적인 제도의 운용에 따른 문제점을 해소하기 위한 여러가지 보완책이 이러한 구 교육법시행령 제71조 등의 규정에 상당히 마련되어 있어서 그 입법 수단은 정당하므로, 이러한 구 교육법시행령 제71조 등의 규정은 학부모의 자녀를 교육시킬 학교 선택권의 본질적 내용을 침해하였거나 과도하게 제한한 경우에 해당하지 아니한다."라고 판시하였다(헌재 1995. 2. 23, 91헌마204). 그리고 헌법재판소는 심야 학원교습 제한 조례의 위헌성 여부에 대하여 2009년에 "학원의 교습시간을 제한하여 학생들의 수면시간 및 휴식시간을 확보하고, 학교교육을 정상화하며, 학부모의 경제적 부담을 덜어주려는 2008년 4월 3일에 조례 제4624호로 개정된 구 서울특별시학원의설립·운영및과외교습에관한조례 제5조 제1항의 입법 목적의 정당성 및 수단의 적합성이 인정되고, 원칙적으로 학원에서의 교습은 보장하면서 심야에 한하여 교습시간을 제한하면서 다른 사교육 유형은 제한하지 않으므로, 학교 교과교습 학원을 설립·운영하는 자와 학원강사 및 학생과 학부모의 인격의 자유로운 발현권, 자녀교육권 및 직업수행의 자유를 과도하게 제한하는 것이 아니라는 점 등의 사유로 비례의 원칙에 위반하지 않아서, 동 규정이 학교 교과교습 학원을 설립·운영하는 자와 학원강사 및 학생과 학부모의 인격의 자유로운 발현권, 자녀교육권 및 직업수행의 자유를 침해하였다고 볼 수 없다."라고 판시하였다(헌재 2009. 10. 29, 2008헌마635).

3. 근로의 권리

헌법 제32조 제1항에서는 "모든 국민은 근로의 권리를 가진다. 국가는 사회적·경제적 방법으로 근로자의 고용의 증진과 적정임금의 보장에 노력하여야 하며…"라고 규정하여 근로의 권리를 보장하고 있다.

이러한 헌법상 근로의 권리의 보장은 생활의 기본적인 수요를 충족시킬 수 있는 생활수단을 확보해 주며, 나아가 인격의 자유로운 발현과 인간의 존엄성을 보장해 주는 의의를 지닌다. 따라서 근로의 권리는 사회적 기본권으로서, 국가에 대하여 직접 일자리(직장)를 청구하거나 일자리에 갈음하는 생계비를 지급해 달라고 청구할 수 있는 것이 아니라, 고용증진을 위한 사회적·경제적 정책을 요구할 수 있는 권리에 그친다. 근로의 권리를 직접적인 일자리 청구권으로 이해하는 것은 사회주의적 통제경제를 배제하고, 사기업 주체의 경제상의 자유를 보장하는 헌법상 경제질서 관련 규정 또는 기본권 규정들과 조화될 수 없다. 그리고 근로의 권리로부터 국가에 대한 직접적인 직장존속청구권을 도출할 수 없으며, 단지 사용자의 처분에 따른 직장 상실에 대해 최소한의 보호를 제공해야 할 의무를 국가에 지우는 것으로 볼 수는 있을 것이나, 이 경우에도 입법자가 그 보호의무를 전혀 이행하지 않거나 또는 사용자와 근로자의 상충하는 기본권적 지위나 이익을 현저히 부적절하게 형량한 경우에만 위헌 여부의 문제가 생긴다고 할 것이다(헌재 2002. 11. 28, 2001헌바50).

그리고 헌법 제32조 제1항 후문에서 "국가는 사회적·경제적 방법으로 근로자의 고용의 증진과 적정임금의 보장에 노력하여야 하며, 법률이 정하는 바에 의하여 최저임금제를 시행하여야 한다."라고 규정하고 있다. 이 중에서 국가가 근로자의 고용의 증진에 노력하기 위해서 고용정책기본법, 직업안정법, 근로자직업능력개발법, 장애인고용촉진및직업재활법 등을 시행하고 있고, 국가가 적정임금의 보장에 노력하기 위해서 최저임금법을 시행하고 있다. 또한 헌법 제32조 제1항에 의한 근로의 권리는 '일할 자리에 관한 권리'만이 아니라 '일할 환경에 관한 권리'도 함께 내포하고 있다고 보는 것이 타당하다. 이러한 근로의 권리와 관련하여 대법원은 1995년에 "모든 임금은 근로의 대가로서 '근로자가 사용자의 지휘를 받으며 근로를 제공하는 것에 대한 보수'를 의미하므로, 현실의 근로 제공을 전제로 하지 않고 단순히 근로자로서의 지위에 기하여 발생한다는 생활보장적 임금이란 있을 수 없고, 현행법상 임금을 사실상 근로를 제공한데 대하여 지급 받는 교환적 부분과 근로자로서의 지위에 기하여 받는 생활보장적 부분으로 나누어야 할 아무런 법적인 근거는 없다."라고 판시하여, 이른바 '무노동 무임금 원칙'을 밝히는 판결을 하였다(대법원 1995. 12. 21, 94다26721).

한편 헌법 제32조 제3항에서 "근로조건의 기준은 인간의 존엄성을 보장하도록 법률로 정한다."라고 규정하고 있다. 여기서 '근로조건'이란 임금과 그 지불방법, 취업시간과 휴식시간, 안전시설과 위생시설, 재해보상 등 근로계약에 의하여 근로자가 근로를 제공하고 임금을 수령하는데 관한 조건들을 뜻한다. 그리고 동 규정에서 근로조건에 관한 기준을 법률로써 정한다는 의미는 근로조건에 관하여 법률이 최저한의 제한을 설정한다는 뜻이다. 이렇듯 헌법이 근로조건의 기준을 법률로 정하도록 규정한 것은 인간의 존엄에 상응하는 근로조건에 관한 기준의 확보가 사용자에 비하여 경제적·사회적으로 열등한 지위에 있는 개별 근로자의 인간의 존엄성의 실현에 중요한 사항일 뿐만 아니라, 근로자와 그 사용자들 사이에 이해관계가 첨예하게 대립될 수 있는 사항이어서 사회적 평화를 위해서도 민주적으로 정당성이 있는 입법자가 이를 법률로 정할 필요가 있으며, 인간의 존엄성에 관한 판단기준도 사회·경제적 상황에 따라 변화하는 상대적인 성격을 띠는 만큼 그에 상응하는 근로조건에 관한 기준도 시대상황에 부합하게 탄력적으로 구체화하도록 법률에 유보한 것이다(헌재 2003. 7. 24, 2002헌바51). 이러한 헌법 제32조 제3항에 의거하여 근로조건의 최저기준을 근로기준법에 규정하고 있다.

그리고 헌법 제32조 제4항에서 여성의 근로에 대해 특별히 보호하는 규정을 두고 있다. 이러한 헌법 규정을 근거로 근로기준법 제73조에서 여성 근로자에 대해 월 1회의 생리휴가를 규정하고 있고, 근로기준법 제74조에서 임산부인 여성 근로자를 보호하기 위해 여성 근로자에게 출산 전과 출산 후를 통하여 총 90일의 출산 전후 휴가를 주어야 하며(근로기준법 제74조 제1항), 휴가 중 최초 60일은 유급으로 하도록 규정하고 있다(근로기준법 제74조 제4항).

또한 헌법 제32조 제5항에서 연소자의 근로에 대해 특별히 보호하는 여러 규정들을 근로기준법에 두고 있다. 즉, 근로기준법 제64조 제1항에서 원칙적으로 15세 미만인 연소자를 근로자로 사용하지 못하도록 규정하고 있고, 근로기준법 제65조 제1항에서 18세 미만자를 도덕상 또는 보건상 유해·위험한 사업에 사용하지 못하도록 규정하고 있으며, 근로기준법 제69조에서 근로시간에 대하여 원칙적으로 15세 이상 18세 미만인 사람의 근로시간은 1일에 7시간, 1주에 35시간을 초과하지 못하도록 규정하여 연소 근로자를 보호해 주고 있다.

이 밖에 헌법 제32조 제6항에서는 국가유공자·상이군경 및 전몰군경의 유가족에 대하여 일정한 경우에 우선적으로 근로할 기회를 보장하고 있다.

한편 헌법 제33조 제1항에서 근로자에게 단결권과 단체교섭권 및 단체행동권을 기본권으로 보장하고 있다. 이 규정에 의하여 근로자들이 근로조건의 유지 및 향상을 위하여 자주적인 결사체를 결성하고 이에 가입하여 활동할 수 있는 자유를 가지고(단결권), 근로자들은 단결하여 사용자와 대등한 지위에서 단체교섭을 통하여 자율적으로 임금 등 근로조건의 유지 및 향상을 위한 사항에 대해 단결체의 이름으로 사용자나 사용자단체와 집단적으로 교섭하여 단체협약을 체결할 수 있는 권리를 가지며(단체교섭권), 헌법 제33조 제1항에 의해 근로자와 사용자 사이에 근로조건 등의 사항에 대해 양자의 의견이 불일치하여 노동쟁의가 발생할 때 근로자들이 자신들의 주장을 사용자 측에 관철시키기 위해 노동조합과 같은 근로자단체의 결성을 통하여 집단으로 사용자 측에 대항하거나 실력행사를 하여 사용자와 대등한 세력을 이루어 근로조건의 형성에 영향을 미칠 수 있는 자유를 가지게 된다(단체행동권).53)

이러한 의미에서 헌법 제33조 제1항의 근로 3권은 '사회적 보호기능을 담당하는 자유권' 또는 '사회권적 성격을 띤 자유권'이라고 할 수 있다. 이러한 근로 3권의 성격은 국가가 단지 근로자의 단결권을 존중하고 부당한 침해를 하지 아니함으로써 보장되는 자유권적 측면인 국가로부터의 자유 뿐만 아니라, 근로자의 권리행사의 실질적인 조건을 형성하고 유지해야 할 국가의 적극적인 활동을 필요로 한다. 이는 곧 입법자가 근로자 단체의 조직, 단체교섭, 단체협약, 노동쟁의 등에 관한 노동조합 관련법의 제정을 통하여 노사 간의 세력균형이 이루어지고 근로자의 근로 3권이 실질적으로 기능할 수 있도록 하기 위하여 필요한 법적 제도와 법규범을 마련하여야 할 의무가 있다는 것을 의미한다(헌재 1998. 2. 27, 94헌바13 등). 이와 관련하여 노동조합및노동관계조정법과 근로자참여및협력증진에관한법률 등을 시행하고 있다.

이러한 근로 3권 중 단체행동권에 대하여 대법원은 1991년에 "근로자의 쟁의행위는 그것이 정당할 때에 한하여 형법상 위법성이 부정되어 처벌되지 아니하는바, 근로자의 쟁의행위의 정당성은 첫째, 그 주체가 단체교섭의 주체로 될 수 있는 자이어야 하고, 둘째, 그 목적이 근로조건의 향상을 위한 노사 간의 자치적 교섭을 조성하는데에 있어야 하며, 셋째, 사용자가 근로자의 근로조건의 개선에 관한 구체적인 요구에 대하여 단체교섭을 거부하였을 때 개시하되, 특별한 사정이 없는 한 조합원의 찬성결정 및 노동쟁의 발생신고 등 절차를 거쳐야 하고, 넷째, 그 수단과 방법이 사용자의 재산권과 조화를 이루어져야 하며, 폭력의 행사에 해당되지 않아야 한다는 여러 조건을 모두 구비하여야 인정될 수 있다."라고 판시하였다(대법원 1991. 5. 24, 91도324).

한편 헌법 제33조 제2항에서 "공무원인 근로자는 법률이 정하는 자에 한하여 단결권·단체교섭권 및 단체행동권을 가진다."라고 규정하고 있다. 이러한 헌법 제33조 제2항을 근거로 국가공무원법 제66조에서 "제1항: 공무원은 노동운동이나 그 밖에 공무 외의 일을 위한 집단행위를 하여서는 아니 된다. 다만 사실상 노무에 종

---

53) 정종섭, 전게서, 726-730면.

사하는 공무원은 예외로 한다. 제2항: 제1항 단서의 사실상 노무에 종사하는 공무원의 범위는 대통령령으로 정한다."라고 규정하고 있다. 여기서 사실상 노무에 종사하는 공무원이란 국가공무원복무규정 제28조에서 "과학기술정보통신부 소속 현업기관의 작업 현장에서 노무에 종사하는 우정직 공무원(우정직 공무원의 정원을 대체하여 임용된 일반 임기제 공무원 및 시간선택제 일반 임기제 공무원을 포함한다)으로서 다음 각 호의 어느 하나에 해당하지 아니하는 공무원으로 한다. 1. 서무·인사 및 기밀 업무에 종사하는 공무원, 2. 경리 및 물품출납 사무에 종사하는 공무원, 3. 노무자 감독 사무에 종사하는 공무원, 4. 보안업무규정에 따른 국가보안시설의 경비 업무에 종사하는 공무원, 5. 승용자동차 및 구급차의 운전에 종사하는 공무원"이라고 규정하고 있다. 이 밖에 헌법 제33조 제3항에서 "법률이 정하는 주요 방위산업체에 종사하는 근로자의 단체행동권은 법률이 정하는 바에 의하여 이를 제한하거나 인정하지 아니할 수 있다."라고 규정하고 있다.

4. 혼인과 가족보호

헌법 제36조 제1항은 "혼인과 가족생활은 개인의 존엄과 양성의 평등을 기초로 성립되고 유지되어야 하며, 국가는 이를 보장한다."라고 규정하고 있다.

이러한 헌법 제36조 제1항은 혼인과 가족생활을 스스로 결정하고 형성할 수 있는 자유를 기본권으로서 보장하고, 혼인과 가족에 대한 제도를 보장하고 있다. 그리고 헌법 제36조 제1항은 혼인과 가족에 관련되는 공법 및 사법의 모든 영역에 영향을 미치는 헌법원리 내지 원칙규범으로서의 성격도 가진다. 이는 적극적으로는 적절한 조치를 통해서 혼인과 가족을 지원하고, 제3자에 의한 침해에 앞에서 혼인과 가족을 보호해야 할 국가의 과제를 포함하며, 소극적으로는 불이익을 야기하는 제한조치를 통해서 혼인과 가족을 차별하는 것을 금지해야 할 국가의 의무를 포함한다. 다만 특정한 법률조항이 혼인한 자를 불리하게 하는 차별취급은 중대한 합리적 근거가 존재하여 헌법상 정당화되는 경우에만 헌법 제36조 제1항에 위반되지 않는다(헌재 2002. 8. 29, 2001헌바82). 또한 헌법 제36조 제1항에서 보장하고 있는 혼인제도는 인간의 존엄성 존중과 민주주의의 원리에 따라 규정되어야 함을 천명한 것으로서, 혼인에 있어 개인의 존엄과 양성의 본질적 평등의 바탕 위에서 모든 국민은 스스로 혼인을 할 것인가 하지 않을 것인가를 결정할 수 있고, 혼인을 함에 있어서도 그 시기는 물론 상대방을 자유로이 선택할 수 있으며, 이러한 결정에 따라 혼인과 가족생활을 유지할 수 있고, 국가는 이를 보장해야 한다는 것을 뜻한다(헌재 1997. 7. 16, 95헌가6 등).

한편 헌법 제36조 제1항에서 보장하고 있는 가족제도는 혼인 및 그에 기초하여 성립된 부모와 자녀의 생활공동체인 가족생활이 국가의 특별한 보호를 받는다는 것을 규정한 것으로, 헌법 제36조 제1항에서 가족제도를 특별히 보장하여 양심의 자유, 종교의 자유, 언론의 자유, 학문과 예술의 자유와 같이 문화국가의 성립을 위해 필수 불가결한 기본권의 보장과 함께 견해와 사상의 다양성을 그 본질로 하는 문화국가를 실현하기 위한 필수적인 조건을 규정한 것이라고 하겠다. 따라서 헌법은 제36조 제1항에서 혼인과 가정생활을 보장함으로써 가족의 자율영역이 국가의 간섭에 의하여 획일화·평준화되고 이념화되는 것으로부터 보호하고, 개별성·고유성·다양성으로 표현되는 문화는 사회의 자율영역을 바탕으로 하며, 사회의 자율영역은 무엇보다도 바로 가정으로부터 출발하기 때문에 헌법 제36조 제1항의 혼인과 가족의 보호는 헌법이 지향하는 자유민주적 문화국가의 필수적인 전제조건이 된다고 하겠다(헌재 2000. 4. 27, 98헌가16).

이 밖에 헌법재판소는 2002년에 "부부 간의 인위적인 자산 명의의 분산과 같은 가장행위 등은 상속세 및 증여세법상 증여의제규정 등을 통해서 방지할 수 있고, 부부의 공동생활에서 얻어지는 절약 가능성을 담세력과 결부시켜 조세의 차이를 두는 것은 타당하지 않으며, 자산소득이 있는 모든 납세의무자 중에서 혼인한 부부가 혼인하였다는 이유만으로 혼인하지 않은 자산 소득자보다 더 많은 조세부담을 하여 소득을 재분배 하도록 강요받는 것은 부당하다. 따라서 부부의 자산소득 합산과세를 통해서 혼인한 부부에게 가하는 조세부담의 증가라는 불이익은 부부의 자산소득 합산과세를 통하여 달성하려는 사회적 공익보다 크다고 할 것이므로, 1994년 12월 22일에 법률 제4803호로 개정된 구 소득세법 제61조 제1항[54]은 부부의 자산소득 합산과세의 대상이 되는 혼인한 부부를 혼인하지 않은 부부나 독신자에 비하여 차별 취급하는 것으로 이는 헌법상 정당화되지 않기 때문에 헌법 제36조 제1항 등에 위반된다."라고 판시하였다(헌재 2002. 8. 29, 2001헌바82).

---

[54] 동 법규정에서 "거주자 또는 그 배우자가 이자소득·배당소득 또는 부동산임대소득(이하 "자산소득"이라 한다)이 있는 경우에는 당해 거주자와 그 배우자중 대통령령이 정하는 주된 소득자(이하 "주된 소득자"라 한다)에게 그 배우자(이하 "자산 합산대상 배우자"라 한다)의 자산소득이 있는 것으로 보고 이를 주된 소득자의 종합소득에 합산하여 세액을 계산한다."라고 규정하였었다.

5. 환경권

헌법 제35조 제1항에서 "모든 국민은 건강하고 쾌적한 환경에서 생활할 권리를 가지며, 국가와 국민은 환경보전을 위하여 노력하여야 한다."라고 규정하고 있는바, 이 헌법 규정은 국민의 환경권을 보장함과 아울러 국가와 국민에게 환경보전을 위하여 노력할 의무를 부과하고 있다. 즉, 헌법 제35조 제1항은 환경정책에 관한 국가적 규제와 조정을 뒷받침하는 헌법적 근거가 되며, 국가는 환경정책의 실현을 위한 재원마련과 환경 침해적 행위를 억제하고, 환경보전에 적합한 행위를 유도하기 위한 수단으로 수질개선 부담금과 같은 환경 부담금을 부과·징수하는 방법을 선택할 수 있다(헌재 1998. 12. 24, 98헌가1).

그리고 헌법 제35조 제2항에서 "환경권의 내용과 행사에 관하여는 법률로 정한다."라고 규정하고 있는바, 이 헌법 규정에 근거하여 환경정책기본법, 대기환경보전법, 물환경보전법, 자연환경보전법, 폐기물관리법, 화학물질관리법, 소음·진동관리법 등이 시행되고 있다.

한편 헌법 제35조 제3항에서 "국가는 주택개발정책 등을 통하여 모든 국민이 쾌적한 주거생활을 할 수 있도록 노력하여야 한다."라고 규정하고 있다. 이 헌법 규정에 의해 국민은 국가에게 쾌적한 주거를 개발하고 공급할 주택정책을 수립할 것과 쾌적한 주거생활에 필요한 환경을 조성할 것 및 양질의 주택에서 건강한 주거생활을 할 수 있도록 요구할 수 있다.[55]

---

55) 권영성, 전게서, 701면.

제3장
국민의 의무

1. 납세의 의무

헌법 제38조에서 "모든 국민은 법률이 정하는 바에 의하여 납세의 의무를 진다."라고 규정하고 있다.

이 헌법 조항은 우리나라를 계속해서 존속·유지하고 발전시켜 나가기 위해서 필연적으로 국가나 지방자치단체에서 소요되는 재정을 확보하기 위하여 규정한 것이다. 즉, 헌법 제38조는 국가나 지방자치단체가 반대급부 없이 국민으로부터 강제적으로 부과·징수하는 것을 보장하기 위하여 헌법상 국민의 의무의 하나로 규정하고 있다(헌재 1991. 11. 25. 91헌가6).

이와 관련하여 헌법재판소는 1991년에 "헌법은 국민주권주의와 국민의 기본권보장 차원에서 조세의 부과징수에 있어서 반드시 법률적 근거를 필요로 하게 하고(조세의 합법률성의 원칙), 아울러 조세관계 법률의 내용이 형평의 원칙 내지 평등의 원칙에 합당하여 조세의 부과징수 대상자로서의 국민이 합리적 기준에 의하여 평등하게 처우되도록 하고 있는바(조세의 합평형성의 원칙), 헌법 전문, 제1조, 제10조, 제11조 제1항, 제23조 제1항, 제38조, 제59조가 그 근거다."라고 판시하였다(헌재 1991. 11. 25. 91헌가6). 이는 국가나 지방자치단체가 국민에게 납세를 부과할 때에는 조세평등주의와 조세법률주의 등에 합치되도록 해야 한다는 것을 판시한 것이라고 하겠다.

2. 국방의 의무

헌법 제39조에서 "제1항: 모든 국민은 법률이 정하는 바에 의하여 국방의 의무를 진다. 제2항: 누구든지 병역의무의 이행으로 인하여 불이익한 처우를 받지 아니한다."라고 규정하고 있다.

이러한 헌법상 국방의 의무는 북한을 포함한 외부의 적대세력의 직접적·간접적인 침략행위로부터 국가의 독립을 유지하고 영토를 보전하기 위한 의무로서, 현대전이 고도의 과학기술과 정보를 요구하고 국민 전체의 협력을 필요로 하는 이른바 총력전인 점에 비추어, 단지 병역법 등에 의하여 군복무에 임하는 등의 직접적인 병력형성의 의무만을 가리키는 것으로 좁게 볼 것이 아니라, 예비군법, 민방위기본법, 비상대비자원관리법, 병역법 등에 의한 간접적인 병력형성의무 및 병력형성 이후의 군작전명령에 복종하고 협력하여야 할 의무도 포함하는 넓은 의미로 보아야 할 것이다(헌재 1995. 12. 28. 91헌마80).

이와 관련하여 헌법재판소는 1999년에 "헌법에서 이러한 국방의 의무를 국민에게 부과하고 있는 이상, 병역법에 따라 군복무를 하는 것은 국민이 마땅히 하여야 할 이른바 신성한 의무를 다하는 것일 뿐, 국가나 공익목적을 위하여 개인이 특별한 희생을 하는 것이라고 할 수 없다. 국민이 헌법에 따라 부과되는 의무를 이행하는 것은 국가의 존속과 활동을 위하여 필수 불가결한 일인바, 그러한 의무를 이행하였다고 하여 이를 특별한 희생으로 보아 일일이 보상하여야 한다고 할 수는 없는 것이다. 그러므로 헌법 제39조 제2항은 병역의무를 이행한 사람에게 보상조치를 취하거나 특혜를 부여할 의무를 국가에게 지우는 것이 아니라, 법문 그대로 병역의무의 이행을 이유로 불이익한 처우를 하는 것을 금지하고 있을 뿐이다. 그리고 이 조항에서 금지하는 '불이익한 처우'란 단순한 사실상·경제상의 불이익을 모두 포함하는 것이 아니라, 법적인 불이익을 의미하는 것으로 보아야 한다. 그렇지 않으면 병역의무의 이행과 자연적 인과관계를 가지는 모든 불이익으로부터 보호하여야 할 의무를 국가에 부과하는 것이 되어, 국민에게 국방의 의무를 부과하고 있는 헌법 제39조 제1항과 조화될 수 없기 때문이다."라고 판시하였다(헌재 1999. 12. 23, 98헌바330).

3. 교육을 받게 할 의무

헌법 제31조 제2항에서 "모든 국민은 그 보호하는 자녀에게 적어도 초등교육과 법률이 정하는 교육을 받게 할 의무를 진다."라고 교육을 받게 할 의무를 규정하고 있다. 이러한 헌법상 교육을 받게 할 의무는 모든 국민이 인간다운 생활을 영위할 수 있도록 해 주는 법적 의무로서,[1] 이를 위반시에는 초·중등교육법 제68조[2]에서 과태료를 부과하는 제재규정을 두고 있다.

4. 근로의 의무

헌법 제32조 제2항에서 "모든 국민은 근로의 의무를 진다. 국가는 근로의 의무

---

1) 성낙인, 헌법학, 법문사, 2019, 1471면.
2) 초·중등교육법 제68조에서 "제1항: 다음 각 호의 어느 하나에 해당하는 자에게는 100만원 이하의 과태료를 부과한다. 1. 제13조 제4항에 따른 취학 의무의 이행을 독려받고도 취학 의무를 이행하지 아니한 자, 2. 제15조를 위반하여 의무교육 대상자의 의무교육을 방해한 자, 3. 제53조를 위반하여 학생을 입학시키지 아니하거나 등교와 수업에 지장을 주는 행위를 한 자, 제2항: 제1항에 따른 과태료는 대통령령으로 정하는 바에 따라 해당 교육감이 부과·징수한다."라고 규정하고 있다.

의 내용과 조건을 민주주의 원칙에 따라 법률로 정한다."라고 근로의 의무를 규정하고 있다. 이러한 헌법상 근로의 의무는 원칙적으로 자유민주주의 국가 하에는 거의 큰 의미는 없다고 하겠다. 다만 예를 들어, 어떠한 매우 중한 국가긴급사태가 발생하였을 때 이를 필요 최소한의 범위 내에서 신속하고 적절하게 대처하기 위한 입법 목적 하에 해당 근거 법률에 의하여 해당 국민들에게 각종 복구나 구조 또는 위생 등과 관련된 근로를 한시적으로 부과할 수 있는 예외적인 경우에 한하여 그 의미가 있다고 할 것이다.[3]

5. 재산권 행사의 공공복리 적합 의무

헌법 제23조 제2항에서 "재산권의 행사는 공공복리에 적합하도록 하여야 한다."라고 규정하여, 재산권 행사의 사회적 의무성을 강조하고 있다.

이러한 재산권 행사의 사회적 의무성은 헌법 또는 법률에 의하여 일정한 행위를 제한하거나 금지하는 형태로 구체화 될 것이지만, 그 정도는 재산의 종류, 성질, 형태, 조건 등에 따라 달라질 수 있다. 따라서 재산권 행사의 대상이 되는 객체가 지닌 사회적인 연관성과 사회적 기능이 크면 클수록 입법자에 의한 보다 더 광범위한 제한이 허용된다고 할 것이다(헌재 1999. 4. 29, 94헌바37 등).

6. 환경보전의 의무

헌법 제35조 제1항에서 "모든 국민은 건강하고 쾌적한 환경에서 생활할 권리를 가지며, 국가와 국민은 환경보전을 위하여 노력하여야 한다."라고 규정하고 있다.

이러한 헌법상 환경보전의 의무는 국가와 국민 뿐만 아니라, 외국인 및 무국적 자를 포함하여 내·외국 법인까지 모두 준수해야 하는 의무라고 할 것이며, 환경을 파괴하거나 오염시키지 않을 의무와 공해방지시설을 할 의무 등을 그 내용으로 한다.[4]

---

3) 정종섭, 헌법학원론, 박영사, 2015, 900면; 한수웅, 헌법학, 법문사, 2011, 1032-1033면.
4) 권영성, 헌법학원론, 법문사, 2009, 719면; 성낙인, 전게서, 1473면.

대한민국 헌법전

[1988. 2. 25. 시행] [헌법 제10호, 1987. 10. 29. 전부개정]

유구한 역사와 전통에 빛나는 우리 대한국민은 3·1운동으로 건립된 대한민국임시정부의 법통과 불의에 항거한 4·19민주이념을 계승하고, 조국의 민주개혁과 평화적 통일의 사명에 입각하여 정의·인도와 동포애로써 민족의 단결을 공고히 하고, 모든 사회적 폐습과 불의를 타파하며, 자율과 조화를 바탕으로 자유민주적 기본질서를 더욱 확고히 하여 정치·경제·사회·문화의 모든 영역에 있어서 각인의 기회를 균등히 하고, 능력을 최고도로 발휘하게 하며, 자유와 권리에 따르는 책임과 의무를 완수하게 하여, 안으로는 국민생활의 균등한 향상을 기하고 밖으로는 항구적인 세계평화와 인류공영에 이바지함으로써 우리들과 우리들의 자손의 안전과 자유와 행복을 영원히 확보할 것을 다짐하면서 1948년 7월 12일에 제정되고 8차에 걸쳐 개정된 헌법을 이제 국회의 의결을 거쳐 국민투표에 의하여 개정한다.

제1장 총강

제1조 ① 대한민국은 민주공화국이다.

② 대한민국의 주권은 국민에게 있고, 모든 권력은 국민으로부터 나온다.

제2조 ① 대한민국의 국민이 되는 요건은 법률로 정한다.

② 국가는 법률이 정하는 바에 의하여 재외국민을 보호할 의무를 진다.

제3조 대한민국의 영토는 한반도와 그 부속도서로 한다.

제4조 대한민국은 통일을 지향하며, 자유민주적 기본질서에 입각한 평화적 통일 정책을 수립하고 이를 추진한다.

제5조 ① 대한민국은 국제평화의 유지에 노력하고 침략적 전쟁을 부인한다.

② 국군은 국가의 안전보장과 국토방위의 신성한 의무를 수행함을 사명으로 하며, 그 정치적 중립성은 준수된다.

제6조 ① 헌법에 의하여 체결·공포된 조약과 일반적으로 승인된 국제법규는 국내법과 같은 효력을 가진다.

② 외국인은 국제법과 조약이 정하는 바에 의하여 그 지위가 보장된다.

제7조 ① 공무원은 국민전체에 대한 봉사자이며, 국민에 대하여 책임을 진다.

② 공무원의 신분과 정치적 중립성은 법률이 정하는 바에 의하여 보장된다.

제8조 ① 정당의 설립은 자유이며, 복수정당제는 보장된다.

② 정당은 그 목적·조직과 활동이 민주적이어야 하며, 국민의 정치적 의사형성에 참여하는데 필요한 조직을 가져야 한다.

③ 정당은 법률이 정하는 바에 의하여 국가의 보호를 받으며, 국가는 법률이 정하는 바에 의하여 정당운영에 필요한 자금을 보조할 수 있다.

④ 정당의 목적이나 활동이 민주적 기본질서에 위배될 때에는 정부는 헌법재판소에

그 해산을 제소할 수 있고, 정당은 헌법재판소의 심판에 의하여 해산된다.

제9조 국가는 전통문화의 계승·발전과 민족문화의 창달에 노력하여야 한다.

제2장 국민의 권리와 의무

제10조 모든 국민은 인간으로서의 존엄과 가치를 가지며, 행복을 추구할 권리를 가진다. 국가는 개인이 가지는 불가침의 기본적 인권을 확인하고 이를 보장할 의무를 진다.

제11조 ① 모든 국민은 법 앞에 평등하다. 누구든지 성별·종교 또는 사회적 신분에 의하여 정치적·경제적·사회적·문화적 생활의 모든 영역에 있어서 차별을 받지 아니한다.

② 사회적 특수계급의 제도는 인정되지 아니하며, 어떠한 형태로도 이를 창설할 수 없다.

③ 훈장등의 영전은 이를 받은 자에게만 효력이 있고, 어떠한 특권도 이에 따르지 아니한다.

제12조 ① 모든 국민은 신체의 자유를 가진다. 누구든지 법률에 의하지 아니하고는 체포·구속·압수·수색 또는 심문을 받지 아니하며, 법률과 적법한 절차에 의하지 아니하고는 처벌·보안처분 또는 강제노역을 받지 아니한다.

② 모든 국민은 고문을 받지 아니하며, 형사상 자기에게 불리한 진술을 강요당하지 아니한다.

③ 체포·구속·압수 또는 수색을 할 때에는 적법한 절차에 따라 검사의 신청에 의하여 법관이 발부한 영장을 제시하여야 한다. 다만, 현행범인인 경우와 장기 3년 이상의 형에 해당하는 죄를 범하고 도피 또는 증거인멸의 염려가 있을 때에는 사후에 영장을 청구할 수 있다.

④ 누구든지 체포 또는 구속을 당한 때에는 즉시 변호인의 조력을 받을 권리를 가진다. 다만, 형사피고인이 스스로 변호인을 구할 수 없을 때에는 법률이 정하는 바에 의하여 국가가 변호인을 붙인다.

⑤ 누구든지 체포 또는 구속의 이유와 변호인의 조력을 받을 권리가 있음을 고지받지 아니하고는 체포 또는 구속을 당하지 아니한다. 체포 또는 구속을 당한 자의 가족등 법률이 정하는 자에게는 그 이유와 일시·장소가 지체없이 통지되어야 한다.

⑥ 누구든지 체포 또는 구속을 당한 때에는 적부의 심사를 법원에 청구할 권리를 가진다.

⑦ 피고인의 자백이 고문·폭행·협박·구속의 부당한 장기화 또는 기망 기타의 방법에 의하여 자의로 진술된 것이 아니라고 인정될 때 또는 정식재판에 있어서 피고인의 자백이 그에게 불리한 유일한 증거일 때에는 이를 유죄의 증거로 삼거나 이를 이유로 처벌할 수 없다.

제13조 ① 모든 국민은 행위시의 법률에 의하여 범죄를 구성하지 아니하는 행위로 소추되지 아니하며, 동일한 범죄에 대하여 거듭 처벌받지 아니한다.

② 모든 국민은 소급입법에 의하여 참정권의 제한을 받거나 재산권을 박탈당하지 아니한다.

③ 모든 국민은 자기의 행위가 아닌 친족의 행위로 인하여 불이익한 처우를 받지 아니한다.

제14조 모든 국민은 거주·이전의 자유를 가진다.

제15조 모든 국민은 직업선택의 자유를 가진다.

제16조 모든 국민은 주거의 자유를 침해받지 아니한다. 주거에 대한 압수나 수색을 할 때에는 검사의 신청에 의하여 법관이 발부한 영장을 제시하여야 한다.

제17조 모든 국민은 사생활의 비밀과 자유를 침해받지 아니한다.

제18조 모든 국민은 통신의 비밀을 침해받지 아니한다.

제19조 모든 국민은 양심의 자유를 가진다.

제20조 ① 모든 국민은 종교의 자유를 가진다.

② 국교는 인정되지 아니하며, 종교와 정치는 분리된다.

제21조 ① 모든 국민은 언론·출판의 자유와

집회 · 결사의 자유를 가진다.

② 언론 · 출판에 대한 허가나 검열과 집회 · 결사에 대한 허가는 인정되지 아니한다.

③ 통신 · 방송의 시설기준과 신문의 기능을 보장하기 위하여 필요한 사항은 법률로 정한다.

④ 언론 · 출판은 타인의 명예나 권리 또는 공중도덕이나 사회윤리를 침해하여서는 아니된다. 언론 · 출판이 타인의 명예나 권리를 침해한 때에는 피해자는 이에 대한 피해의 배상을 청구할 수 있다.

제22조 ① 모든 국민은 학문과 예술의 자유를 가진다.

② 저작자 · 발명가 · 과학기술자와 예술가의 권리는 법률로써 보호한다.

제23조 ① 모든 국민의 재산권은 보장된다. 그 내용과 한계는 법률로 정한다.

② 재산권의 행사는 공공복리에 적합하도록 하여야 한다.

③ 공공필요에 의한 재산권의 수용 · 사용 또는 제한 및 그에 대한 보상은 법률로써 하되, 정당한 보상을 지급하여야 한다.

제24조 모든 국민은 법률이 정하는 바에 의하여 선거권을 가진다.

제25조 모든 국민은 법률이 정하는 바에 의하여 공무담임권을 가진다.

제26조 ① 모든 국민은 법률이 정하는 바에 의하여 국가기관에 문서로 청원할 권리를 가진다.

② 국가는 청원에 대하여 심사할 의무를 진다.

제27조 ① 모든 국민은 헌법과 법률이 정한 법관에 의하여 법률에 의한 재판을 받을 권리를 가진다.

② 군인 또는 군무원이 아닌 국민은 대한민국의 영역 안에서는 중대한 군사상 기밀 · 초병 · 초소 · 유독음식물공급 · 포로 · 군용물에 관한 죄중 법률이 정한 경우와 비상계엄이 선포된 경우를 제외하고는 군사법원의 재판을 받지 아니한다.

③ 모든 국민은 신속한 재판을 받을 권리를 가진다. 형사피고인은 상당한 이유가 없는 한 지체없이 공개재판을 받을 권리를 가진다.

④ 형사피고인은 유죄의 판결이 확정될 때까지는 무죄로 추정된다.

⑤ 형사피해자는 법률이 정하는 바에 의하여 당해 사건의 재판절차에서 진술할 수 있다.

제28조 형사피의자 또는 형사피고인으로서 구금되었던 자가 법률이 정하는 불기소처분을 받거나 무죄판결을 받은 때에는 법률이 정하는 바에 의하여 국가에 정당한 보상을 청구할 수 있다.

제29조 ① 공무원의 직무상 불법행위로 손해를 받은 국민은 법률이 정하는 바에 의하여 국가 또는 공공단체에 정당한 배상을 청구할 수 있다. 이 경우 공무원 자신의 책임은 면제되지 아니한다.

② 군인 · 군무원 · 경찰공무원 기타 법률이 정하는 자가 전투 · 훈련등 직무집행과 관련하여 받은 손해에 대하여는 법률이 정하는 보상외에 국가 또는 공공단체에 공무원의 직무상 불법행위로 인한 배상은 청구할 수 없다.

제30조 타인의 범죄행위로 인하여 생명 · 신체에 대한 피해를 받은 국민은 법률이 정하는 바에 의하여 국가로부터 구조를 받을 수 있다.

제31조 ① 모든 국민은 능력에 따라 균등하게 교육을 받을 권리를 가진다.

② 모든 국민은 그 보호하는 자녀에게 적어도 초등교육과 법률이 정하는 교육을 받게 할 의무를 진다.

③ 의무교육은 무상으로 한다.

④ 교육의 자주성 · 전문성 · 정치적 중립성 및 대학의 자율성은 법률이 정하는 바에 의하여 보장된다.

⑤ 국가는 평생교육을 진흥하여야 한다.

⑥ 학교교육 및 평생교육을 포함한 교육제도와 그 운영, 교육재정 및 교원의 지위에 관한 기본적인 사항은 법률로 정한다.

제32조 ① 모든 국민은 근로의 권리를 가진다. 국가는 사회적 · 경제적 방법으로 근로자의 고용의 증진과 적정임금의 보장에 노력하여야 하며, 법률이 정하는 바에 의하여 최저임금제를 시행하여야 한다.

② 모든 국민은 근로의 의무를 진다. 국가

는 근로의 의무의 내용과 조건을 민주주의 원칙에 따라 법률로 정한다.

③ 근로조건의 기준은 인간의 존엄성을 보장하도록 법률로 정한다.

④ 여자의 근로는 특별한 보호를 받으며, 고용·임금 및 근로조건에 있어서 부당한 차별을 받지 아니한다.

⑤ 연소자의 근로는 특별한 보호를 받는다.

⑥ 국가유공자·상이군경 및 전몰군경의 유가족은 법률이 정하는 바에 의하여 우선적으로 근로의 기회를 부여받는다.

제33조 ① 근로자는 근로조건의 향상을 위하여 자주적인 단결권·단체교섭권 및 단체행동권을 가진다.

② 공무원인 근로자는 법률이 정하는 자에 한하여 단결권·단체교섭권 및 단체행동권을 가진다.

③ 법률이 정하는 주요방위산업체에 종사하는 근로자의 단체행동권은 법률이 정하는 바에 의하여 이를 제한하거나 인정하지 아니할 수 있다.

제34조 ① 모든 국민은 인간다운 생활을 할 권리를 가진다.

② 국가는 사회보장·사회복지의 증진에 노력할 의무를 진다.

③ 국가는 여자의 복지와 권익의 향상을 위하여 노력하여야 한다.

④ 국가는 노인과 청소년의 복지향상을 위한 정책을 실시할 의무를 진다.

⑤ 신체장애자 및 질병·노령 기타의 사유로 생활능력이 없는 국민은 법률이 정하는 바에 의하여 국가의 보호를 받는다.

⑥ 국가는 재해를 예방하고 그 위험으로부터 국민을 보호하기 위하여 노력하여야 한다.

제35조 ① 모든 국민은 건강하고 쾌적한 환경에서 생활할 권리를 가지며, 국가와 국민은 환경보전을 위하여 노력하여야 한다.

② 환경권의 내용과 행사에 관하여는 법률로 정한다.

③ 국가는 주택개발정책등을 통하여 모든 국민이 쾌적한 주거생활을 할 수 있도록 노력하여야 한다.

제36조 ① 혼인과 가족생활은 개인의 존엄과 양성의 평등을 기초로 성립되고 유지되어야 하며, 국가는 이를 보장한다.

② 국가는 모성의 보호를 위하여 노력하여야 한다.

③ 모든 국민은 보건에 관하여 국가의 보호를 받는다.

제37조 ① 국민의 자유와 권리는 헌법에 열거되지 아니한 이유로 경시되지 아니한다.

② 국민의 모든 자유와 권리는 국가안전보장·질서유지 또는 공공복리를 위하여 필요한 경우에 한하여 법률로써 제한할 수 있으며, 제한하는 경우에도 자유와 권리의 본질적인 내용을 침해할 수 없다.

제38조 모든 국민은 법률이 정하는 바에 의하여 납세의 의무를 진다.

제39조 ① 모든 국민은 법률이 정하는 바에 의하여 국방의 의무를 진다.

② 누구든지 병역의무의 이행으로 인하여 불이익한 처우를 받지 아니한다.

제3장 국회

제40조 입법권은 국회에 속한다.

제41조 ① 국회는 국민의 보통·평등·직접·비밀선거에 의하여 선출된 국회의원으로 구성한다.

② 국회의원의 수는 법률로 정하되, 200인 이상으로 한다.

③ 국회의원의 선거구와 비례대표제 기타 선거에 관한 사항은 법률로 정한다.

제42조 국회의원의 임기는 4년으로 한다.

제43조 국회의원은 법률이 정하는 직을 겸할 수 없다.

제44조 ① 국회의원은 현행범인인 경우를 제외하고는 회기중 국회의 동의없이 체포 또는 구금되지 아니한다.

② 국회의원이 회기전에 체포 또는 구금된 때에는 현행범인이 아닌 한 국회의 요구가 있으면 회기중 석방된다.

제45조 국회의원은 국회에서 직무상 행한 발언과 표결에 관하여 국회외에서 책임을 지

지 아니한다.

제46조 ① 국회의원은 청렴의 의무가 있다.

② 국회의원은 국가이익을 우선하여 양심에 따라 직무를 행한다.

③ 국회의원은 그 지위를 남용하여 국가·공공단체 또는 기업체와의 계약이나 그 처분에 의하여 재산상의 권리·이익 또는 직위를 취득하거나 타인을 위하여 그 취득을 알선할 수 없다.

제47조 ① 국회의 정기회는 법률이 정하는 바에 의하여 매년 1회 집회되며, 국회의 임시회는 대통령 또는 국회재적의원 4분의 1 이상의 요구에 의하여 집회된다.

② 정기회의 회기는 100일을, 임시회의 회기는 30일을 초과할 수 없다.

③ 대통령이 임시회의 집회를 요구할 때에는 기간과 집회요구의 이유를 명시하여야 한다.

제48조 국회는 의장 1인과 부의장 2인을 선출한다.

제49조 국회는 헌법 또는 법률에 특별한 규정이 없는 한 재적의원 과반수의 출석과 출석의원 과반수의 찬성으로 의결한다. 가부동수인 때에는 부결된 것으로 본다.

제50조 ① 국회의 회의는 공개한다. 다만, 출석의원 과반수의 찬성이 있거나 의장이 국가의 안전보장을 위하여 필요하다고 인정할 때에는 공개하지 아니할 수 있다.

② 공개하지 아니한 회의내용의 공표에 관하여는 법률이 정하는 바에 의한다.

제51조 국회에 제출된 법률안 기타의 의안은 회기중에 의결되지 못한 이유로 폐기되지 아니한다. 다만, 국회의원의 임기가 만료된 때에는 그러하지 아니하다.

제52조 국회의원과 정부는 법률안을 제출할 수 있다.

제53조 ① 국회에서 의결된 법률안은 정부에 이송되어 15일 이내에 대통령이 공포한다.

② 법률안에 이의가 있을 때에는 대통령은 제1항의 기간내에 이의서를 붙여 국회로 환부하고, 그 재의를 요구할 수 있다. 국회의 폐회중에도 또한 같다.

③ 대통령은 법률안의 일부에 대하여 또는 법률안을 수정하여 재의를 요구할 수 없다.

④ 재의의 요구가 있을 때에는 국회는 재의에 붙이고, 재적의원과반수의 출석과 출석의원 3분의 2 이상의 찬성으로 전과 같은 의결을 하면 그 법률안은 법률로서 확정된다.

⑤ 대통령이 제1항의 기간내에 공포나 재의의 요구를 하지 아니한 때에도 그 법률안은 법률로서 확정된다.

⑥ 대통령은 제4항과 제5항의 규정에 의하여 확정된 법률을 지체없이 공포하여야 한다. 제5항에 의하여 법률이 확정된 후 또는 제4항에 의한 확정법률이 정부에 이송된 후 5일 이내에 대통령이 공포하지 아니할 때에는 국회의장이 이를 공포한다.

⑦ 법률은 특별한 규정이 없는 한 공포한 날로부터 20일을 경과함으로써 효력을 발생한다.

제54조 ① 국회는 국가의 예산안을 심의·확정한다.

② 정부는 회계연도마다 예산안을 편성하여 회계연도 개시 90일전까지 국회에 제출하고, 국회는 회계연도 개시 30일전까지 이를 의결하여야 한다.

③ 새로운 회계연도가 개시될 때까지 예산안이 의결되지 못한 때에는 정부는 국회에서 예산안이 의결될 때까지 다음의 목적을 위한 경비는 전년도 예산에 준하여 집행할 수 있다.

1. 헌법이나 법률에 의하여 설치된 기관 또는 시설의 유지·운영

2. 법률상 지출의무의 이행

3. 이미 예산으로 승인된 사업의 계속

제55조 ① 한 회계연도를 넘어 계속하여 지출할 필요가 있을 때에는 정부는 연한을 정하여 계속비로서 국회의 의결을 얻어야 한다.

② 예비비는 총액으로 국회의 의결을 얻어야 한다. 예비비의 지출은 차기국회의 승인을 얻어야 한다.

제56조 정부는 예산에 변경을 가할 필요가 있을 때에는 추가경정예산안을 편성하여 국회에 제출할 수 있다.

제57조 국회는 정부의 동의없이 정부가 제출한 지출예산 각항의 금액을 증가하거나 새 비목을 설치할 수 없다.

제58조 국채를 모집하거나 예산외에 국가의 부담이 될 계약을 체결하려 할 때에는 정부는 미리 국회의 의결을 얻어야 한다.

제59조 조세의 종목과 세율은 법률로 정한다.

제60조 ① 국회는 상호원조 또는 안전보장에 관한 조약, 중요한 국제조직에 관한 조약, 우호통상항해조약, 주권의 제약에 관한 조약, 강화조약, 국가나 국민에게 중대한 재정적 부담을 지우는 조약 또는 입법사항에 관한 조약의 체결·비준에 대한 동의권을 가진다.

② 국회는 선전포고, 국군의 외국에의 파견 또는 외국군대의 대한민국 영역안에서의 주류에 대한 동의권을 가진다.

제61조 ① 국회는 국정을 감사하거나 특정한 국정사안에 대하여 조사할 수 있으며, 이에 필요한 서류의 제출 또는 증인의 출석과 증언이나 의견의 진술을 요구할 수 있다.

② 국정감사 및 조사에 관한 절차 기타 필요한 사항은 법률로 정한다.

제62조 ① 국무총리·국무위원 또는 정부위원은 국회나 그 위원회에 출석하여 국정처리 상황을 보고하거나 의견을 진술하고 질문에 응답할 수 있다.

② 국회나 그 위원회의 요구가 있을 때에는 국무총리·국무위원 또는 정부위원은 출석·답변하여야 하며, 국무총리 또는 국무위원이 출석요구를 받은 때에는 국무위원 또는 정부위원으로 하여금 출석·답변하게 할 수 있다.

제63조 ① 국회는 국무총리 또는 국무위원의 해임을 대통령에게 건의할 수 있다.

② 제1항의 해임건의는 국회재적의원 3분의 1 이상의 발의에 의하여 국회재적의원 과반수의 찬성이 있어야 한다.

제64조 ① 국회는 법률에 저촉되지 아니하는 범위안에서 의사와 내부규율에 관한 규칙을 제정할 수 있다.

② 국회는 의원의 자격을 심사하며, 의원을 징계할 수 있다.

③ 의원을 제명하려면 국회재적의원 3분의 2 이상의 찬성이 있어야 한다.

④ 제2항과 제3항의 처분에 대하여는 법원에 제소할 수 없다.

제65조 ① 대통령·국무총리·국무위원·행정각부의 장·헌법재판소 재판관·법관·중앙선거관리위원회 위원·감사원장·감사위원 기타 법률이 정한 공무원이 그 직무집행에 있어서 헌법이나 법률을 위배한 때에는 국회는 탄핵의 소추를 의결할 수 있다.

② 제1항의 탄핵소추는 국회재적의원 3분의 1 이상의 발의가 있어야 하며, 그 의결은 국회재적의원 과반수의 찬성이 있어야 한다. 다만, 대통령에 대한 탄핵소추는 국회재적의원 과반수의 발의와 국회재적의원 3분의 2 이상의 찬성이 있어야 한다.

③ 탄핵소추의 의결을 받은 자는 탄핵심판이 있을 때까지 그 권한행사가 정지된다.

④ 탄핵결정은 공직으로부터 파면함에 그친다. 그러나, 이에 의하여 민사상이나 형사상의 책임이 면제되지는 아니한다.

제4장 정부

제1절 대통령

제66조 ① 대통령은 국가의 원수이며, 외국에 대하여 국가를 대표한다.

② 대통령은 국가의 독립·영토의 보전·국가의 계속성과 헌법을 수호할 책무를 진다.

③ 대통령은 조국의 평화적 통일을 위한 성실한 의무를 진다.

④ 행정권은 대통령을 수반으로 하는 정부에 속한다.

제67조 ① 대통령은 국민의 보통·평등·직접·비밀선거에 의하여 선출한다.

② 제1항의 선거에 있어서 최고득표자가 2인 이상인 때에는 국회의 재적의원 과반수가 출석한 공개회의에서 다수표를 얻은 자를 당선자로 한다.

③ 대통령후보자가 1인일 때에는 그 득표수가 선거권자 총수의 3분의 1 이상이 아니면 대통령으로 당선될 수 없다.

④ 대통령으로 선거될 수 있는 자는 국회의원의 피선거권이 있고 선거일 현재 40세에 달하여야 한다.

⑤ 대통령의 선거에 관한 사항은 법률로 정한다.

제68조 ① 대통령의 임기가 만료되는 때에는 임기만료 70일 내지 40일전에 후임자를 선거한다.

② 대통령이 궐위된 때 또는 대통령 당선자가 사망하거나 판결 기타의 사유로 그 자격을 상실한 때에는 60일 이내에 후임자를 선거한다.

제69조 대통령은 취임에 즈음하여 다음의 선서를 한다.

"나는 헌법을 준수하고 국가를 보위하며 조국의 평화적 통일과 국민의 자유와 복리의 증진 및 민족문화의 창달에 노력하여 대통령으로서의 직책을 성실히 수행할 것을 국민 앞에 엄숙히 선서합니다."

제70조 대통령의 임기는 5년으로 하며, 중임할 수 없다.

제71조 대통령이 궐위되거나 사고로 인하여 직무를 수행할 수 없을 때에는 국무총리, 법률이 정한 국무위원의 순서로 그 권한을 대행한다.

제72조 대통령은 필요하다고 인정할 때에는 외교·국방·통일 기타 국가안위에 관한 중요정책을 국민투표에 붙일 수 있다.

제73조 대통령은 조약을 체결·비준하고, 외교사절을 신임·접수 또는 파견하며, 선전포고와 강화를 한다.

제74조 ① 대통령은 헌법과 법률이 정하는 바에 의하여 국군을 통수한다.

② 국군의 조직과 편성은 법률로 정한다.

제75조 대통령은 법률에서 구체적으로 범위를 정하여 위임받은 사항과 법률을 집행하기 위하여 필요한 사항에 관하여 대통령령을 발할 수 있다.

제76조 ① 대통령은 내우·외환·천재·지변 또는 중대한 재정·경제상의 위기에 있어서 국가의 안전보장 또는 공공의 안녕질서를 유지하기 위하여 긴급한 조치가 필요하고 국회의 집회를 기다릴 여유가 없을 때에 한하여 최소한으로 필요한 재정·경제상의 처분을 하거나 이에 관하여 법률의 효력을 가지는 명령을 발할 수 있다.

② 대통령은 국가의 안위에 관계되는 중대한 교전상태에 있어서 국가를 보위하기 위하여 긴급한 조치가 필요하고 국회의 집회가 불가능한 때에 한하여 법률의 효력을 가지는 명령을 발할 수 있다.

③ 대통령은 제1항과 제2항의 처분 또는 명령을 한 때에는 지체없이 국회에 보고하여 그 승인을 얻어야 한다.

④ 제3항의 승인을 얻지 못한 때에는 그 처분 또는 명령은 그때부터 효력을 상실한다. 이 경우 그 명령에 의하여 개정 또는 폐지되었던 법률은 그 명령이 승인을 얻지 못한 때부터 당연히 효력을 회복한다.

⑤ 대통령은 제3항과 제4항의 사유를 지체없이 공포하여야 한다.

제77조 ① 대통령은 전시·사변 또는 이에 준하는 국가비상사태에 있어서 병력으로써 군사상의 필요에 응하거나 공공의 안녕질서를 유지할 필요가 있을 때에는 법률이 정하는 바에 의하여 계엄을 선포할 수 있다.

② 계엄은 비상계엄과 경비계엄으로 한다.

③ 비상계엄이 선포된 때에는 법률이 정하는 바에 의하여 영장제도, 언론·출판·집회·결사의 자유, 정부나 법원의 권한에 관하여 특별한 조치를 할 수 있다.

④ 계엄을 선포한 때에는 대통령은 지체없이 국회에 통고하여야 한다.

⑤ 국회가 재적의원 과반수의 찬성으로 계엄의 해제를 요구한 때에는 대통령은 이를 해제하여야 한다.

제78조 대통령은 헌법과 법률이 정하는 바에 의하여 공무원을 임면한다.

제79조 ① 대통령은 법률이 정하는 바에 의하여 사면·감형 또는 복권을 명할 수 있다.

② 일반사면을 명하려면 국회의 동의를 얻어야 한다.

③ 사면·감형 및 복권에 관한 사항은 법률로 정한다.

제80조 대통령은 법률이 정하는 바에 의하여 훈장 기타의 영전을 수여한다.

제81조 대통령은 국회에 출석하여 발언하거나 서한으로 의견을 표시할 수 있다.

제82조 대통령의 국법상 행위는 문서로써 하며, 이 문서에는 국무총리와 관계 국무위원이 부서한다. 군사에 관한 것도 또한 같다.

제83조 대통령은 국무총리·국무위원·행정각부의 장 기타 법률이 정하는 공사의 직을 겸할 수 없다.

제84조 대통령은 내란 또는 외환의 죄를 범한 경우를 제외하고는 재직중 형사상의 소추를 받지 아니한다.

제85조 전직대통령의 신분과 예우에 관하여는 법률로 정한다.

제2절 행정부
제1관 국무총리와 국무위원

제86조 ① 국무총리는 국회의 동의를 얻어 대통령이 임명한다.

② 국무총리는 대통령을 보좌하며, 행정에 관하여 대통령의 명을 받아 행정각부를 통할한다.

③ 군인은 현역을 면한 후가 아니면 국무총리로 임명될 수 없다.

제87조 ① 국무위원은 국무총리의 제청으로 대통령이 임명한다.

② 국무위원은 국정에 관하여 대통령을 보좌하며, 국무회의의 구성원으로서 국정을 심의한다.

③ 국무총리는 국무위원의 해임을 대통령에게 건의할 수 있다.

④ 군인은 현역을 면한 후가 아니면 국무위원으로 임명될 수 없다.

제2관 국무회의

제88조 ① 국무회의는 정부의 권한에 속하는 중요한 정책을 심의한다.

② 국무회의는 대통령·국무총리와 15인 이상 30인 이하의 국무위원으로 구성한다.

③ 대통령은 국무회의의 의장이 되고, 국무총리는 부의장이 된다.

제89조 다음 사항은 국무회의의 심의를 거쳐야 한다.

1. 국정의 기본계획과 정부의 일반정책
2. 선전·강화 기타 중요한 대외정책
3. 헌법개정안·국민투표안·조약안·법률안 및 대통령령안
4. 예산안·결산·국유재산처분의 기본계획·국가의 부담이 될 계약 기타 재정에 관한 중요사항
5. 대통령의 긴급명령·긴급재정경제처분 및 명령 또는 계엄과 그 해제
6. 군사에 관한 중요사항
7. 국회의 임시회 집회의 요구
8. 영전수여
9. 사면·감형과 복권
10. 행정각부간의 권한의 획정
11. 정부안의 권한의 위임 또는 배정에 관한 기본계획
12. 국정처리상황의 평가·분석
13. 행정각부의 중요한 정책의 수립과 조정
14. 정당해산의 제소
15. 정부에 제출 또는 회부된 정부의 정책에 관계되는 청원의 심사
16. 검찰총장·합동참모의장·각군참모총장·국립대학교총장·대사 기타 법률이 정한 공무원과 국영기업체관리자의 임명
17. 기타 대통령·국무총리 또는 국무위원이 제출한 사항

제90조 ① 국정의 중요한 사항에 관한 대통령의 자문에 응하기 위하여 국가원로로 구성되는 국가원로자문회의를 둘 수 있다.

② 국가원로자문회의의 의장은 직전대통령이 된다. 다만, 직전대통령이 없을 때에는 대통령이 지명한다.

③ 국가원로자문회의의 조직·직무범위 기타 필요한 사항은 법률로 정한다.

제91조 ① 국가안전보장에 관련되는 대외정책·군사정책과 국내정책의 수립에 관하여 국무회의의 심의에 앞서 대통령의 자문에 응하기 위하여 국가안전보장회의를 둔다.

② 국가안전보장회의는 대통령이 주재한다.

③ 국가안전보장회의의 조직·직무범위 기타 필요한 사항은 법률로 정한다.

제92조 ① 평화통일정책의 수립에 관한 대통령의 자문에 응하기 위하여 민주평화통일자문회의를 둘 수 있다.

② 민주평화통일자문회의의 조직·직무범위 기타 필요한 사항은 법률로 정한다.

제93조 ① 국민경제의 발전을 위한 중요정책의 수립에 관하여 대통령의 자문에 응하기 위하여 국민경제자문회의를 둘 수 있다.

② 국민경제자문회의의 조직·직무범위 기타 필요한 사항은 법률로 정한다.

제3관 행정각부

제94조 행정각부의 장은 국무위원 중에서 국무총리의 제청으로 대통령이 임명한다.

제95조 국무총리 또는 행정각부의 장은 소관 사무에 관하여 법률이나 대통령령의 위임 또는 직권으로 총리령 또는 부령을 발할 수 있다.

제96조 행정각부의 설치·조직과 직무범위는 법률로 정한다.

제4관 감사원

제97조 국가의 세입·세출의 결산, 국가 및 법률이 정한 단체의 회계검사와 행정기관 및 공무원의 직무에 관한 감찰을 하기 위하여 대통령 소속하에 감사원을 둔다.

제98조 ① 감사원은 원장을 포함한 5인 이상 11인 이하의 감사위원으로 구성한다.

② 원장은 국회의 동의를 얻어 대통령이 임명하고, 그 임기는 4년으로 하며, 1차에 한하여 중임할 수 있다.

③ 감사위원은 원장의 제청으로 대통령이 임명하고, 그 임기는 4년으로 하며, 1차에 한하여 중임할 수 있다.

제99조 감사원은 세입·세출의 결산을 매년 검사하여 대통령과 차년도국회에 그 결과를 보고하여야 한다.

제100조 감사원의 조직·직무범위·감사위원의 자격·감사대상공무원의 범위 기타 필요한 사항은 법률로 정한다.

제5장 법원

제101조 ① 사법권은 법관으로 구성된 법원에 속한다.

② 법원은 최고법원인 대법원과 각급법원으로 조직된다.

③ 법관의 자격은 법률로 정한다.

제102조 ① 대법원에 부를 둘 수 있다.

② 대법원에 대법관을 둔다. 다만, 법률이 정하는 바에 의하여 대법관이 아닌 법관을 둘 수 있다.

③ 대법원과 각급법원의 조직은 법률로 정한다.

제103조 법관은 헌법과 법률에 의하여 그 양심에 따라 독립하여 심판한다.

제104조 ① 대법원장은 국회의 동의를 얻어 대통령이 임명한다.

② 대법관은 대법원장의 제청으로 국회의 동의를 얻어 대통령이 임명한다.

③ 대법원장과 대법관이 아닌 법관은 대법관회의의 동의를 얻어 대법원장이 임명한다.

제105조 ① 대법원장의 임기는 6년으로 하며, 중임할 수 없다.

② 대법관의 임기는 6년으로 하며, 법률이 정하는 바에 의하여 연임할 수 있다.

③ 대법원장과 대법관이 아닌 법관의 임기는 10년으로 하며, 법률이 정하는 바에 의하여 연임할 수 있다.

④ 법관의 정년은 법률로 정한다.

제106조 ① 법관은 탄핵 또는 금고 이상의 형의 선고에 의하지 아니하고는 파면되지 아니하며, 징계처분에 의하지 아니하고는 정직·감봉 기타 불리한 처분을 받지 아니한다.

② 법관이 중대한 심신상의 장해로 직무를 수행할 수 없을 때에는 법률이 정하는 바에 의하여 퇴직하게 할 수 있다.

제107조 ① 법률이 헌법에 위반되는 여부가 재판의 전제가 된 경우에는 법원은 헌법재판소에 제청하여 그 심판에 의하여 재판한다.

② 명령·규칙 또는 처분이 헌법이나 법률

에 위반되는 여부가 재판의 전제가 된 경우에는 대법원은 이를 최종적으로 심사할 권한을 가진다.

③ 재판의 전심절차로서 행정심판을 할 수 있다. 행정심판의 절차는 법률로 정하되, 사법절차가 준용되어야 한다.

제108조 대법원은 법률에 저촉되지 아니하는 범위안에서 소송에 관한 절차, 법원의 내부규율과 사무처리에 관한 규칙을 제정할 수 있다.

제109조 재판의 심리와 판결은 공개한다. 다만, 심리는 국가의 안전보장 또는 안녕질서를 방해하거나 선량한 풍속을 해할 염려가 있을 때에는 법원의 결정으로 공개하지 아니할 수 있다.

제110조 ① 군사재판을 관할하기 위하여 특별법원으로서 군사법원을 둘 수 있다.

② 군사법원의 상고심은 대법원에서 관할한다.

③ 군사법원의 조직·권한 및 재판관의 자격은 법률로 정한다.

④ 비상계엄하의 군사재판은 군인·군무원의 범죄나 군사에 관한 간첩죄의 경우와 초병·초소·유독음식물공급·포로에 관한 죄중 법률이 정한 경우에 한하여 단심으로 할 수 있다. 다만, 사형을 선고한 경우에는 그러하지 아니하다.

제6장 헌법재판소

제111조 ① 헌법재판소는 다음 사항을 관장한다.

1. 법원의 제청에 의한 법률의 위헌여부 심판
2. 탄핵의 심판
3. 정당의 해산 심판
4. 국가기관 상호간, 국가기관과 지방자치단체간 및 지방자치단체 상호간의 권한쟁의에 관한 심판
5. 법률이 정하는 헌법소원에 관한 심판

② 헌법재판소는 법관의 자격을 가진 9인의 재판관으로 구성하며, 재판관은 대통령이 임명한다.

③ 제2항의 재판관중 3인은 국회에서 선출하는 자를, 3인은 대법원장이 지명하는 자를 임명한다.

④ 헌법재판소의 장은 국회의 동의를 얻어 재판관중에서 대통령이 임명한다.

제112조 ① 헌법재판소 재판관의 임기는 6년으로 하며, 법률이 정하는 바에 의하여 연임할 수 있다.

② 헌법재판소 재판관은 정당에 가입하거나 정치에 관여할 수 없다.

③ 헌법재판소 재판관은 탄핵 또는 금고 이상의 형의 선고에 의하지 아니하고는 파면되지 아니한다.

제113조 ① 헌법재판소에서 법률의 위헌결정, 탄핵의 결정, 정당해산의 결정 또는 헌법소원에 관한 인용결정을 할 때에는 재판관 6인 이상의 찬성이 있어야 한다.

② 헌법재판소는 법률에 저촉되지 아니하는 범위안에서 심판에 관한 절차, 내부규율과 사무처리에 관한 규칙을 제정할 수 있다.

③ 헌법재판소의 조직과 운영 기타 필요한 사항은 법률로 정한다.

제7장 선거관리

제114조 ① 선거와 국민투표의 공정한 관리 및 정당에 관한 사무를 처리하기 위하여 선거관리위원회를 둔다.

② 중앙선거관리위원회는 대통령이 임명하는 3인, 국회에서 선출하는 3인과 대법원장이 지명하는 3인의 위원으로 구성한다. 위원장은 위원중에서 호선한다.

③ 위원의 임기는 6년으로 한다.

④ 위원은 정당에 가입하거나 정치에 관여할 수 없다.

⑤ 위원은 탄핵 또는 금고 이상의 형의 선고에 의하지 아니하고는 파면되지 아니한다.

⑥ 중앙선거관리위원회는 법령의 범위안에서 선거관리·국민투표관리 또는 정당사무에 관한 규칙을 제정할 수 있으며, 법률에 저촉되지 아니하는 범위안에서 내부규율에 관한 규칙을 제정할 수 있다.

⑦ 각급 선거관리위원회의 조직·직무범위 기타 필요한 사항은 법률로 정한다.

제115조 ① 각급 선거관리위원회는 선거인명부의 작성등 선거사무와 국민투표사무에 관하여 관계 행정기관에 필요한 지시를 할 수 있다.

② 제1항의 지시를 받은 당해 행정기관은 이에 응하여야 한다.

제116조 ① 선거운동은 각급 선거관리위원회의 관리하에 법률이 정하는 범위안에서 하되, 균등한 기회가 보장되어야 한다.

② 선거에 관한 경비는 법률이 정하는 경우를 제외하고는 정당 또는 후보자에게 부담시킬 수 없다.

제8장 지방자치

제117조 ① 지방자치단체는 주민의 복리에 관한 사무를 처리하고 재산을 관리하며, 법령의 범위안에서 자치에 관한 규정을 제정할 수 있다.

② 지방자치단체의 종류는 법률로 정한다.

제118조 ① 지방자치단체에 의회를 둔다.

② 지방의회의 조직·권한·의원선거와 지방자치단체의 장의 선임방법 기타 지방자치단체의 조직과 운영에 관한 사항은 법률로 정한다.

제9장 경제

제119조 ① 대한민국의 경제질서는 개인과 기업의 경제상의 자유와 창의를 존중함을 기본으로 한다.

② 국가는 균형있는 국민경제의 성장 및 안정과 적정한 소득의 분배를 유지하고, 시장의 지배와 경제력의 남용을 방지하며, 경제주체간의 조화를 통한 경제의 민주화를 위하여 경제에 관한 규제와 조정을 할 수 있다.

제120조 ① 광물 기타 중요한 지하자원·수산자원·수력과 경제상 이용할 수 있는 자연력은 법률이 정하는 바에 의하여 일정한 기간 그 채취·개발 또는 이용을 특허할 수 있다.

② 국토와 자원은 국가의 보호를 받으며, 국가는 그 균형있는 개발과 이용을 위하여 필요한 계획을 수립한다.

제121조 ① 국가는 농지에 관하여 경자유전의 원칙이 달성될 수 있도록 노력하여야 하며, 농지의 소작제도는 금지된다.

② 농업생산성의 제고와 농지의 합리적인 이용을 위하거나 불가피한 사정으로 발생하는 농지의 임대차와 위탁경영은 법률이 정하는 바에 의하여 인정된다.

제122조 국가는 국민 모두의 생산 및 생활의 기반이 되는 국토의 효율적이고 균형있는 이용·개발과 보전을 위하여 법률이 정하는 바에 의하여 그에 관한 필요한 제한과 의무를 과할 수 있다.

제123조 ① 국가는 농업 및 어업을 보호·육성하기 위하여 농·어촌종합개발과 그 지원 등 필요한 계획을 수립·시행하여야 한다.

② 국가는 지역간의 균형있는 발전을 위하여 지역경제를 육성할 의무를 진다.

③ 국가는 중소기업을 보호·육성하여야 한다.

④ 국가는 농수산물의 수급균형과 유통구조의 개선에 노력하여 가격안정을 도모함으로써 농·어민의 이익을 보호한다.

⑤ 국가는 농·어민과 중소기업의 자조조직을 육성하여야 하며, 그 자율적 활동과 발전을 보장한다.

제124조 국가는 건전한 소비행위를 계도하고 생산품의 품질향상을 촉구하기 위한 소비자보호운동을 법률이 정하는 바에 의하여 보장한다.

제125조 국가는 대외무역을 육성하며, 이를 규제·조정할 수 있다.

제126조 국방상 또는 국민경제상 긴절한 필요로 인하여 법률이 정하는 경우를 제외하고는, 사영기업을 국유 또는 공유로 이전하거나 그 경영을 통제 또는 관리할 수 없다.

제127조 ① 국가는 과학기술의 혁신과 정보 및 인력의 개발을 통하여 국민경제의 발전에 노력하여야 한다.

② 국가는 국가표준제도를 확립한다.

③ 대통령은 제1항의 목적을 달성하기 위하여 필요한 자문기구를 둘 수 있다.

제10장 헌법개정

제128조 ① 헌법개정은 국회재적의원 과반수 또는 대통령의 발의로 제안된다.

② 대통령의 임기연장 또는 중임변경을 위한 헌법개정은 그 헌법개정 제안 당시의 대통령에 대하여는 효력이 없다.

제129조 제안된 헌법개정안은 대통령이 20일 이상의 기간 이를 공고하여야 한다.

제130조 ① 국회는 헌법개정안이 공고된 날로부터 60일 이내에 의결하여야 하며, 국회의 의결은 재적의원 3분의 2 이상의 찬성을 얻어야 한다.

② 헌법개정안은 국회가 의결한 후 30일 이내에 국민투표에 붙여 국회의원선거권자 과반수의 투표와 투표자 과반수의 찬성을 얻어야 한다.

③ 헌법개정안이 제2항의 찬성을 얻은 때에는 헌법개정은 확정되며, 대통령은 즉시 이를 공포하여야 한다.

부칙 〈제10호, 1987. 10. 29.〉

제1조 이 헌법은 1988년 2월 25일부터 시행한다. 다만, 이 헌법을 시행하기 위하여 필요한 법률의 제정·개정과 이 헌법에 의한 대통령 및 국회의원의 선거 기타 이 헌법시행에 관한 준비는 이 헌법시행 전에 할 수 있다.

제2조 ① 이 헌법에 의한 최초의 대통령선거는 이 헌법시행일 40일 전까지 실시한다.

② 이 헌법에 의한 최초의 대통령의 임기는 이 헌법시행일로부터 개시한다.

제3조 ① 이 헌법에 의한 최초의 국회의원선거는 이 헌법공포일로부터 6월 이내에 실시하며, 이 헌법에 의하여 선출된 최초의 국회의원의 임기는 국회의원선거후 이 헌법에 의한 국회의 최초의 집회일로부터 개시한다.

② 이 헌법공포 당시의 국회의원의 임기는 제1항에 의한 국회의 최초의 집회일 전일까지로 한다.

제4조 ① 이 헌법시행 당시의 공무원과 정부가 임명한 기업체의 임원은 이 헌법에 의하여 임명된 것으로 본다. 다만, 이 헌법에 의하여 선임방법이나 임명권자가 변경된 공무원과 대법원장 및 감사원장은 이 헌법에 의하여 후임자가 선임될 때까지 그 직무를 행하며, 이 경우 전임자인 공무원의 임기는 후임자가 선임되는 전일까지로 한다.

② 이 헌법시행 당시의 대법원장과 대법원판사가 아닌 법관은 제1항 단서의 규정에 불구하고 이 헌법에 의하여 임명된 것으로 본다.

③ 이 헌법중 공무원의 임기 또는 중임제한에 관한 규정은 이 헌법에 의하여 그 공무원이 최초로 선출 또는 임명된 때로부터 적용한다.

제5조 이 헌법시행 당시의 법령과 조약은 이 헌법에 위배되지 아니하는 한 그 효력을 지속한다.

제6조 이 헌법시행 당시에 이 헌법에 의하여 새로 설치될 기관의 권한에 속하는 직무를 행하고 있는 기관은 이 헌법에 의하여 새로운 기관이 설치될 때까지 존속하며 그 직무를 행한다.

저자 약력

이 희 훈

선문대학교 법·경찰학과 교수(헌법·인권법), 연세대학교 일반대학원 법학과 박사(법학박사)

법무부 변호사시험 위원(공법), 법무부 사법시험 1차시험 위원(헌법) 및 2차시험 위원(헌법), 경찰청 경찰 서류심사 위원과 경찰 필기시험 위원(헌법) 및 경찰 면접시험 위원장, 여러 정부부처 공무원 면접시험 위원, 지방공무원 필기시험 위원 및 면접시험 위원, 교육부, K-MOOC, '생활 속의 헌법이야기' 집콕 강좌 선정(2021.2) 및 EBS 2TV 교육방송 방영(2019.8), 서울 금천구·경기 여주시·충남 아산시·예산군·경남 거제시 공공디자인 진흥위원회 및 경관위원회 범죄예방 위원, 충청남도 선거관리위원회 선거여론조사심의위원회 위원, 국가인권위원회 인권정책관계자협의회 위원, 충남 시군의원 선거구획정위원회 위원, 천안시 국회의원 선거구획정위원회 위원, 대전지방법원 천안지원 국선변호 운영위원, 보건복지부 모자보건법 개정 자문위원, 한국연구재단 등재학술지 심사위원, 법제처 국민법제관, 한국공법학회 섭외이사·홍보이사·총무간사·출판간사·홍보간사, 한국헌법학회 상임이사·총무간사·재무간사, 선문대 지역문화혁신센터 부센터장 및 법·경찰학과 학과장, 한국공법학회 학술장려상(2019, 헌법) 수상, 연세대학교 대학원 사회과학분야 박사 우수논문상 수상 등

집회의 개념에 대한 헌법적 고찰(헌법학연구 제12권 제5호)
대북전단 살포의 보호와 제한에 대한 합리적 입법방안(법조 제69집 제6호)
중국 내 탈북자의 법적 지위와 인권보호에 대한 연구(공법연구 제35집 제2호)
집회 및 시위에 관한 법률 개정안 중 복면 금지 규정의 위헌성(공법연구 제37집 제3호)
평화시위구역제도와 국회·법원 인근 집회 금지에 대한 헌법적 평가(공법연구 제38집 제3호)
일반 교통방해죄와 외교기관 인근 집회·시위 금지에 대한 헌법적 평가(공법연구 제39집 제3호)
대한민국 정부수립 이후 언론관계법의 발전과 평가(세계헌법연구 제16권 제3호)
국회의원의 불체포특권에 대한 헌법적 고찰(세계헌법연구 제18권 제2호)
영국·미국·독일·프랑스의 낙태 규제 입법과 판례에 대한 비교법적 고찰(일감법학 제27집)
미국의 인종을 고려한 대학 특별입학전형제도에 대한 적극적 평등실현조치(미국헌법연구 제21집 제1호)
집회 및 시위에 관한 법률상 집회·시위 소음 규제 조항의 문제점 및 개선방안(인권과 정의 제471호)
주민등록번호에 대한 헌법적 고찰(토지공법연구 제37집 제1호) 등 총 76편 등재(후보)지 논문 외 다수

기본권론

초판발행	2021년 2월 28일
초판2쇄발행	2022년 2월 28일
지은이	이희훈
펴낸이	안종만·안상준
편 집	정수정
기획/마케팅	오치웅
표지디자인	이미연
제 작	고철민·조영환
펴낸곳	(주) **박영사**
	서울특별시 금천구 가산디지털2로 53, 210호(가산동, 한라시그마밸리)
	등록 1959. 3. 11. 제300-1959-1호(倫)
전 화	02)733-6771
f a x	02)736-4818
e-mail	pys@pybook.co.kr
homepage	www.pybook.co.kr
ISBN	979-11-303-3892-7 93360

정 가   20,000원